Einführung in die sozialwissenschaftliche Datenanalyse

Von
Prof. Dr. Hans Benninghaus
Technische Universität Berlin

Vierte Auflage

mit Diskette

R. Oldenbourg Verlag München Wien

Prof. Dr. Hans Benninghaus
Technische Universität Berlin
Fachbereich Umwelt und Gesellschaft
Institut für Soziologie
Dovestraße 1
10587 Berlin

Die Deutsche Bibliothek - CIP-Einheitsaufnahme

Einführung in die sozialwissenschaftliche Datenanalyse / von
Hans Benninghaus. - München ; Wien : Oldenbourg.

  ISBN 3-486-23516-8
NE: Benninghaus, Hans
Buch. - 4. Aufl. - 1996

Einführung in die sozialwissenschaftliche Datenanalyse / von
Hans Benninghaus. - München ; Wien : Oldenbourg.

  ISBN 3-486-23516-8
NE: Benninghaus, Hans
Diskette. - 1996

Gesamtherstellung: R. Oldenbourg Graphische Betriebe GmbH, München

ISBN 3-486-23516-8

VORWORT

Die vorliegende Einführung in die sozialwissenschaftliche Datenanalyse ist eine an der praktischen Forschung ausgerichtete Einführung, deren Inhalt und Aufbau sich an den ersten Schritten
orientiert, die der empirische Sozialforscher üblicherweise unter-
nimmt, wenn die Datenerhebung abgeschlossen ist: Er bereitet die
Daten auf (Schritt 1), sieht sich die Verteilungseigenschaften
einer jeden Variablen an (Schritt 2), um dann eine Reihe von Beziehungen zwischen den Variablen zu untersuchen (Schritt 3).

Kapitel 1 ("Datenaufbereitung") entspricht dem ersten Schritt; es
trägt der Tatsache Rechnung, daß sozialwissenschaftliche Daten
normalerweise einen erheblichen Aufwand an systematischer Ordnung
und Aufbereitung erfordern und häufig erst im Anschluß an gewisse
Modifikationen der eigentlichen statistischen Analyse zugeführt
werden können. Eingangs wird anhand aktueller Befragungsdaten
demonstriert, wie Daten codiert und recodiert werden, wie Datenmatrizen aufgebaut und verschiedene Datentransformationen vorgenommen werden. Es wird verdeutlicht, daß in aller Regel erst nach
diesen Operationen der Strukturierung und Modifizierung der Ausgangsdaten die statistische Analyse beginnen kann - was nicht
heißt, daß nach Beginn der Datenanalyse keine Datenmodifikationen
mehr vorgenommen würden.

Kapitel 2 ("Univariate Analyse sozialwissenschaftlicher Daten")
entspricht dem zweiten Schritt; es macht mit Konzepten und Verfahren der univariaten Statistik bekannt. Es wird gezeigt, wie univariate (eindimensionale) Verteilungen tabellarisch und graphisch
dargestellt und mit Maßzahlen der zentralen Tendenz und Dispersion
(mit Mittel- und Streuungswerten) beschrieben werden. Hinzu kommt
die Erläuterung der Standardisierung, d.h. der Umwandlung gegebener
Meßwerte in z-Werte (z-Transformation).

Kapitel 3 und 4 ("Bivariate Analyse sozialwissenschaftlicher Daten
I und II") entsprechen dem dritten Schritt; diese Abschnitte sind
der Analyse bivariater (zweidimensionaler) Verteilungen, d.h. der
Analyse statistischer Beziehungen (Assoziationen, Korrelationen)
gewidmet. Sie gliedern sich nach Maßgabe des Meßniveaus der betrachteten Variablen in einen ersten (nominale und ordinale Variablen) und einen zweiten Teil (metrische Variablen).

Hauptgegenstand des Kapitels 3 ("Assoziationen in bivariaten Tabellen: nominale und ordinale Variablen") sind die Darstellung und Erläuterung der Struktur der bivariaten Tabelle, des Konzepts der
statistischen Beziehung (Assoziation, Korrelation) und etlicher
Maßzahlen (Koeffizienten) zur Beschreibung der Beziehung zwischen
nominalen bzw. ordinalen Variablen. Hinzu kommt ein Abriß der Elaboration, d.h. eine knappe Darstellung der klassischen Analyse
multivariater (mehrdimensionaler) Tabellen als Einführung in die
Logik der Kausalanalyse nicht-experimenteller Daten.

Kapitel 4 ("Bivariate Regression und Korrelation: metrische Variablen") ist hauptsächlich der Analyse linearer Beziehungen zwischen

metrischen Variablen gewidmet. Erläutert werden u.a. das Streudiagramm und Konzepte und Koeffizienten der linearen Regression und
Korrelation. Hinzu kommt eine knappe Darstellung der Partialkorrelation als ein der Elaboration verwandtes multivariates Analyseverfahren für metrische Variablen.

Die Praxisnähe dieses Lehrbuchs zeigt sich auch darin, daß es auf
reale Daten eines sozialwissenschaftlichen Forschungsprojekts zu-
rückgreift, statt von fiktiven Daten und Beispielen auszugehen,
ferner darin, daß die vollständig dokumentierten Forschungsdaten
mit Anweisungen und Prozeduren eines statistischen Programmpakets
aufbereitet und analysiert werden.

Schon seit vielen Jahren wird empirische Sozialforschung computer-
unterstützt mit Hilfe von statistischen Analysesystemen wie SPSS,
BMDP und SAS (siehe KÜFFNER und WITTENBERG 1985) betrieben, von
denen das Programmpaket SPSS (Statistical Package for the Social
Sciences) das weltweit verbreitetste ist. Dieses integrierte
System von Computerprogrammen zur statistischen Analyse sozialwissenschaftlicher Daten wurde auch bei der Abfassung der vorliegenden Einführung benutzt, genauer: es wurde die für PCs (Personal
Computers) entwickelte Programmpaketversion SPSS/PC+ verwendet
(siehe NORUSIS 1988, 1990). Das heißt, die meisten in diesem Buch
behandelten Beispiele des Definierens und Modifizierens sozialwissenschaftlicher Daten sowie vor allem des Analysierens mittels
elementarer statistischer Verfahren wurden mit Datendefinitions-
und Datentransformationsanweisungen sowie mit Prozeduranweisungen
des Statistik-Softwarepakets SPSS/PC+ erzeugt.

Dennoch setzt die Lektüre dieser Einführung keine SPSS-Kenntnisse
(wie übrigens auch keine besonderen mathematischen Kenntnisse)
voraus. Es ist also für das Verständnis der mit SPSS/PC+ gerechne-
ten Beispiele nicht erforderlich, sich mit SPSS vertraut zu machen.
Wer sich allerdings mit dem Gedanken trägt oder dabei ist, SPSS-
Kenntnisse zu erwerben, kann in diesem Buch zahlreiche Hinweise
und Beispiele finden, die das Rechnen mit SPSS/PC+, vor allem im
Bereich der uni- und bivariaten Datenanalyse, illustrieren.

Dieser vierten Auflage liegt eine "Diskette zum Lehrbuch" bei, die
den leichten Zugriff auf die Beispieldaten des Buches ermöglicht.
Die Diskette enthält nicht nur drei auf das Analysepaket SPSS/PC+
zugeschnittene Dateien (eine Datendefinitionsdatei, eine Rohdaten-
datei und eine Systemdatei), sondern auch 32 mit SPSS/PC+ gerech-
nete, mehrere hundert Seiten umfassende Beispiel- und Ergebnis-
dateien. Diese Dateien kann man sich, unabhängig von SPSS/PC+, von
jedem IBM-kompatiblen Rechner anzeigen und ausdrucken lassen. Das
gilt auch für die README-Datei der Diskette, die über die Einzelheiten der Dateihandhabung informiert.

Hans Benninghaus

Inhaltsverzeichnis

Einleitung:
Sozialwissenschaftliche Datenanalyse
als statistische Analyse

Sozialwissenschaftler sind an Eigenschaften von Objekten und an
der Beziehung zwischen den Eigenschaften interessiert. Die *Objekte*,
etwa Personen, Kleingruppen, komplexe Organisationen, Lokalgemeinden oder Nationen, unterscheiden sich in vielerlei Hinsicht: sie
variieren im Hinblick auf viele *Eigenschaften* (oder *Variablen*).
Personen unterscheiden sich im Hinblick auf das Lebensalter, das
Einkommen und die Lebenszufriedenheit. Kleingruppen unterscheiden
sich nach der Anzahl der Mitglieder, der Kohäsion und der Inter-
aktionsfrequenz. Komplexe Organisationen differieren im Hinblick
auf den Zweck, den rechtlichen Status und die Anzahl der Hierar-
chieebenen. Lokalgemeinden variieren nach der Einwohnerzahl, der
Kriminalitätsrate und der Anziehungskraft auf Fremde. Nationen
unterscheiden sich im Hinblick auf die Geburtenrate, den Industrialisierungsgrad und den Lebensstandard. Ziel der empirischen Sozialforschung ist es, derartige Variationen zu analysieren, um sie
zu erklären und verstehbar zu machen.

Eine solche Analyse erfordert nicht nur bestimmte Daten, sondern
auch bestimmte Verfahren. Was die Verfahren betrifft, so ist sozialwissenschaftliche Datenanalyse stets (auch) statistische Analyse,
und zwar in einem solchen Maße, daß man sie eigentlich statistische Analyse sozialwissenschaftlicher Daten nennen müßte. Wenn das
nicht üblich ist, dann deshalb, weil die enge Verknüpfung von empirischer Sozialforschung und Statistik als allgemein bekannt vorausgesetzt wird.

Welche statistischen Verfahren bei der Analyse sozialwissenschaftlicher Daten angewendet werden, hängt von vielen Dingen ab, etwa
vom Gegenstand und Ziel der Forschung, von der Menge und Qualität
der Daten, von der Vielschichtigkeit und Schwierigkeit des For-
schungsproblems, von der Verfügbarkeit eines Computers und geeig-
neter Programme, nicht zuletzt auch von der Informiertheit und Ver-
siertheit des Forschers. Doch wie weitreichend und differenziert

die Analyse auch immer sein mag: sie schließt stets Elemente der
beschreibenden oder *deskriptiven Statistik* ein, die im Mittelpunkt
dieser Einführung in die sozialwissenschaftliche Datenanalyse
stehen. Es sind dies Konzepte, Methoden und Maßzahlen der univariaten und bivariaten Statistik, die der Beschreibung univariater
(eindimensionaler) und bivariater (zweidimensionaler) Verteilungen
dienen.

Zweifellos gehört die Beschreibung von Objekten im Hinblick auf
einzelne Variablen und die Beschreibung der Beziehung zwischen
Variablen zu den wichtigsten Aktivitäten des sozialwissenschaftlichen - wie jedes anderen erfahrungswissenschaftlichen - Forschers.
Betrachtet er Objekte im Hinblick auf einzelne Variablen, so ist
er mit eindimensionalen Verteilungen und deren Analyse befaßt;
untersucht er Beziehungen zwischen je zwei Variablen, so ist er
mit zweidimensionalen (in der Fortführung auch mit mehrdimensionalen) Verteilungen und deren Analyse befaßt. Hierbei ist er auf Konzepte und Verfahren der uni- und bivariaten Statistik verwiesen,
weil diese effektiver sind als unsere Alltagssprache, der gesunde
Menschenverstand und intuitive, nicht standardisierte Vorgehensweisen - was sich leicht zeigen läßt.

Die *univariate Analyse*, die Analyse univariater Verteilungen, ist
eine ebenso wichtige wie grundlegende Forschungsaktivität. Wenn
wir z.B. sagen "Samstag und Sonntag waren heiße Tage" oder wenn
wir sagen "Montag, Dienstag, Mittwoch, Donnerstag, Freitag,
Samstag und Sonntag waren heiße Tage", dann beschreiben wir bestimmte Objekte (Tage) im Hinblick auf eine bestimmte Variable
(Außentemperatur). Verzichten wir auf die Aufzählung der Tage, um
statt dessen die Wendung "Das letzte Wochenende war heiß" bzw.
"Die letzte Woche war heiß" zu gebrauchen, so fassen wir die Beob-
achtungen bereits in einer Weise zusammen, die es erlaubt, unsere
Erfahrung in einer verkürzten Form auszudrücken.

Unsere Erfahrung kann noch besser zusammengefaßt und noch leichter
mitteilbar gemacht werden, wenn wir uns statistischer Konzepte bedienen und einen Durchschnittswert der Außentemperaturen einer be-

stimmten Periode ermitteln. Es gibt eine ganze Reihe solcher Kennwerte, die die Funktion haben, Daten zusammenfassend zu beschreiben bzw. zu repräsentieren. Die Verwendung eines *Mittelwertes* zur
zusammenfassenden Beschreibung gegebener Daten läßt fast immer den
Wunsch nach einer weiteren Information aufkommen, nämlich der, wie
typisch der ermittelte "typische" Wert einer Menge von Daten ist.
Darüber geben *Streuungswerte* Aufschluß, z.B. die Differenz zwischen
der höchsten und niedrigsten Tagestemperatur einer Woche. Diese
Kennwerte helfen uns, die Angemessenheit unseres Durchschnittswertes zu beurteilen. Beide Werte, Mittel- und Streuungswerte,
liefern uns summarische Informationen über einen Satz gegebener
Daten, die in der formalisierten Sprache der Statistik präziser
angebbar und leichter mitteilbar sind als in jeder anderen Sprache.

Die *bivariate Analyse*, die Analyse bivariater Verteilungen, ist
eine weitere wichtige Aktivität des empirischen Sozialforschers;
indem sie auf die Untersuchung der Beziehung zwischen Variablen
gerichtet ist, zielt sie darauf ab, die Komplexität unserer Erfahrungswelt bzw. im konkreten Forschungsprozeß die Komplexität der
Forschungsdaten zu reduzieren. Wenn zwei Variablen derart miteinander in Beziehung stehen (korrelieren), daß die Kenntnis der
Werte der einen Variablen die Kenntnis der Werte der anderen Variablen impliziert, dann ist unsere Erfahrungswelt insofern weniger
komplex, als wir die eine Variable auf der Basis der anderen vorhersagen können. In diesem Sinne kann die Analyse der Beziehung
zwischen Variablen als eine Vorhersageaktivität (nicht zu verwechseln mit der Vorhersage zukünftiger Ereignisse) bezeichnet werden.

Wenn wir beispielsweise wissen, daß in bestimmten geographischen
Regionen eine mehr oder weniger enge Beziehung zwischen den Variablen "Jahreszeit" und "Außentemperatur" besteht, dann können wir
aufgrund der Kenntnis der Ausprägungen der einen Variablen (etwa
Frühling, Sommer, Herbst und Winter) die Ausprägungen der anderen
Variablen (etwa frisch, heiß, kühlt und kalt) genauer vorhersagen
als ohne deren Kenntnis. Derartige Beziehungen müssen keineswegs
perfekt oder nahezu perfekt sein, um unsere Aufmerksamkeit auf sich
zu ziehen. Ob wir an der Analyse starker oder schwacher Beziehungen

interessiert sind, hängt vielmehr vom Gegenstand und Ziel der
Forschung ab. So kann auch eine vergleichsweise schwache Beziehung
zwischen alternativen Resozialisierungsbemühungen und den Rückfall-
quoten ehemals straffälliger Jugendlicher von Interesse sein, weil
ihre Kenntnis dazu beitragen kann, die Ursachen der Delinquenz zu
erkennen und zu bekämpfen. (Wobei der bloße Nachweis einer statistischen Beziehung noch keinen Schluß auf eine Ursache-Wirkungs-
Beziehung zuläßt. Auf Kriterien, die zusätzlich erfüllt sein
müssen, um auf eine *Kausalbeziehung* schließen zu können, werden
wir in Abschnitt 3.5 eingehen.)

Beziehungen dieser Art können ohne jeden Rückgriff auf statistische Konzepte beschrieben werden, wie wir auch ohne Anwendung
standardisierter Verfahren Vorhersagen treffen können. Unsere Alltagssprache ist jedoch - wie bei der Beschreibung einzelner Variablen - weniger präzise als die formalisierte Sprache der Statistik. Umgangssprachlich können wir lediglich von einer starken
oder schwachen Beziehung reden; in der Sprache der Statistik läßt
sich der Grad der Beziehung mit einem einzigen Zahlenwert, nämlich
dem eines *Assoziations*- bzw. *Korrelationskoeffizienten*, beschreiben, der sich leicht mit anderen vergleichen läßt. Dieser Zahlenwert informiert darüber, in welchem Maße uns die Kenntnis der
einen Variablen die andere vorherzusagen hilft. Die Verwendung
solcher Assoziations- bzw. Korrelationskoeffizienten erlaubt eine
präzisere Charakterisierung der Beziehung zwischen Variablen als
unsere Alltagssprache.

Von den hier angesprochenen Konzepten und Methoden der beschreibenden Statistik - die uns in diesem Buch beschäftigen werden -
sind jene der *schließenden Statistik* (Inferenzstatistik) zu unterscheiden, auf die man verwiesen ist, wenn das Interesse über die
vorliegenden Daten hinausgeht und Schlußfolgerungen auf der Basis
beschränkter Informationen gezogen werden sollen. Ist man etwa an
der Generalisierung (Verallgemeinerung) von Analyseresultaten
interessiert, kann man sich aufgrund der Konzepte und Kriterien
der schließenden Statistik Rechenschaft darüber legen, inwieweit
gegebene Resultate als Basis für Generalisierungen dienen können

und - etwa bei Mittelwerten, Streuungswerten oder Assoziations-
bzw. Korrelationskoeffizienten - welche Schlüsse von den errechneten Zahlenwerten einer Auswahl auf die entprechenden Zahlenwerte
der Grundgesamtheit, von der die Auswahl ein Teil ist, gezogen
werden können. Wobei zu beachten ist, daß nur dann Aussagen über
die Grundgesamtheit gemacht werden können, wenn die Auswahl eine
Wahrscheinlichkeitsauswahl (z.B. eine Zufallsstichprobe) ist, bei
der jedes Objekt oder Ereignis eine angebbare (z.B. die gleiche)
Chance besitzt, in die Auswahl zu gelangen. Aussagen über die
Grundgesamtheit stützen sich auf wahrscheinlichkeitstheoretische
Konzepte und Überlegungen, die den Rahmen dieses Buches überschreiten.[1] Hier soll nur bemerkt werden, daß Maßzahlen, die auf der
Basis von Daten berechnet werden, die nicht aus einer Wahrscheinlichkeitsauswahl stammen, sehr wohl zu deren Deskription verwendet
werden können. Für derartige Daten können sowohl Mittel- und Streuungswerte als auch Korrelationskoeffizienten berechnet werden; es
ist jedoch nicht möglich, auf der Basis solcher Daten Aussagen zu
machen, die über den Erhebungsbereich hinausgehen. Das heißt, die
Interpretationen der Ergebnisse einer deskriptiv statistischen Analyse können sich prinzipiell nur auf die jeweils betrachteten Untersuchungseinheiten beziehen.

---

1) Siehe dazu die einschlägigen Kapitel der im Literaturverzeich-
   nis aufgeführten Lehrbücher, etwa des Buches von BOHRNSTEDT und
   KNOKE (1983), BORTZ (1989), CLAUSS und EBNER (1982), JACOBSON
   (1976), LOETHER und McTAVISH (1980), MENDENHALL, OTT und LARSON
   (1974) oder MUELLER, SCHUESSLER und COSTNER (1977).

Kapitel 1
Datenaufbereitung

1.1 Die Datenmatrix

Obwohl die Vielfalt sozialwissenschaftlicher Fragestellungen, Forschungsgegenstände und -methoden die unterschiedlichsten Ausgangsdaten der statistischen Analyse hervorbringt, können die Rohdaten so organisiert und dargestellt werden, daß sie die nachfolgend beschriebene rechteckige Struktur haben.

Tabelle 1-1: Die Datenmatrix

Variablen, Merkmale, Stimuli
(z.B. Fragebogenfragen)

	S_1	S_2	S_3	...	S_j	...	S_n
O_1	R_{11}	R_{12}	R_{13}	...	R_{1j}	...	R_{1n}
O_2	R_{21}	R_{22}	R_{23}	...	R_{2j}	...	R_{2n}
O_3	R_{31}	R_{32}	R_{33}	...	R_{3j}	...	R_{3n}
.	.	.	.	.	.		.
.	.	.	.	.	.		.
.	.	.	.	.	.		.
O_i	R_{i1}	R_{i2}	R_{i3}	...	R_{ij}	...	R_{in}
.	.	.	.	.	.		.
.	.	.	.	.	.		.
.	.	.	.	.	.		.
O_m	R_{m1}	R_{m2}	R_{m3}	...	R_{mj}	...	R_{mn}

Untersuchungseinheiten,
Merkmalsträger,
Objekte
(z.B. Befragte)

(Variablen-)Werte, Merkmalsausprägungen, Reaktionen
(z.B. Antworten)

Werden die Daten gemäß diesem rechteckigen Schema angeordnet, so bilden sie eine *Datenmatrix*. Die *Zeilen* dieser Matrix repräsentieren die Untersuchungseinheiten, Merkmalsträger oder Objekte (O_1 bis O_m), ihre *Spalten* die Variablen, Merkmale oder Stimuli (S_1 bis S_n). Das heißt, die Zeile der Werte R_{i1}, R_{i2}, R_{i3},..., R_{in} reprä-

sentiert die Werte aller Variablen einer nicht spezifizierten
Untersuchungseinheit (O_i). Die Spalte der Werte R_{1j}, R_{2j}, R_{3j},
..., R_{mj} repräsentiert die Werte aller Untersuchungseinheiten
einer nicht spezifizierten Variablen (S_j). In der abgebildeten
Datenmatrix symbolisiert R_{ij} (je nachdem, welche Kombination von
Bezeichnungen man wählt)

- den Wert, den die Untersuchungseinheit O_i bezüglich der Variablen S_j hat, bzw.

- die Merkmalsausprägung, die der Merkmalsträger O_i im Hinblick
  auf das Merkmal S_j hat, bzw.

- die Reaktion, die das Objekt O_i nach Erteilung des Stimulus S_j
  zeigt.

Die Datenmatrix ist vollständig, wenn für jedes Paar (O_i,S_j) ein
empirischer Wert (R_{ij}) vorliegt.

Die *Untersuchungseinheit*, ganz allgemein auch Beobachtung oder Fall
(engl. case) genannt, ist als Merkmalsträger das Bezugsobjekt der
Forschung. In den Sozialwissenschaften ist häufig das an einer Befragung, einem Test oder Experiment teilnehmende Individuum Untersuchungseinheit bzw. Merkmalsträger, also der Befragte, der Pro-
band ("der zu Prüfende") oder die Versuchsperson (abgekürzt Vpn).
Untersuchungseinheiten können aber auch Familien, Privathaushalte,
Organisationen, Regionen, Nationen oder Nachrichtensendungen sein.

Die *Variable* (engl. variable) oder das Merkmal ist die den Forscher interessierende Eigenschaft der Untersuchungseinheiten, etwa
die Geschlechtszugehörigkeit, die Arbeitszufriedenheit oder das
Lebensalter der Individuen, das Nettoeinkommen der Privathaushalte
oder der Industrialisierungsgrad der Nationen. Von Stimuli spricht
man bei Variablen, die z.B. im Experiment manipuliert werden, um
das Versuchsobjekt durch einen kontrolliert eingesetzten Reiz
(engl. stimulus) zu einer Reaktion (engl. response) zu veranlassen.

Die *Werte* (engl. values) sind die Merkmalsausprägungen oder Kategorien, in denen die Variable auftritt. Bei dem Merkmal (der Vari-

ablen) Geschlechtszugehörigkeit sind die beiden natürlichen Kategorien "männlich" und "weiblich" Merkmalsausprägungen bzw. Werte, bei
der Variablen Arbeitszufriedenheit möglicherweise die vom Forscher
vorgegebenen Antwortkategorien "vollkommen zufrieden", "recht zufrieden", "eher unzufrieden" und "vollkommen unzufrieden", bei der
Variablen Lebensalter die Anzahl vollendeter Tage, Wochen, Monate
oder Jahre.

Eine mit empirischen Daten gefüllte Matrix kann spaltenweise (vertikal) und zeilenweise (horizontal) ausgewertet werden. Am Anfang
der Auswertung oder Analyse steht im allgemeinen die Untersuchung
einzelner Variablen. Diese *spaltenweise* Auswertung (engl. variable
centered analysis, vertical analysis) wird *univariate* Auswertung
oder Analyse genannt. Die kombinierte spaltenweise Auswertung je
zweier Variablen wird *bivariate*, die kombinierte spaltenweise Auswertung dreier oder mehrerer Variablen *multivariate* Auswertung
oder Analyse genannt.

Die Datenmatrix kann ebensogut *zeilenweise* ausgewertet werden
(engl. unit centered analysis, horizontal analysis). Bei zeilen-
weiser Auswertung oder Analyse werden die Merkmalsausprägungen
mehrerer Merkmale eines Merkmalsträgers (z.B. die Reaktionen einer
Versuchsperson auf eine Reihe vorgelegter Aussagen (engl. statements) oder die Antworten eines Befragten auf bestimmte Fragen)
betrachtet und zur Bildung von Skalen-, Index- oder Testwerten etc.
verwendet. Auf diese Weise entstehen neue Merkmale oder Variablen,
um die die Datenmatrix durch Hinzufügen der Merkmale und Merkmalsausprägungen aller Merkmalsträger erweitert werden kann. Die neuen
Variablen können dann wie alle übrigen behandelt, d.h. spaltenweise ausgewertet werden.

Die Organisierung der Ausgangs- oder Rohdaten zu einer Datenmatrix
ist vor allem dann angeraten bzw. unerläßlich, wenn - was heute
selbst bei kleinen Untersuchungen die Regel ist - die Daten mit
Hilfe einer elektronischen Datenverarbeitungsanlage, etwa der
eines Hochschulrechenzentrums, oder aber mit Hilfe eines Personal
Computers ausgewertet werden sollen. Die gängigen statistischen

Programmsysteme, die dafür zur Verfügung stehen, erwarten genau
diesen rechtwinkligen Aufbau der Daten (der Eingabedatei), so auch
SPSS (Statistical Package for the Social Sciences).

Mit SPSS, genauer: mit dem für PCs entwickelten Statistik-Software-
paket SPSS/PC+ (NORUSIS 1988, 1990, BENTZ 1991, FRIEDE und SCHIRRA-
WEIRICH 1992, UEHLINGER u.a. 1992) wurden auch die Daten aufbereitet und analysiert, die im vorliegenden Buch als vorrangiges Beispielmaterial dienen. Woher diese Daten stammen, wie sie erhoben,
vercodet und übertragen wurden, soll in Abschnitt 1.3 erläutert
werden. Zuvor sind einige Fragen des Messens zu behandeln.

1.2 Zur Messung sozialwissenschaftlicher Variablen[1]

Sozialwissenschaftliche Datenanalyse hat die Übersetzung abstrak-
ter Dimensionen (oder theoretischer Konzepte) in konkrete Messungen
oder Klassifikationen zur Voraussetzung. Man kann beispielsweise
die Dimension persönliches Einkommen messen, (a) indem man Befragte
bittet, ihr versteuertes Einkommen (Einkommen nach Abzug der Steu-
ern) des letzten Kalenderjahres anzugeben, (b) indem man sie nach
dem gesamten Nettoeinkommen des letzten Monats fragt, (c) indem
man sie bittet, eine von mehreren vorgegebenen Einkommensklassen
anzukreuzen, nämlich jene, die ihr gesamtes Nettoeinkommen der
letzten zwölf Monate einschließt, oder (d) indem man das Nettoeinkommen, statt es zu erfragen, der letzten Steuerkarte oder Steu-
erfestsetzung entnimmt. Jede dieser Messungen wird ähnliche, aber
nicht dieselben Informationen über das Einkommen einer Person
liefern.

Man kann, um ein anderes Beispiel zu nehmen, Personen nach ihrer
rassischen Zugehörigkeit klassifizieren, indem man sie entweder

---

1) Die Ausführungen dieses Abschnitts stimmen in weiten Teilen
   mit denen überein, die sich unter der Überschrift "Fundamentals
   of Measurement" im zweiten Kapitel ("Social Variables and Their
   Measurement") des hervorragenden Lehrbuches von MUELLER,
   SCHUESSLER und COSTNER (1977) finden.

(e) aufgrund ihrer eigenen Angaben oder aber (f) aufgrund der Angaben eines Interviewers, der sich am äußeren Erscheinungsbild
der Befragten orientiert, in Kategorien einordnet. Die Ergebnisse
dieser beiden Vorgehensweisen zur Klassifikation von Personen
nach ihrer rassischen Zugehörigkeit werden in den meisten Fällen
übereinstimmen, aber nicht in allen. Es gibt also auch hier mehr
als eine Möglichkeit der *Operationalisierung* ein und derselben
zugrundeliegenden Dimension.

Selbst eine so einfache Dimension wie das Lebensalter kann auf
mehr als eine Weise erfaßt werden, indem man nach (g) dem Tag der
Geburt, (h) dem begangenen letzten Geburtstag oder (i) dem nächst-
liegenden Geburtstag fragt ("Wann sind Sie geboren?", "Wie alt
sind Sie?" oder "Geben Sie bitte an, welchem Geburtstag Sie näher
sind, dem hinter Ihnen liegenden oder dem vor Ihnen liegenden").

Hat man eine bestimmte Dimension (wie persönliches Einkommen,
rassische Zugehörigkeit, Lebensalter) auf eine bestimmte Weise
operationalisiert (siehe als Beispiele die genannten Alternativen
a bis i), so spricht man von einer bestimmten *Variablen*. Das, was
sich als Umsetzung einer abstrakten Dimension in eine operationa-
lisierte Variable umschreiben läßt, konstituiert den Prozeß der
Messung oder Klassifizierung. Die Ergebnisse dieses Prozesses,
d.h. des Prozesses der Messung oder Klassifizierung von Objekten
im Hinblick auf bestimmte Dimensionen, sind *Daten*, das Ausgangs-
material der statistischen Analyse.

Da es gerade in den Sozialwissenschaften zahlreiche Möglichkeiten
der Operationalisierung ein und derselben zugrundeliegenden Dimension gibt, ist es besonders wichtig und angeraten, die Operationalisierung genau zu beschreiben. Eine präzise Beschreibung der
Operationalisierung hilft nicht nur, die Bedeutung der Variablen
zu klären; sie versetzt auch andere Forscher in die Lage, die Analyse zu einem späteren Zeitpunkt mit einem anderen Datensatz zu
replizieren (zu wiederholen). Sie erlaubt ferner, mögliche Schwä-
chen und Unzulänglichkeiten der Daten und Vorgehensweisen, die
sonst verborgen bleiben könnten, zu erkennen und gewagte Interpre-

tationen und unzulässige Schlußfolgerungen des Forschers zu kriti-
sieren. Wer etwa die Ausbildungsqualität von Schulen analysieren
will und dazu die Zeugnisnoten der Schüler heranzieht, muß sich
den Einwand gefallen lassen, daß er möglicherweise eher die
Zensierpraxis der Lehrerschaft als die Ausbildungsqualität der
Schulen (oder eher die Leistung der Schüler als die der Schulen)
untersucht. Operationale Prozeduren müssen also keineswegs dazu
führen, daß das gemessen wird, was man zu messen glaubt.

1.2.1   QUANTITATIVE UND QUALITATIVE VARIABLEN

Objekte können sich der Quantität oder der Qualität nach unterscheiden. Demgemäß gibt es eine herkömmliche Unterscheidung quantitativer und qualitativer Variablen. (Eine differenziertere, an
vier verschiedenen Skalenniveaus orientierte Klassifikation von
Variablen ist in Abschnitt 1.2.4 beschrieben.)

Kann man Objekte im Hinblick auf eine bestimmte Eigenschaft der
Größe nach unterscheiden, d.h. können Objekte hoch oder niedrig,
größer oder kleiner, mehr oder weniger sein, so spricht man von
einer *quantitativen* Variablen. Beispiele quantitativer Variablen
sind die Variablen Lebensalter, Körpergröße, Einkommen, Geburtenrate, soziale Distanz, Religiosität, Familiengröße und Anzahl
vollendeter Schuljahre.

Kann man Objekte im Hinblick auf eine bestimmte Eigenschaft der
Art nach unterscheiden, so spricht man von einer *qualitativen*
Variablen. Beispiele qualitativer Variablen sind die Variablen
Geschlechtszugehörigkeit (mit den Kategorien männlich und weiblich), Nationalität (mit den Kategorien Däne, Finne, Norweger,
Schwede, andere, keine), Konfessionszugehörigkeit (evangelisch,
katholisch, andere, keine) und Familienstand (ledig, verheiratet,
verwitwet, getrennt lebend, geschieden). Da die Kategorien qualitativer Variablen nicht größenmäßig geordnet sind, kann ein Objekt
bezüglich einer qualitativen Variablen nicht höher, größer oder
mehr sein als ein anderes Objekt; die Objekte sind entweder gleich

oder ungleich. Die Klassifikation von Variablen als quantitativ
und qualitativ führt manchmal zu - allerdings aufhebbaren -
Schwierigkeiten. Beispielsweise ist die Variable Geschlechtszugehörigkeit eine qualitative Variable; mit dieser Variablen werden Individuen charakterisiert. Dagegen ist der Prozentsatz männ-
licher oder weiblicher Personen eine quantitative Variable; mit
dieser Variablen werden Kollektive charakterisiert. Die Variable
Beruf ist eine qualitative Variable mit Kategorien, die größenmäßig nicht unterschieden sind. Hingegen ist das Berufsprestige
(das Ansehen des Berufs) eine quantitative Variable mit Ausprägungen, die von niedrig bis hoch reichen. Das Verbrechen ist eine
qualitative Variable. Hingegen sind die Verbrechensrate und die
Schwere des Verbrechens quantitative Variablen.

Mitunter werden quantitative Variablen in einer Weise umschrieben,
die den Eindruck erweckt, als seien sie qualitative Variablen,
etwa wenn man von Kleinkindern, Kindern, Jugendlichen, Erwachsenen
und Senioren oder von ländlichen und städtischen Regionen oder von
Dörfern, Kleinstädten, Mittelstädten und Großstädten spricht. Soweit es sich hierbei lediglich um Benennungen willkürlich gebildeter Abschnitte auf einem Kontinuum handelt, sollte man nicht
meinen, daß auf diese Weise die quantitativen Variablen (Lebensalter, Siedlungsdichte und Einwohnerzahl) in qualitative umgewandelt worden wären.

1.2.2   KONTINUIERLICHE UND DISKRETE VARIABLEN

Quantitative Variablen werden des weiteren danach unterschieden,
ob sie kontinuierliche (stetige) oder diskrete (diskontinuierliche) Variablen sind. (Qualitative Variablen sind immer diskrete
Variablen.)

Eine *kontinuierliche* Variable kann in einem bestimmten Bereich
jeden beliebigen Wert annehmen (siehe Abbildung 1-1); die zugrundeliegende Dimension stellt ein Kontinuum dar, das keine Lücken
oder Sprungstellen kennt. Wie fein die Messung auch immer sei,

eine kontinuierliche Variable kann stets (jedenfalls theoretisch) in noch feineren Einheiten gemessen werden, wie etwa die Variable Lebensalter (in Jahren, Monaten, Wochen, Tagen, Stunden, Minuten, Sekunden, Millisekunden, ...). Das heißt zum einen, daß zwischen zwei Meßwerten (im Prinzip) beliebig viele Zwischenwerte möglich sind, zum andern, daß aktuelle Meßwerte stets angenäherte (gerundete) Werte sind, was jedoch in den Sozialwissenschaften kaum Probleme aufwirft.

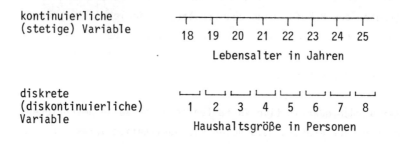

kontinuierliche (stetige) Variable

18   19   20   21   22   23   24   25
Lebensalter in Jahren

diskrete (diskontinuierliche) Variable

1   2   3   4   5   6   7   8
Haushaltsgröße in Personen

Abbildung 1-1: Klassifikation von Variablen nach Maßgabe der Kontinuität

Eine *diskrete* Variable kann nur ganz bestimmte Werte annehmen; obwohl die Werte einen großen Bereich abdecken können, sind sie stets isolierte Werte, zwischen denen Lücken bzw. Sprungstellen existieren. Eine Frau mag 0, 1, 2, 3 oder 19 Kinder haben, aber es gibt keine Frau, die 3.5 Kinder hat. Im einfachsten Fall hat eine diskrete Variable nur zwei Werte; man spricht dann von einer *dichotomen* (zweiteiligen, zweistufigen) Variablen oder einer *Dichotomie*.

Die Unterscheidung von kontinuierlichen und diskreten Variablen ist jedoch eher eine graduelle als prinzipielle. So ist - was praktisch nicht vorkommt - das in kleinsten Zeiteinheiten gemessene Lebensalter eine kontinuierliche Variable, das Einkommen hingegen eine diskrete Variable, weil es - auch in kleinsten Währungseinheiten ausgedrückt - nur ganzzahlige Werte annehmen kann. In der statistischen Behandlung besteht zwischen derart fein abgestuften diskreten Variablen und kontinuierlichen Variablen kein Unterschied.

Diskrete Variablen werden mitunter wie kontinuierliche Variablen behandelt, etwa wenn die durchschnittliche Größe der Privathaushalte einer bestimmten Wohngegend mit, sagen wir, 2.73 Personen angegeben wird, mit einem Wert also, der in der Realität nicht vorkommt, der aber sehr gut geeignet ist, einen bestimmten Aspekt der Realität zu beschreiben. Kontinuierliche Variablen werden häufig klassiert (gruppiert) und dadurch für die statistische Behandlung zu diskreten Variablen, vor allem bei der Tabellenanalyse.

1.2.3 INDIKATOREN

In vielen Fällen sind Sozialwissenschaftler außerstande, die sie eigentlich interessierenden Dimensionen, vor allem sog. *theoretische Konzepte* oder *hypothetische Konstrukte*, direkt zu messen. Das muß keineswegs den Ausschluß dieser Dimensionen von der quantitativen Analyse bedeuten. Denn mangels direkter Messungen benutzen Sozialwissenschaftler mutmaßliche Korrelate solcher Dimensionen, sog. Indikatoren, als Surrogate für direkte Messungen. Ein großer Teil der sozialwissenschaftlichen Analyse basiert auf derartigen Indikatoren.

Ein *Indikator* ist ein zugängliches, von einer interessierenden Dimension abhängiges Korrelat, zu dem man greift, weil eine direkte Messung dieser Dimension nicht möglich oder unpraktisch ist. Beispielsweise erschließt man eine soziale Einstellung aus Reaktionen auf sorgfältig ausgewählte Fragen und Statements, die als Indikatoren (Korrelate) der direkt nicht zugänglichen (latenten) Einstellung betrachtet werden.

Als Indikatoren der Arbeitszufriedenheit hat man z.B. die Häufigkeit des Fernbleibens vom Arbeitsplatz, die Häufigkeit des Arbeitsplatzwechsels oder verbale (Un-)Zufriedenheitsbekundungen benutzt; jede dieser Messungen kann als ein Korrelat der Arbeitszufriedenheit betrachtet werden. Unterschiede in der Bezahlung gleichqualifizierter Männer und Frauen wie auch Unterschiede in der Besetzung beruflicher Positionen werden als Indikatoren geschlechtlicher Dis-

kriminierung verwendet. Die Nichtausübung des Stimmrechts wahl-
berechtigter Bürger gilt als Indikator politischer Apathie. Die
wissenschaftliche Leistung eines Forschers mag an der Anzahl
seiner Publikationen oder daran gemessen werden, wie häufig seine
Veröffentlichungen von anderen Wissenschaftlern zitiert werden.

Selbst Dimensionen, die im Prinzip direkt meßbar sind, werden in
der Praxis häufig indirekt gemessen. Zum Beispiel *erfragt* man bei
Volkszählungen die Anzahl der Haushaltsmitglieder, der bewohnten
Räume, der Haustiere etc.; der Volkszähler *zählt* die Objekte nicht
etwa selber, was höchst unpraktisch und unzumutbar, wenn überhaupt
durchführbar wäre. Man tut dies vor dem Hintergrund der vernünfti-
gen Annahme, daß die verbalen und schriftlichen Angaben der Befragten anhängige Korrelate (Indikatoren) der interessierenden
Dimension sind.

In der empirischen Sozialforschung wird sehr viel Mühe darauf verwandt, geeignete Indikatoren relevanter Dimensionen zu ersinnen;
die Forschungsliteratur kennt zahlreiche Beispiele ingeniöser Indikatoren. Doch wie geistreich sie auch immer sein mögen: Indikatoren
sind stets unvollkommene Messungen der Dimensionen, die sie repräsentieren sollen; sie kovariieren aus einer Reihe von Gründen nicht
exakt mit der Dimension, die man zu messen sucht. Einige Befragte
mögen Aufforderungen oder Fragen mißverstanden haben. Die Abwesen-
heit vom Arbeitsplatz wird nicht nur von der Unzufriedenheit beeinflußt. Bei der Messung der geschlechtlichen Diskriminierung als
unterschiedliche Bezahlung "gleichqualifizierter" Männer und Frauen
sind die beruflichen Qualifikationen nie vollständig gleich. Ob die
Veröffentlichungen eines Forschers zitiert werden oder nicht, hängt
nicht nur von seiner wissenschaftlichen Leistung ab. Kurzum, es
gibt stets eine Differenz zwischen der interessierenden Dimension
und den Indikatoren, die vorgeschlagen werden, sie indirekt zu
messen.

Da jeder Indikator sein Ziel verfehlen kann, stützt man sich tun-
lichst auf mehrere Indikatoren ein und derselben Dimension; es
kann dann jeder Indikator zur Kontrolle der anderen herangezogen

werden. Obwohl Indikatoren stets unvollkommene Messungen darstellen, sind sie oft die einzigen realisierbaren Messungen. Die
sozialwissenschaftliche Erkenntnis hängt entscheidend von der Verwendung und Auswertung dieser Surrogate für Dimensionen ab, deren
Variation man zu verstehen sucht.

1.2.4   MESSNIVEAUS BZW. SKALENTYPEN

Die verbreitetste Klassifikation sozialwissenschaftlich relevanter
Variablen folgt der von dem Psychophysiker STEVENS vorgeschlagenen
Klassifikation nach Maßgabe formaler Relationen zwischen den Variablenausprägungen bzw. Skalenwerten. Nach STEVENS (1946) besteht
Messen in der Zuordnung von Zahlen zu Objekten oder Ereignissen
gemäß Regeln, so daß bestimmte Relationen zwischen den Zahlen
analoge Relationen zwischen den Objekten oder Ereignissen
reflektieren. Je nachdem, welche Relationen zwischen den Zahlen
im gegebenen Fall empirischen Sinn haben, kann man vier Meßniveaus
bzw. Typen von Skalen (Variablen) unterscheiden, nämlich Nominal-,
Ordinal-, Intervall- und Ratioskalen.

Nominalskalen. Die grundlegendste und zugleich simpelste Operation
in jeder Wissenschaft ist die der Klassifizierung oder Klassifikation. Klassifizieren bedeutet Einordnen von Objekten oder Ereignissen in Klassen oder Kategorien im Hinblick auf eine bestimmte
Dimension. Alle anderen Meßoperationen, gleichgültig wie präzise
sie sind, schließen die Klassifizierung als Minimaloperation ein.
Nominalskalen, auch qualitative Klassifikationen genannt, bestehen
lediglich aus einem Satz rangmäßig nicht geordneter Kategorien;
sie repräsentieren das niedrigste Meßniveau.

Für Nominalskalen ist konstitutiv, daß die Kategorien *vollständig*
sind (d.h. alle Fälle einschließen) und sich *gegenseitig ausschlie-
ßen* (d.h. kein Fall darf in mehr als eine Kategorie gelangen). Beispielsweise ist die Variable Geschlechtszugehörigkeit eine nominale
Variable oder Nominalskala: Personen können entweder der Kategorie
männlich oder der Kategorie weiblich zugeordnet werden; keine Per-

son kann beiden Kategorien zugeordnet werden. Weitere Beispiele
solcher Alternativklassifikationen sind berufstätig/nicht berufstätig, unter 18 Jahre alt/18 Jahre oder älter, Ja-/Nein-Antworten.
Die Variablen können beliebig viele Ausprägungen oder Kategorien
haben, z.B. Berufsstatus: Arbeiter/ Angestellter/ Beamter/ Selbständiger, oder Nationalität: Belgier/ Brite/ Franzose/ Italiener/
sonstige Nationalität/ keine Nationalität. (Hat eine Variable zwei
Ausprägungen, so spricht man von einer dichotomen (zweiteiligen,
zweistufigen) Variablen oder *Dichotomie*, hat sie drei Ausprägungen,
von einer trichotomen (dreistufigen) Variablen oder *Trichotomie*,
generell bei mehr als zwei Ausprägungen, von einer polytomen (mehr-
stufigen) Variablen oder *Polytomie*.)

Wenn die Kategorien vollständig sind und sich gegenseitig aus-
schließen, sind die minimalen Voraussetzungen für die Anwendung bestimmter statistischer Verfahren gegeben. Die Benennung der Kategorien kann willkürlich sein oder der Konvention folgen; man benötigt
dafür keine Zahlen, sondern nur eindeutige Zeichen. Diese können
natürlich auch Zahlen sein, ebensogut aber auch Buchstaben, Wörter
oder geometrische Figuren. Zahlen werden hier nur in ihrer Zeichen-
funktion zugeordnet. Nehmen wir als Beispiel einen internationalen
Sportwettbewerb, dessen aktive Teilnehmer Rückennummern tragen,
etwa die Teilnehmer der Nation A die Nummern 1 bis 17, die Teilnehmer der Nation B die Nummern 18 bis 43, die Teilnehmer der
Nation C die Nummern 44 bis 57 und so weiter. Normalerweise implizieren diese Zahlen weder eine Rangordnung der Nationen noch eine
Rangordnung der teilnehmenden Sportler; sie sind nichts weiter als
Namen, die Kategorien bezeichnen bzw. der Identifizierung der Akti-
ven dienen. Wenn Zahlen lediglich dem Zweck dienen, Kategorien voneinander zu unterscheiden, ist es nicht sinnvoll, sie den üblichen
arithmetischen Operationen zu unterwerfen. Die Rückennummern von
Sportlern oder die Nummern von Autoschildern, Personalausweisen,
Hotelzimmern usw. zu addieren, wäre offensichtlicher Unsinn.

Ordinalskalen. Häufig ist es möglich, Objekte im Hinblick auf den
Grad, in dem sie eine bestimmte Eigenschaft besitzen, zu ordnen,
obwohl wir nicht genau wissen, in welchem Maße sie diese Eigen-

schaft besitzen. In solchen Fällen kann man sich die Objekte auf einem Kontinuum angeordnet vorstellen, auf dem sie unterschiedliche Positionen einnehmen. Familien oder Individuen können z.B. danach klassifiziert werden, ob sie der Unterschicht, Mittelschicht oder Oberschicht angehören. Gleichermaßen können wir Personen danach klassifizieren, ob sie sehr oft, oft, selten oder nie ins Theater gehen oder ob sie mit ihrer Arbeit sehr zufrieden, eher zufrieden, eher unzufrieden oder sehr unzufrieden sind.

Diese Art des Messens hat offensichtlich ein höheres Niveau als nominales Messen, denn wir sind nicht nur in der Lage, Objekte in separate Kategorien einzuordnen, sondern die Kategorien rangmäßig zu ordnen. Ordinales Messen informiert jedoch nicht über die Größe der Differenzen zwischen den Kategorien. Beispielsweise wissen wir von drei rangmäßig geordneten Kategorien A, B und C lediglich, daß A größer (oder kleiner) ist als B und C; wir wissen nicht, wieviel. Wir wissen ebenfalls nicht, ob die Differenz zwischen A und B größer oder kleiner ist als die zwischen B und C.

Wenn wir den Kategorien ordinaler Variablen Zahlen zuordnen, dann müssen diese zur Rangordnung der Kategorien korrespondieren. Nehmen wir als Beispiel die Variable Schichtzugehörigkeit. Wir können der Kategorie Unterschicht die Zahl 1, der Kategorie Mittelschicht die Zahl 2 und der Kategorie Oberschicht die Zahl 3 zuweisen. Wir können den Kategorien ebensogut die Zahlen 1, 5, 28 oder die Zahlen 56, 57, 1001 zuordnen, weil bei Ordinalskalen die Größe der Differenzen zwischen den Kategorien unbekannt ist. Daraus folgt, daß wir nicht ohne weiteres die Operationen der Addition, Subtraktion, Multiplikation und Division auf die zugeordneten Zahlen anwenden können. Ordinale bzw. Rangzahlen indizieren eine Rangordnung, nichts mehr.

Intervall- und *Ratioskalen.* Im engeren Sinn des Begriffs wird der Ausdruck Messen häufig (unzutreffend) nur in den Fällen angewandt, in denen Objekte nicht nur nach Maßgabe des Grades, in dem sie eine bestimmte Eigenschaft besitzen, geordnet werden können, sondern auch die exakten Abstände zwischen ihnen angegeben werden

können. Wenn das möglich ist, spricht man von einer *Intervallskala*.
Hat eine Skala alle Eigenschaften einer Intervallskala und über-
dies einen absoluten (invarianten) Nullpunkt, so ist sie eine
Ratioskala, auch Verhältnisskala genannt.

Dimensionen, die mit Skalen gemessen werden, bei denen die Distanz
zwischen den Skalenpositionen 0 und 1, 1 und 2, 2 und 3 usw. gleich
sind, werden häufig Intervallvariablen (oder metrische Variablen)
und die erlangten Daten intervallskalierte (oder metrische) Daten
genannt. Diese Bezeichnungen bringen die sog. Äquidistanz der
Intervalle zum Ausdruck. So ist z.B. die Entfernung von einem Kilometer stets dieselbe Distanz, gleichgültig ob es sich um den ersten
oder letzten Kilometer einer Reise handelt. Gleicherweise ist die
Differenz zwischen 110 und 100 Mark dieselbe wie die Differenz
zwischen 1010 und 1000 Mark oder die zwischen 10 und 20 Mark. In
beiden Fällen, Kilometer und Mark, ist der Abstand zwischen nebeneinanderliegenden Werten an jedem Ort der Skala gleich.

Der mit der Erreichung metrischen Meßniveaus verbundene Vorteil
besteht darin, daß die elementaren Rechenoperationen der Addition,
Subtraktion, Multiplikation und Division sinnvoll auf die Differenzen zwischen den Meßwerten angewendet werden können.

Bei Intervallskalen gibt es zwei willkürliche Momente, nämlich die
Wahl der Intervallgröße (Maßeinheit) und die Wahl des Nullpunktes.
Beispielsweise ist unsere Kalenderrechnung eine Intervallskala,
deren Einheit ein Jahr (oder zwölf Monate) und deren Nullpunkt das
Geburtsjahr Christi (nicht etwa das Geburtsjahr Mohammeds) ist.
Die Eigenschaften von Intervallskalen werden gewöhnlich am Bei-
spiel der Temperaturmessung illustriert. Betrachten wir dazu die
folgenden drei Skalen:

	Temperaturskala nach		
	Celsius	Fahrenheit	Kelvin
Gefrierpunkt des Wassers	0^{0}	32^{0}	273^{0}
Siedepunkt des Wassers	100^{0}	212^{0}	373^{0}

Die Verhältnisse der Temperatur*differenzen* (Intervalle) sind unabhängig von der Einheit der Skala und der Lage des Nullpunktes. Der Gefrierpunkt des Wassers (nicht der Gefrierpunkt des Äthylalkohols) liegt auf der Celsiusskala bei 0° und der Siedepunkt bei 100°, auf der Fahrenheitskala bei 32° und 212°. Wenn wir dieselben Temperaturen auf beiden Skalen ablesen, erhalten wir z.B.

C	0°	10°	30°	100°
F	32°	50°	86°	212°

Das Verhältnis der Differenzen zwischen den Temperaturwerten der einen Skala ist gleich dem Verhältnis der entsprechenden Differenzen der anderen Skala. Auf der Celsiusskala ist z.B. das Verhältnis der Differenzen zwischen 30 und 10 und zwischen 10 und 0 gleich

$\frac{30 - 10}{10 - 0} = 2$, und auf der Fahrenheitskala $\frac{86 - 50}{50 - 32} = 2$.

Es wäre allerdings nicht sinnvoll zu sagen, daß es bei einer Temperatur von 10° C halb so warm sei wie bei 20° C. Das leuchtet sofort ein, wenn man die Celsiuswerte in Fahrenheitwerte transformiert: 20° C entsprechen 68° F, und 10° C entsprechen 50° F. Zwar ist $10/20 = .5$, aber $50/68 = .74 \neq .5$. Es hat also keinen Sinn, hier Verhältnisse (Quotienten) zu bilden. Das ist erst sinnvoll beim höchstwertigen Skalentyp, der Ratioskala.

Wenn, wie erwähnt, eine Skala alle Eigenschaften der Intervallskala und außerdem einen invarianten Nullpunkt hat, dann ist sie eine *Ratioskala* (Verhältnisskala). Beispiele für Ratioskalen sind das Lebensalter, das Einkommen, die Kelvinsche Temperaturskala (mit dem absoluten Nullpunkt bei -273° C), die Körperlänge und das Körpergewicht. Auch die Skala der Kardinalzahlen ist eine Ratioskala, jene Skala, die wir benutzen, um Individuen, Objekte oder Ereignisse zu zählen, z.B. die Anzahl der Personen des Haushalts, die Anzahl eigener Bücher oder die Anzahl der Verwandtenbesuche. (Die auf Abzählen basierende Skala wird auch *absolute Skala* genannt, weil sie im Unterschied zur Ratioskala keine willkürlich festgesetzte, sondern eine absolute Maßeinheit hat.) Ein Schüler, der 30 kg wiegt, ist halb so schwer wie ein Schüler, der

60 kg wiegt, und ein Vierpersonenhaushalt ist doppelt so groß wie
ein Zweipersonenhaushalt.

Für viele Analysezwecke ist die Unterscheidung von Intervall- und
Ratioskalen entbehrlich, weil die meisten statistischen Verfahren,
die eine Äquidistanz der Intervalle voraussetzen, keinen absoluten
Nullpunkt verlangen. Beispielsweise setzt kein in diesem Buch be-
handeltes Verfahren eine Ratioskala voraus. Aus diesem Grunde werden intervall- und ratioskalierte Daten häufig nicht unterschieden,
sondern kurz *metrische*, manchmal auch *quantitative* Daten genannt.

Die vier verschiedenen Meßniveaus bzw. Skalentypen bilden aufgrund
der ihnen eigentümlichen Eigenschaften selber eine kumulative
Skala. Die Ordinalskala besitzt alle Eigenschaften der Nominalskala plus Ordinalität der Kategorien; die Intervallskala besitzt
alle Eigenschaften der Ordinalskala plus Äquidistanz der Intervalle; die Ratioskala schließlich - sieht man von der absoluten
Skala ab - repräsentiert das höchste Meßniveau, da sie nicht nur
gleiche Intervalle, sondern auch einen invarianten Nullpunkt hat.

Die kumulative Hierarchie der Skalen erlaubt es jederzeit, bei der
statistischen Analyse der Daten eine oder mehrere Stufen zurückzugehen. Denn wenn wir z.B. eine Intervallskala haben, haben wir
stets auch eine Ordinalskala und eine Nominalskala, und wenn wir
eine Ordinalskala haben, haben wir stets auch eine Nominalskala.
Daher ist es beispielsweise möglich, in der statistischen Analyse
intervallskalierte Daten wie ordinalskalierte Daten zu behandeln.
Wir nehmen allerdings einen Informationsverlust hin, wenn wir von
dieser Möglichkeit Gebrauch machen. Beispiel: Wenn A ein Einkommen
von 2000 Mark und B ein Einkommen von 3000 Mark hat und nur die
Information ausgewertet wird, daß B mehr als A verdient, verzichtet
man auf die verfügbare Information, daß die Differenz 1000 Mark
beträgt. Im allgemeinen ist es deshalb von Vorteil, das erzielte
Meßniveau bzw. den Informationsgehalt der Daten nicht zu "ver-
schenken". Wenn wir den umgekehrten Weg gehen und z.B. ordinalskalierte Daten wie intervallskalierte Daten behandeln, müssen
wir uns darüber im klaren sein, daß dieser Schritt nicht durch die

arithmetischen Operationen, die wir durchführen, legitimiert wird.
Vielmehr setzt die Anwendung bestimmter Verfahren schon voraus,
daß ein bestimmtes Meßniveau erreicht wurde. Wie erwähnt, sind die
üblichen arithmetischen Operationen nur bei Intervall- und ratio-
skalierten (bei metrischen bzw. quantitativen) Daten sinnvoll.
Andererseits sind gerade nominales und ordinales Messen die am
häufigsten erreichten Typen in der empirischen Sozialforschung.
Infolgedessen kommt jenen Methoden und Maßzahlen, die für nominale
und ordinale Daten konzipiert wurden, in der Analyse sozialwissenschaftlicher Daten eine besondere Bedeutung zu.

Der oben als nicht ohne weiteres legitimiert bezeichnete, in der
sozialwissenschaftlichen Forschung aber häufig vorkommende Fall der
Behandlung ordinaler Skalen wie Intervallskalen ist keineswegs un-
problematisch und unumstritten.[1] Es lassen sich jedoch gute Gründe
für die Praxis anführen, unter bestimmten Bedingungen ordinalen
Variablen Intervallskalenniveau zu unterstellen. WEEDE (1977, S.1)
beschreibt seine diesbezügliche Auffassung, die wir teilen, so:

"In der Forschungspraxis hat man es oft mit Variablen zu tun,
die im strengen Sinne nur als Ordinalskalen bezeichnet werden
können. Dennoch ist es meist sinnvoll so zu tun, als ob diese
Ordinalskalen Intervallskalen wären. Das gilt besonders, wenn
die Ordinalskalen viele Kategorien haben. Problematisch sind
neben Skalen mit wenigen Kategorien auch solche mit asymmetrischen Verteilungen."

OPP und SCHMIDT (1976, S.35) nehmen in einer Diskussion dieser
Frage als Beispiel eine ordinale Variable mit den Ausprägungen
(1) sehr niedrig, (2) niedrig, (3) mittel, (4) hoch und (5) sehr
hoch, um dann zu schildern, was Sozialwissenschaftler üblicherweise tun:

---

1) Siehe den informativen Aufsatz von Klaus R. ALLERBECK (1978)
über "Meßniveau und Analyseverfahren - Das Problem 'strittiger
Intervallskalen'". Der Autor plädiert dafür, nicht ohne Not
auf ordinale Verfahren der Analyse auszuweichen, sondern die
in "strittigen Intervallskalen" enthaltenen Informationen
"voll auszuschöpfen" (S.212).

"Wir ordnen ... den Werten (dieser Variablen) Zahlen zu und
rechnen mit diesen Zahlen so, als ob es sich um 'normale'
Zahlen und nicht nur um Rangplätze handelt. Dieses Verfahren
ist - strenggenommen - unzulässig. Der Grund ist, ... daß die
Abstände zwischen den Zahlen 1 bis 5 nicht definiert sind,
so daß es - grob gesprochen - nicht sinnvoll ist, mit diesen
Zahlen zu rechnen. Es wäre jedoch möglich, daß sich zutreffende Aussagen ergeben, wenn man den Werten ordinaler Variablen
bestimmte Zahlen zuordnet und die Variablen wie quantitative
Variablen behandelt. Wenn man also vermutet, daß das 'Rechnen'
mit ordinalen Variablen zu empirisch zutreffenden Aussagen
führt, dann erscheint es sinnvoll, in der oben beschriebenen
Weise zu verfahren. Dies gilt insbesondere dann, wenn die
ordinalen Variablen nicht 'allzu weit' von quantitativen
Variablen 'entfernt' sind. So sind zwar die Abstände zwischen
den Ausprägungen (1) bis (5) nicht definiert. Es erscheint
jedoch nicht unplausibel, davon auszugehen, daß die Abstände
'in etwa' gleich sind."

In einer Fußnote zu diesen Ausführungen empfehlen OPP und SCHMIDT,
der Furcht vor mathematischen bzw. statistischen "Sünden" mit der
Formulierung und Überprüfung empirisch sinnvoller Hypothesen zu
begegnen. Daß die Vermutung des Intervallskalenniveaus am ehesten
gerechtfertigt ist, wenn sich die erlangten Ergebnisse wider-
spruchsfrei in einen weiteren theoretischen Kontext einordnen
lassen, begründet BORTZ (1979, S.30 und 32) wie folgt:

"Sozialwissenschaftliche Messungen sind ... im allgemeinen
besser als reine ordinale Messungen, aber schlechter als
Messungen auf Intervallskalen ... Für die praktisch-stati-
stische Arbeit sollte dies jedoch nicht bedeuten, daß
statistische Verfahren, die höhere Anforderungen an die
Skalenqualität der Daten stellen, überhaupt nicht angewandt
werden können. Wurde ein Datenmaterial erhoben, bei dem vermutet werden kann, daß die Skalenqualität im Bereich zwischen
Ordinal- und Intervallskala liegt (und dies sind die häufigsten Problemfälle), bleibt es dem Untersucher überlassen,
anzunehmen, daß ... eine Intervallskala vorliegt. Ist diese
Hypothese falsch, wird man schwerlich damit rechnen, daß
statistische Auswertungen der Messungen zu Ergebnissen führen, die plausibel und sinnvoll sind. Unsinnige und wider-
sprüchliche Ergebnisse können deshalb ein guter Indikator
dafür sein, daß die Skalenqualität der Daten falsch einge-
schätzt wurde. Lassen sich die Ergebnisse hingegen problem-
los in einen breiteren, theoretischen Kontext eingliedern,
besteht keine Veranlassung, am Intervallskalencharakter der
Daten zu zweifeln."

Angesichts der Situation, daß das Problem der Behandlung von Ordinalskalen bis jetzt noch nicht annähernd befriedigend gelöst ist,

geben HUMMELL und ZIEGLER (1976, Bd.1, S.E92) den Ratschlag H. M.
BLALOCKs weiter, "bei der Analyse von Ordinalskalen verschiedene
Verfahren anzuwenden, um festzustellen, welche Ergebnisse sich
unabhängig von der gewählten Methode bestätigen lassen."

1.3 Vom Fragebogen zur Datenmatrix

In diesem Abschnitt soll anhand empirischer Daten erläutert werden,
wie man vom Fragebogen zur Datenmatrix gelangt. Dabei ist nicht be-
absichtigt, Prinzipien und Verfahren der Erhebung, Codierung, Übertragung und Strukturierung sozialwissenschaftlicher Daten erschöp-
fend zu behandeln. Ziel ist vielmehr, die Entstehung und den Aufbau
einer aus aktuellen Befragungsdaten gebildeten Matrix möglichst
genau zu beschreiben, einer Datenmatrix, auf die wir immer wieder
zurückgreifen werden, um die darzustellenden Analyseverfahren der
beschreibenden uni- und bivariaten Statistik mit realen statt fiktiven Daten zu illustrieren.

1.3.1 DIE HERKUNFT DER DATEN

Die Daten, die hier als Beispielmaterial dienen sollen, wurden im
Jahre 1980 bei einer Befragung von 499 männlichen Bediensteten
(Arbeitern, Angestellten und Beamten) der Verwaltung einer west-
deutschen Großstadt, also Beschäftigten des öffentlichen Dienstes,
erlangt.[1] Die für die Befragung zufallsgesteuert ausgewählten und
schriftlich über die beabsichtigte Untersuchung informierten Beschäftigten fanden sich gruppenweise während der normalen Arbeitszeit in geeigneten Räumen ihrer Dienststellen ein, um dort in
- zurückhaltender - Gegenwart der Sozialforscher, die die Erhebung
organisierten und leiteten, einen 33seitigen Fragebogen (durchschnittliche Bearbeitungszeit: 51 Minuten) auszufüllen. Bei der

---

1) Die Erhebung fand statt im Rahmen eines vom Verfasser konzipierten und von der Deutschen Forschungsgemeinschaft (DFG)
   finanzierten freien wissenschaftlichen Forschungsprojekts,
   das thematisch im Bereich "Arbeitserfahrung und Persönlich-
   keitsentwicklung" angesiedelt ist.

geschilderten Erhebung handelt es sich also um eine schriftliche
Befragung in einer sog. "classroom situation".

Der große Umfang der bei dieser Befragung erlangten Daten (499
Befragte, über 250 Variablen) machte es erforderlich, die Daten-
menge für die hier verfolgten Zwecke zu verkleinern. Um zu einer
überschaubaren und handhabbaren Datenmatrix zu kommen, zugleich
aber genügend Fälle und Variablen für sinnvolle, auch ohne Rechner-
unterstützung berechenbare Demonstrations- und Übungsbeispiele der
uni- und bivariaten Analyse sozialwissenschaftlicher Daten zur Verfügung zu haben, reduzierten wir die Anzahl der Fälle von 499 auf
60 und die Anzahl der Variablen von mehr als 250 auf 75 (siehe
Abbildung 1-2).

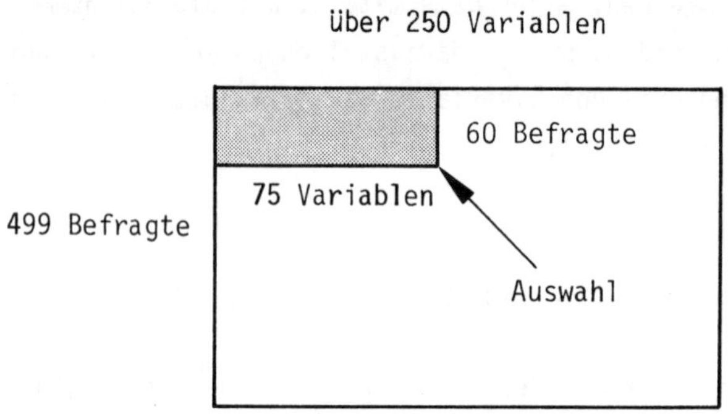

über 250 Variablen

Abbildung 1-2: Die Reduktion des Datensatzes

Da die Daten in Form einer gespeicherten SPSS-Datei zur Verfügung
standen, wurde die *Auswahl der Fälle* mit der SPSS-Prozedur SAMPLE
bewerkstelligt, die Zufallsstichproben vorgegebenen Umfangs aus
einer Menge gegebener Fälle zieht. Auf diese Weise wurden je 20
Arbeiter, Angestellte und Beamte aus der Menge der 499 Fälle ausgewählt, die sich aus 116 Arbeitern, 230 Angestellten und 153
Beamten zusammensetzte.[1]

---

[1] Es sollte klar sein, daß die in zahlreichen Beispielen dieses
    Buches auf der Basis von nur 60 (zudem disproportional ausge-
    wählten) Fällen ermittelten Ergebnisse nicht verallgemeinerungs-
    fähig sind.

Bei der *Auswahl der Variablen* stand die Absicht im Vordergrund,
den Aufbau des Originalfragebogens in dem auf rund ein Drittel
seines Umfangs geschrumpften Auszug erkennen oder doch erahnen
zu lassen, dabei aber gleichzeitig eine Variablenzusammenstellung
zu erhalten, die möglichst viele plausible Datentransformations-
und Analysebeispiele gewährleistete. Dieses Ziel sollte mit den
ausgewählten 75 Variablen erreicht worden sein.

1.3.2   DER FRAGEBOGEN: ORIGINAL UND AUSZUG

Der hier abgedruckte Fragebogen (siehe Anhang A) ist ein wortge-
treuer Auszug aus dem Originalfragebogen "Merkmale und Auswirkungen beruflicher Tätigkeit 1980", den die 499 Befragten bearbeite-
ten. Das heißt, die einleitenden Sätze, die Fragen und Statements,
die Antwortkategorien, die Reaktionsalternativen und die Anleitun-
gen stimmen ebenso wie die Form (das Design) und - bis auf wenige
Ausnahmen - die Reihenfolge der Fragen und Statements mit dem
Original überein. Neu ist lediglich die Durchnumerierung der Fragen von 101 bis 175 (und die zu ihr korrespondierende Benennung
der Variablen von V101 bis V175). Der wesentliche Unterschied
zwischen Originalfragebogen und Fragebogenauszug besteht folglich
darin, daß der 12seitige Auszug aufgrund weggelassener Fragen und
Fragenkomplexe erheblich kürzer ist als das 33seitige Original.
Sollte der Leser beim Durchblättern des Fragebogens den Eindruck
gewonnen haben, daß es sich bei ihm um ein ungeschickt aufgebautes
oder schlecht komponiertes Exemplar handelt, dann hoffentlich nur
aus diesem Grund.

Bevor wir auf Einzelheiten der Codierung (Verschlüsselung) und
Übertragung der Fragebogendaten auf Lochkarten eingehen, wollen
wir uns einen kurzen Überblick über den Inhalt des Fragebogens
verschaffen. (Wenn nachfolgend vom Fragebogen die Rede ist, ist
stets der in Anhang A abgedruckte Fragebogenauszug gemeint.)

1.3.3   ZUM INHALT DES FRAGEBOGENS

Der Fragebogen beginnt auf Seite 3 mit sechs Fragen (101 bis 106)
einer Skala zur Messung des individuellen Dispositions- und Ent-
scheidungsspielraums (engl. decision latitude). Daran schließen
fünf Fragen (107 bis 111) einer Skala an, die über das Ausmaß des
Gebrauchs von Fertigkeiten (engl. utilization of skills) informiert, gefolgt von sechs Fragen (112 bis 117) einer Skala, mit
der das Ausmaß psychischer Jobanforderungen (engl. job demands)
gemessen wird. Auf Seite 5 des Fragebogens finden sich zwei Items
(118 und 119), mit denen man zum Ausdruck bringen kann, wie gesund und arbeitsfähig man sich zur Zeit fühlt (engl. current
health) und wieviel Schwung und Energie man zur Zeit in sich ver-
spürt (engl. current energy level). Auf Seite 6 wird der Befragte
gebeten, seine Zufriedenheit mit bestimmten Facetten seines Beschäftigungsverhältnisses (120 bis 126) und seine das Beschäftigungsverhältnis betreffende Zufriedenheit alles in allem (127)
auszudrücken. Es folgen auf Seite 7 fünf Fragen (128 bis 132)
einer Skala zur Messung der allgemeinen Jobzufriedenheit (engl.
facet-free job satisfaction). Daran schließen zehn Items (133
bis 142) einer Skala an, mit der depressive Zustände bei der
Arbeit (engl. job depression) erfaßt werden, gefolgt von einer
Gesichter-Skala (engl. faces scale), mit der man ausdrücken kann,
wie man sich bei der Arbeit fühlt (143). Die zehn auf Seite 9
folgenden Statements (144 bis 153) sind Items einer Skala zur
Messung des Selbstwertgefühls und der eigenen Kompetenz (engl.
self-esteem). Mit zwei weiteren Skalen wird die Lebenszufriedenheit gemessen; zum einen mit acht (154 bis 161) bipolaren Eigen-
schaftswörtern und Wendungen (engl. specific life satisfaction),
zum andern mit zwei Fragen (162 und 163) danach, wie glücklich
und zufrieden man ist (engl. general life satisfaction). Der
Fragebogen endet mit einigen - wie man es mitunter Befragten
gegenüber formuliert - Fragen zur Statistik (164 bis 175), deren
letzte auf die Zufriedenheit mit dem beruflich Erreichten zielt.

Nicht weniger als 52 der 75 Variablen des Fragebogens sind als
sog. *Items* (eine aus dem Englischen übernommene allgemeine Be-

zeichnung für Fragen, Statements, Adjektivpaare usw.) Bestandteile sog. *Skalen* zur Messung bestimmter Sachverhalte und Befind-
lichkeiten: des Dispositionsspielraums (6 Items), des Gebrauchs
von Fertigkeiten (5 Items), der Jobanforderungen (6 Items), der
Jobzufriedenheit (5 Items), der Jobdepression (10 Items), des
Selbstwertgefühls (10 Items) und der Lebenszufriedenheit (8 und
2 Items). Wir werden in Abschnitt 1.3.6.3 sehen, wie man diese
aus mehreren Items bestehenden Meßinstrumente oder Skalen bildet.

Hier soll nur erwähnt werden, daß die genannten Skalen von vielen
Forschern und Instituten in einschlägigen Untersuchungen eingesetzt wurden, weshalb man sie vielleicht nicht als prominent,
sicherlich aber als erprobt und eingeführt bezeichnen kann. Einige
dieser Skalen wurden immer wieder in Untersuchungen des Survey
Research Center des Institute for Social Research (ISR) der University of Michigan verwendet, teilweise sogar dort entwickelt
oder durch Neuformulierung, Eliminierung oder Neuaufnahme gewisser
Items weiterentwickelt; sie sind deshalb eng mit dem Namen dieses
Instituts und den Namen der dort tätigen Forscher verbunden.[1]

Andere Meßinstrumente sind mehr oder weniger eng mit den Namen der
Autoren, die sie vorschlugen, verknüpft, so die in unserem Fragebogen enthaltene Selbstwertgefühl-Skala von Morris ROSENBERG
(1965) und die auf CAMPBELL, CONVERSE und RODGERS (1976) zurückgehende Lebenszufriedenheits-Skala zur kognitiven Beschreibung
und emotionalen Bewertung des eigenen Lebens.

Mit dem Namen ihres "Erfinders" KUNIN (1955) ist auch die sog.
Gesichter-Skala verbunden. Bei diesem Instrument - wie übrigens

---

1) Über einige der hier erwähnten Skalen des ISR informieren u.a.
   die folgenden Forschungsberichte: Robert P. QUINN, Effectiveness in Work Roles: Employee Responses to Work Environments,
   Band I und II, Survey Research Center, Institute for Social
   Research, The University of Michigan, Ann Arbor, Michigan,
   1977, sowie: Robert P. QUINN und Graham L. STAINES, The 1977
   Quality of Employment Survey, Survey Research Center, Institute
   for Social Research, The University of Michigan, Ann Arbor,
   Michigan, 1979.

auch bei den Variablen V118, V119 und V175 - hat die Bezeichnung
Skala durchaus alltagssprachliche Bedeutung. In den Sozialwissenschaften spricht man normalerweise erst bei einem Mehr-Item-Instru-
ment (engl. multi-item measure im Gegensatz zu einem single-item
measure) von einer Skala, im engeren Sinn sogar erst dann, wenn
bei der Skalenkonstruktion bestimmte Prinzipien (vor allem bei der
Itemformulierung und -auswahl) beachtet wurden und bestimmte Gütekriterien (vor allem der Validität und Reliabilität) als erfüllt
gelten können.[1] Ansonsten spricht man bei der Kombination mehrerer
Items lediglich von einem *Index*.

Da sämtliche Skalen unseres Fragebogens aus dem angelsächsischen
Sprachbereich stammen, haben wir oben stets auch die englischen
Bezeichnungen angegeben.

1.3.4 ZUR CODIERUNG UND ÜBERTRAGUNG DER FRAGEBOGENDATEN

Wie bei empirischen Untersuchungen des hier betrachteten Typs
üblich, war schon bei der Konstruktion des Fragebogens berücksichtigt worden, daß die Daten im Anschluß an die Erhebung auf Lochkarten (Datenkarten) übertragen werden würden. Das heißt, es war
schon vor der Datenerhebung festgelegt worden, wie (mit welchem
Code) und wo (in welcher Spalte welcher Lochkarte) ein bestimmtes
Datum abzulochen sei. Die Daten der ausgefüllten Fragebögen konnten infolgedessen ohne große Mühe und ohne besondere Zwischenschritte abgelocht werden. (Das gilt jedenfalls für die Daten
des hier abgedruckten Fragebogenauszugs. Der Originalfragebogen
enthielt auch einige offene Fragen, z.B. nach der beruflichen
Tätigkeit, für die erst nach der Erhebung Codierschemata entwickelt
werden konnten, die dann zur Codierung der Angaben herangezogen
wurden.)

---

1) Über "Gütekriterien der Messung" siehe etwa Kapitel 4 des vor-
   züglichen Lehrbuches von Rainer SCHNELL, Paul B. HILL und Elke
   ESSER, Methoden der empirischen Sozialforschung, 4. Aufl.,
   München 1993.

Dem Leser wird schon aufgefallen sein, daß der hier abgedruckte
Fragebogen (siehe Anhang A) ausgefüllt ist und die auf seinem
Deckblatt befindlichen Kästchen handschriftlich eingetragene
Zahlen enthalten. Bei diesen Eintragungen handelt es sich keines-
wegs um fiktive, sondern - bis auf die Deckblatteintragungen - um
wirkliche Angaben eines ausgewählten Befragungsteilnehmers. Mit
Bezug auf diesen Befragungsteilnehmer, den wir *Sechzig* nennen wol-
len, und am Beispiel seiner Angaben, die auf zwei Lochkarten abge-
locht wurden (siehe Abbildung 1-3), läßt sich leicht zeigen, wie
Befragungsdaten typischerweise codiert (verschlüsselt) und auf
Lochkarten übertragen werden. Dabei ist es im Grunde gleichgültig,
ob die Daten mit Hilfe eines Lochers auf Lochkarten und dann via

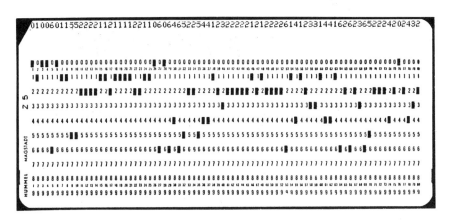

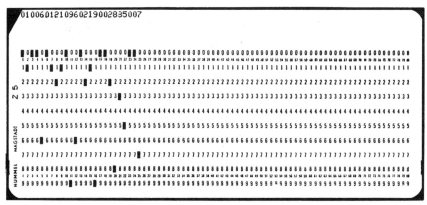

Abbildung 1-3: Datenkarten mit den Kartennummern 1 und 2 (Spalte 8)
des Befragten mit der Identifikationsnummer 0060
(Spalte 3-6)

Lochkartenleser in den Computer eingelesen werden, oder ob die
Daten mit Hilfe der Tastatur eines Bildschirmterminals oder
Personal Computers direkt eingegeben und auf eine Magnetplatte
des Rechners übertragen werden. Jedenfalls berührt der etwas
längere Weg über die Lochkarte nicht die Logik des Vorgehens.

Betrachten wir zunächst das Deckblatt des Fragebogens, dessen
Kästchen mit Buchstaben folgender Bedeutung beschriftet sind:

> U = Untersuchungsnummer
> I = Identifikationsnummer
> W = (Erhebungs-)Wellennummer
> K = Kartennummer

Die Zuweisung einer Untersuchungsnummer (hier 01) ist in vielen
Fällen entbehrlich, etwa dann, wenn zu einem bestimmten Zeitpunkt
an einem bestimmten Ort nicht mehr als eine Untersuchung durchgeführt wird und infolgedessen nicht zu befürchten ist, daß Lochkarten verschiedener Untersuchungen durcheinander geraten.

Gleichermaßen entfällt die Zuweisung einer Erhebungswellennummer
(hier 1), wenn nur eine einzige Erhebung vorgesehen ist, eine sog.
Querschnittuntersuchung, also keine *Längsschnittuntersuchung* mit
wiederholter Befragung derselben Personen in einer zweiten, dritten usw. Erhebungswelle.

Unverzichtbar ist hingegen die Zuweisung einer Identifikationsnummer (Fallnummer) und, sofern mehrere Lochkarten pro Fall zur
Ablochung der Daten benötigt werden, die Zuweisung von Kartennummern. Identifikations- und Kartennummern haben die Funktion
der eindeutigen Zuordnung der Lochkarte(n) eines Falles zu den
Fragebogendaten dieses Falles.

Bei der hier betrachteten Untersuchung wurden die ersten acht
Spalten einer jeden Lochkarte für die Ablochung der genannten vier
Nummern reserviert, davon vier Spalten für die Identifikations-
nummer und eine Spalte für die Kartennummer, was die maximale Zu-

weisung von 9999 Identifikationsnummern und die von 9 Lochkarten
pro Fall erlaubt hätte. Der uns hier als Beispiel dienende Fall
hat die Identifikationsnummer 0060 (daher die Namengebung *Sechzig*), und die Daten dieses Falles wurden auf zwei Lochkarten abgelocht.

Aus Abbildung 1-3 geht hervor, daß die Lochungen der ersten sieben
Spalten beider Lochkarten des Befragten *Sechzig* mit den Eintragungen auf dem Deckblatt seines Fragebogens übereinstimmen und daß
bei der ersten Lochkarte in Spalte 8 die Zahl 1, bei der zweiten
die Zahl 2 gelocht wurde. Jenseits dieser für die genannten Zwecke
reservierten acht Spalten sind bei der ersten Lochkarte die Spalten 9 bis 80 und bei der zweiten Lochkarte die Spalten 9 bis 25
gelocht, also insgesamt 89 Spalten. Wir wissen aber, daß unser
Fragebogen nur 75 Variablen umfaßt. Der über 75 hinausgehende
Spaltenbedarf resultiert aus der Tatsache, daß einige Variablen
mehr als eine Spalte für die Ablochung ihrer Werte verlangen, also
- wie man sagt - mehrspaltige oder mehrstellige Variablen sind,
nämlich die Variablen V118 und V119 (zweispaltig), V164 und V165
(dreispaltig), V168 und V170 (vierspaltig) sowie V171 und V175
(zweispaltig).

Welche Lochkartenspalten welchen Variablen zugeordnet sind, ergibt
sich aus dem Fragebogen. Jenseits der am rechten Rand einer jeden
Fragebogenseite gezogenen senkrechten Linie ist angegeben, welche
Spalte(n) für die Ablochung der Ausprägungen einer jeden Variablen
vorgesehen wurde(n). So ist beispielsweise der Variablen V101 die
Spalte 9 der ersten Lochkarte zugeordnet, der Variablen V102 die
Spalte 10, der Variablen V103 die Spalte 11 usw. Den zweispaltigen
Variablen V118 und V119 sind die Spalten 26 - 27 und 28 - 29 zuge-
ordnet, den dreispaltigen Variablen V164 und V165 die Spalten
74 - 76 und 77 - 79 usw.

Die letzte auf Lochkarte 1 abgelochte Variable ist die Variable
V166 (in Spalte 80). Daß die Übertragung der Daten auf Lochkarte 2
fortgesetzt wird, ist auf Seite 11 des Fragebogens am rechten Rand
mit K2 angedeutet. Die erste auf Lochkarte 2 abgelochte Variable

ist die Variable V167 (in Spalte 9), die letzte die zweispaltige
Variable V175 (in den Spalten 24 - 25).

Während die Vercodung der einspaltigen Variablen unmittelbar einsichtig ist, verlangt die Vercodung der mehrspaltigen Variablen
einige Erläuterungen, die wir am Beispiel des Befragten *Sechzig*
geben wollen. Wie dessen Angaben bei den acht mehrspaltigen Variablen abgelocht wurden, geht (außer aus Abbildung 1-3) aus der
folgenden Aufstellung hervor:

Variable	Lochkarte	Spalten	Lochung
V118	1	26-27	06
V119	1	28-29	06
V164	1	74-76	420
V165	1	77-79	243
V168	2	10-13	0960
V170	2	15-18	1900
V171	2	19-20	28
V175	2	24-25	07

Was die Variablen V118, V119 und V175 betrifft, so ist lediglich
zu sagen und zu beachten, daß ihre Werte rechtsbündig abgelocht
wurden. Bei den Variablen V164, V165 und V168 muß man wissen, daß
die Angaben der Befragten in Monaten (in der Zeiteinheit Monat)
vercodet wurden, bei der Variablen V168 sogar mit einer Dezimal-
stelle (mit einer Stelle nach dem Komma).

Dem Fragebogen, Seite 11, ist zu entnehmen, daß der Befragte *Sechzig* die Dauer seiner Berufstätigkeit (V164) mit 35 Jahren, die
Dauer seiner derzeitigen Tätigkeit (V165) mit 20 Jahren und 3
Monaten sowie die Dauer der zur Erlernung und Beherrschung seiner
Tätigkeit erforderlichen Zeit (V168) mit 8 Jahren angegeben hat.
Die Vercodung dieser Angaben in Monaten macht bei allen drei Variablen eine simple Umrechnung erforderlich, nämlich die Multiplikation der Jahre mit 12. Für den Befragten *Sechzig* erhalten wir
folgende Zahlenwerte:

Variable	Wert
V164	$35 \times 12 \qquad = 420$
V165	$20 \times 12 + 3 = 240 + 3 = 243$
V168	$8 \times 12 \qquad = 96$

Da es Tätigkeiten gibt, die man in kürzester Zeit, unter Umständen
in wenigen Tagen erlernen und beherrschen kann, wurde die erforderliche Lernzeit in einer Weise vercodet, die es erlaubte, die Angaben in Zehnteln eines Monats festzuhalten (1/10 Monat = 3 Tage). Da
es andererseits Tätigkeiten gibt, die 100 und mehr Monate Lernzeit
erfordern, ergab sich ein Bedarf von vier Spalten zur Ablochung der
erforderlichen Lernzeit - vier (nicht fünf) Spalten deshalb, weil
das Komma (bei SPSS der Dezimal*punkt*) nicht mit abgelocht werden
muß. Beim Befragten *Sechzig* war folglich die erforderliche Lernzeit
von 96 Monaten mit 0960 zu vercoden.

Die Variable V170 (Monatliches Nettoeinkommen) wurde in Mark, nicht
etwa in 10 Mark oder 100 Mark vercodet. Letzteres wäre bei den für
die Ablochung des monatlichen Nettoeinkommens vorgesehenen vier
Spalten gegebenenfalls angeraten oder notwendig gewesen, wenn
fünf- oder sechsstellige Einkommensbeträge vorgekommen wären, was
nicht der Fall war.

Von der mit Frage V171 erreichten Information über das Geburtsdatum wurde lediglich das Geburtsjahr als ausreichend genaue
Information übertragen, beim Befragten *Sechzig* das Jahr (19)28.
Es wurde darauf verzichtet, bereits beim Ablochen der Daten das
eher interessierende Lebensalter des Befragten zu errechnen (und
dabei Fehler zu machen). Das Lebensalter läßt sich leichter und
zuverlässiger nachträglich errechnen, zumal mit Hilfe eines
Computers.

Zu erwähnen ist noch, daß besondere Codes für *fehlende Werte*
(engl. missing values) festgelegt wurden, und zwar, je nach Spaltenbedarf der Variablen, die Werte 9, 99, 999 und 9999. Diese
außerhalb des Bereichs möglicher empirischer Werte liegenden Werte

brauchten beim Befragten *Sechzig* nicht zugewiesen zu werden, da
Sechzig keine Angabe vermissen ließ. Im nächsten Abschnitt werden
wir sehen, daß bei einigen wenigen Befragten fehlende Werte auftraten, genau: bei drei von 60 Befragten bzw. bei fünf von 75
Variablen.

1.3.5   DIE MATRIX DER ROHDATEN: DATENMATRIX 1

Sind die Daten aller Fälle auf Lochkarten übertragen, so bedarf es
nur noch ihrer richtigen (rechteckigen) Anordnung, um eine Datenmatrix, die Matrix der Rohdaten, zu erhalten, und zwar nach dem
Schema: Variablen von links nach rechts bzw. nebeneinander, und
Fälle von oben nach unten bzw. hintereinander, was sich mit oder
ohne Computerhilfe bewerkstelligen läßt. Die mit der SPSS-Prozedur
LIST erzeugte Datenmatrix 1 (siehe Anhang B) hätte ebensogut "von
Hand" angefertigt werden können, nämlich durch zeilenweise Auflistung des Inhalts der nebeneinander gelegten beiden Lochkarten
eines jeden Befragten, genauer: durch zeilenweise Auflistung der
Identifikationsnummer eines jeden Befragten und der in den Spalten
9 bis 80 bzw. 9 bis 25 seiner Karten abgelochten Zahlen.

Datenmatrix 1 ist die Matrix aller Rohdaten; sie entspricht genau
der Struktur, die in Abschnitt 1.1 beschrieben wurde. Ihre Zeilen
repräsentieren die (60) Untersuchungseinheiten, ihre Spalten die
(75) Variablen.

Die erste Spalte dieser Matrix weist die Identifikationsnummer
(IDNR) eines jeden der 60 Befragten aus. Die Wiederholung dieser
ersten Spalte auf jedem Fortsetzungsblatt der Datenmatrix dient
dem Zweck, das Auffinden bestimmter Ausprägungen (Werte) zu er-
leichtern und das Verwechseln von Zeilen zu vermeiden. Da die
Reihenfolge der Variablen (V101 bis V175) genau zur Reihenfolge
der Fragebogenfragen (101 bis 175) korrespondiert, ist es ein
leichtes, den jeweiligen Variablenwert eines jeden Befragten zu
identifizieren. Man erkennt auch sofort, welche Variablen ein-
spaltig und welche mehrspaltig sind.

Fehlende Werte, das läßt sich nun aufgrund der Datenmatrix 1 genau
feststellen, weisen lediglich die Variablen V103, V104, V105, V106
(Wert 9) und V170 (Wert 9999) bzw. die Befragten 24, 57 und 58 auf.
Während der Befragte 24 keine Angaben bei den Fragen machte, die
die Möglichkeit der Einflußnahme auf die Durchführung der Arbeit
betreffen (V103 bis V106), gaben die Befragten 57 und 58 keine Aus-
kunft über ihr monatliches Nettoeinkommen (V170). Dies sind die
einzigen fehlenden Werte in Datenmatrix 1. Man beachte, daß z.B.
die häufig auftretenden Neunen bei den zweispaltigen Variablen
V118, V119 und V175 keine fehlenden, sondern empirische Werte sind.
Die Vollständigkeit des Datensatzes, die bei 60 x 75 = 4500 empirischen Werten gegeben gewesen wäre, wurde demnach nur knapp verfehlt, nämlich um nur sechs Werte. Man kann deshalb im vorliegenden Fall von einer nahezu kompletten Datei sprechen.

Als ergänzende und abschließende kurze Beschreibung der in Datenmatrix 1 (siehe Anhang B) aufgelisteten 75 Variablen ist nachfolgend die (mit der SPSS-Datendefinitionsanweisung VARIABLE LABELS
erzeugte) Liste der Variablenetiketten angefügt. Diese Liste stellt
eine Verbindung zwischen dem Fragebogen (siehe Anhang A) und der
Datenmatrix her; sie ist sozusagen ein gemeinsames Inhaltsverzeich-
nis des Fragebogens und der Datenmatrix, das bei der Suche nach
bestimmten Variablen behilflich sein kann.

```
/v101 'In welchem Maße selber bestimmen'
/v102 'Viel Freiheit und Unabhängigkeit'
/v103 'Einfluß auf Pausenregelung'
/v104 'Einfluß auf Zusammenarbeit'
/v105 'Einfluß auf Arbeitsaufteilung'
/v106 'Einfluß auf Reihenfolge der Arbeiten'

/v107 'Gründliche Fachkenntnisse'
/v108 'Besondere Fertigkeiten'
/v109 'Schöpferische Begabung'
/v110 'Stets neue Dinge hinzulernen'
/v111 'Neue Wege finden'

/v112 'Sehr schnell arbeiten'
/v113 'Sehr angestrengt arbeiten'
/v114 'Großes Arbeitspensum erledigen'
/v115 'Unter hohem Zeitdruck arbeiten'
/v116 'Psychisch beanspruchende Arbeit'
/v117 'Hektische Arbeit'
```

/v118 'Wie gesund zur Zeit'
/v119 'Wieviel Schwung und Energie zur Zeit'

/v120 'Zufriedenheit m. d. Arbeit'
/v121 'Zufriedenheit m. d. Arbeitszeitregelung'
/v122 'Zufriedenheit m. d. Sozialleistungen'
/v123 'Zufriedenheit m. d. Bezahlung'
/v124 'Zufriedenheit m. d. Aufstiegsmöglichk.'
/v125 'Zufriedenheit m. d. Arbeitskollegen'
/v126 'Zufriedenheit m. d. Vorgesetzten'

/v127 'Zufriedenh. m. Beschäftigungsverhältnis'

/v128 'Person aus Freundes- oder Bekanntenkreis'
/v129 'Nochmalige Entscheidung über Tätigkeit'
/v130 'Bemühung um anderen Arbeitsplatz'
/v131 'Übereinsti. Tätigkeit - Vorstellungen'
/v132 'Wie zufrieden mit der Tätigkeit'

/v133 'Niedergeschlagen und bedrückt'
/v134 'Ermüden ohne ersichtlichen Grund'
/v135 'Innerlich unruhig'
/v136 'Die üblichen Dinge leicht'
/v137 'Gut konzentrieren'
/v138 'Hoffnungsvoll'
/v139 'Entscheidungen leicht'
/v140 'Leicht reizbar'
/v141 'Spaß am Tun'
/v142 'Nützlich und gebraucht'

/v143 'Gesichterskala'

/v144 'Im ganzen zufrieden'
/v145 'Zu nichts tauge'
/v146 'Reihe guter Eigenschaften'
/v147 'Ebensogut fertigwerden'
/v148 'Auf nicht viel stolz'
/v149 'Völlig nutzlos'
/v150 'Etwas wert'
/v151 'Wünschte mehr Achtung'
/v152 'Versager'
/v153 'Positive Einstellung'

/v154 'Leben ist langweilig - interessant'
/v155 'Leben macht Freude - ist armselig'
/v156 'Leben ist sinnlos - sinnvoll'
/v157 'Leben ist gesellig - einsam'
/v158 'Leben ist erfüllt - unerfüllt'
/v159 'Leben ist entmutigend - vielversprechend'
/v160 'Leben ist enttäuschend - lohnend'
/v161 'Leben gibt Entfaltungsmögl. - k. Chance'

/v162 'Wie glücklich zur Zeit'
/v163 'Wie zufrieden zur Zeit'

/v164 'Berufstätigkeit in Monaten'
/v165 'Derzeitige Tätigkeit in Monaten'
/v166 'Beschäftigtenstatus'
/v167 'Auch Vorgesetztenfunktionen'
/v168 'Erforderliche Lernzeit in Monaten'
/v169 'Höchster allg.bildender Schulabschluß'
/v170 'Monatliches Nettoeinkommen in DM'
/v171 'Geburtsjahr des Befragten 19..'
/v172 'Berufliche Stellung des Vaters'
/v173 'Anzahl bisheriger Arbeitgeber'
/v174 'Berufswechsel'
/v175 'Zufriedenh. mit dem beruflich Erreichten'

1.3.6   DIE MATRIX DER MODIFIZIERTEN DATEN: DATENMATRIX 2

Datenmatrix 1 repräsentiert die Gesamtheit der Daten, wie sie erhoben und als sog. Eingabedatei in SPSS eingelesen wurde; man kann
sie deshalb auch als Matrix der Ausgangs- bzw. Rohdaten oder aber
als Eingabedatei bezeichnen. Als solche hat sie die wichtige Funktion, die Daten, so wie sie erhoben und codiert wurden, zu dokumentieren.

So wichtig es ist, die Daten in dieser rohen Form registriert und
gespeichert zu haben, so selten ist es, daß man sie in dieser
Form, also ohne jede Modifikation bzw. Transformation, analysieren
kann. In vielen Fällen ist es erforderlich, in manchen Fällen
wünschenswert, die Ausgangs- oder Rohdaten zu verändern, um sie
erst danach auszuwerten und bestimmten Analyseverfahren zu unterwerfen. Wie wir sehen werden, hat das nichts mit Datenmanipulation
(im negativen Sinn des Begriffs) zu tun, sondern damit, daß ein
für die Zwecke der Datenerhebung und -registrierung nützliches
Codiersystem nicht zugleich das für die Zwecke der Datenanalyse
günstigste Codiersystem sein muß. Deshalb ist Datenmodifikation
keineswegs gleich Datenmanipulation.

1.3.6.1   ERFORDERLICHE DATENMODIFIKATIONEN

Die Ausführungen dieses Abschnitts werden zeigen, daß die in Datenmatrix 1 dokumentierten Ausgangsdaten eine beträchtliche Umorgani-
sierung erfahren, bevor sie der eigentlichen statistischen Analyse
zugeführt werden können. Ausdruck dieser Umorganisation oder Modifikation ist Datenmatrix 2, die Matrix der modifizierten Daten
(siehe Anhang B).

Typische Beispiele für Datenmodifikationen sind die Umdrehung von
Codes (die "Umpolung von Skalen"), die Kombinierung der Werte
mehrerer Variablen zu einem Skalen- oder Indexwert sowie die Zusammenfassung der Ausprägungen einer Variablen zwecks Bildung
einer neuen Variablen. In vielen Fällen müssen etwa die Werte bestimmter Variablen vertauscht ("gedreht") werden, z.B. die Codes
1, 2, 3, 4 in 4, 3, 2, 1 umgewandelt werden. In anderen Fällen
kombiniert man die Werte mehrerer Variablen, von denen gegebenenfalls einige zuvor "gedreht" wurden, durch additive Verknüpfung
zu einem Skalen- oder Indexwert. Häufig werden kontinuierliche
(stetige) Variablen durch Zusammenfassung (durch Klassierung bzw.
Gruppierung) ihrer Werte in diskrete (diskontinuierliche) Variablen umgewandelt. Beispiel: Man weist den unter 1800 DM liegenden
Einkommen den Wert 1 zu, den von 1800 bis 2200 DM reichenden Einkommen den Wert 2 und den über 2200 DM liegenden Einkommen den
Wert 3. Auf diese Weise entsteht aus einer kontinuierlichen Variablen mit vielen Ausprägungen eine diskrete ordinale Variable mit
wenigen Ausprägungen (die man z.B. mit anderen diskreten Variablen
kreuztabulieren kann).

Daß Modifikationen gegebener Daten einen erheblichen Arbeitsauf-
wand erfordern können, werden wir am Beispiel unserer Daten sehen.
Dieser Aufwand kann selbst dann recht hoch sein, wenn man sich
der Hilfe eines Computers und eines geeigneten Programms bedient,
beispielsweise des in dieser Hinsicht besonders vorteilhaften und
flexiblen SPSS.

Die Notwendigkeit der Umcodierung bestimmter Variablen leuchtet

sofort ein, wenn wir den Fragebogen (siehe Anhang A) im Hinblick
auf die Codes betrachten, die den Ratingskalen und Reaktionskategorien der Skalen-Items zugeordnet wurden. Wie wir aus Abschnitt
1.3.3 wissen, beginnt der Fragebogen mit sechs Items zur Messung
des "Dispositionsspielraums" (V101 bis V106). Während nun bei den
ersten beiden Items (V101 und V102) niedrige Merkmalsausprägungen
mit niedrigen Zahlen und hohe Merkmalsausprägungen mit hohen Zahlen vercodet wurden, verhält es sich bei den vier folgenden Items
(V103 bis V106) genau umgekehrt. Eine sinngleiche Codierung aller
sechs Items dieser Skala macht folglich eine Umkehrung der Codes
erforderlich, so daß bei den Items V103 bis V106 die Zahl 1 zur
Kategorie "überhaupt nicht", die Zahl 2 zur Kategorie "in geringem Maße", die Zahl 3 zur Kategorie "in mittlerem Maße" und die
Zahl 4 zur Kategorie "in hohem Maße" korrespondiert. Dieselbe
Umpolung ist bei den Items V107 bis V117 vorzunehmen, bevor diese
zur Bildung der Skalen "Gebrauch von Fertigkeiten" (V107 bis V111)
und "Jobanforderungen" (V112 bis V117) herangezogen werden können.

Hier drängt sich natürlich die Frage auf, warum denn die Codes
nicht von vornherein in einer Weise zugeordnet wurden, die ihre
nachträgliche Umkehrung erspart hätte. Die Antwort (sie gilt noch
mehr für die Items der übrigen Skalen) lautet: Dann wäre das
Codiersystem nicht "blind" gewesen; der Befragte hätte die Richtung der Items bzw. die Wertigkeit der Reaktionskategorien an den
zugeordneten Codes erkennen und sich bei seinen Reaktionen eher
an diesen Codes als am Inhalt der Items orientieren können. Aus
diesem Grunde wurde ein "neutrales" Codiersystem bevorzugt. Wie
ein Blick in den Fragebogen offenbart, nehmen alle Codes von
links nach rechts zu, unabhängig davon, ob sie "positiven" oder
"negativen" bzw. "günstigen" oder "ungünstigen" Items und/oder
Ausprägungen zugeordnet wurden. Wenn diese formal gleiche und
deshalb neutrale Codezuordnung auch nicht garantiert, daß sich
der Befragte ausschließlich am Frage- bzw. Itemtext orientiert,
so ist doch anzunehmen, daß sie inhaltsunabhängige Reaktionen
nicht begünstigt.

Natürlich hätte man, ohne das Neutralitätsprinzip zu verletzen,

bei der Anordnung der Kategorien und der Zuordnung der Codes der
Items V103 bis V117 auch so verfahren können, daß man mit der Kategorie "überhaupt nicht" (Code 1) begonnen und mit der Kategorie
"in hohem Maße" (Code 4) geendet hätte. Allerdings wäre dann die
den Fragen nächstgelegene Kategorie die Kategorie "überhaupt nicht"
gewesen. Da aber diese Kategorie in der Mehrzahl der Fälle die
unwahrscheinlichste (die voraussichtlich am schwächsten besetzte)
sein würde, schien es nicht geraten, sie in dieser Weise nahezu-
legen, in der zweifachen Bedeutung des Begriffs. (Die Frage, welchen Effekt die Positionierung von Reaktionskategorien und die
vom Befragten erkennbare Zuordnung von Codes auf die Verteilung
der Befragtenreaktionen hat, kann selbstverständlich nur durch
kontrollierte alternative Anordnungen angegangen und beantwortet
werden.)

Die nächsten im Fragebogen folgenden Skalen-Items sind die fünf
Items, mit denen die "Jobzufriedenheit" gemessen wird (V128 bis
V132). Sieht man sich die Fragen 128 bis 132 und ihre Antwortkategorien genau an, dann wird klar: Eine hohe Jobzufriedenheit kann
bei einem Befragten vermutet werden,

- der einem interessierten Freund oder Bekannten *anrät*, eine
  Tätigkeit wie die des Befragten anzustreben (V128),

- der sich noch einmal *für* seine jetzige Tätigkeit entscheiden
  würde (V129),

- der sich wahrscheinlich *nicht* innerhalb eines Jahres nach
  einem anderen Job umsehen wird (V130),

- dessen Tätigkeit mit seinen Wünschen und Erwartungen, die er
  hatte, als er sie übernahm, *gut* übereinstimmt (V131) und

- der angibt, mit seiner gegenwärtigen Tätigkeit, alles in allem,
  sehr zufrieden zu sein (V132).

Demgemäß sind diesen positiven Kategorien hohe Codes, ihren negativen Gegenstücken niedrige Codes und den dazwischen liegenden
mittleren Kategorien mittlere Codes zuzuweisen. Die Frage, welche
Codes (welche Zahlen) das sein sollen, ist schon beantwortet, da
es sich hier um Items einer "etablierten" Skala des Institute for

Social Research (ISR) handelt, deren Reaktionskategorien mit den Zahlen 1, 3 und 5 vercodet werden, mit einer Besonderheit bei Item V132, dessen Kategorien "sehr zufrieden" mit 5, "ziemlich zufrieden" mit 3, "nicht sehr zufrieden" mit 1 und "überhaupt nicht zufrieden" ebenfalls mit 1 vercodet werden. (Wo es zahlreiche Codierungsalternativen gibt, wie im vorliegenden Fall, empfiehlt es sich aus Gründen der Vergleichbarkeit der Ergebnisse aus verschiedenen Untersuchungen, die Originalcodierung zu verwenden.)

Von den zehn Items der "Job Depression Scale" des ISR (V133 bis V142) sind vier Items "umzupolen". Da die Eigenschaft, hochdepressiv zu sein, am ehesten bei einer Person zu vermuten ist,

- die sich *oft* niedergeschlagen und bedrückt fühlt (V133),

- die *oft* ohne ersichtlichen Grund ermüdet (V134),

- die sich *oft* innerlich unruhig fühlt (V135),

- der es *nie* leichtfällt, die üblichen Dinge zu tun (V136),

- die sich *nie* gut konzentrieren kann (V137),

- die *nie* hoffnungsvoll in die Zukunft sieht (V138),

- der es *nie* leichtfällt, Entscheidungen zu treffen (V139),

- die *oft* leicht reizbar ist (V140),

- die *nie* Spaß an dem hat, was sie tut (V141) und

- die *nie* das Gefühl hat, daß sie nützlich ist und gebraucht wird (V142),

sind die Items V133, V134, V135 und V140 in der Weise zu recodieren, daß bei ihnen die Kategorien "oft", "manchmal", "selten" und "nie" die Codes 4 statt 1, 3 statt 2, 2 statt 3 und 1 statt 4 erhalten.

Die ROSENBERGsche "Self-Esteem Scale" besteht aus fünf "positiven" und fünf "negativen" Items zur Messung des Selbstwertgefühls (V144 bis V153). Wegen der gleichen Anzahl "positiver" und "negativer" Items ist sie, wie man sagt, eine *balancierte* Skala. Demnach ist

die soeben beschriebene "Job Depression Scale" des ISR keine
balancierte Skala, möglicherweise deshalb, weil es ihren Konstruk-
teuren nicht gelang, mehr als vier gute positive Items zu finden
bzw. zu formulieren ("positiv" im Sinne der Eigenschaft, die man
messen will, hier der - negativen - Eigenschaft Jobdepression;
"gute" Items in dem Sinne, daß sie nicht von allen oder nahezu
allen Befragten abgelehnt werden, oder anders gesagt: daß die
Reaktionen der Befragten eine gewisse Streuung aufweisen, statt
sich überwiegend oder ausschließlich auf eine Kategorie zu konzentrieren). Man strebt balancierte Skalen an, weil man verzerrende
Einflüsse auf die Messung der interessierenden Eigenschaft aus-
gleichen will, die von einer bestimmten Reaktionstendenz des
Befragten herrühren mögen, z.B. der Bejahungs- oder Zustimmungs-
tendenz (engl. yes-saying tendency, tendency to acquiesce). Da
ein Befragter mit einer Tendenz zur Bejahung unabhängig vom Inhalt
der Items gleich häufig zustimmend auf "positive" wie "negative"
Items reagieren wird, sucht man den Effekt dieser Tendenz durch
eine Balancierung der Items auszugleichen.

Verzerrungen dieser Art, hervorgerufen durch sog. *Response sets*,
sind nicht gleichermaßen bei allen Befragungsgegenständen zu befürchten, weshalb mitunter auf eine Balancierung der Skalen-Items
verzichtet werden kann, etwa dann, wenn der Befragungsgegenstand
jedermann geläufig ist, wie z.B. die eigene Arbeit, der Befragte
also nicht *über*fragt und in eine Ratesituation gebracht wird, was
allzu oft geschieht, etwa bei Einstellungsmessungen (siehe dazu
BENNINGHAUS, 1976, Kap. 5 und 6), die ihn dazu verleitet, irgendeiner Reaktionstendenz zu folgen, gegebenenfalls auch einer Ver-
neinungs- oder Ablehnungstendenz.

Nach Morris ROSENBERG verfügt eine Person über ein hohes (geringes) Maß an Selbstwertgefühl, wenn sie die "positiven" Items der
"Self-Esteem Scale"

- Im ganzen bin ich mit mir selber zufrieden (V144),

- Ich glaube, daß ich eine Reihe guter Eigenschaften habe (V146),

- Ich kann mit den Dingen ebensogut fertigwerden wie die meisten
  Leute (V147),

- Ich glaube, daß ich etwas wert bin - mindestens soviel wie
  andere (V150) und

- Ich habe eine positive Einstellung zu mir selber (V153)

bejaht (ablehnt) und die "negativen" Items

- Manchmal denke ich, daß ich zu nichts tauge (V145),

- Ich habe nicht viel, auf das ich stolz sein kann (V148),

- Manchmal komme ich mir völlig nutzlos vor (V149),

- Ich wünschte, ich könnte mehr Achtung vor mir selber haben
  (V151) und

- Alles in allem neige ich zu der Annahme, daß ich ein Versager
  bin (V152)

ablehnt (bejaht). Demgemäß sind die "positiven" Items (V144, V146,
V147, V150 und V153) derart zu recodieren, daß bei ihnen die Kategorien "volle Zustimmung", "teilweise Zustimmung", "teilweise
Ablehnung" und "volle Ablehnung" die Codes 4 statt 1, 3 statt 2,
2 statt 3 und 1 statt 4 zugewiesen bekommen.

Von den zehn Items zur Messung der Lebenszufriedenheit gehören acht
(V154 bis V161) zur sog. "Specific Life Satisfaction Scale" und
zwei (V162 und V163) zur sog. "General Life Satisfaction Scale".
Da die Forscher des ISR die Items V162 und V163 in der Weise vercoden, daß die Kategorien "sehr glücklich/vollkommen zufrieden"
die Zahl 5, die Kategorien "recht glücklich/recht zufrieden" die
Zahl 3 und die Kategorien "nicht sehr glücklich/nicht sehr zufrieden" die Zahl 1 zugewiesen bekommen, sind die im Fragebogen verwendeten Codes 1, 2 und 3 in 5, 3 und 1 umzuwandeln.

Von den acht bipolaren Adjektiven und Wendungen (V152 bis V161),
auch *Semantische-Differential*-Items genannt, sind vier "umzupolen".
Da nach Auffassung der Skalenkonstrukteure CAMPBELL, CONVERSE und
RODGERS eine hohe Lebenszufriedenheit bei jemandem zu vermuten

ist, dessen Leben

- nicht langweilig, sondern interessant ist (V154),

- nicht armselig ist, sondern Freude macht (V155),

- nicht sinnlos, sondern sinnvoll ist (V156),

- nicht einsam, sondern gesellig ist (V157),

- nicht unerfüllt, sondern erfüllt ist (V158),

- nicht entmutigend, sondern vielversprechend ist (V159),

- nicht enttäuschend, sondern lohnend ist (V160) und

- nicht chancenlos ist, sondern Entfaltungsmöglichkeiten
  bietet (V161),

sind die im Fragebogen anders als hier (umgekehrt) angeordneten
Items V155, V157, V158 und V161 zu "drehen", so daß hohe statt
niedrige Zahlen zu den Kategorien "macht Freude", "gesellig", "erfüllt" und "gibt mit Entfaltungsmöglichkeiten" korrespondieren.
Daß die Eigenschaftspaare nicht schon im Fragebogen wie vorstehend
angeordnet wurden, und zwar nach dem Schema: alle "positiven"
Eigenschaften rechts, alle "negativen" Eigenschaften links (oder
umgekehrt), hat denselben Grund wie die unsystematische Reihenfolge der "positiven" und "negativen" Items der Jobdepressions-
und der Selbstwertgefühl-Skala: Die alternativen Anordnungen
sollen mögliche, wenngleich nicht sehr wahrscheinliche (Response-
set-)Effekte eines bestimmten Ankreuzverhaltens reduzieren, etwa
die Auswirkungen der Tendenz eines Befragten, bevorzugt oder
stets oder ein übers andere Mal links bzw. rechts anzukreuzen.

1.3.6.2   DIE RECODIERUNG DER DATEN

Im Anschluß an die voraufgegangene Beschreibung erforderlicher
Umcodierungen können wir uns nun der Frage zuwenden, wie diese
Datenmodifikationen mit den SPSS-Datentransformationsanweisungen
RECODE und COMPUTE bewerkstelligt und wie fehlende Werte mit der
SPSS-Definitionsanweisung MISSING VALUES spezifiziert werden.

Dabei beziehen wir uns auf den folgenden SPSS/PC+-Ausdruck. Vorab einige Bemerkungen zu den SPSS-Anweisungen (siehe ausführlich BENTZ 1991, FRIEDE und SCHIRRA-WEIRICH 1992 oder UEHLINGER u.a. 1992).

Mit COMPUTE werden neue Variablen gebildet, mit RECODE neue Werte zugewiesen. Bei COMPUTE steht die neue oder Ergebnisvariable links vom Gleichheitszeichen, der arithmetische oder Zuweisungsausdruck rechts davon. Im einfachsten Fall besteht der Zuweisungsausdruck aus einem Variablennamen, dem Namen der alten Variablen. Bei RECODE folgen den Variablennamen Klammern, in denen links vom Gleichheitszeichen alte Werte angegeben sind, die durch die rechts vom Gleichheitszeichen aufgeführten neuen Werte ersetzt werden. Mit der Anweisung MISSING VALUES bezeichnet man in Klammern jene Codes, die für die aufgeführten Variablen fehlende Werte sind. Bei der Berechnung einer neuen Variablen mittels COMPUTE-Anweisung setzt SPSS/PC+ für den Fall, daß bei der alten Variablen ein fehlender Wert vorliegt, als Ergebnis einen sog. allgemeinen fehlenden Wert ein. Das trifft hier auf die Variablen V203 bis V206 zu, die extern (siehe Datenmatrix 2 in Anhang B) beim Befragten 24 als Punkte dargestellt sind. Die Zuweisung eines allgemeinen fehlenden Wertes erfolgt insbesondere auch dann, wenn der Wert einer der im arithmetischen Ausdruck spezifizierten Variablen ein fehlender Wert ist (siehe weiter unten).

```
missing values v103 to v106 (9) v170 (9999).

compute v203 = v103.
compute v204 = v104.
compute v205 = v105.
compute v206 = v106.

compute v207 = v107.
compute v208 = v108.
compute v209 = v109.
compute v210 = v110.
compute v211 = v111.

compute v212 = v112.
compute v213 = v113.
compute v214 = v114.
compute v215 = v115.
compute v216 = v116.
compute v217 = v117.
```

```
recode v203 to v217 (1=4)(2=3)(3=2)(4=1).

compute v228 = v128.
compute v229 = v129.
compute v230 = v130.
compute v231 = v131.
compute v232 = v132.

recode v228 v229 v231 (1=5)(2=3)(3=1).
recode v230 (1=1)(2=3)(3=5).
recode v232 (1=5)(2=3)(3=1)(4=1).

compute v233 = v133.
compute v234 = v134.
compute v235 = v135.
compute v240 = v140.

compute v244 = v144.
compute v246 = v146.
compute v247 = v147.
compute v250 = v150.
compute v253 = v153.

recode v233 to v253 (1=4)(2=3)(3=2)(4=1).

compute v255 = v155.
compute v257 = v157.
compute v258 = v158.
compute v261 = v161.

recode v255 to v261 (1=7)(2=6)(3=5)(4=4)(5=3)(6=2)(7=1).

compute v262 = v162.
compute v263 = v163.

recode v262 v263 (1=5)(2=3)(3=1).
```

Ein Blick auf die vorstehenden Anweisungen zeigt, daß etliche neue
Variablen (links vom Gleichheitszeichen, V203 bis V263) gebildet
und derart benannt wurden, daß ihre Nummern um jeweils 100 größer
sind als die der alten Variablen (rechts vom Gleichheitszeichen,
V103 bis V163). Diese sich anbietende Variablenbenennung soll erkennen lassen, welche neue Variable aus welcher alten hervorgegan-
gen ist. Statt, was ebenso möglich gewesen wäre, die alten Variablen zu recodieren, wurden stets erst neue Variablen erzeugt, die
dann recodiert wurden. Der Vorteil dieser Vorgehensweise besteht
darin, daß die Originalvariablen neben den neuen Variablen unver-

ändert erhalten bleiben. Mit der ersten Anweisung "MISSING VALUES
V103 TO V106 (9) V170 (9999)" wird dem SPSS-System mitgeteilt,
daß bei den Variablen V103 bis V106 der Wert 9 und bei der Variablen V170 der Wert 9999 fehlende Werte sind, genauer: das Fehlen
von Daten anzeigen. Wie wir aus Abschnitt 1.3.5 wissen (siehe auch
Datenmatrix 1), sind diese fünf Variablen die einzigen alten Variablen, die fehlende Werte aufweisen. Infolgedessen bedarf es
keiner weiteren Spezifizierung fehlender Werte. Es folgen vier
COMPUTE-Anweisungen, mit denen - bei Erhaltung der Variablen V103
bis V106 - die Variablen V203 bis V206 gebildet werden. Da, wie
erwähnt, SPSS/PC+ im Falle der neuen Variablen V203 bis V206 automatisch einen allgemeinen fehlenden Wert zuweist, ist eine Spezifizierung, die etwa "MISSING VALUES V203 TO V206 (9)" hätte lauten
können, entbehrlich. Im Anschluß an die Bildung von weiteren elf
neuen Variablen (V207 bis V217) folgt dann die erste RECODE-Anweisung, die den Variablen V203 bis V217 neue Werte zuweist, nämlich
anstelle der alten Werte 1, 2, 3 und 4 die neuen Werte 4, 3, 2 und
1. Diese Transformationen ergeben beim Befragten *Sechzig* folgende
Werte (siehe auch den Fragebogen und die letzte Zeile der Datenmatrizen 1 und 2):

neu		alt	
Variable	Wert	Variable	Wert
V203	3	V103	2
V204	3	V104	2
V205	3	V105	2
V206	3	V106	2
V207	4	V107	1
V208	4	V108	1
V209	3	V109	2
V210	4	V110	1
V211	4	V111	1
V212	4	V112	1
V213	4	V113	1
V214	3	V114	2
V215	3	V115	2
V216	4	V116	1
V217	4	V117	1

Die mit fünf weiteren COMPUTE-Anweisungen gebildeten neuen Variab-

len V228 bis V232 erfordern drei Recodieranweisungen. Mit einer
ersten RECODE-Anweisung werden die alten Werte 1, 2 und 3 der Variablen V228, V229 und V231 durch die neuen Werte 5, 3 und 1 ersetzt,
mit einer zweiten die alten Werte 2 und 3 der Variablen V230 durch
die neuen Werte 3 und 5, mit einer dritten die alten Werte 1, 2,
3 und 4 der Variablen V232 durch die neuen Werte 5, 3 und 1. (Bei
der zweiten Recodieranweisung hätte man den Ausdruck (1=1) ohne
weiteres weglassen können, und bei der dritten RECODE-Anweisung
hätte man anstelle der letzten beiden Ausdrücke (3=1) und (4=1)
auch den Ausdruck (3,4=1) verwenden können.)

Da die Bildung und Recodierung der übrigen Variablen dem hier erläuterten Schema folgt, ist eine weitere Kommentierung entbehrlich, möglicherweise auch der Hinweis, daß der Ausdruck (4=4) bei
der vorletzten RECODE-Anweisung genausogut hätte entfallen können.
Damit können wir uns der Konstruktion der schon mehrfach angesprochenen Skalen zuwenden.

1.3.6.3   DIE KONSTRUKTION DER SKALEN

Im voraufgegangenen Abschnitt lernten wir den einfachsten Fall der
Bildung neuer Variablen mittels COMPUTE-Anweisungen kennen: Statt
eines arithmetischen Ausdrucks stand rechts vom Gleichheitszeichen
stets ein Variablenname, der Name der alten Variablen. Dabei diente
die Bildung der neuen Variablen, denen anschließend neue Werte zugewiesen wurden, einzig dem Zweck, die alten Variablen unverändert
neben den neuen bestehen zu lassen. Von einer mathematischen Kombination existierender Variablen zu einer neuen Variablen im Sinne
der in Abschnitt 1.1 erwähnten und nachfolgend erläuterten *zeilenweisen* Auswertung der Datenmatrix konnte dabei keine Rede sein. In
diesem Abschnitt werden wir sehen, wie man neue Variablen mit den
arithmetischen Operatoren + (Addition), - (Subtraktion) und /
(Division) konstruiert. Bei den neuen Variablen, die wir betrachten werden, handelt es sich um Skalen und Umformungen von Skalen,
die sämtlich mit COMPUTE-Anweisungen gebildet bzw. bewerkstelligt
wurden (siehe den folgenden SPSS-Computerausdruck).

```
compute disspi = v101 + v102 + v203 + v204 + v205 + v206.
compute fertig = v207 + v208 + v209 + v210 + v211.
compute anford = v212 + v213 + v214 + v215 + v216 + v217.
compute jobzu4 = v228 + v229         + v231 + v232.
compute jobzu5 = v228 + v229 + v230 + v231 + v232.
compute jobdep = v233 + v234 + v235 + v136 + v137 + v138 +
                 v139 + v240 + v141 + v142.
compute selbst = v244 + v145 + v246 + v247 + v148 + v149 +
                 v250 + v151 + v152 + v253.
compute lebzu8 = v154 + v255 + v156 + v257 + v258 + v159 +
                 v160 + v261.
compute lebzu2 = v262 + v263.

compute lebz8z = (lebzu8 - 43.883)/9.107.
compute lebz2z = (lebzu2 -  5.933)/1.711.
compute lebzuz = (lebz8z + lebz2z)/2.

formats disspi to lebzu2 (f2.0) / lebz8z to lebzuz (f5.3).
```

```
/disspi 'Dispositionsspielraum, 6 Items'
/fertig 'Gebrauch von Fertigkeiten, 5 Items'
/anford 'Jobanforderungen, 6 Items'
/jobzu4 'Jobzufriedenheit, 4 Items'
/jobzu5 'Jobzufriedenheit, 5 Items'
/jobdep 'Jobdepression, 10 Items'
/selbst 'Selbstwertgefühl, 10 Items'
/lebzu8 'Lebenszufriedenheit, 8 Items'
/lebzu2 'Lebenszufriedenheit, 2 Items'

/lebz8z 'Lebenszufriedenheit, 8 Items, z-transf.'
/lebz2z 'Lebenszufriedenheit, 2 Items, z-transf.'
/lebzuz 'Lebenszufriedenheit, 10 Items, z-Werte'
```

Unterhalb der vorstehenden COMPUTE- und FORMATS-Anweisungen finden
sich die Namen (DISSPI bis LEBZUZ) und Etiketten der zwölf neuen
Variablen (Skalen). Den Etiketten ist zu entnehmen, um welche
Skala es sich jeweils handelt und auf wieviel Items sie basiert.

Betrachten wir zunächst die Bildung der Variablen DISSPI, d.h. der
Skala, die über den Dispositionsspielraum des Befragten informiert.
Die Anweisung

```
COMPUTE DISSPI = V101 + V102 + V203 + V204 + V205 + V206.
```

bewirkt, daß das SPSS-System für jeden Befragten den arithmetischen Ausdruck berechnet und den errechneten Wert der Ergebnis-
variablen zuweist. Im Falle des Befragten *Sechzig* sieht die
Rechnung wie folgt aus (siehe Datenmatrix 2, letzte Zeile):

$$DISSPI_{60} = 5 + 5 + 3 + 3 + 3 + 3 = 22$$

Es werden also die Werte der nicht recodierten Variablen V101 und
V102 sowie die Werte der recodierten Variablen V203 bis V206 ad-
diert. Das Ergebnis dieser additiven Verknüpfung der sechs DISSPI-
Items ist beim Befragten *Sechzig* ein DISSPI-Skalenwert von 22.

Wie ein Blick auf die mit DISSPI überschriebenen Spalte der Datenmatrix 2 zeigt, hat nur einer der 60 Befragten keinen DISSPI-
Skalenwert erhalten. Das ist der Befragte 24, von dem wir wissen,
daß er bei den vier letzten der sechs DISSPI-Items keine Angaben
machte und deshalb bei den Variablen V103 bis V106 und V203 bis
V206 fehlende Werte aufweist (siehe die Neunen in Datenmatrix 1
und die Punkte in Datenmatrix 2). SPSS/PC+ hätte der Ergebnis-
variablen DISSPI bereits dann einen fehlenden Wert zugewiesen,
wenn nur einer der Werte des arithmetischen Ausdrucks ein fehlender Wert gewesen wäre.

Bei der Betrachtung der Skalenwerte können wir zwei Bereiche unterscheiden, einmal den Bereich der *empirischen* Werte und einmal den
Bereich der (theoretisch) *möglichen* Werte. Über den Bereich der
empirischen Skalenwerte informiert die Datenmatrix, über den
Bereich der möglichen Skalenwerte der Fragebogen in Verbindung mit
den Ausführungen des Abschnitts 1.3.6 und den auf S.51 wiedergegebenen COMPUTE-Anweisungen. Aus Datenmatrix 2 geht hervor, daß
die 59 empirischen DISSPI-Werte zwischen 6 und 28 (einschließlich)
variieren, d.h. der niedrigste vorkommende *empirische* DISSPI-
Skalenwert ist 6, der höchste 28. Dem Fragebogen läßt sich entnehmen, daß die Werte der beiden Variablen V101 und V102 zwischen
1 und 7 und die der vier (recodierten) Variablen V203 bis V206
zwischen 1 und 4 variieren können. Die additive Verknüpfung dieser
sechs Variablen ergibt demnach einen Bereich *möglicher* Skalenwerte

von 6 bis 30. Die beiden Wertebereiche stimmen folglich bis auf die bei den 59 Befragten nicht vorkommenden höchsten möglichen DISSPI-Werte 29 und 30 überein. Man kann auch sagen, daß die empirischen Werte (6 bis 28) den Bereich der möglichen Werte (6 bis 30) nahezu abdecken.

Spätestens an dieser Stelle wird der kritische Leser nach der Vereinbarkeit der diskutierten arithmetischen und Gewichtungsoperationen mit den Ausführungen des Abschnitts 1.2.4 über das Meßniveau fragen, weil er zu Recht bezweifelt, daß es sich bei den Skalen-Items um metrische Variablen handelt. Sehen wir uns deshalb noch einmal einige typische Ratingskalen und Reaktionskategorien der Skalen-Items an:

```
    in                                      in
geringem                                  hohem
  Maße                                     Maße

  1 ---- 2 ---- 3 ---- 4 ---- 5 ---- 6 ---- 7


    über-           in          in          in
    haupt       geringem    mittleren     hohem
    nicht          Maße        Maße        Maße

      1             2           3           4


          abraten       Bedenken     anraten
            1              3            5


      nie          selten      manchmal     oft
       1             2            3           4


    volle        teilweise    teilweise     volle
  Ablehnung      Ablehnung    Zustimmung  Zustimmung
      1             2            3           4


langweilig  1   2   3   4   5   6   7  interessant


        nicht sehr     recht        sehr
        glücklich    glücklich    glücklich
            1            3            5
```

Die Abstandsgleichheit der Zahlen, die den Reaktionskategorien
zugeordnet wurden, impliziert nicht, daß die Abstände zwischen
nebeneinanderliegenden Kategorien tatsächlich gleich sind. Beispielsweise ist nicht gewährleistet, daß bei Item V228 der Abstand zwischen den Kategorien "abraten" und "Bedenken" gleich dem
Abstand zwischen den Kategorien "Bedenken" und "anraten" ist. Da
selbst die mit Zahlen und an den Enden mit den Beschriftungen
"in geringem Maße" (1) und "in hohem Maße" (7) versehenen Ratingskalen keine Äquidistanz der Intervalle garantieren, haben wir es
bei unseren Skalen-Items ausnahmslos mit ordinalen Variablen zu
tun.

Wenn die Items nichtsdestoweniger zur Bildung von additiven Skalen
herangezogen werden, dann setzt das die Annahme (mindestens ungefähr) gleicher Intervalle bzw. die Bereitschaft voraus, die ordinalen Items als metrische Variablen zu interpretieren.[1]

Während einige Sozialforscher zögern, ordinale Variablen wie
metrische Variablen zu behandeln, stimmen die meisten (jedenfalls
die meisten derjenigen, die sich quantitativer Verfahren bedienen)
darin überein, daß Skalen-Items des hier betrachteten Typs Intervallskalen approximieren und deshalb wie metrische Variablen behandelt werden können. Das heißt, die Mehrzahl der "quantitativen"
Sozialwissenschaftler ist der Auffassung, daß man die Abstände
zwischen den Ausprägungen der hier betrachteten Items als (ungefähr) gleich ansehen und die arithmetischen Operationen der Addition, Subtraktion, Multiplikation und Division sinnvoll auf die
Abstände zwischen den Ausprägungen anwenden kann. Dabei liegt auf
der Hand, daß die arithmetischen Operationen, die man mit den
zugeordneten Zahlen durchführt, nur in dem Maße sinnvoll sind,
wie die Annahme der Abstandsgleichheit der Intervalle zutrifft.
Als nicht überprüfbare Annahme hängt sie vom - im besten Fall -
informierten Urteil des Forschers ab, das leicht in Zweifel gezogen werden kann. Die Situation der Sozialwissenschaftler ist nicht
besser, als sie der Testpsychologe BROWN (1976, S.11) beschreibt:

---

1) Siehe die Ausführungen in Abschnitt 1.2.4, insbes. S.23ff.

"We assume an interval scale and proceed as if we had one.
If the results of our data analyses make sens, we have added
confidence that the assumptions were not far wrong."

Als ein Beispiel dafür, daß plausible Datenanalyseergebnisse das
Vertrauen in unsere Annahmen und Vorgehensweisen erhöhen können,
wollen wir ein Stück Datenanalyse betrachten, das die fünf Job-
zufriedenheits-Items V228 bis V232 und die Konstruktion zweier
Jobzufriedenheits-Skalen betrifft. Daß die Ausführungen dabei
teilweise weit vorausgreifen, sollte den Leser nicht irritieren
und das Verständnis nicht wesentlich beeinträchtigen.

Dem SPSS-Programmausdruck auf S.51 ist zu entnehmen, daß die
JOBZU-Items zur Konstruktion zweier Jobzufriedenheits-Skalen benutzt wurden:

COMPUTE JOBZU5 = V228 + V229 + V230 + V231 + V232.
COMPUTE JOBZU4 = V228 + V229 + V231 + V232.

Warum hier im Unterschied zu den übrigen Skalen eine zweite, um
das Item V230 verkürzte Skala gebildet wurde, hat - wie wir sehen
werden - einen triftigen Grund: Item V230 wurde eliminiert, weil
es sich als untauglich erwies, das zu messen, was es messen sollte.

Wie bei jeder additiven Skala, so stellte sich auch bei der zu
bildenden Jobzufriedenheits-Skala die Frage, ob die für die additive Verknüpfung vorgesehenen Items als Indikatoren des zugrundeliegenden Konstrukts "Zufriedenheit mit dem Job" gelten können und
tendenziell dasselbe messen, d.h. ob sie homogen sind und einen
hohen Grad an *interner Konsistenz* aufweisen. Diese Frage wird im
Zuge einer sog. *Itemanalyse* überprüft. Bestandteile einer solchen
Itemanalyse sind u.a. die Interkorrelation der Items (die Korrelation jedes Items mit jedem anderen Item der betreffenden Skala)
und die Korrelation der Items mit der aus ihnen gebildeten Skala,
genauer: die Korrelation eines jeden Skalen-Items mit der um das
betreffende Item verkürzten oder korrigierten Skala (engl. corrected item-total correlation).

Wie eng die Korrelation oder Beziehung zwischen je zwei Variablen
(Items, Skalen) ist, läßt sich durch sog. *Assoziations-* oder
Korrelationskoeffizienten ausdrücken, die Zahlenwerte zwischen
einschließlich -1 (perfekte negative Beziehung) und +1 (perfekte
positive Beziehung) annehmen können. Beispiele solcher Korrelationskoeffizienten, die in Kapitel 3 und 4 eingehend behandelt
werden, sind der von Maurice KENDALL vorgeschlagene Koeffizient
Tau-b und der auf Karl PEARSON zurückgehende Koeffizient r.

Bei der Berechnung von Korrelationskoeffizienten ist eine wichtige Frage, welches Meßniveau sie voraussetzen und welches Meß-
niveau die miteinander in Beziehung gesetzten Variablen haben.
Der KENDALLsche Koeffizient Tau-b setzt lediglich ordinale Vari-
ablen voraus, der PEARSONsche Koeffizient r hingegen metrische
Variablen. Das heißt, die sinnvolle Berechnung des Koeffizienten
Tau-b setzt bei beiden Variablen lediglich rangmäßig geordnete
Kategorien voraus, während die sinnvolle Berechnung des Koeffizienten r bei beiden Variablen zusätzlich voraussetzt, daß die
Abstände zwischen nebeneinanderliegenden Kategorien gleich sind.
Auf unser Beispiel bezogen: Die Berechnung des Tau-b-Koeffizienten
ist ohne jeden Zweifel sinnvoll, da bei jedem JOBZU-Item eine Rang-
ordnung zwischen den Kategorien besteht (1 < 3 < 5), während die
Berechnung des PEARSONschen r-Koeffizienten nur dann sinnvoll ist,
wenn auch die Abstände zwischen den Kategorien als gleich angesehen werden können (3 - 1 = 2 und 5 - 3 = 2).

Der Leser merkt, daß der Gedankengang auf eine Frage hinausläuft,
die ALLERBECK (1978, S.206) als interessant und empirisch entscheidbar bezeichnet, nämlich "ob ... Aussagen, die unter Verwendung einer strittigen Intervallskala gemacht werden, bei Behandlung der Skala als ordinal ebenfalls gemacht werden könnten."

Wenn wir jedes der fünf JOBZU-Items mit jedem anderen in Beziehung
setzen oder korrelieren, erhalten wir N(N - 1)/2 = 5(5 - 1)/2 = 10
Korrelationen. Als Beispiel ist in Tabelle 1-2 eine der zehn Korrelationen in Form einer sog. *bivariaten* oder *Kreuztabelle*, auch
Kontingenz-, *Assoziations-* oder *Korrelationstabelle* (engl. contin-

Tabelle 1-2: Korrelation der JOBZU-Items V228 und V229

```
Crosstabulation:      V228
                   By V229

           Count |dagegen |Beden- |dafür  |
   V229->         |        |ken    |       |    Row
                  |      1 |     3 |     5 |  Total
V228         ------+--------+-------+-------+
             1 |      4 |     1 |       |      5
   abraten     |        |       |       |    8.3
             ------+--------+-------+-------+
             3 |      2 |    15 |     6 |     23
   Bedenken    |        |       |       |   38.3
             ------+--------+-------+-------+
             5 |      2 |     3 |    27 |     32
   anraten     |        |       |       |   53.3
             ------+--------+-------+-------+
        Column        8      19      33      60
         Total     13.3    31.7    55.0   100.0
```

Tau-b=.62

r=.64

gency table, two-way frequency table) genannt, zusammen mit den
Zahlenwerten des Tau-b- und des r-Koeffizienten, die über die
Enge bzw. Stärke der Beziehung informieren, dargestellt.

Aus Tabelle 1-2 geht hervor, daß von den 8 Befragten, die sich bei
einer nochmaligen Entscheidung mit Sicherheit gegen ihre jetzige
Tätigkeit aussprechen würden, 4 (50 Prozent) einem Freund oder
Bekannten abraten würden, eine solche Tätigkeit anzustreben; daß
von den 19 Befragten, die Bedenken hätten, sich nochmals für ihre
derzeitige Tätigkeit zu entscheiden, 15 (79 Prozent) Bedenken
hätten, einem Freund oder Bekannten diese Tätigkeit zu empfehlen;
und daß von den 33 Befragten, die sich ohne zu zögern nochmals für
ihre derzeitige Tätigkeit entscheiden würden, 27 (82 Prozent) auch
einem Freund oder Bekannten eine solche Tätigkeit anraten würden.

Da in Tabelle 1-2 tendenziell eine niedrige Ausprägung der einen
Variablen mit einer niedrigen Ausprägung der anderen Variablen
einhergeht (1 mit 1), eine mittlere mit einer mittleren (3 mit 3)

Tabelle 1-3: Interkorrelationen der JOBZU-Items

	V228	V229	V230	V231	V232
V228	-	.62	.11	.43	.46
V229	.64	-	.43	.55	.57
V230	.06	.48	-	.20	.27
V231	.47	.58	.19	-	.61
V232	.49	.59	.27	.64	-

Oberhalb der Diagonalen Tau-b-Koeffizienten, unterhalb der Diagonalen r-Koeffizienten

und eine hohe mit einer hohen (5 mit 5), und da von diesem Muster nur relativ wenige Fälle abweichen, liegt eine relativ enge positive Korrelation vor, die sich auch in den Zahlenwerten der Koeffizienten Tau-b=.62 und r=.64 ausdrückt. Diese beiden Zahlenwerte finden sich in Tabelle 1-3 wieder, die als *Matrix der Interkorrelationen* über alle zehn JOBZU-Item-Korrelationen informiert.

Tabelle 1-3 ist zu entnehmen, daß zwischen Item V230 und den übrigen Items, sieht man von Item V229 ab, erheblich schwächere Beziehungen bestehen als zwischen den restlichen Items, ob man nun die Tau-b-Koeffizienten (.11, .43, .20 und .27) oder die r-Koeffizienten (.06, .48, .19 und .27) betrachtet. Das heißt, aufgrund der Interkorrelationen kommt man zu der Erkenntnis, daß das Item V230 (Fluktuationsabsicht) offenbar nicht in gleichem Maße wie die übrigen vier Items geeignet ist, die Zufriedenheit mit dem Job zu messen, unabhängig davon, auf welchen Koeffizienten man sein Urteil stützt bzw. unabhängig davon, ob man eine Abstandsgleichheit der Item-Kategorien unterstellt oder nicht. (Daß sich Item V230 nicht in gleichem Maße wie die übrigen Items als *Indikator* der allgemeinen Jobzufriedenheit erweist, überrascht nicht, wenn man bedenkt, daß es sich hier um Befragungsdaten aus dem Bereich des öffentlichen Dienstes handelt, wo die Absicht, beim selben Arbeitgeber zu bleiben, nicht im selbem Maße wie im privatwirt-

Tabelle 1-4: Korrelation des Items V229 mit der korrigierten
(der um das Item V229 verkürzten) JOBZU-Skala

Crosstabulation: JOBZUB
                  By V229

V229→ JOBZUB	Count	dagegen 1	Beden- ken 3	dafür 5	Row Total
	6	2			2
	8	2	1		3
	10	1	5		6
	12	3	7	1	11
	14		5	6	11
	16		1	11	12
	18			9	9
	20			6	6
Column Total		8 13.3	19 31.7	33 55.0	60 100.0

Tau-b=.72
r=.80

schaftlichen Bereich als Indiz für Zufriedenheit mit dem Job gedeutet werden kann, weil es sehr viel weniger öffentliche als
private Arbeitgeber und damit stark eingeschränkte Wahl- und
Wechselmöglichkeiten für Beschäftigte des öffentlichen Dienstes
gibt.)

Auch das zweite Verfahren der Itemanalyse, bei dem jedes Skalen-
Item mit der um das betreffende Item verkürzten Skala korreliert
wird, führt zu dem Schluß, daß Item V230 wenig mit den übrigen
JOBZU-Items zu tun hat. Betrachten wir zunächst eine der fünf
"corrected item-total correlations" (siehe Tabelle 1-4).

Bei der in Tabelle 1-4 dargestellten Beziehung handelt es sich um
die Korrelation des Items V229 mit der korrigierten JOBZU-Skala
(hier JOBZUB = V228 + V230 + V231 + V232)[1]. Man sieht: Die 8
Befragten, die sich mit Sicherheit nicht noch einmal für Ihre
Tätigkeit entscheiden würden, haben überwiegend niedrige Skalenwerte (6 bis 12); die 19 Befragten, die Bedenken hätten, sich
nochmals für ihre Tätigkeit zu entscheiden, haben überwiegend
mittlere Skalenwerte (8 bis 16); und die 33 Befragten, die sich
ohne zu zögern wieder für ihre gegenwärtige Tätigkeit entscheiden
würden, haben überwiegend hohe Skalenwerte (12 bis 20). Die er-
kennbar starke Beziehung zwischen dem Item V229 und der korrigierten Skala läßt sich auch an den hohen Zahlenwerten der Koeffizienten (Tau-b=.72, r=.80) ablesen. Item V229 erscheint demnach als
ein Item, das den übrigen Items verwandt ist.

Tabelle 1-5 ermöglicht einen Vergleich aller fünf "corrected item-
total correlations". Bei diesem Vergleich ergibt sich, daß die
Korrelation des Items V230 mit der korrigierten Skala erheblich
schwächer ist als die übrigen Korrelationen; die Zahlenwerte der
Koeffizienten (.28 und .31) sind nur etwa halb so hoch wie die
übrigen Zahlenwerte. Man kommt also auch hier, wiederum unabhängig
davon, auf welchen Koeffizienten man sein Urteil stützt, zu dem
Schluß, daß Item V230 weitgehend etwas anderes mißt als die übrigen Items.

Da Item V230 nicht als Indikator der Jobzufriedenheit gelten kann,
wird es eliminiert. Das heißt, die Jobzufriedenheits-Skala wird
von ursprünglich fünf Items (JOBZU5) auf vier Items (JOBZU4) reduziert. Diese Reduktion führt zu einer Erhöhung der Homogenität der
Items, die sich zum einen in einer höheren *durchschnittlichen
Interkorrelation* ($\bar{r}$) und zum andern in einer höheren *internen Konsistenz* der Skalen-Items ausdrückt. An dieser Stelle kann nicht
erläutert, sondern nur angeführt werden, daß die interne Konsistenz

---

1) Da die (inzestuöse) Korrelation eines Items mit einer Skala,
   von der es ein Teil ist, wegen Überlappung inflationiert ist,
   und zwar um so mehr, je kürzer die Skala ist, verkürzt man
   die Skala um das betreffende Item und nennt sie eine korrigierte Skala.

Tabelle 1-5: Korrelation der JOBZU-Items mit der korrigierten
             (der um das betreffende Item verkürzten) JOBZU-Skala

		V228	V229	V230	V231	V232
Korri- gierte Skala	Tau-b =	.47	.72	.28	.55	.59
	r =	.55	.80	.31	.63	.67

der Items, ausgedrückt durch den von Lee CRONBACH vorgeschlagenen
Koeffizienten Alpha, bei der kürzeren Skala höher ist als bei der
längeren Skala (α=.84 und $\bar{r}$=.57 bei JOBZU4, α=.80 und $\bar{r}$=.44 bei
JOBZU5), was vor dem Hintergrund der dargestellten Ergebnisse der
Itemanalyse nicht überraschen dürfte.

Wenn Item V230 eliminiert wird, so bedeutet das nicht, daß wir es
bei ihm mit einem in jeder Hinsicht untauglichen Item zu tun hätten. Seine Zurückweisung und Nichtberücksichtigung bei der Bildung
der Jobzufriedenheits-Skala beruht auf der Erkenntnis, daß es in
der Population der befragten öffentlich Bediensteten nur schwach
mit den übrigen JOBZU-Items korreliert und nicht als Indikator
der Jobzufriedenheit gedeutet werden kann. Über seine Tauglich-
keit, die Fluktuationsabsicht gültig und zuverlässig zu messen,
ist damit nichts ausgesagt.

Am Schluß dieses Abschnitts müssen wir noch kurz auf die letzten
COMPUTE- und die FORMATS-Anweisung(en) (siehe S.51) eingehen:

```
COMPUTE LEBZ8Z = (LEBZU8 - 43.883)/9.107.
COMPUTE LEBZ2Z = (LEBZU2 -  5.933)/1.711.
COMPUTE LEBZUZ = (LEBZ8Z + LEBZ2Z)/2.
FORMATS DISSPI TO LEBZU2 (F2.0) / LEBZ8Z TO LEBZUZ (F5.3).
```

Mit der ersten und zweiten Anweisung werden die Werte der zuvor
aus acht bzw. zwei Items gebildeten Lebenszufriedenheits-Skalen
LEBZU8 und LEBZU2 in sog. *z-Werte* umgewandelt. Mit der dritten

Anweisung werden die z-transformierten Werte zu einem gemeinsamen
Lebenszufriedenheits-Skalenwert (LEBZUZ) kombiniert. Daß es sich
bei den Zahlen 43.883 und 5.933 um arithmetische Mittelwerte ($\bar{x}$)
und bei den Zahlen 9.107 und 1.711 um Standardabweichungen (s)
der beiden Skalen LEBZU8 und LEBZU2 handelt, sei hier nur am Rande
erwähnt; für das Verständnis der arithmetischen Operationen ist
dies ohne Belang. Was die Anweisungen bewirken, sei ein weiteres
Mal anhand der Daten des Befragten *Sechzig* erläutert (siehe Datenmatrix 2, letzte Zeile). Wir berechnen zunächst die LEBZU8- und
LEBZU2-Skalenwerte (siehe die COMPUTE-Anweisungen auf S.51):

$$LEBZU8_{60} = 6 + 6 + 6 + 6 + 5 + 6 + 5 + 6 = 46$$
$$LEBZU2_{60} = 3 + 3 = 6$$

Durch Einsetzen dieser Skalenwerte erhalten wir

$$LEBZ8Z_{60} = (46 - 43.883)/9.107 = .232$$
$$LEBZ2Z_{60} = (\ 6 -\ \ 5.933)/1.711 = .039$$

und durch Kombination dieser z-Werte

$$LEBZUZ_{60} = (.232 + .039)/2 = .136$$

An den arithmetischen Operationen läßt sich die - hier übernommene - Konzeption der Forscher des Institute for Social Research
(ISR) ablesen, daß die "overall life satisfaction" zwei gleich-
wertige Komponenten hat, nämlich die "specific life satisfaction"
und die "general life satisfaction":

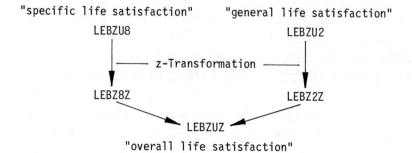

Demgemäß werden die Werte der auf acht "spezifischen" Items beruhenden LEBZU8-Skala und die Werte der auf zwei "generellen"
Items ("glücklich", "zufrieden") basierenden LEBZU2-Skala (die
Korrelation zwischen diesen Skalen ist r=.58) z-transformiert
und, auf diese Weise gleichgewichtet, zu einem gemeinsamen LEBZUZ-
Skalenwert, der die "Gesamtlebenszufriedenheit" des Befragten ausdrückt, kombiniert.

Was die FORMATS-Anweisung angeht, so ist nur zu erwähnen (und anhand der Datenmatrix 2 zu kontrollieren), was sie bewirkt, nämlich
daß die Werte der Skalen DISSPI bis LEBZU2 zweistellig und ohne
Nachkommastelle (F2.0) und die Werte der Skalen LEBZ8Z bis LEBZUZ
einschließlich des eventuell negativen Vorzeichens fünfstellig und
mit drei Nachkommastellen (F5.3) ausgedruckt werden.

Eine letzte Bemerkung betrifft nicht die Bildung einer Skala, sondern die Umwandlung der Variablen V171 (Geburtsjahr des Befragten)
in die Variable LALTER (Lebensalter des Befragten). Da die Befragung Mitte 1980 stattfand, ist das Lebensalter des Befragten die
Differenz zwischen 80 und dem zweistellig vercodeten Geburtsjahr:

COMPUTE LALTER = 80 - V171.

Im Falle des Befragten *Sechzig* erhalten wir

$LALTER_{60} = 80 - 28 = 52$

Damit sind alle im Zuge der Datenmodifikation und *zeilenweisen*
Auswertung der Datenmatrix gebildeten und in Datenmatrix 2 dokumentierten Variablen beschrieben. Außer der Variablen LALTER
haben wir gemäß den COMPUTE-Anweisungen (S.51) neun Skalen
(DISSPI bis LEBZU2) konstruiert, von denen die beiden letzten
(LEBZU8 und LEBZU2) nach einer z-Transformation zu einer gemeinsamen Skala der Lebenszufriedenheit (LEBZUZ) kombiniert wurden.

1.3.7   DIE MATRIX DER INTEGRIERTEN DATEN: DATENMATRIX 3

Die in den Datenmatrizen 1 und 2 enthaltenen 52 Skalen-Items haben
ihren Hauptzweck erfüllt, sobald sie in den Skalen aufgegangen
sind; als für die weiterführende, auf die Gewinnung inhaltlicher
Einsichten und Aussagen gerichtete Datenanalyse wenig interessante
Einzelinformationen kann man sie im Grunde "vergessen". Das heißt,
man kann unter Verzicht auf die Darstellung der 52 Skalen-Items
eine zwar reduzierte, dafür aber übersichtlichere dritte Datenmatrix bilden, die die nicht modifizierten, für die Skalenkonstruktion nicht benötigten Variablen der ersten Matrix mit den
neuen Variablen der zweiten Matrix vereint. Genau dies leistet
Datenmatrix 3, die Matrix der integrierten Daten (siehe Anhang B).

Von den drei Matrizen ist Datenmatrix 3 die informativste. Anders
als Datenmatrix 1, die zwar die Rohdaten vollständig dokumentiert,
aber keine neuen Variablen enthält, und anders als Datenmatrix 2,
die zwar den Prozeß der Datenmodifikation und Skalenkonstruktion
transparent macht, aber keine unmodifizierten bzw. an der Variab-
lenneubildung unbeteiligten Variablen enthält, weist Datenmatrix 3
alle Daten der ersten und zweiten Matrix auf, die für die auf sub-
stantielle Fragen und Aussagen gerichtete Analyse relevant sind.

Um jedes Mißverständnis zu vermeiden, sei hinzugefügt, daß man
normalerweise nicht mehrere, sondern nur eine einzige Datenmatrix
aufbaut, und daß das, was hier im Zuge der Beschreibung des Prozesses der Datenmodifikation und Skalenkonstruktion aus Darstel-
lungs- und Platzgründen in Form dreier Datenmatrizen präsentiert
wurde, in Wahrheit e i n e Datenmatrix ist: eine von links nach
rechts - um die neuen Variablen - erweiterte Matrix, die keine
wiederholte (weil entbehrliche) Auflistung derselben Variablen
kennt. Man hätte diese Matrix ohne weiteres ausdrucken lassen und
auf einem langen Faltblatt unterbringen können. Doch liegen die
Nachteile dieser Alternative auf der Hand. Wegen ihrer notwendig
großen Länge wäre die Matrix unübersichtlich geworden; die sichere
Identifikation bestimmter Variablen wäre ebenso erschwert worden

wie das Auffinden bestimmter Variablenwerte bestimmter Personen.
Im übrigen wäre die Skalenkonstruktion weniger durchsichtig und
nachvollziehbar gewesen, wenn auf die wiederholte Auflistung nicht
recodierter Items verzichtet worden wäre.

Es sprechen also gute Gründe für die hier vorgenommene Dreiteilung
der Datenmatrix, die schließlich zur komprimierten Datenmatrix 3
führt, deren Struktur genau dem Aufbau des Fragebogens (siehe Anhang A) folgt. Dort wo die Daten verdichtet, d.h. bestimmte Items
zu Skalen kombiniert werden, erscheint in Datenmatrix 3 die jeweilige Skala. Zwischen den Skalen und rechts neben ihnen sind die
nicht modifizierten Variablen V118 bis V127, V143, V164 bis V170
und V172 bis V175 entsprechend ihrer Position im Fragebogen aufgeführt. So dürfte es dem Leser nicht schwerfallen, eine Verbindung zwischen dem Fragebogen und Datenmatrix 3 herzustellen. Da
wir in allen Abschnitten des vorliegenden Buches bei vielen Illu-
strations- und Rechenbeispielen auf Datenmatrix 3 zurückgreifen
werden, sollte sie dem Leser geläufig sein, damit er Befragte,
Variablen und Variablenwerte leicht identifizieren kann.

Natürlich erschöpfen die hier dargestellten Datenmodifikationen
und Variablenneubildungen bei weitem nicht alle Möglichkeiten der
Datentransformation. Später werden wir sehen, daß man häufig
weitere neue Variablen durch Zusammenfassung (Klassierung, Gruppierung) bestimmter Variablenwerte bildet, etwa derart, daß man
nur noch niedrige, mittlere und hohe Ausprägungen unterscheidet.
Obwohl auch diese aus vorhandenen Variablen gebildeten neuen
Variablen die Datenmatrix rechts erweitern, können und brauchen
sie hier nicht erläutert und aufgelistet zu werden.

1.4 Beispiele uni- und bivariater Verteilungen

In aller Regel beginnt der Sozialforscher die Analyse der in
Matrixform vorliegenden Daten mit der Untersuchung der Häufigkeitsverteilung (engl. frequency distribution) einer jeden einzelnen Variablen; er ist dann mit univariaten Verteilungen beschäftigt. Hat er sich mit den Verteilungseigenschaften jeder
einzelnen Variablen vertraut gemacht, fährt er gewöhnlich mit
der Untersuchung gemeinsamer Häufigkeitsverteilungen (engl. joint
frequency distributions), das heißt mit der Analyse der Beziehung
zwischen bestimmten Variablen fort; er ist dann mit bivariaten
(und in der Fortführung mit multivariaten) Verteilungen befaßt.

Der erste Schritt der Analyse, die Untersuchung eindimensionaler
Verteilungen, wird univariate Auswertung oder Analyse genannt;
ihr ist Kapitel 2 gewidmet. Der zweite Schritt der Analyse, die
Untersuchung zweidimensionaler Verteilungen (die regelmäßig in
eine multivariate Analyse übergeht), wird bivariate Auswertung
oder Analyse genannt; ihr sind Kapitel 3 und 4 gewidmet.

In der deskriptiven univariaten und bivariaten Analyse kommt es
wesentlich darauf an, Verteilungen so darzustellen und zusammenfassend zu beschreiben, daß das Charakteristische an ihnen leicht
erkannt und in gedrängter Form zum Ausdruck gebracht wird. Dazu
bedient man sich bestimmter Hilfsmittel oder Analyseelemente der
beschreibenden univariaten und bivariaten Statistik, nämlich
gewisser *Tabellen*, *Graphiken* und *Maßzahlen*.

Wie diese Elemente der statistischen Datenanalyse angewandt werden
und was sie leisten, sei nachfolgend anhand einiger Beispiele, die
sämtlich durch *spaltenweise* Auswertung unserer Datenmatrix gewonnen wurden, erläutert.

1.4.1 Beispiele univariater Verteilungen

Der Darstellung und Zusammenfassung univariater Verteilungen
dienen vor allem (1) univariate Tabellen, (2) Histogramme und (3)
Mittel- und Streuungswerte. Betrachten wir zunächst Tabelle 1-6
als ein Beispiel, das ebenso wie die drei folgenden Beispiele mit
der SPSS-Prozedur FREQUENCIES erzeugt wurde.

Tabelle 1-6: Beispiel einer univariaten Tabelle mit Histogramm:
            Die Verteilung der Variablen "Anzahl bisheriger
            Arbeitgeber (V173)"

V173   Anzahl bisheriger Arbeitgeber

Value Label	Value	Frequency	Percent	Valid Percent	Cum Percent
eins	1	13	21.7	21.7	21.7
zwei	2	16	26.7	26.7	48.3
drei	3	11	18.3	18.3	66.7
vier	4	5	8.3	8.3	75.0
fünf	5	3	5.0	5.0	80.0
über f.	6	12	20.0	20.0	100.0
		-------	-------	-------	
	TOTAL	60	100.0	100.0	

V173   Anzahl bisheriger Arbeitgeber

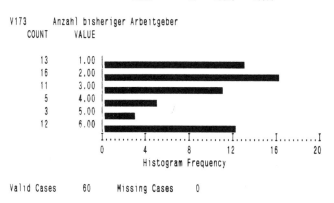

Valid Cases   60   Missing Cases   0

Tabelle 1-6 stellt eine Auswertung der mit V173 gekennzeichneten
Spalte der Datenmatrix 3 (siehe Anhang B) dar; sie informiert als
univariate Tabelle (oberer Teil) und als *Histogramm* (unterer Teil)
darüber, wie die 60 Befragten auf die Frage 173 "Bei wievielen
Arbeitgebern waren Sie in Ihrer gesamten beruflichen Laufbahn be-

schäftigt?" antworteten. Das heißt, die tabellarische Auflistung und die graphische Darstellung geben Aufschluß darüber, wieviele Befragte auf die einzelnen Kategorien oder Werte der Variablen V173 entfallen.

Wie man sieht, kreuzten 13 Befragte (oder 21.7 Prozent der 60 Befragten) die im Fragebogen (siehe Anhang A) vorgegebene Kategorie 1 "bei einem Arbeitgeber" an, d.h. die Kategorie, der der Wert (engl. value) 1 zugeordnet worden war. Weitere 16 Befragte (26.7 Prozent) kreuzten die Kategorie 2 "bei zwei Arbeitgebern" an, 11 Befragte (18.3 Prozent) die Kategorie 3 "bei drei Arbeitgebern" usw. Mit anderen Worten: Aus der univariaten Tabelle geht hervor, daß die *absolute Häufigkeit* (engl. absolute frequency) der mit 1 vercodeten und mit dem Werteetikett (engl. value label) "eins" versehenen ersten Ausprägung der Variablen "Anzahl bisheriger Arbeitgeber (V173)" 13 ist, was einer *relativen Häufigkeit* (engl. relative frequency) von (13/60)100 = 21.7 Prozent (engl. percent) entspricht. Da jeder der 60 Befragten in eine (und nur eine) Kategorie der Variablen fällt, addieren sich die absoluten Häufigkeiten zu 60 und die relativen Häufigkeiten zu 100.0 (Prozent).

Tabelle 1-7: Beispiel einer univariaten Verteilung mit Streifendiagramm: Die Verteilung der Variablen "Auch Vorgesetztenfunktionen (V167)"

V167   Auch Vorgesetztenfunktionen

Value Label	Value	Frequency	Percent	Valid Percent	Cum Percent
nein	1	36	60.0	60.0	60.0
ja	2	24	40.0	40.0	100.0
		-------	-------	-------	
	TOTAL	60	100.0	100.0	

```
        nein ████████████████████████████████ 36
          ja ██████████████████████████ 24
```

Valid Cases   60   Missing Cases   0

Weitere Beispiele univariater Verteilungen sind die Tabellen 1-7, 1-8 und 1-9. Aus Tabelle 1-7 geht hervor, daß 24 Personen (oder

40.0 Prozent der 60 Befragten) angaben, im Rahmen ihres Beschäftigungsverhältnisses auch Vorgesetztenfunktionen auszuüben; die übrigen 36 Personen (60.0 Prozent) verneinten dies. Daß je 20 Befragte (je 33.3 Prozent) den Status eines Arbeiters, Angestellten bzw.
Beamten haben, kann man Tabelle 1-8 entnehmen.

Tabelle 1-8: Beispiel einer univariaten Verteilung mit Streifen-
             diagramm: Die Verteilung der Variablen "Beschäftig-
             tenstatus (V166)"

V166   Beschäftigtenstatus

Value Label	Value	Frequency	Percent	Valid Percent	Cum Percent
Arbeiter	1	20	33.3	33.3	33.3
Angest.	2	20	33.3	33.3	66.7
Beamter	3	20	33.3	33.3	100.0
		-------	-------	-------	
	TOTAL	60	100.0	100.0	

Valid Cases   60   Missing Cases   0

Die in Tabelle 1-9 wiedergegebene Verteilung der Variablen "Zufriedenheit alles in allem (V127)" läßt erkennen, daß nur relativ
wenige Befragte eine sehr geringe bzw. eine sehr hohe Zufriedenheit bekundeten; die meisten brachten eine mittlere bis hohe Zufriedenheit mit ihrem Beschäftigungsverhältnis zum Ausdruck.[1]

Diese vier Beispiele sollten verdeutlichen, daß man im Zuge der
spaltenweisen Auswertung der Datenmatrix für jede Variable eine
übersichtliche univariate Tabelle und eine *anschauliche* graphische Darstellung (Histogramm oder Streifendiagramm) konstruieren

---

1) Dem aufmerksamen Leser wird nicht entgangen sein, daß in den
   Tabellen 1-6 bis 1-9 (in Abhängigkeit vom Meßniveau der jeweiligen Variablen) zwei verschiedene graphische Darstellungsformen verwendet wurden, nämlich einmal das Histogramm und
   einmal das Streifendiagramm, auf die hier nicht näher einge-
   gangen werden soll. Siehe dazu Abschnitt 2.2.

Tabelle 1-9: Beispiel einer univariaten Tabelle mit Histogramm:
Die Verteilung der Variablen "Zufriedenheit alles
in allem (V127)"

V127   Zufriedenheit alles in allem

Value Label		Value	Frequency	Percent	Valid Percent	Cum Percent
sehr	gering	1	3	5.0	5.0	5.0
		2	4	6.7	6.7	11.7
		3	4	6.7	6.7	18.3
		4	13	21.7	21.7	40.0
		5	18	30.0	30.0	70.0
		6	14	23.3	23.3	93.3
sehr	hoch	7	4	6.7	6.7	100.0
		TOTAL	60	100.0	100.0	

V127   Zufriedenheit alles in allem

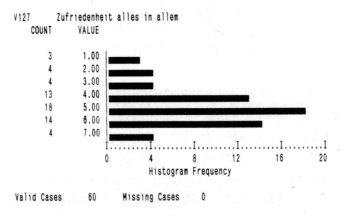

```
  COUNT     VALUE

    3       1.00
    4       2.00
    4       3.00
   13       4.00
   18       5.00
   14       6.00
    4       7.00
          I.........I.........I.........I.........I.........I
          0         4         8        12        16        20
                      Histogram Frequency
```

Valid Cases   60   Missing Cases   0

kann. Wie wir in Kapitel 2 sehen werden, kann man ferner, insbesondere wenn die Daten in dieser Weise organisiert sind, gewisse
Maßzahlen berechnen, die bestimmte Aspekte einer Verteilung -
statt sie in Form einer übersichtlichen Tabelle oder in Form einer
anschaulichen Graphik zum Ausdruck zu bringen - mit einer einzigen
Zahl beschreiben, z.B. die *zentrale Tendenz* mit dem arithmetischen
Mittel oder die *Streuung* mit der Standardabweichung (falls die
Variable metrisches Meßniveau hat). Derartige Maßzahlen sind zwar
knapper und notwendig informationsärmer als Tabellen und Graphiken, dafür aber besonders gut geeignet, Merkmalsverteilungen miteinander zu vergleichen.

1.4.2 BEISPIELE BIVARIATER VERTEILUNGEN

Beginnt die Analyse sozialwissenschaftlicher Daten mit der Analyse
univariater Verteilungen, so setzt sie sich in der Analyse gemeinsamer Verteilungen zweier oder mehrerer Variablen fort. Eine
gemeinsame Verteilung (engl. joint distribution) muß vorliegen,
wenn Beziehungen zwischen Variablen untersucht werden sollen.

Bei der Darstellung und Zusammenfassung bivariater Verteilungen
kommen (1) bivariate Tabellen, (2) bivariate Streudiagramme und
(3) Assoziations- bzw. Korrelationskoeffizienten zur Anwendung.
Das sei an einigen Beispielen illustriert. Wir werden zunächst
drei bivariate Tabellen betrachten, die mit der SPSS-Prozedur
CROSSTABS erzeugt wurden. Diesen Beispielen folgen drei mit der
SPSS-Prozedur PLOT erzeugte bivariate Streudiagramme.

Wie wir sahen, klassifiziert man in der univariaten Analyse die
Befragten (generell: Untersuchungseinheiten oder Fälle) *separat*
im Hinblick auf je eine Variable; in der bivariaten Analyse werden
sie *simultan* im Hinblick auf je zwei Variablen klassifiziert. Das
heißt, die Konstruktion einer bivariaten Tabelle wie auch die
Konstruktion eines Streudiagramms verlangen die *gleichzeitige* Auswertung je zweier Spalten der Datenmatrix, wobei jeder Fall nach
Maßgabe je zweier Variablenausprägungen oder -werte identifiziert
und klassifiziert wird.

Statt beispielsweise die Befragten *separat* nach dem "Beschäftigtenstatus (V166)" und nach der "Anzahl bisheriger Arbeitgeber (V173)"
zu klassifizieren (und auf diese Weise *zwei* univariate Tabellen
mit Streifendiagramm bzw. Histogramm zu konstruieren), klassifiziert man sie *gleichzeitig* nach Maßgabe ihrer individuellen Ausprägungen bei *beiden* Variablen (das Ergebnis ist *eine* gemeinsame
Häufigkeitsverteilung bzw. -tabelle). Die durch derartige *Kreuz-*
klassifikation (engl. cross-classification) entstehende *bivariate*
Tabelle wird auch *gemeinsame Häufigkeitstabelle* (engl. joint frequency table), *Kontingenz-* oder *Kreuztabelle* (engl. contingency
table, two-way frequency table) genannt. Diese Tabelle informiert

darüber, wie die beiden Variablen *gemeinsam verteilt* sind.

Die Kreuztabulation zweier ordinaler oder metrischer Variablen
läßt meistens leicht erkennen, ob z.B. hohe Werte der einen Variablen mit hohen Werten der anderen Variablen einhergehen, ob
hohe Werte der einen Variablen mit niedrigen Werten der anderen
Variablen einhergehen oder ob keine solche Tendenzen vorhanden
sind. Derartige Verteilungsmuster erlauben die Beantwortung der
Frage, ob eine *statistische Beziehung* (Assoziation, Korrelation)
vorliegt, und wenn ja, ob sie positiv oder negativ ist. Bei
nominalen Variablen, deren Ausprägungen nicht rangmäßig bzw. der
Größe nach geordnet sind, stellt sich die Frage nach der statistischen Beziehung ganz ähnlich, nämlich dahingehend, ob bestimmte
Ausprägungskombinationen häufiger auftreten als andere, beispielsweise ob bei einer Kreuztabulation der Variablen "Religionszuge-
hörigkeit" und "Politische Orientierung" die Ausprägungskombinationen "katholisch/konservativ" und "nicht katholisch/nicht konservativ" häufiger vorkommen als die Ausprägungskombinationen
"katholisch/nicht konservativ" und "nicht katholisch/konservativ".

Wie wir in den Kapiteln 3 und 4 sehen werden, können statistische
Beziehungen in knappster Form durch *Maßzahlen*, durch sog. Assozi-
ations- bzw. Korrelationskoeffizienten, ausgedrückt werden.

Kreuztabulierte Variablen müssen keineswegs dasselbe (nominale,
ordinale oder metrische) Meßniveau haben; es ist ohne weiteres
möglich, Variablen verschiedenen Meßniveaus in einer bivariaten
Tabelle zu kombinieren. Auch im Hinblick auf die Anzahl der
Variablenausprägungen gibt es keine Beschränkung bei der Kreuztabulation, das heißt, es ist möglich, durch beliebige Kombinationen dichotomer, trichotomer oder generell polytomer Variablen
beliebigen Meßniveaus bivariate Tabellen zu konstruieren.

Hat man es mit zwei metrischen Variablen zu tun, so kann man ihre
gemeinsame Verteilung statt in Form einer bivariaten Tabelle auch
in Form eines bivariaten *Streudiagramms* (engl. scatter diagram,
scattergram, scatterplot) darstellen, was sich besonders dann

empfiehlt, wenn die Variablen viele Werte haben. Grundsätzlich ist man jedoch bei metrischen Variablen in der Wahl der Darstellungsform ihrer bivariaten Verteilung (Tabelle oder Diagramm) frei.

Tabelle 1-10, unser erstes Beispiel einer bivariaten Tabelle, stellt die Kreuztabulation zweier Variablen dar, deren univariate Verteilungen wir bereits kennen. Tabelle 1-10 wurde durch simultane Auswertung der mit V166 und V167 beschrifteten Spalten der Datenmatrix 3 (siehe Anhang B) gebildet und so angelegt, daß die trichotome Variable "Beschäftigtenstatus (V166)" mit den Ausprägungen "Arbeiter" (1), "Angestellter" (2) und "Beamter" (3) als sog. *Spaltenvariable* (engl. column variable) im Kopf der Tabelle und die dichotome Variable "Auch Vorgesetztenfunktionen (V167)" mit den Ausprägungen "nein" (1) und "ja" (2) als sog. *Zeilenvariable* (engl. row variable) am linken Rand der Tabelle erscheint.

Tabelle 1-10: Beispiel einer bivariaten Tabelle: Die gemeinsame Verteilung der Variablen "Beschäftigtenstatus (V166)" und "Auch Vorgesetztenfunktionen (V167)"

```
Crosstabulation:      V167       Auch Vorgesetztenfunktionen
                      By V166    Beschäftigtenstatus

            Count  |Arbeiter|Angest. |Beamter
   V166->                                         Row
                   |    1   |   2    |   3     Total
   V167            ────────────────────────
              1    |   15   |   12   |   9       36
   nein                                         60.0

              2    |    5   |    8   |  11       24
   ja                                           40.0
                   ┼────────────────────────
            Column |   20       20      20       60
            Total      33.3     33.3    33.3    100.0
```

Addiert man die Anzahl (engl. count) der in den Zellen einer bivariaten Tabelle vorfindlichen Fälle (also die Häufigkeiten der Zellen) spaltenweise bzw. zeilenweise, so erhält man die Randhäufigkeiten der Spaltenvariablen (engl. column totals) bzw. die

Randhäufigkeiten der Zeilenvariablen (engl. row totals). Diese
Randhäufigkeiten sind die einfachen Häufigkeiten der beiden kreuztabulierten Variablen; sie heißen *marginale* oder *Randhäufigkeiten*
(engl. marginal frequencies), weil sie am Rand der bivariaten
Tabelle stehen. Die Addition der marginalen Häufigkeiten aller
Spalten (oder Zeilen) ergibt *N*, die Gesamtzahl der Fälle (engl.
grand total of cases).

Das Muster der Zellenbesetzungen der Tabelle 1-10 offenbart, daß
nur 5 (20 Prozent) der 20 Arbeiter, hingegen 8 (40 Prozent) der
20 Angestellten und 11 (55 Prozent) der 20 Beamten angaben, im
Rahmen ihres Beschäftigungsverhältnisses auch Vorgesetztenfunktionen auszuüben - was auf eine statistische Beziehung zwischen
den Variablen V166 und V167 hinweist, die vielleicht jedermann
erwartet oder doch für plausibel hält: Bei kommunalen Bediensteten
üben Arbeiter seltener als Angestellte und noch seltener als Beamte (auch) Vorgesetztenfunktionen aus. Zwischen den Variablen V166
und V167 bestünde nicht die geringste Beziehung, wenn in jeder
Subgruppe (der Arbeiter, Angestellten und Beamten) der Anteil derjenigen, die angaben, auch Vorgesetztenfunktionen auszuüben, wie
in der Randverteilung der Variablen V167 genau 40 Prozent betragen
hätte.

In Tabelle 1-11, unserem zweiten Beispiel einer bivariaten Tabelle,
ist die Variable "Beschäftigtenstatus (V166)" mit der Variablen
"Anzahl bisheriger Arbeitgeber (V173)" kreuztabuliert. Wie man
sieht, haben von den je 20 Arbeitern, Angestellten und Beamten
2 Arbeiter, 4 Angestellte und 7 Beamte nur einen Arbeitgeber gehabt (erste Zeile), während 8 Arbeiter, 3 Angestellte und 1 Beamter
mehr als fünf Arbeitgeber hatten (letzte Zeile).

Das Muster der gemeinsamen Verteilung der Tabelle 1-11 läßt insgesamt erkennen, daß die Arbeiter häufiger als die Angestellten
und noch häufiger als die Beamten den Arbeitgeber wechselten - was
der Erkenntnis gleichkommt, daß zwischen den Variablen V166 und
V173 eine statistische Beziehung besteht.

Tabelle 1-11: Beispiel einer bivariaten Tabelle: Die gemeinsame
              Verteilung der Variablen "Beschäftigtenstatus
              (V166)" und "Anzahl bisheriger Arbeitgeber (V173)"

Crosstabulation: V173   Anzahl bisheriger Arbeitgeber
                    By V166   Beschäftigtenstatus

Count V166→	Arbeiter	Angest.	Beamter	Row Total
	1	2	3	
V173				
1 eins	2	4	7	13 21.7
2 zwei	2	6	8	16 26.7
3 drei	4	4	3	11 18.3
4 vier	3	1	1	5 8.3
5 fünf	1	2		3 5.0
6 über f.	8	3	1	12 20.0
Column Total	20 33.3	20 33.3	20 33.3	60 100.0

Unser drittes Beispiel, Tabelle 1-12, beruht auf einer simultanen
Auswertung der mit V262 und V263 beschrifteten Spalten der Datenmatrix 2. Hier bringt die Kreuztabulation die zwischen den beiden
Variablen bestehende Beziehung besonders deutlich zum Ausdruck.
Ein Blick auf die von links oben nach rechts unten verlaufende
Diagonale zeigt, daß 5 + 40 + 3 = 48 Befragte (80 Prozent) in
gleicher Weise auf die eine ("Wie glücklich zur Zeit?") wie auf
die andere ("Wie zufrieden zur Zeit?") Frage antworteten und daß
die 12 (20 Prozent) von diesem Muster abweichenden Befragten in
keinem Fall so drastisch abwichen, daß die Ausprägungskombinationen "nicht sehr glücklich" (1)/"vollkommen zufrieden" (5)" und
"sehr glücklich" (5)/"nicht sehr zufrieden" (1) aufgetreten wären.
Offensichtlich messen die Variablen V262 und V262 weitgehend das-

Tabelle 1-12: Beispiel einer bivariaten Tabelle: Die gemeinsame
              Verteilung der Variablen "Wie glücklich zur Zeit?
              (V262)" und "Wie zufrieden zur Zeit? (V263)"

Crosstabulation: V263   **Wie zufrieden zur Zeit**
                   By V262   **Wie glücklich zur Zeit**

Count	nicht s.	recht	sehr	
V262->				Row
	1	3	5	Total
V263				
1	5	2		7
nicht s.				11.7
3	3	40	3	46
recht				76.7
5		4	3	7
vollko.				11.7
Column	8	46	6	60
Total	13.3	76.7	10.0	100.0

selbe - was sich auch in einer engen *positiven* Beziehung ausdrückt
(Tau-b=.56, r=.57).

Eine relativ enge, und zwar *negative* Beziehung kommt in Abbildung
1-4, unserem ersten Beispiel eines Streudiagramms, zum Ausdruck.

Bevor wir Abbildung 1-4 genauer betrachten, sei betont, daß die
sinnvolle Darstellung gemeinsamer Verteilungen in Form von Streudiagrammen an die Voraussetzung gebunden ist, daß beide Variablen
mindestens das Niveau einer Intervallskala haben oder als Intervallskalen (metrische Skalen bzw. Variablen) aufgefaßt werden
können. Aus der Tatsache, daß in den nachfolgenden drei Beispielen
die Variablen SELBST, JOBDEP, V119 und LEBZU8 vorkommen, ist demnach zu folgern, daß wir gewillt sind, diese Variablen als metrische Variablen zu interpretieren.

In Abbildung 1-4 repräsentieren die Zahlen 60 Wertepaare der Variablen "Selbstwertgefühl (SELBST)" und "Jobdepression (JOBDEP)";
jede Zahl steht für die Anzahl der Befragten, die bezüglich der
Variablen SELBST und JOBDEP dieselbe Wertekombination aufweisen.

Abbildung 1-4: Beispiel eines Streudiagramms: Die gemeinsame Ver-
               teilung der Variablen "Selbstwertgefühl (SELBST)"
               und "Jobdepression (JOBDEP)"

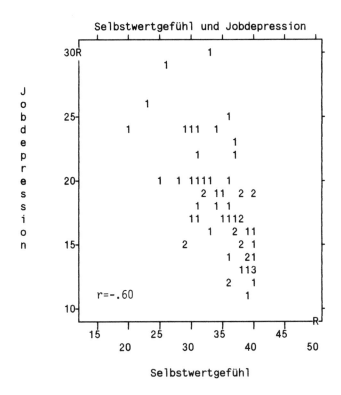

Beispielsweise besagt die rechts unten im Streudiagramm vorfind-
liche 3, daß drei der 60 Befragten bei der Variablen SELBST einen
(relativ hohen) Wert von 40 und bei der Variablen JOBDEP einen
(relativ niedrigen) Wert von 13 haben. Wie man der Datenmatrix 3
entnehmen kann, sind das die Befragten 35, 46 und 53; nur diese
drei Befragten weisen die Wertekombination 40/13 auf, alle übrigen
haben andere SELBST/JOBDEP-Wertekombinationen.

Das in Abbildung 1-4 dargestellte Streudiagramm wurde so angelegt,
daß die entlang der horizontalen oder X-Achse abgetragene Variable
SELBST links mit dem Wert 14 beginnt und rechts mit dem Wert 50
endet, während die entlang der vertikalen oder Y-Achse abgetragene
Variable JOBDEP unten mit dem Wert 10 beginnt und oben mit dem

Wert 30 endet. Das heißt, für die graphische Darstellung der gemeinsamen Verteilung wurden die Wertebereiche der beiden Variablen so gewählt, daß keine empirischen Werte ausgeschlossen wurden
und der Schwarm der abzubildenden Wertepaare (hier in Form von
Zahlen dargestellt) ungefähr ins Zentrum der Abbildung gelangte.
Aus diesem Grunde beginnen in Abbildung 1-4 die Wertebereiche der
beiden Variablen nicht bei Null bzw. im Ursprung des zweidimensionalen Koordinatensystems, was für die Erkennung und Beurteilung
des Beziehungsmusters belanglos ist.

Da in Abbildung 1-4 jeder der 60 Befragten gemäß seines SELBST/JOB-
DEP-Wertepaares (x, y) gekennzeichnet bzw. jede Zahl gemäß ihres
Abstandes x (Abszisse) und y (Ordinate) von den Koordinatenachsen
lokalisiert ist (siehe Abbildung 1-5), kann man leicht erkennen,
daß niedrige SELBST-Werte überwiegend mit hohen JOBDEP-Werten,
mittlere SELBST-Werte überwiegend mit mittleren JOBDEP-Werten und
hohe SELBST-Werte überwiegend mit niedrigen JOBDEP-Werten einhergehen. Dieses Muster veranschaulicht eine ziemlich starke negative
Korrelation zwischen den Variablen (Skalen) "Selbstwertgefühl" und
"Jobdepression". Der Zahlenwert des PEARSONschen Korrelationskoeffizienten, der geeignet ist, die Richtung und die Stärke der
Beziehung zum Ausdruck zu bringen, ist r=-.60.

Diese Assoziation entspricht genau der Hypothese, die Morris
ROSENBERG, der Konstrukteur der hier verwendeten Selbstwertgefühl-
Skala ("Self-Esteem Scale"), vor dem Hintergrund theoretischer
Überlegungen und der klinischen Beobachtung, "that depression
often accompanies low self-esteem", so formulierte und unterstützt
fand:

> "If the scale measures self-esteem, then people with low
> self-esteem should appear more depressed to outside observ-
> ers. This hypothesis was examined among a special group of
> subjects" (ROSENBERG, 1965, S.18).

Die von ROSENBERG erwähnte spezielle Gruppe setzte sich aus 50
"normalen Freiwilligen" ("normal volunteers") zusammen, die als
gesunde Personen, überwiegend junge Erwachsene, auf den Stationen

Abbildung 1-5: Die Kennzeichnung eines Punktes P im Koordinaten-
              system

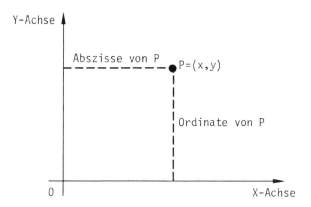

eines Klinischen Zentrums untergebracht waren und freiwillig an
wissenschaftlichen Untersuchungen teilnahmen. Diese Freiwilligen
hatten verschiedene Fragebögen ausgefüllt, von denen jeder auch
die zehn Items der ROSENBERGschen "Self-Esteem Scale" enthielt.
Unabhängig davon und ohne jede Kenntnis der Fragebogendaten hatten
Pflegepersonen der Stationen, auf denen die Freiwilligen untergebracht waren, diese Freiwilligen im Hinblick auf die Items anderer
Skalen ("LEARY Scales") eingestuft, so auch im Hinblick darauf,
ob sie "oft schwermütig" bzw. "häufig enttäuscht" waren, also
häufig Depressionssymptome aufwiesen oder nicht.

Wie ROSENBERG feststellt, zeigen die in Tabelle 1-13 wiedergegebenen Daten, "daß die Pflegepersonen sehr viel häufiger verneinten,
daß jene mit hohen Selbstwertgefühl-Skalenwerten 'oft schwermütig'
bzw. 'häufig enttäuscht' waren als jene mit niedrigen Selbstwertgefühl-Skalenwerten." Der Autor fährt dann fort:

"Not only are people with low self-esteem scores more
likely to appear depressed to others but they are, as we
would expect, more likely to express feelings of unhappy-
ness, gloom, discouragement, etc. Indeed, if they did not,
we would have strong reason to question the validity of the
scale" (ROSENBERG, 1965, S.20).

Tabelle 1-13: Die Beziehung zwischen Selbstwertgefühl (trichotomi-
sierte Verteilung der ROSENBERGschen "Self-Esteem
Scale") und Depressions-Indikatoren (Items der
"LEARY Scales")

Selbstwertgefühl
(Skalenwert)

		niedrig	mittel	hoch	
Von Pflege-personen beschrieben als "oft schwermütig"	nein	3	12	21	36
	unent-schieden	5		2	7
	ja	4	3		7
		12	15	23	50

Selbstwertgefühl
(Skalenwert)

		niedrig	mittel	hoch	
Von Pflege-personen beschrieben als "häufig enttäuscht"	nein	3	11	20	34
	unent-schieden	3	2	2	7
	ja	6	2	1	9
		12	15	23	50

Quelle: ROSENBERG, 1965, S.21.

Wenngleich die in Abbildung 1-4 veranschaulichte SELBST/JOBDEP-
Beziehung ausschließlich auf Befragungsdaten basiert, also nicht,
wie bei ROSENBERG, eine Assoziation zwischen Befragungsdaten
einerseits (Selbstwertgefühl) und Beobachtungsdaten andererseits
(Depression) darstellt, erhöht sie nichtsdestoweniger das Vertrau-
en in die Gültigkeit des mit der einen wie der anderen Skala
Gemessenen. Anders gesagt: Wäre die Beziehung zwischen den Skalen
SELBST und JOBDEP nicht negativ und ziemlich stark (hier r=-.60),
hätten wir allen Grund, die Gültigkeit der Skalen bzw. des jeweils
mit ihnen Gemessenen zu bezweifeln.

Abbildung 1-6: Beispiel eines Streudiagramms: Die gemeinsame Verteilung der Variablen "Jobdepression (JOBDEP)" und
"Wieviel Schwung und Energie zur Zeit (V119)"

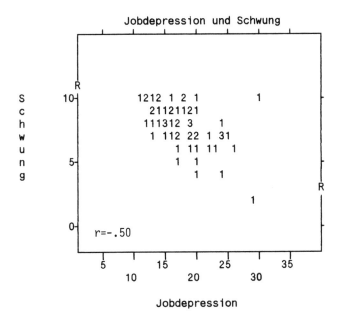

Für die Gültigkeit der Depressionsmessung spricht auch die in Abbildung 1-6 dargestellte *negative* Beziehung zwischen den Variablen
"Jobdepression (JOBDEP)" und "Wieviel Schwung und Energie zur Zeit
(V119)". Die mit Hilfe einer von 1 ("ohne jeden Schwung und Energie") bis 10 ("voller Schwung und Energie") reichenden Skala gemessene Variable V119 ist in Abbildung 1-6 entlang der vertikalen
Achse abgetragen, während die Variable JOBDEP, anders als im vorangehenden Beispiel, entlang der horizontalen Achse abgetragen ist.
Diesem Streudiagramm ist zu entnehmen, daß Befragte mit niedrigen
Depressionswerten tendenziell angaben, über viel Schwung und Energie zu verfügen, während Befragte mit hohen Depressionswerten vorwiegend angaben, über wenig Schwung und Energie zu verfügen - wie
nicht anders zu erwarten. Im vorliegenden Beispiel ist der Zahlenwert des PEARSONschen Korrelationskoeffizienten r=-.50.

Von diesem Muster weicht ein Fall, nämlich der Befragte 45 (siehe
Datenmatrix 3) mit der Wertekombination 30/10 bei den Variablen

JOBDEP/V119, höchst auffällig ab. Angesichts dieses sogenannten
Ausreißers (engl. outlier) fragt man sich, ob man der Angabe des
Befragten, "voller Schwung und Energie" gewesen zu sein, trauen
soll. Immerhin hat der Befragte 45 mit 30 den höchsten von 60
Werten bei der mit zehn Items gemessenen Variablen "Jobdepression"
und (siehe Datenmatrix 3) relativ niedrige Werte bei den verschiedenen Zufriedenheitsvariablen. Wie immer man diese Frage entscheiden mag (ob man die Angabe des Befragten trotz gewisser Bedenken
als ein zu respektierendes Datum ansieht, ob man sie als ein Versehen betrachtet und korrigiert, ob man den Fall von diesem Teil
der Analyse ausschließt) - man muß zuvor das Problem erkennen.
Dazu leistet das Streudiagramm wertvolle Dienste.

Der Ausreißer stört nicht nur das Bild; er beeinträchtigt auch die
Stärke der Beziehung zwischen den Variablen JOBDEP und V119.
Schließt man den Befragten 45 von der Analyse aus und berechnet
man den PEARSONschen Korrelationskoeffizienten auf der Basis von
59 statt 60 Wertepaaren (= Befragten), so verstärkt sich die Beziehung von $r=-.50$ auf $r=.-62$. Da es einen Unterschied macht, ob
man eine Beziehung von $r=-.50$ oder $r=-.62$ konstatiert, und da die
Differenz zwischen diesen Zahlenwerten von nur einem Befragten
herrührt, leuchtet es ein, daß Ausreißer besondere Beachtung verdienen.

Abbildung 1-7, unser drittes und letztes Beispiel eines Streudiagramms, veranschaulicht im Unterschied zu den oben dargestellten
Streudiagrammen eine *positive* Beziehung oder Korrelation ($r=.40$),
und zwar zwischen den Variablen "Wieviel Schwung und Energie zur
Zeit (V119)" und "Lebenszufriedenheit (LEBZU8)". Man erkennt, daß
Befragte, die über wenig Schwung und Energie verfügten, vorwiegend
eine geringe Lebenszufriedenheit bekundeten, während Befragte, die
über viel Schwung und Energie verfügten, überwiegend eine hohe
Lebenszufriedenheit ausdrückten.

In Abbildung 1-7 verläuft der Trend mehr oder weniger deutlich von
links unten nach rechts oben. Von diesem Muster weichen zwei Fälle
mit den Wertepaaren 4/48 und 10/26 bei den Variablen V119/LEBZU8

Abbildung 1-7: Beispiel eines Streudiagramms: Die gemeinsame Ver-
              teilung der Variablen "Wieviel Schwung und Energie
              zur Zeit (V119)" und "Lebenszufriedenheit (LEBZU8)"

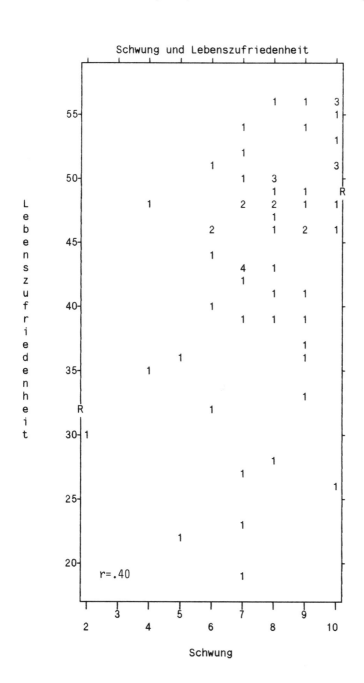

kraß ab. Auch hier beeinträchtigen die beiden Ausreißer die Beziehung zwischen den Variablen. Eliminiert man sie, um eine neue Korrelationsrechnung mit 58 statt 60 Wertepaaren (= Befragten) durchzuführen, so erhält man einen Koeffizienten von r=.50 (N=58) statt r=.40 (N=60) für die Beziehung zwischen den Variablen V119 und LEBZU8.

Die voraufgegangenen sechs Beispiele sollten zeigen, wie man im Rahmen der bivariaten Analyse durch simultane Auswertung je zweier Spalten der Datenmatrix bivariate Verteilungen in Form einer *bivariaten Tabelle* und (bei metrischen Variablen) in Form eines *Streudiagramms* erzeugt. Beide Formen der Darstellung bivariater Verteilungen erlauben die Beantwortung der Frage, ob eine statistische Beziehung zwischen den beteiligten Variablen besteht. In den Kapiteln 3 und 4 werden wir eine Reihe von Maßzahlen kennenlernen, die als sog. Assoziations- bzw. Korrelationskoeffizienten über die Stärke und Richtung der Beziehung informieren.

Doch so vorteilhaft es ist, eine statistische Beziehung mit einer einzigen Zahl beschreiben zu können, so empfehlenswert, wenn nicht unverzichtbar ist es, sich durch sorgfältiges Betrachten der bivariaten Tabelle oder des Streudiagramms ein Bild von der Art der Beziehung zu verschaffen.

Dabei erweist sich insbesondere das Streudiagramm als ein nützliches Hilfsmittel für die Beurteilung der Beziehung zwischen zwei quantitativen Variablen. Das Streudiagramm offenbart, (1) ob die Punkte bzw. die sie repräsentierenden Zahlen einem eindeutigen Trend folgen, (2) ob der Trend konsistent aufwärts oder abwärts verläuft, (3) ob die Punkte wenig oder erheblich um die Trendlinie streuen und (4) ob einige Fälle (Ausreißer) auffällig weit vom Punkteschwarm entfernt liegen.

ÜBUNGSAUFGABEN

1. Ermitteln Sie nach Maßgabe der auf Seite 47f wiedergegebenen
   COMPUTE- und RECODE-Anweisungen und unter Beachtung der auf
   Seite 49f gegebenen Erläuterungen, welche Werte der Befragte
   Sechzig bei den nachfolgend aufgeführten neuen Variablen hat.

neu		alt	
Variable	Wert	Variable	Wert
V228	____	V128	1
V229	____	V129	2
V230	____	V130	3
V231	____	V131	2
V232	____	V132	2

2. Ermitteln Sie aufgrund des Fragebogens in Verbindung mit den
   Ausführungen des Abschnitts 1.3.6.3 und den auf Seite 51 wiedergegebenen COMPUTE-Anweisungen den Bereich der *möglichen* Skalenwerte und aufgrund der Datenmatrix 2 den Bereich der *empirischer*
   Skalenwerte der nachfolgend aufgeführten Skalen.

Skala	Anzahl der Fälle	Anzahl der Items	Bereich *möglicher* Skalen- werte	Bereich *empirischer* Skalen- werte
DISSPI	59	6	6 - 30	6 - 28
FERTIG	____	____	_____	_____
ANFORD	____	____	_____	_____
JOBZU4	____	____	_____	_____
JOBZU5	____	____	_____	_____
JOBDEP	____	____	_____	_____
SELBST	____	____	_____	_____
LEBZU8	____	____	_____	_____
LEBZU2	____	____	_____	_____

3. In der nachfolgenden Aufstellung sind die von 1 ("sehr unzufrieden") bis 10 ("sehr zufrieden") reichenden Ausprägungen der
   Variablen "Zufriedenheit mit dem beruflich Erreichten (V175)"
   aufgelistet.

   Wie sich die 60 Befragten auf diese zehn Ausprägungen verteilen,
   geht aus der mit V175 gekennzeichneten Spalte der Datenmatrix
   hervor. Beispielsweise läßt sich dieser Datenmatrixspalte ent-

nehmen, daß 16 Befragte auf die Ausprägung 8 entfallen, oder,
wie man auch sagt, den Variablenwert 8 haben.

Wie sieht die vollständige univariate Verteilung der Variablen
V175 aus? Notieren Sie zunächst die Häufigkeiten unter Verwendung von Strichmarken, und ersetzen Sie dann diese Strichmarken
durch Zahlen.

Ausprägungen der Variablen "Zufriedenheit mit dem beruflich Erreichten (V175)"	Häufigkeit (Strichmarken)	Häufigkeit (Zahlen)
1 (sehr unzufrieden)		
2		
3		
4		
5		
6		
7		
8	THL THL THL /	16
9		
10 (sehr zufrieden)		

4. Stellen Sie anhand der Datenmatrix 3 fest, mit welchen Variablenwerten (Ausprägungen) bzw. Variablenwertepaaren (Ausprägungskombinationen) der Befragte *Sechzig* an den vier univariaten und
   den sechs bivariaten Verteilungen beteiligt ist, die uns in den
   Abschnitten 1.4.1 und 1.4.2 als Beispiele dienten. Tragen Sie
   die Variablenwerte in die letzte Spalte der folgenden Aufstellung ein.

   Aufgrund Ihrer Feststellungen sind Sie in der Lage, den Befragten *Sechzig* in den Streifendiagrammen und Histogrammen, in den
   bivariaten Tabellen und in den Streudiagrammen zu lokalisieren
   und seine Position mit den Positionen der übrigen Befragten zu
   vergleichen.

Tabelle/ Abbildung	Seite	Variable(n)	Variablenwert(e) des Befragten *Sechzig*
Tabelle 1-6	67	V173	___
Tabelle 1-7	68	V167	___
Tabelle 1-8	69	V166	___
Tabelle 1-9	70	V127	___

Tabelle 1-10	73	V166/V167	___/___
Tabelle 1-11	75	V166/V173	___/___
Tabelle 1-12	76	V262/V263	___/___
Abbildung 1-4	77	SELBST/JOBDEP	___/___
Abbildung 1-6	81	JOBDEP/ V119	___/___
Abbildung 1-7	83	V119 /LEBZU8	___/___

5. Aus Tabelle 1-10 geht hervor, daß 5 der 60 Befragten als Arbeiter (auch) Vorgesetztenfunktionen ausüben. Wie man der Datenmatrix entnehmen kann, sind das die Befragten (IDNR) 8, 9, 13,
40 und 46. Stellen Sie fest, wer die 9 Befragten sind, die als
Beamte keine Vorgesetztenfunktionen ausüben.

IDNR: ___ ___ ___ ___ ___ ___ ___ ___ ___

6. Auf Seite 74 ist bei der Erläuterung der Tabelle 1-10 von einer
Tabelle der Nichtbeziehung die Rede. Es heißt dort, daß zwischen
den Variablen V166 und V167 nicht die geringste Beziehung bestünde, wenn in jeder Subgruppe (der Arbeiter, Angestellten und
Beamten) der Anteil derjenigen, die angaben, (auch) Vorgesetztenfunktionen auszuüben, wie in der Randverteilung der Variablen V167 genau 40 Prozent betragen hätte.

Wie sieht diese "Tabelle der Nichtbeziehung" bei den gegebenen
Randverteilungen aus? Tragen Sie die entsprechende Häufigkeit
in die Zellen der nachfolgenden Tabelle ein.

Beschäftigtenstatus

		Arbeiter	Angest.	Beamter	
Auch Vorgesetzten- funktionen	nein				36
	ja				24
		20	20	20	60

7. Im Unterschied zu bivariaten Tabellen weisen Streudiagramme
keine Randhäufigkeiten aus. Das bedeutet jedoch nicht, daß aus
Streudiagrammen keine Randverteilungen (die univariaten Verteilungen der beiden miteinander in Beziehung gesetzten Variablen)
erschlossen werden könnten. Das ist ohne weiteres möglich, wenn
die Wertepaare des Streudiagramms präzise abgebildet wurden und
die Variablenwerte eindeutig identifizierbar sind - wie beispielsweise in Abbildung 1-6 die Werte der Variablen V119.

Aus Abbildung 1-6 - wie gleichermaßen aus Datenmatrix 3 - geht
hervor, wieviele Befragte auf die einzelnen Ausprägungen der
Variablen V119 ("Wieviel Schwung und Energie zur Zeit") entfallen, z.B. daß 11 Befragte den Variablenwert 10 aufweisen.

Vervollständigen Sie die nachfolgende Aufstellung, und zwar (a)
auf der Basis des Streudiagramms (Abbildung 1-6) und - zur Kontrolle - (b) auf der Basis der Datenmatrix. Obwohl es für das
Ergebnis gleichgültig ist, ob Sie die Häufigkeiten sofort in
Form von Zahlen oder zuvor in Form von Strichmarken notieren,
ist es ratsam, Strichmarken zu verwenden, insbesondere bei Aus-
zählungen auf der Basis der Datenmatrix.

Ausprägungen der Variablen "Wieviel Schwung und Energie zur Zeit (V119)"	Häufigkeit gemäß Abbildung 1-6	Häufigkeit gemäß Datenmatrix
10 (voller)	11	~~THL THL~~ /
9		
8		
7		
6		
5		
4		
3		
2		
1 (ohne)		

8. Sie finden nachfolgend eine bivariate Tabelle, nach der Anzahl
ihrer Zeilen und Spalten auch 10 x 2-Tabelle genannt, die aus
der Kreuztabulation der zehnstufigen Variablen V175, hier als
Zeilenvariable am Tabellenrand angeordnet, und der zweistufigen
Variablen V167, hier als Spaltenvariable im Tabellenkopf angeordnet, hervorgeht. Die uns bereits bekannten univariaten Verteilungen erscheinen hier als Randverteilungen der bivariaten
Tabelle. Was der Tabelle fehlt, sind die Zellenhäufigkeiten,
die über die gemeinsame Verteilung der Variablen und ggf. über
die Beziehung zwischen den Variablen informieren.

Ihre Aufgabe besteht aus zwei Teilen. Sie sollen (a) diese
Tabelle vervollständigen, d.h. durch simultane Auswertung der
mit V167 und V175 gekennzeichneten Spalten der Datenmatrix
feststellen, welche Ausprägungskombinationen der Variablen V167
und V175 in welcher Häufigkeit vorkommen, und (b) in Worte
fassen, was die gemeinsame Verteilung besagt, d.h. was man ihr
bezüglich einer möglicherweise zwischen den Variablen bestehenden Beziehung entnehmen kann.

Bei der simultanen Auswertung der Datenmatrixspalten sollten
Sie zunächst die Ausprägungskombinationen eines jeden Falles
(also jedes Wertepaar) mit einer Strichmarke in der entsprechenden Zelle der bivariaten Tabelle notieren. Später, nachdem
Sie 60 Strichmarken eingetragen haben, sollten Sie die Zellen-

häufigkeiten durch Zahlen ausdrücken. Falls die spaltenweise
und zeilenweise addierten Zellenhäufigkeiten, die Sie ermittelt
haben, nicht mit den ausgewiesenen Randhäufigkeiten übereinstimmen, haben Sie (mindestens einen) Fehler gemacht.

Auch Vorgesetzten-
funktionen (V167)

		nein 1	ja 2	
sehr unzufrieden	1			2
	2			3
	3			2
	4			1
Zufriedenheit mit dem beruflich Erreichten (V175)	5			5
	6			5
	7			11
	8	~~////~~ //// 9	~~////~~ // 7	16
	9			12
sehr zufrieden	10			3
		36	24	60

9. Die nachfolgende Tabelle, dem Format nach eine sog. Vier-
felder- oder 2 x 2-Tabelle, stellt eine mit Randhäufigkeiten
versehene Kreuztabulation der Variablen "Auch Vorgesetztenfunktionen (V167)" und "Zufriedenheit mit dem beruflich Erreichten (V175D)" dar.

Auch Vorgesetzten-
funktionen (V167)

		nein 1	ja 2	
Zufrieden- heit mit dem beruf- lich Er- reichten (V175D)	gering 1 - 7			29
	hoch 8 - 10			31
		36	24	60

Ihre Aufgabe besteht darin, (a) diese Tabelle zu komplettieren, d.h. die Häufigkeiten der vier Zellen zu ermitteln, und (b) die gefundene gemeinsame Verteilung bzw. die durch sie zum Ausdruck kommende Beziehung mit einem Satz zu beschreiben.

Zur Zeilenvariablen V175D ist zu sagen, daß sie in dieser Form nicht in der Datenmatrix vorkommt. Dennoch sind alle Informationen über sie in der Datenmatrix enthalten. Variable V175D ist nichts anderes als die auf eine Dichotomie (D steht für dichotomisiert) reduzierte Variable V175, deren Ausprägungen 1 bis 7 ("gering") und 8 bis 10 ("hoch") zusammengefaßt wurden.

Wahrscheinlich haben Sie bereits eine Hypothese über die Beziehung zwischen den Variablen V167 und V175D, vor allem dann, wenn Sie die vorstehende Übungsaufgabe 8 gelöst haben. Was immer Ihre Vermutung ist - Sie können sie überprüfen, indem Sie die mit V167 und V175 überschriebenen Spalten der Datenmatrix auswerten, ggf. unter Zuhilfenahme von Strichmarken, die Sie zunächst in die Zellen eintragen, um sie danach durch Zahlen zu ersetzen.

Ihr Ergebnis kann nur dann richtig sein, wenn sich die Zellenhäufigkeiten spaltenweise und zeilenweise zu den ausgewiesenen Randhäufigkeiten addieren.

Mit Rückgriff auf die richtige Lösung der Übungsaufgabe 8 erhalten Sie dieselbe Lösung, wenn Sie die Häufigkeiten kurzerhand zusammenfassen, d.h. die 10 x 2-Tabelle auf eine 2 x 2-Tabelle reduzieren, wie sie oben definiert ist (nämlich mit einem Schnitt zwischen den Ausprägungen 7 und 8 der Variablen V175).

10. Eine politische Vereinigung habe 100 Mitglieder. Unter ihnen seien 50 Katholiken und 50 Konservative. Die Anzahl der Mitglieder, die weder katholisch noch konservativ sind, sei 30.

    Konstruieren Sie eine Tabelle, eine sog. Vierfelder- oder 2 x 2-Tabelle, aus der hervorgeht: die Anzahl der Mitglieder, die katholisch und konservativ sind, die Anzahl der Mitglieder, die katholisch und nicht konservativ sind, die Anzahl der Mitglieder, die nicht katholisch und konservativ sind, und die Anzahl der Mitglieder, die nicht katholisch und nicht konservativ sind.

11. (a) Stellen Sie anhand der Abbildung 1-7 fest, welche Wertekombination bei den Variablen V119 und LEBZU8 viermal vorkommt. (b) Ermitteln Sie dann anhand der Datenmatrix, wer die vier Befragten (IDNR) mit derselben V119/LEBZU8-Wertekombination sind.

    Wertekombination: ___ / ___

    IDNR: ___   ___   ___   ___

12. (a) Stellen Sie anhand der Datenmatrix fest, wer die in Abbildung 1-7 erkennbaren beiden Ausreißer mit den Wertepaaren 4/48 und 10/26 bei den Variablen V119 und LEBZU8 sind.

Die Ausreißer sind die Befragten mit der IDNR: ____ ____

(b) Angenommen, man hätte bezüglich der gemeinsamen Verteilung der Variablen V119 und LEBZU8 keine andere Information als die, daß die V119/LEBZU8-Wertepaare zweier Personen 4/48 und 10/26 seien: Zu welcher Schlußfolgerung über die Richtung der Beziehung zwischen den Variablen V119 und LEBZU8 käme man (siehe Abbildung 1-7)?

Daß die Beziehung _____ sei.

Kapitel 2
Univariate Analyse sozialwissen-
schaftlicher Daten

Univariate Datenanalyse besteht in der Beschäftigung mit eindimensionalen oder univariaten Häufigkeitsverteilungen (engl. one-way
frequency distributions), die sich aus einer Menge gegebener empirischer Daten gewinnen lassen. Wurden die Daten so aufbereitet und
organisiert, daß sie in Matrixform vorliegen (siehe Kapitel 1), so
besteht univariate Datenanalyse in der vertikalen oder spaltenweisen Auswertung der mit empirischen Daten gefüllten Matrix.

Im Zuge der vertikalen Auswertung der Datenmatrix (engl. variable
centered analysis) verschafft man sich einen ersten Einblick in
die Struktur der Daten, indem man die interessierenden Verteilungseigenschaften einer jeden Variablen untersucht. Dazu gehört die
Organisation der Ausgangsdaten von der sog. *Urliste* über die sog.
primäre Tafel (jedenfalls begann in früheren Zeiten, als noch
keine Computer und keine komfortablen statistischen Analysepakete
zur Verfügung standen, die Datenauswertung mit der Anlage einer
Urliste und einer primären Tafel, was heute entbehrlich ist und
nur noch didaktischen Wert hat) bis hin zu *univariaten Häufigkeitsverteilungen*, deren Darstellung in Form einer *univariaten Tabelle*,
deren Abbildung in Gestalt eines *Streifendiagramms*, eines *Histogramms* oder *Polygons* sowie deren Beschreibung mit Hilfe einer
Reihe von *Maßzahlen der zentralen Tendenz* (Mittelwerten) und
Maßzahlen der Dispersion oder Variation (Streuungswerten).

Diesen elementaren Aktivitäten der univariaten Analyse ist das
vorliegende Kapitel 2 gewidmet. Wie in den übrigen Kapiteln, so
dienen uns auch in den folgenden Abschnitten die in Kapitel 1 erläuterten und vor allem in Datenmatrix 3 (siehe Anhang B) dokumentierten Befragungsdaten, die mit dem beigefügten Fragebogen (siehe
Anhang A) erhoben wurden, als vorrangiges Beispielmaterial.

2.1 Tabellarische Darstellungen univariater Verteilungen

Zwecks Verdeutlichung der Schritte, die zu tabellarischen Auf-
listungen empirischer Variablenwerte und zu graphischen Darstellungen univariater Häufigkeitsverteilungen führen, greifen wir auf
die mit LALTER ("Lebensalter des Befragten") beschriftete Spalte
der Datenmatrix zurück. Diese Spalte enthält alle Informationen
zur Beantwortung der Frage, wieviele Befragte auf die einzelnen
Ausprägungen der Variablen LALTER entfallen. Oder anders gesagt:
Die in dieser Spalte der Datenmatrix enthaltenen 60 Variablenwerte
geben über die Altersverteilung der 60 Befragten Aufschluß.

Zunächst weisen die Werte allerdings keine Ordnung auf. Ist eine
Auflistung von Variablenwerten (noch) ungeordnet - wie die in
Tabelle 2-1 wiederholte Auflistung der Werte, die in der mit
LALTER gekennzeichneten Spalte der Datenmatrix enthalten sind -,
so spricht man von einer *Urliste*.

Tabelle 2-1: Urliste: Ungeordnete Auflistung der Variablenwerte,
             hier der Variablen "Lebensalter des Befragten
             (LALTER)"

44	42	32	22	41	54
31	32	45	46	53	59
35	48	52	51	31	52
30	23	40	30	41	58
59	26	49	58	23	47
42	45	37	24	36	38
30	54	39	22	45	35
59	52	26	63	54	39
47	30	32	49	31	28
40	43	62	39	36	52

Gewisse Eigenschaften der Verteilung lassen sich bereits ausmachen,
wenn man die Daten der Urliste der Größe nach ordnet; man erhält
dann eine *primäre Tafel* (engl. array). Man kann Tabelle 2-2 leicht
entnehmen, daß einige Variablenwerte häufiger vorkommen als andere.
Man erkennt auch sofort die extremen Werte, nämlich 22 und 63,

Tabelle 2-2: Primäre Tafel: Geordnete Auflistung der Variablen-
            werte, hier der Variablen "Lebensalter des Befragten
            (LALTER)"

22	30	36	41	47	54
22	30	36	42	48	54
23	31	37	42	49	54
23	31	38	43	49	58
24	31	39	44	51	58
26	32	39	45	52	59
26	32	39	45	52	59
28	32	40	45	52	59
30	35	40	46	52	62
30	35	41	47	53	63

deren Differenz über die *Variationsweite* (engl. range) informiert.

Die Verteilungseigenschaften können noch besser erkannt und veranschaulicht werden, wenn man die primäre Tafel verkürzt, indem man
die der Größe nach geordneten Variablenwerte (x_i) mit der Häufigkeit ihres Auftretens (f_i) versieht, gegebenenfalls zunächst mit
Hilfe von Strichmarken, die dann durch Zahlen (Besetzungszahlen)
ersetzt werden. Das Ergebnis dieser Operation ist eine univariate
Häufigkeitsverteilung, die wir bereits aus Abschnitt 1.4.1 kennen
und von der wir wissen, daß sie tabellarisch und graphisch dargestellt werden kann.

Doch bevor wir auf die aus der primären Tafel (Tabelle 2-2) her-
vorgehende Häufigkeitsverteilung (Tabelle 2-3) eingehen, müssen
wir uns mit einigen *statistischen Symbolen* vertraut machen, die
uns von nun an immer wieder begegnen werden.

- Mit N wird die Anzahl der Untersuchungseinheiten oder Fälle
  (engl. number of cases) bezeichnet.

- Zur Bezeichnung der Variablen benutzt man lateinische Großbuch-
  staben, die dem Ende des Alphabets entnommen sind (X, Y, Z).

- Die Werte, die eine Variable annehmen kann, werden mit Kleinbuchstaben bezeichnet (x, y, z) und durch Indizes (Subskripte) voneinander unterschieden. Beispielsweise bezeichnet man mit x_1, x_2, x_3,..., x_N (man liest dies "x eins, x zwei, x drei bis x N") die Werte der Variablen X und mit x_i den i-ten Wert. Das heißt, die Werte der Variablen X werden durch das Symbol x_i vertreten, wobei i = 1, 2, 3,..., N. Bei klassierten (gruppierten) Werten bezieht sich x_i auf die Mitte der i-ten Klasse oder Kategorie.

- Mit f_i bezeichnet man die Häufigkeit (engl. frequency) des i-ten Wertes, der i-ten Klasse oder Kategorie.

- Ein häufig vorkommendes Operationszeichen ist das Summenzeichen Σ, das große griechische Sigma. Es besagt, daß zu addieren ist, was rechts neben ihm steht. Unterhalb und oberhalb des Summenzeichens kann man die sog. Summations- oder Summierungsgrenzen angeben. Beispiel: Die Summe $x_1 + x_2 + x_3 + x_4$ kann man wie folgt schreiben:

$$\sum_{i=1}^{4} x_i$$ (man liest dies "die Summe aller x_i von x_1 bis x_4" oder "die Summation von X über i, i von 1 bis 4"). Allgemein gilt:

$$\sum_{i=1}^{N} x_i = x_1 + x_2 + x_3 + \ldots + x_N$$

- Eine ganz ähnliche Summierungsinstruktion ist

$$\sum_{i=1}^{k} f_i = f_1 + f_2 + f_3 + \ldots + f_k = N$$

Sie besagt, daß die Häufigkeiten f_i, deren Summe N ergibt, zu addieren sind, wobei i = 1, 2, 3,..., k.

- Wo nicht zu befürchten ist, daß dadurch Mißverständnisse entstehen, kann man auf eine Angabe der Summierungsgrenzen verzichten, insbesondere dann, wenn über alle Werte bzw. Kategorien einer Verteilung summiert wird, was meistens der Fall ist. Dadurch vereinfacht sich die Schreibweise:

$$\sum_{i=1}^{N} x_i = \Sigma\, x_i \quad \text{bzw.} \quad \sum_{i=1}^{k} f_i = \Sigma\, f_i$$

- Mit fc_i wird eine kumulierte (oder kumulative) Häufigkeit (lat. cumulus = Haufen) bezeichnet. Man erhält kumulierte Häufigkeiten, auch Summenhäufigkeiten genannt, indem man die Häufigkeiten aufeinanderfolgender Werte (Kategorien, Klassen) sukzessive addiert. Wenn f_1, f_2, f_3,... die Häufigkeiten der aufeinanderfolgenden Werte x_1, x_2, x_3,... sind, dann sind die entsprechenden kumulierten Häufigkeiten

$$fc_1 = f_1$$
$$fc_2 = f_1 + f_2$$
$$fc_3 = f_1 + f_2 + f_3$$
$$\vdots$$

Die in Tabelle 2-3 dargestellte *Häufigkeitstabelle* weist in der ersten Spalte die Werte (x_i) der Variablen LALTER aus, und zwar beginnend mit dem kleinsten vorkommenden Wert (22 Jahre) und mit dem größten Wert (63 Jahre) endend. Die Häufigkeiten (f_i), in denen die Werte auftreten, sind in der zweiten Spalte mit Strichmarken, in der dritten Spalte mit Zahlen registriert. Die letzte Spalte enthält die kumulierten Häufigkeiten (fc_i).

Die *Häufigkeitsverteilung* informiert darüber, daß der Wert 22 zweimal vorkommt, der Wert 23 zweimal, der Wert 24 einmal, der Wert 26 zweimal usw. Die *kumulierte Häufigkeitsverteilung* informiert darüber, daß 2 Fälle (Befragte) den Wert 22 aufweisen, daß 2 + 2 = 4 Fälle einen Wert $\leq$ 23 (kleiner als oder gleich 23, nicht größer als 23) aufweisen, daß 2 + 2 + 1 = 5 Fälle einen Wert $\leq$ 24 aufweisen, daß 2 + 2 + 1 + 2 = 7 Fälle einen Wert $\leq$ 26 aufweisen usw.

Der kumulierten Häufigkeitsverteilung ist beispielsweise zu entnehmen, daß rund die Hälfte der 60 Befragten, nämlich 29, jünger

Tabelle 2-3: Häufigkeitstabelle: Die Verteilung der Variablen
"Lebensalter des Befragten (LALTER)"

Meßwert x_i	Strich-marke	Häufigkeit f_i	Kumulierte Häufigkeit fc_i
22	//	2	2
23	//	2	4
24	/	1	5
26	//	2	7
28	/	1	8
30	////	4	12
31	///	3	15
32	///	3	18
35	//	2	20
36	//	2	22
37	/	1	23
38	/	1	24
39	///	3	27
40	//	2	29
41	//	2	31
42	//	2	33
43	/	1	34
44	/	1	35
45	///	3	38
46	/	1	39
47	//	2	41
48	/	1	42
49	//	2	44
51	/	1	45
52	////	4	49
53	/	1	50
54	///	3	53
58	//	2	55
59	///	3	58
62	/	1	59
63	/	1	60

N=60

als 41 Jahre ist. Man kann auch sagen, daß rund die Hälfte von
ihnen, nämlich 31, älter als 40 Jahre ist. Offenbar läßt sich mit
Hilfe der kumulierten Häufigkeitsverteilung eine informative Aussage über das "mittlere" Alter der Befragten gewinnen. Wie man zu
einer solchen Aussage gelangt, d.h. wie man einen solchen mittleren
Wert, den sog. *Median*, bestimmt, werden wir in Abschnitt 2.3.1.2
sehen.

Die in Tabelle 2-3 ausgewiesenen *absoluten Häufigkeiten* (f_i und
fc_i) kann man ebensogut in relative oder, mit 100 multipliziert,
in *prozentuale Häufigkeiten* umwandeln ($\%f_i$ und $\%fc_i$), die dann
zwei Prozentwertverteilungen bilden, eine *nicht kumulierte* und
eine *kumulierte Prozentwertverteilung*. Prozentwertverteilungen
sind besonders nützlich, wenn man Verteilungen von Gruppen unterschiedlicher Größe (mit verschiedenen Ns) vergleichen will. Nach
den Formeln

$$\%f_i = (f_i/N)100 \quad \text{bzw.} \quad \%fc_i = (fc_i/N)100$$

erhält man beispielsweise für den Wert 32, der an der 8. Stelle
steht und zu dem die 8. Häufigkeit korrespondiert, folgende prozentuale Häufigkeiten:

$$\%f_8 = (3/60)100 \quad \text{bzw.} \quad \%fc_8 = (18/60)100$$
$$= 5 \qquad\qquad\qquad = 30$$

Auf den Wert 32 entfallen demnach 5 Prozent der Fälle, und 30 Prozent der Fälle weisen einen Wert ≤ 32 auf. Für den letzten Wert,
den an der 31. Stelle stehenden Wert 63 mit der 31. Häufigkeit,
erhält man folgende prozentuale Häufigkeiten:

$$\%f_{31} = (1/60)100 \quad \text{bzw.} \quad \%fc_{31} = (60/60)100$$
$$= 1.7 \qquad\qquad\qquad = 100$$

Auf den Wert 63 entfallen demnach 1.7 Prozent der Fälle, und 100
Prozent der Fälle weisen einen Wert ≤ 63 auf.

Zweifellos hat die in Tabelle 2-3 dargestellte Häufigkeitsverteilung eine Reihe von Vorzügen: Sie ist übersichtlicher als die
Urliste und kürzer als die primäre Tafel; sie läßt bereits einige
Eigenschaften der Verteilung hervortreten und impliziert - anders
als Verteilungen klassierter Daten, siehe unten - keinen Informationsverlust. Das bedeutet jedoch nicht, daß die Darstellung nicht
noch weiter verbessert werden könnte.

Da wir es in Tabelle 2-3 mit 31 verschiedenen empirischen Werten
zu tun haben, eine Häufigkeitsverteilung aber leicht die erwünsch-
te Übersichtlichkeit einbüßt, wenn viele verschiedene Meßwerte
vorkommen, läßt sich die Darstellung dadurch verbessern, daß man
mehrere benachbarte Werte zu Klassenintervallen zusammenfaßt. Mit
einer solchen *Klassierung*, auch Gruppierung genannt, wird eine
größere Anschaulichkeit und Klarheit erreicht.

Bevor wir uns der Klassierung der Werte zuwenden, wollen wir uns
ein Bild von der Altersverteilung verschaffen, wie sie aus Tabelle
2-3 hervorgeht. Das soll mit Hilfe einer graphischen Darstellung
geschehen, die wir bereits aus Abschnitt 1.4.1 kennen, nämlich mit
Hilfe eines *Histogramms*. Die dort vorgestellten und mit SPSS pro-
duzierten Histogramme weichen allerdings in einigen Hinsichten von
den Histogrammen ab, wie man sie traditionell von Hand anfertigt.
Deshalb sind hier einige Erläuterungen angebracht, die wir am Beispiel der Abbildung 2-1, der graphischen Darstellung der aus
Tabelle 2-3 hervorgehenden Altersverteilung in Form eines Histogramms, geben wollen.

Bei der Anfertigung des Histogramms (siehe Abbildung 2-1) wurde
gemäß den herkömmlichen Darstellungsprinzipien die X-Achse (die
Abszissenachse, auch Merkmalsachse oder Basislinie genannt) zur
Abtragung der Meßwerte (x_i) und die Y-Achse (die Ordinatenachse)
zur Repräsentierung der Häufigkeiten (f_i) benutzt, wobei die
Zahlenwerte auf der X-Achse von links nach rechts und auf der
Y-Achse von unten (stets mit Null beginnend) nach oben zunehmen.
Mit anderen Worten: Die Meßwerte sind horizontal und die Häufig-
keiten vertikal abgetragen.

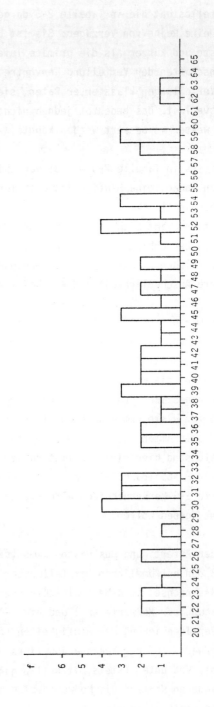

Abbildung 2-1: Histogramm: Die Verteilung der Variablen "Lebensalter des Befragten (LALTER)", nicht klassierte Daten

In Abbildung 2-1 haben wir es mit (noch) nicht klassierten Daten
zu tun; deshalb entspricht jede Maßeinheit auf der X-Achse (Jahr)
genau einem Meßwert. Da die empirischen Werte zwischen 22 und 63
variieren, beginnt die X-Achse nicht bei Null, was unnötig Platz
gekostet hätte. Wohl gehen die Abszisseneinheiten an beiden Enden
ein wenig über die aktuellen Meßwerte hinaus, hier um zwei Einheiten (je eine leere Einheit hätte auch genügt), wodurch eine korrekte Abbildung der Meßwerte gewährleistet ist. So wird beim Histogramm (Abbildung 2-1) die Häufigkeit jedes Meßwertes durch die
Fläche eines Rechtecks, das über dem Meßwert errichtet ist, abgebildet. Da die Abstände der auf der X-Achse abgetragenen Einheiten
gleich sind, kommt in der Höhe der Rechtecke die Häufigkeit der
Meßwerte zum Ausdruck.

Ein wichtiger Unterschied zwischen der Häufigkeitstabelle und dem
Histogramm besteht darin, daß Meßwerte zwischen 22 und 63, die bei
den Befragten nicht auftraten (f=0), in Tabelle 2-3 fehlen, während
sie selbstverständlich in Abbildung 2-1 berücksichtigt sind; an
diesen Stellen (bei den nicht besetzten Meßwerten 25, 27, 29, 33,
34, 50, 55, 56, 57, 60 und 61) liegen gewissermaßen Rechtecke mit
der Fläche Null.

Obwohl sich das Histogramm (Abbildung 2-1) von der univariaten
Häufigkeitstabelle (Tabelle 2-3) nur der Form nach unterscheidet
und beide Darstellungsformen dieselben Informationen enthalten,
vermittelt die flächenmäßige Repräsentierung einen besseren Eindruck vom Gesamtmuster der Verteilung. Dieser Eindruck kann noch
gesteigert werden, wenn wir die Daten in der Weise verdichten,
daß wir *benachbarte Werte zu Klassenintervallen*, man sagt auch zu
Klassen, zu Intervallen oder Kategorien, *zusammenfassen*.

Das wirft zunächst zwei miteinander verbundene Fragen auf, nämlich
(a) nach der Breite und (b) nach der Anzahl der zu bildenden Klassenintervalle. Hierauf gibt es keine verbindlichen Antworten.
Klar ist, daß man um so weniger Klassen erhält, je größer man die
Klassenbreite wählt. Entscheidet man sich für eine geringe Klassenbreite, wird die Anzahl der Klassen leicht zu groß und die ange-

strebte Übersichtlichkeit verfehlt. Wählt man eine große Klassenbreite, werden unter Umständen Besonderheiten der Verteilung ver-
wischt. Nach mehr oder weniger einleuchtenden Faustregeln sollte
man bei der Festsetzung der Breite und der Anzahl der Klassenintervalle folgendes beachten:

1. Die Klassen sollten eine gemeinsame (möglichst dieselbe) Breite
   aufweisen.

2. Die Anzahl der Klassen sollte aus Gründen der Übersichtlichkeit
   20 nicht überschreiten.

3. In der Mitte der Verteilung sollten alle Klassen besetzt sein,
   d.h. es sollten dort keine Lücken auftreten.

Bevor wir diese Faustregeln auf die vorliegende Altersverteilung
anwenden, sind noch einige Begriffe zu erläutern.

Die Größe des Klassenintervalls, die sog. *Klassenbreite* (engl.
class width), bestimmt sich nach der Anzahl der Einheiten, die es
umfaßt. Man kann die Klassenbreite auf zweierlei Weise ermitteln,
zum einen durch Abzählen, zum andern durch Subtrahieren.

Abbildung 2-2: Skizze zur Veranschaulichung der Klassengrenzen und
der Klassenmitte

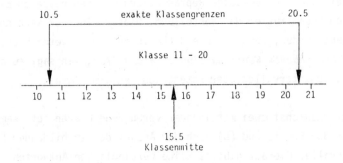

Nehmen wir als Beispiel (siehe auch Abbildung 2-2) eine fiktive
Variable mit einem Klassenintervall, dessen Grenzen - beispielsweise in einer Häufigkeitstabelle - mit den Zahlen 11 und 20 an-

gegeben sind. Diese Zahlen sind entweder gerundete Zahlen oder
werden als solche betrachtet. Das Intervall umfaßt die Zahlen 11,
12, 13, 14, 15, 16, 17, 18, 19 und 20. Wie man durch Abzählen
feststellen kann, ist die Anzahl der Zahlen 10. Demnach ist die
Klassenbreite 10.

Auf kürzere Weise läßt sich die Klassenbreite durch Subtraktion
der *exakten unteren Grenze* (engl. true lower limit) von der
exakten oberen Grenze (engl. true upper limit) bestimmen. Nach den
Regeln über das Runden von Zahlen hat beispielsweise die Zahl 1
die exakte untere Grenze von .5 und die exakte obere Grenze von
1.5. Das heißt, eine Zahl steht für ein Intervall, das sich von
einer halben Einheit unterhalb bis zu einer halben Einheit oberhalb dieser Zahl erstreckt. Die exakten Grenzen des Klassenintervalls 11 - 20 sind gemäß diesen Regeln 10.5 und 20.5. Demnach ist
die Klassenbreite 20.5 - 10.5 = 10.

Die *Klassenmitte* (engl. class midpoint, interval midpoint) ist der
Punkt, der das Intervall in Hälften teilt. Man bestimmt ihn, indem
man entweder die angegebenen Grenzen 11 und 20 addiert und durch 2
dividiert [(11 + 20)/2 = 15.5] oder die exakten Grenzen 10.5 und
20.5 addiert und durch 2 dividiert [(10.5 + 20.5)/2 = 15.5].

Mit diskreten Variablen verfährt man bei der Bildung von Klassen
in derselben Weise wie mit kontinuierlichen Variablen. Das heißt,
um exakte Grenzen angeben zu können, behandelt man sie wie kontinuierliche Variablen, deren Werte auf die nächste ganze Zahl auf-
bzw. abgerundet wurden. Beispiel: Bei der Variablen Familiengröße
mit den Ausprägungen 2, 3, 4, 5 usw. sind die exakten Grenzen
1.5 - 2.5, 2.5 - 3.5, 3.5 - 4.5 usw. Bildet man bei dieser Variablen Klassen mit der Breite 2, so sind nicht nur die exakten
Grenzen, sondern auch die Klassenmitten gebrochene Zahlen (siehe
Abbildung 2-3).

Da es üblich ist, bei Altersverteilungen eine Klassenbreite von 5
(Jahren) zu verwenden, liegt es nahe, auch bei der Klassierung der
Variablen LALTER eine Klassenbreite von 5 vorzusehen. Das führt,

Abbildung 2-3: Skizze zur Veranschaulichung der Klassengrenzen und
               Klassenmitten der klassierten Variablen Familien-
               größe

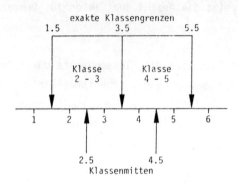

wie wir sehen werden, nicht nur zu einer genügend großen - und
nicht zu kleinen - Anzahl von Klassenintervallen und zu ganzzahli-
gen Klassenmitten (was im Hinblick auf das Rechnen mit diesen Zahlen günstig ist), sondern bietet auch die Möglichkeit, die Klassen
mit einer durch 5 teilbaren Zahl beginnen bzw. enden zu lassen,
d.h. die erste Klasse entweder mit 20 beginnen und mit 24 enden zu
lassen (20 - 24, 25 - 29, 30 - 34,...) oder aber mit 21 beginnen
und mit 25 enden zu lassen (21 - 25, 26 - 30, 31 - 35,...); es ist
dann entweder die untere oder die obere angegebene Grenze eines
jeden Intervalls ein Vielfaches der Klassenbreite.

Dies sind keineswegs die einzigen legitimen Möglichkeiten, die sog.
Reduktionslage der Häufigkeitsverteilung zu bestimmen, die von der
Wahl des Anfangs der ersten Klasse abhängt. Ebensogut kann man bei
einer Klassenbreite von 5 die erste Klasse bei 18, 19 oder 22 beginnen lassen.

Der Vorteil, den man in der relativen Beliebigkeit der Wahl der
Reduktionslage erblicken mag, ist allerdings mit dem Nachteil verbunden, daß die Form der resultierenden Verteilungen - unter Umständen erheblich - von dieser Wahl beeinflußt wird, insbesondere
bei einer geringen Anzahl von Fällen bzw. Meßwerten. So unterscheidet sich im vorliegenden Beispiel die Form aller fünf resul-

tierenden Verteilungen. Doch obwohl sich die Form der Verteilung
mit der Wahl der unteren Grenze des ersten Klassenintervalls verändern kann, läßt sich nicht objektiv entscheiden, welche der
Alternativen die "bessere" ist; sie sind alle "richtig".

Man kann die Frage nach dem Umfang der ersten Klasse sozusagen
automatisch entscheiden, wenn man die Meßwerte zur nächsten durch
die Klassenbreite (hier 5) teilbaren Zahl auf- bzw. abrundet, sofern die Meßwerte nicht selber durch die Klassenbreite teilbar
sind. Nach diesem Rundungsverfahren sind die von 22 bis 63 reichenden Werte der Variablen LALTER auf folgende Zahlen, die dann die
jeweiligen Klassenmitten bilden, auf- bzw. abzurunden: 20, 25, 30,
35, 40, 45, 50, 55, 60 und 65.

Betrachten wir dazu die beiden kleinsten Werte der Variablen, die
Werte 22 und 23. Hier ist der Wert 22 auf 20 abzurunden, weil 20
die diesem Wert nächste durch 5 teilbare Zahl ist. Der Wert 23 ist
auf 25 aufzurunden, weil diese durch 5 teilbare Zahl dem Wert 23
näher ist als die Zahl 20. Beispielsweise sind die beiden größten
Werte der LALTER-Verteilung, die Werte 62 und 63, auf 60 ab- bzw.
65 aufzurunden. Da bei Anwendung dieses Verfahrens die durch die
gewählte Klassenbreite (hier 5) teilbaren Zahlen (hier 20, 25,
30,..., 65) definitionsgemäß die Klassenmitten der resultierenden
Verteilung sind, liegen die Klassengrenzen (hier 18 - 22, 23 - 27,
28 - 32,..., 63 - 67) von vornherein fest. Wie sich zeigt, ist die
durch das Rundungsverfahren erzielbare klassierte Verteilung der
Variablen LALTER eine der oben erwähnten fünf Alternativen (bei
denen der Anfang der ersten Klasse 18, 19, 20, 21 oder 22 ist),
denn der Anfang ihrer ersten Klasse ist 18.

Von den genannten fünf Klassierungsalternativen der LALTER-Verteilung, die sich bei einer Klassenbreite von 5 ergeben, haben wir
hier zwei ausgewählt und nachfolgend jeweils in Form einer Häufigkeitstabelle und eines Histogramms dargestellt. Im ersten Fall
(Tabelle 2-4 und Abbildung 2-4) hat die Verteilung 9 Klassen, im
zweiten Fall (Tabelle 2-5 und Abbildung 2-5) 10 Klassen. Da außerdem in beiden Fällen die Klassenbreite gleich ist und im Zentrum

der Verteilung keine Lücken (keine unbesetzten Klassen) auftreten,
entsprechen beide klassierte Verteilungen den oben (Seite 102) angeführten Faustregeln.

Tabelle 2-4: Häufigkeitsverteilung der Variablen "Lebensalter des
Befragten (LALTER)", klassierte Daten, Version I

Klassen-intervall	Exakte Grenzen	Klassen-mitte x_i	Häufig-keit f_i	Kumulierte Häufigkeit fc_i
21 - 25	20.5 - 25.5	23	5	5
26 - 30	25.5 - 30.5	28	7	12
31 - 35	30.5 - 35.5	33	8	20
36 - 40	35.5 - 40.5	38	9	29
41 - 45	40.5 - 45.5	43	9	38
46 - 50	45.5 - 50.5	48	6	44
51 - 55	50.5 - 55.5	53	9	53
56 - 60	55.5 - 60.5	58	5	58
61 - 65	60.5 - 65.5	63	2	60

N=60

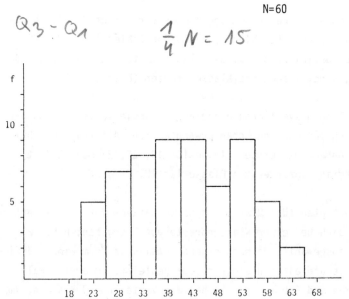

Abbildung 2-4: Histogramm zu Tabelle 2-4

Bei der ersten Verteilung (Tabelle 2-4 und Abbildung 2-4) kann als
vorteilhaft gelten, daß die angegebene Obergrenze eines jeden
Klassenintervalls ein Vielfaches der Klassenbreite (5) ist (25, 30,

Tabelle 2-5: Häufigkeitsverteilung der Variablen "Lebensalter des
Befragten (LALTER)", klassierte Daten, Version II

Klassen-intervall	Exakte Grenzen	Klassen-mitte x_i	Häufig-keit f_i	Kumulierte Häufigkeit fc_i
18 - 22	17.5 - 22.5	20	2	2
23 - 27	22.5 - 27.5	25	5	7
28 - 32	27.5 - 32.5	30	11	18
33 - 37	32.5 - 37.5	35	5	23
38 - 42	37.5 - 42.5	40	10	33
43 - 47	42.5 - 47.5	45	8	41
48 - 52	47.5 - 52.5	50	8	49
53 - 57	52.5 - 57.5	55	4	53
58 - 62	57.5 - 62.5	60	6	59
63 - 67	62.5 - 67.5	65	1	60

N=60

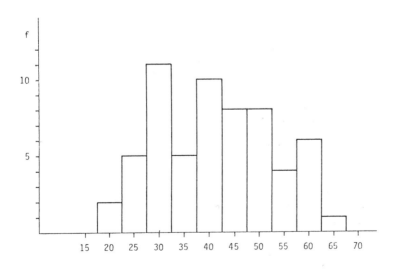

Abbildung 2-5: Histogramm zu Tabelle 2-5

35,... 65). Bei der zweiten Verteilung (Tabelle 2-5 und Abbildung
2-5), die durch Rundung der Variablenwerte auf die nächste durch
die gewählte Klassenbreite teilbare Zahl entstanden ist, kann man
die Objektivität des Verfahrens (im Sinne einer Einschränkung mehr
oder weniger willkürlicher Entscheidungen über den Anfang des
ersten Klassenintervalls) als Vorteil empfinden, weil mit der Wahl
der Klassenbreite zugleich über die Reduktionslage der Verteilung
entschieden ist.

Beide Verteilungen weisen, wie jede klassierte Verteilung, gegenüber der Verteilung der nicht klassierten Daten (Tabelle 2-3 und
Abbildung 2-1) einen Informationsverlust auf, weil nicht mehr auszumachen ist, welche empirischen Werte die Befragten, die sich nun
in bestimmten Klassen wiederfinden, im Einzelfall haben. Beispielsweise ist der in Tabelle 2-4 und Abbildung 2-4 dargestellten Verteilung nur noch zu entnehmen, daß 5 Befragte zwischen 21 und 25
Jahre alt sind; wo die 5 Fälle in diesem Klassenintervall tatsächlich angesiedelt sind, ist nicht mehr feststellbar.

Man führt deshalb, wie wir sehen werden, bei bestimmten Berechnun-
gen, die von klassierten Verteilungen ausgehen, Annahmen ein, im
Falle des arithmetischen Mittels die Annahme, daß alle Fälle einer
Klasse denselben Variablenwert haben, nämlich den der jeweiligen
Klassenmitte, im Falle des Medians die Annahme, daß sie sich
gleichmäßig über das Intervall verteilen.

Der Nachteil des Verlustes einer detaillierten Kenntnis individu-
eller Meßwerte wird jedoch mehr als wettgemacht durch das klare
Bild, das eine klassierte Verteilung gegenüber einer Verteilung
nicht klassierter Werte bietet. Von der angestrebten Übersicht
lenkt eine genaue Kenntnis und Beachtung jedes einzelnen Variablen-
wertes nur ab. Wenn aber die vollständige und präzise Information
nichts zur Gewinnung eines Eindrucks von der Form der Verteilung
beiträgt, ist sie eine im Hinblick auf die Erreichung dieses Ziels
irrelevante Information, deren Verlust nicht zu bedauern ist. Das
gilt insbesondere dann, wenn eine (häufig kontinuierliche) Variable einen großen Wertebereich hat und damit die Abbildung der Ver-

teilung völlig unübersichtlich wird, was man von der Verteilung
der nicht klassierten LALTER-Werte (Abbildung 2-1) noch nicht
sagen kann. Ein Beispiel dafür ist die in Tabelle 2-6 und Abbildung 2-6 zusammengefaßt dargestellte Einkommensverteilung.[1]

Wollte man die Verteilung der nicht klassierten Werte der Variablen "Monatliches Nettoeinkommen in DM (V170)" graphisch darstellen,
d.h. ein Histogramm zeichnen, wie wir es oben für die Variable
LALTER getan haben (Abbildung 2-1), erhielte man eine bizarre,
sich weit über die Merkmalsachse hinstreckende, völlig unübersicht-
liche Einkommensverteilung. Da bei der Variablen V170 (siehe Datenmatrix) einerseits die Differenz zwischen dem größten und kleinsten
empirischen Einkommenswert 4300 - 1300 = 3000 (DM) ist, andererseits aber die kleinste Einheit für die Abtragung der Variablenwerte auf der X-Achse nicht größer als 10 (DM) sein kann, würde
sich die graphische Darstellung der nicht klassierten Einkommenswerte über eine Breite von 300 Einheiten erstrecken. In einer
solchen Situation sieht man von vornherein von einer graphischen
Repräsentierung der nicht klassierten Häufigkeitsverteilung ab.
Selbst wenn man mit Hilfe von SPSS eine graphische Darstellung
(Histogramm) der Verteilung der *nicht* klassierten Werte anfertigt,
erwartet man davon nicht die Übersicht und Einsicht, die eine
klassierte Verteilung - wie etwa die in Tabelle 2-6 und Abbildung
2-6 dargestellte - bietet.

Tabelle 2-6 und Abbildung 2-6 zeigen, daß für die zusammenfassende
Darstellung der Einkommensverteilung eine Klassenbreite von 250 DM

---

1) Die hier betrachteten Variablen "Einkommen" und "Lebensalter"
   sind gute Beispiele dafür, daß die Grenzen bei der Bezeichnung
   von Variablen als kontinuierlich und diskret (diskontinuierlich)
   fließend sind. Im Grunde sind beide Merkmale kontinuierliche
   Merkmale, die sich allerdings in der Art der Operationalisierung
   unterscheiden (können). Während man die Variable "Lebensalter"
   bei der üblichen Verwendung relativ grober Meßwerte (Alter in
   Jahren) als eine diskrete Variable mit einem begrenzten Wertebereich bezeichnen muß, kann man die Variable "Einkommen" beim
   Vorliegen relativ fein abgestufter Meßwerte (Einkommen in Mark)
   als eine kontinuierliche Variable mit einem nahezu unbegrenzten
   Wertebereich bezeichnen, obwohl auch sie, genaugenommen, eine
   diskrete Variable ist.

gewählt wurde und daß die Klassengrenzen ein Vielfaches von 250
sind. Da die Klassierung eine lückenlose und überschneidungsfreie
Aufteilung des gesamten Wertebereichs gewährleisten muß (Grundsatz

Tabelle 2-6: Häufigkeitsverteilung der Variablen "Monatliches
            Nettoeinkommen in DM (V170)", klassierte Daten

Exakte Grenzen des Klassenintervalls (von - bis unter)	Klassen- mitte x_i	Häufig- keit f_i	Kumulierte Häufigkeit fc_i
1250 - 1500	1375	8	8
1500 - 1750	1625	8	16
1750 - 2000	1875	13	29
2000 - 2250	2125	8	37
2250 - 2500	2375	6	43
2500 - 2750	2625	4	47
2750 - 3000	2875	3	50
3000 - 3250	3125	5	55
3250 - 3500	3375	2	57
4250 - 4500	4375	1	58

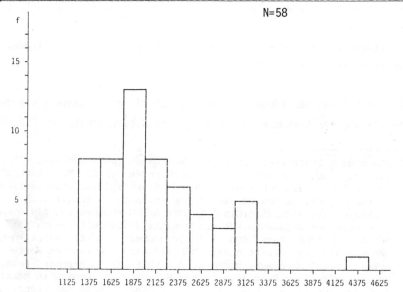

Abbildung 2-6: Histogramm zu Tabelle 2-6

der Lückenlosigkeit und Überschneidungsfreiheit), enthält der Kopf
der Tabelle den präzisierenden Zusatz "von - bis unter". Dieser
Zusatz besagt, daß ein Klassenintervall bei genau 1250, 1500, 1750,
..., 4250 beginnt, während es unmittelbar unterhalb der exakten
unteren Grenze des nächsten Intervalls endet. Oder anders gesagt:
Die rechte obere Klassengrenze gehört bereits zur nächsten Klasse.
Diese Festsetzung garantiert eine zweifelsfreie Zuordnung der Werte
zu den gebildeten Klassen, wie etwa des Wertes 1500 zur zweiten
und nicht zur ersten Klasse.

Das Histogramm der klassierten Einkommensverteilung (Abbildung 2-6)
läßt nicht nur eine - für Einkommensverteilungen typische - Ab-
flachung im oberen Bereich, sondern auch eine durch einen Ausreißer
entstandene Lücke erkennen. Da diese Lücke nicht in der Mitte,
sondern am Rand der Verteilung auftritt, steht die aus der gewählten Klassierung hervorgegangene Verteilung nicht im Widerspruch zu
der Faustregel, nach der Klassierungen keine Verteilungen hervorbringen sollen, die im Zentrum Lücken aufweisen. Wie das entsprechende SPSS-Histogramm der klassierten Einkommensverteilung aus-
sieht (erzeugt mit dem Unterbefehl HISTOGRAM im Rahmen der Prozedur
FREQUENCIES), zeigt Abbildung 2-7.

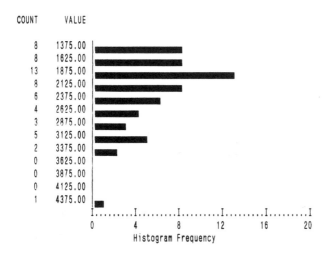

Abbildung 2-7: Histogramm zu Tabelle 2-6

2.2 Graphische Darstellungen univariater Verteilungen

Bei der Betrachtung univariater Verteilungen (in Abschnitt 1.4.1)
und bei der Erläuterung univariater Häufigkeitstabellen (im voraufgegangenen Abschnitt 2.1) ist schon häufiger das Histogramm erwähnt und zur Veranschaulichung von Verteilungen verwendet worden.
Deshalb dürfte es dem Leser bereits einigermaßen geläufig sein.
Dennoch kommen wir an dieser Stelle noch einmal auf das Histogramm
zurück, und zwar im Zusammenhang mit der Behandlung zweier weiterer
Darstellungsformen univariater Verteilungen.

Man unterscheidet im allgemeinen drei Arten von graphischen Darstellungen univariater Verteilungen:

- das Streifendiagramm (Säulen-, Balkendiagramm),

- das Histogramm und

- das Polygon (Häufigkeitspolygon, Polygonzug).

Diesen Darstellungsarten ist gemeinsam, daß sie zahlenmäßig fest-
gehaltene Sachverhalte in übersichtlicher und anschaulicher Weise
wiedergeben sollen. Als Grundschema für alle Darstellungen univariater Häufigkeitsverteilungen dient der erste Quadrant des
rechtwinkligen Koordinatensystems. Die Variablenwerte (x_i) werden
auf der X-Achse und die Häufigkeiten (f_i) auf der Y-Achse abgetragen.

Bei der voraufgegangenen Beschäftigung mit den Variablen "Lebensalter" und "Einkommen" ging es darum, Verteilungen *metrischer* Variablen abzubilden. Das geschah mit Hilfe gezeichneter Histogramme,
bei denen die Meßwerte gemäß ihrer Größe auf der X-Achse abgetragen
wurden. Da *nominale* Variablen keine rangmäßige, geschweige denn
abstandsgleiche Ordnung der Ausprägungen kennen, kann es bei der
graphischen Darstellung der Verteilung nominaler Variablen lediglich darauf ankommen, die Häufigkeit jeder Ausprägung abzubilden.
Das kann mit Hilfe des Streifendiagramms geschehen.

Beim *Streifendiagramm* (engl. bar diagram, bar chart), auch Säulen-
oder Balkendiagramm genannt, wird für jede Ausprägung oder für
mehrere zusammengefaßte Ausprägungen eine Säule gleicher Breite
auf der Merkmalsachse errichtet. Die Höhe der Säule bildet die
Häufigkeit der Ausprägung proportional ab. Unterschiedliche Beset-
zungen der Kategorien kommen durch entsprechende Höhenunterschiede
zu Ausdruck.

Nehmen wir als Beispiel die Variable "Berufliche Stellung des
Vaters (V172)" (siehe Fragebogen, Datenmatrix und Abbildung 2-8).
Dem Streifendiagramm ist zu entnehmen, welchen Berufsstatus die
Väter der 60 Befragten hatten, als die Befragten 14 Jahre alt
waren: 22 Väter waren Arbeiter, 16 Angestellte, 13 Beamte, 5 Selb-
ständige, 4 bereits zu diesem Zeitpunkt verstorben. (Da die Kategorie "Vater unbekannt" nicht besetzt ist, kann sie entfallen.)

Abbildung 2-8: Streifendiagramm: Die Verteilung der Variablen
               "Berufliche Stellung des Vaters (V172)"

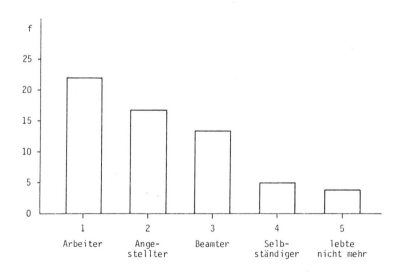

Auf den ersten Blick mag das Streifendiagramm wie ein Histogramm
aussehen. In Wahrheit unterscheiden sich die beiden Darstellungsformen in einer wichtigen Hinsicht. Da die Merkmalsachse (oder
Basislinie), auf der die Säulen des Streifendiagramms errichtet

sind, keinen Maßstab hat, d.h. keine Einheiten gleicher Größe repräsentiert, sind die Säulen nicht etwa durch gleiche Abstände voneinander getrennt, auch wenn das die Graphik nahelegt. So sind die
in Abbildung 2-8 gemeinsam mit den Kategorienbezeichnungen ausgewiesenen Zahlen 1 bis 5 nichts weiter als Codes (siehe Fragebogen),
die dazu dienen, die Kategorien voneinander zu unterscheiden. Da
diese Zahlen weder eine Abstandsgleichheit noch eine Rangordnung
der Kategorien implizieren, könnte man die in Abbildung 2-8 gewählte Reihenfolge der Säulen ohne weiteres ändern, d.h. die Säulen
beliebig anordnen, was bei ordinalen und metrischen Variablen nicht
möglich ist.

Ein weiterer, allerdings nicht so zentraler Unterschied zwischen
Streifendiagramm und Histogramm besteht darin, daß beim Streifendiagramm die Lage der Häufigkeitsachse in der Darstellungsebene
beliebig ist. Statt die Häufigkeitsachse gemäß dem Grundschema
vertikal anzuordnen, kann man sie um 90° nach rechts drehen. Die
Darstellung entspricht dann dem Muster, nach dem SPSS Streifen-
diagramme (und Histogramme) anfertigt (siehe Abbildung 2-9).

Abbildung 2-9: Häufigkeitstabelle und Streifendiagramm: Die Ver-
              teilung der Variablen "Berufliche Stellung des
              Vaters (V172)"

V172   Berufliche Stellung des Vaters

Value Label	Value	Frequency	Percent	Valid Percent	Cum Percent
Arbeiter	1	22	36.7	36.7	36.7
Angest.	2	16	26.7	26.7	63.3
Beamter	3	13	21.7	21.7	85.0
Selbst.	4	5	8.3	8.3	93.3
verst.	5	4	6.7	6.7	100.0
		-------	-------	-------	
	TOTAL	60	100.0	100.0	

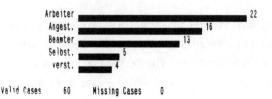

Valid Cases   60   Missing Cases   0

Abbildung 2-9 liefert dieselben Informationen wie Abbildung 2-8,
nur eben auf etwas andere Weise; die zuvor als handgezeichnetes
Streifendiagramm dargestellte Verteilung erscheint nun in Gestalt
eines SPSS-Streifendiagramms, das um 90° nach rechts gedreht ist.

Da das Streifendiagramm möglicherweise den falschen Eindruck sug-
geriert, als seien die abgebildeten Kategorien nicht nur rangmäßig
geordnet, sondern auch gleich weit voneinander entfernt, ist stets
Aufmerksamkeit geboten. Die Vermeidung dieses falschen Eindrucks
ist sicherlich wichtiger als die Form, die Lage und die Bezeichnung
der graphischen Darstellung der Häufigkeitsverteilung. Wichtig ist,
daß der Betrachter das Meßniveau der Variablen beachtet.

Will man die Verteilung einer *ordinalen* Variablen graphisch darstellen, hat man nicht mehr die Freiheit der Wahl, die Säulen des
Streifendiagramms beliebig anzuordnen; die Anordnung der Säulen
folgt dann der Reihenfolge der rangmäßig geordneten Kategorien.

Abbildung 2-10: Streifendiagramm: Die Verteilung der Variablen
                "Berufswechsel (V174)"

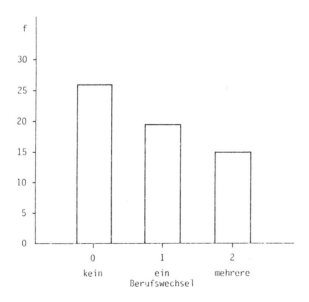

Betrachten wir als Beispiel die Verteilung der Antworten auf die
Frage: "Hat sich im Laufe Ihres Berufslebens ein Berufswechsel
ergeben, also nicht bloß ein Wechsel des Arbeitsplatzes (V174)?"
(siehe Fragebogen und Datenmatrix sowie Abbildung 2-10 und 2-11).
Es ist unmittelbar einsichtig, daß jede andere Reihenfolge der
Säulen unsinnig wäre, weil sie die zwischen den Kategorien bestehende Rangordnung verletzte. Auch hier gilt für beide Darstellungen (Abbildung 2-10 und Abbildung 2-11), daß die Abstandsgleichheit der Säulen keine Äquidistanz der Kategorien impliziert.

Abbildung 2-11: Häufigkeitsverteilung und Streifendiagramm: Die
                Verteilung der Variablen "Berufswechsel (V174)"

V174   Berufswechsel

Value Label	Value	Frequency	Percent	Valid Percent	Cum Percent
nein	0	26	43.3	43.3	43.3
ja, ein Wechsel	1	19	31.7	31.7	75.0
ja, mehrere	2	15	25.0	25.0	100.0
		-------	-------	-------	
	TOTAL	60	100.0	100.0	

```
            nein ████████████████████████ 26
   ja, ein Wechsel ██████████████████ 19
      ja, mehrere █████████████ 15

Valid Cases    60   Missing Cases    0
```

Für *metrische* Variablen und solche, die man als Intervallskalen
interpretieren kann, sind *Histogramme* die geeignetste und verbreitetste Darstellungsform, insbesondere wenn man Verteilungen
diskreter Variablen veranschaulichen will; für kontinuierliche
Variablen mag man das *Polygon* bevorzugen.

Da beim *Histogramm* die Merkmalsachse in Abschnitte gleicher Breite
aufgeteilt und mit Zahlen beschriftet ist, die die Variablenwerte
(oder die Mitten der Klassenintervalle) bezeichnen, wird die
Häufigkeit jedes Meßwerts (oder jeder Meßwertklasse) durch die
Fläche des Rechtecks repräsentiert, das über dem Meßwert (oder dem

Klassenintervall) auf der Merkmalsachse errichtet ist. Dabei wird jedes Rechteck so gezeichnet, daß die eine Seite die exakte untere Grenze des Intervalls und die andere Seite die exakte obere Grenze des Intervalls markiert. Bei gleicher Breite der Intervalle werden dann die (absoluten oder relativen) Häufigkeiten durch die Höhe der Rechtecke zum Ausdruck gebracht. Nehmen wir als Beispiel die Verteilung der diskreten Variablen "Anzahl bisheriger Arbeitgeber (V173)" und ihre Darstellung in Form eines Histogramms (siehe Datenmatrix und Abbildung 2-12).

Abbildung 2-12: Histogramm: Die Verteilung der Variablen "Anzahl bisheriger Arbeitgeber (V173)"

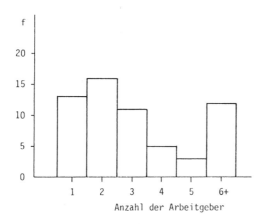

Eigentlich ist Abbildung 2-12 ungeeignet, als Beispiel für die korrekte graphische Darstellung der Verteilung einer diskreten Variablen in Form eines Histogramms zu dienen, weil nur die mit 1 bis 5 beschrifteten Abschnitte auf der Merkmalsachse gleiche Abstände zwischen den Merkmalsausprägungen repräsentieren; die mit 6+ beschriftete Ausprägung umfaßt 12 Befragte, die in ihrer gesamten berufliche Laufbahn "bei mehr als fünf Arbeitgebern" beschäftigt waren. Die Verteilung weist demnach eine relativ stark besetzte *offene Kategorie* auf.

Die in Abbildung 2-12 dargestellte Verteilung beruht auf einem bedauerlichen Kunstfehler, der schon vor Beginn der Befragung

begangen wurde, als wir Vermutungen darüber anstellten, bei wievielen Arbeitgebern ein im öffentlichen Dienst Beschäftigter im
Laufe seines Berufslebens höchstens beschäftigt sein werde. Damals
glaubten wir, mit wenigen (diesen sechs) Kategorien auszukommen,
die dann im Fragebogen vorgegeben wurden. Es wurde also ohne Not
darauf verzichtet, eine detailliertere Information zu erhalten,
die leicht zu haben gewesen wäre. Später - zu spät - stellte sich
dann heraus, daß auch im öffentlichen Dienst viele Beschäftigte
anzutreffen sind, die im Laufe ihres Berufslebens bei mehr als
fünf Arbeitgebern beschäftigt waren. Aufgrund dieses Befragungs-
fehlers (genauer: Befragerfehlers) wissen wir nun nicht, welchen
Variablenwert die 12 Befragten der letzten Kategorie tatsächlich
haben, oder anders gesagt, wie weit jeder einzelne von ihnen von
5 entfernt ist. Später werden wir uns gezwungen sehen, hierüber
Schätzungen anzustellen. Obwohl bei dieser Sachlage nicht genau
angegeben werden kann, an welcher Stelle das letzte Rechteck des
Histogramms zu lokalisieren ist, plaziert man es in der dargestellten Weise am oberen Ende der Verteilung, was bei graphischen
Darstellungen, die mit SPSS erzeugt werden, in gleicher Weise geschieht (siehe Tabelle 1-6, Seite 67).

Wie Histogramme anzulegen sind, die klassierte Verteilungen mit
auf der Merkmalsachse angegebenen Klassenmitten darstellen, geht
aus den obigen Abbildungen 2-4, 2-5 und 2-6 hervor.

Die nachfolgende Darstellung bildet die Verteilung der Variablen
"Wieviel Schwung und Energie zur Zeit (V119)" nicht nur als Histo-
gramm, sondern auch als *Polygon* (griech. = Vieleck) ab (siehe
Datenmatrix und Abbildung 2-13).

Wie aus Abbildung 2-13 hervorgeht, kann man das Polygon bzw. den
Polygonzug aus dem Histogramm entwickeln, indem man die Mittelpunkte der oberen Rechteckseiten miteinander verbindet. (In der
Praxis verwendet man nicht Histogramm und Polygon zugleich, sondern entscheidet sich für eine der beiden Darstellungsarten.) Es
ist üblich, die Figur dadurch zu schließen, daß man den Linienzug
an den Enden der Verteilung auf die X-Achse hinunterbringt, und

Abbildung 2-13: Histogramm und Polygon: Die Verteilung der Variablen "Wieviel Schwung und Energie zur Zeit (V119)"

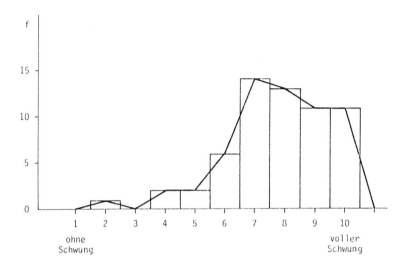

zwar auf die Mittelpunkte der den extremen Kategorien nächstlie-
genden Kategorien mit der Häufigkeit Null (f=0). Da so jedem durch
den Polygonzug abgeschnittenen und außerhalb des Polygons liegenden Dreieck ein innerhalb des Polygons liegendes Dreieck entspricht, sind die Flächen des Histogramms und des Polygons gleich.

Bei kontinuierlichen Variablen mit sehr fein abgestuften Messungen
und einer sehr großen Anzahl von Meßwerten nähert sich der Polygonzug einer Kurve, die theoretisch bei infinitesimal kleinen Intervallen und einer unbegrenzt großen Anzahl von Meßwerten erreicht
werden kann. Obwohl es der Grobheit der Messungen wegen praktisch
unmöglich ist, kontinuierliche Meßwerte zu erzielen, können bestimmte Variablen wie Länge, Gewicht und Geschwindigkeit als kontinuierliche Variablen gedacht werden. In solchen Fällen kann man
von Häufigkeitskurven sprechen, in die Polygonzüge übergehen.

Nach der Form dieser Kurven lassen sich einige *typische Verteilungsformen* benennen. Häufigkeitsverteilungen werden beispielsweise nach der Anzahl der Häufigkeitsmaxima oder Gipfel, nach der
Symmetrie oder Schiefe und nach der Steilheit oder Wölbung, man

Abbildung 2-14: Typische Verteilungsformen

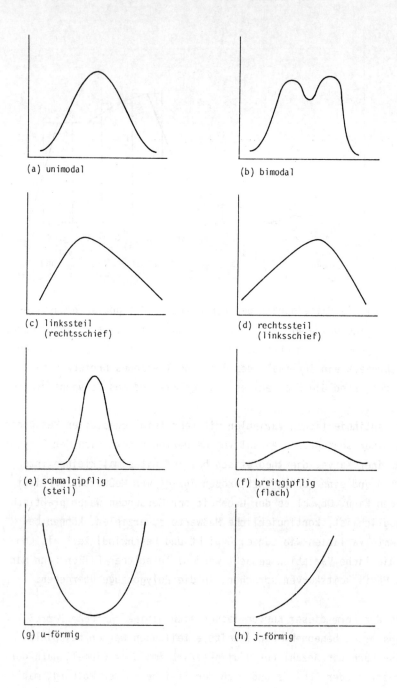

(a) unimodal

(b) bimodal

(c) linkssteil
    (rechtsschief)

(d) rechtssteil
    (linksschief)

(e) schmalgipflig
    (steil)

(f) breitgipflig
    (flach)

(g) u-förmig

(h) j-förmig

sagt auch, nach dem Exzeß, unterschieden. Einen Überblick über
typische Verteilungsformen gibt Abbildung 2-14.

Die relative Abweichung von einer symmetrischen Verteilung, die
Schiefe (engl. skewness), und die relative Steilheit einer Verteilung, der *Exzeß* (engl. kurtosis), können auch durch Maßzahlen ausgedrückt werden, deren Zahlenwerte sich mit SPSS berechnen lassen.
Wir werden diese Kennwerte nicht behandeln, da man ihnen außer in
Lehrbüchern so gut wie nie begegnet, etwa in sozialwissenschaftlichen Forschungsberichten oder Zeitschriftenbeiträgen, wo man
fast immer, soweit man die Form einer Verteilung charakterisiert,
mit einer knappen verbalen Beschreibung auskommt. Daß es weit
wichtigere Maßzahlen zur Beschreibung von Verteilungseigenschaften
gibt, nämlich Mittel- und Streuungswerte, wird der nächste Abschnitt zeigen.

2.3 Maßzahlen zur Beschreibung univariater Verteilungen

Häufigkeitstabellen und graphische Darstellungen informieren über
die Gesamtheit einer Verteilung; sie dienen, wenngleich auf um-
ständliche Weise, der vollständigen, umfassenden Beschreibung der
Variablen. Dagegen informieren statistische *Maßzahlen* über ganz
bestimmte Eigenschaften einer Merkmalsverteilung; sie dienen der
detaillierten, zusammenfassenden Beschreibung der Variablen.

Das, was man die zusammenfassende und informationsverdichtende
Funktion der deskriptiven Statistik nennt, kommt wohl am besten
in diesen Maßzahlen zum Ausdruck, die es ermöglichen, eine in der
Verteilung enthaltene bestimmte Information auf eine einzige Zahl
zu reduzieren.

Das Bestreben der deskriptiven Statistik, gegebene Daten möglichst
knapp zu charakterisieren, hat zur Entwicklung einer ganzen Reihe
von Maßzahlen geführt, die die Daten zu repräsentieren vermögen
und zur Beschreibung ihrer Verteilung verwendet werden können.

Diese Kennwerte können freilich den Einblick in die Häufigkeitsverteilung niemals völlig ersetzen, denn mit der *Verdichtung der
Daten* (engl. reduction of data) von Datenmatrizen (oder Urlisten
und primären Tafeln) über Häufigkeitsverteilungen zu Maßzahlen
ist notwendig ein Informationsverlust verbunden. Dieser Verlust
wird jedoch in Kauf genommen, weil Maßzahlen leichter vergleichbar und mitteilbar sind als Häufigkeitsverteilungen.

Die Maßzahlen zur Beschreibung univariater Verteilungen gliedern
sich in zwei Gruppen: in *Mittelwerte* und *Streuungswerte*. Tabelle
2-7 gibt einen Überblick über die gebräuchlichsten dieser Kennwerte und ihre englischen Bezeichnungen.

Tabelle 2-7: Maßzahlen zur Beschreibung univariater Verteilungen
             und ihre englischen Bezeichnungen

Mittelwerte (Durchschnittswerte, Zentralwerte; means, averages, measures of central tendency, representative values)	*Streuungswerte* (Dispersionswerte, Variabilitätswerte; measures of variability, measures of dispersion, measures of variation)
Der *Modus* (h) (häufigster Wert; mode)	Der *'Range'* (R) (Spannweite, Variationsweite; total range)
Der *Median* ($\tilde{x}$) (Zentralwert, Halbierungswert; median)	Der (mittlere) *Quartilabstand* (QA) ((semi-)interquartile range, quartile deviation)
Das *arithmetische Mittel* ($\bar{x}$) (Durchschnittswert, Mittelwert; arithmetic mean, arithmetic average)	Die *durchschnittliche Abweichung* (AD) (mittlere Abweichung; average deviation, mean deviation)
	Die *Standardabweichung* (s) und *Varianz* (s^2) (standard deviation, variance)

Die *Mittelwerte* werden im Englischen sehr treffend als "measures of central tendency" oder "representative values" bezeichnet. Sie können insofern repräsentative Werte genannt werden, als sie den typischen, den zentralen oder durchschnittlichen Wert einer Verteilung beschreiben. Die *Streuungswerte* charakterisieren die Variation oder Heterogenität der Daten. Sie geben an, wie sehr die Werte einer Verteilung streuen bzw. wie ungleich sie dem "typischen" Wert sind.

2.3.1 MITTELWERTE

Angenommen, man wäre aufgefordert, für eine gegebene Verteilung metrischer Daten einen einzigen Wert zu nennen, der die Verteilung am besten repräsentiert. Die Aufgabe bestünde folglich darin, einen Wert anzugeben, der eine "gute Schätzung" für einen zufällig ausgewählten Fall dieser Verteilung ist. Dieser Wert müßte nicht für jeden gegebenen Fall der Verteilung zutreffen, sondern lediglich eine gute Schätzung sein. Es gibt drei verschiedene Möglichkeiten der Spezifizierung dessen, was man als gute Schätzung bezeichnen kann. Die drei Alternativen richten sich auf die Identifizierung (1) der am stärksten besetzten Merkmalsausprägung oder Kategorie, (2) des Punktes, der genau zwischen der unteren und oberen Hälfte der Verteilung liegt, und (3) des Durchschnittswertes der Verteilung. Diesen alternativen Definitionen der zentralen Tendenz einer Verteilung entsprechen drei verschiedene Kennwerte: der *Modus*, der *Median* und das *arithmetische Mittel*.

2.3.1.1 DER MODUS

Die einfachste Maßzahl der zentralen Tendenz ist der *Modus* (h), definiert als der am häufigsten vorkommende Wert einer Verteilung. Der Modus (engl. mode), auch Modalwert oder dichtester Wert genannt, ist sehr leicht zu identifizieren, nämlich durch Inspektion der Verteilung. Falls man bereit ist, die restriktive Definition des Modus in der Weise zu liberalisieren, daß man als Modalwert

einen Wert ansieht, der eine größere Häufigkeit als andere Werte
in seiner Nachbarschaft aufweist, kann man Modalwerte auch zur
Charakterisierung *bi-* oder *multimodaler* Verteilungen heranziehen.
Nehmen wir als Beispiel die folgenden beiden Verteilungen.

Tabelle 2-8: Verteilungsbeispiele: Eine unimodale (A) und eine
             bimodale (B) Verteilung

Verteilung A		Verteilung B	
x_i	f_i	x_i	f_i
33	1	33	5
34	2	34	11
35	4	35	23
36	5	36	18
37	12	37	10
38	16	38	7
39	18	39	3
40	15	40	4
41	11	41	11
42	8	42	5
43	6	43	2
44	2	44	1
N=100		N=100	

Verteilung A hat *einen* Modus (h = 39), während Verteilung B *zwei*
Modi hat (h_1 = 35 und h_2 = 41). Demgemäß spricht man bei A von
einer *unimodalen* Verteilung und bei B von einer *bimodalen* Verteilung. Man beachte, daß Modalwerte stets Ausprägungen bzw. Variablenwerte (x_i) und keine Häufigkeiten (f_i) sind.

Bei Verteilungen, deren Werte zu Klassen zusammengefaßt wurden,
betrachtet man die Mitte der Klasse, die die größte Häufigkeit
hat, als Modalwert. Beispiel: Bei der in Abbildung 2-5 dargestellten Verteilung ist h = 30; das ist die Klassenmitte des Klassenintervalls mit der größten Besetzung. Weiteres Beispiel: Bei der
in Abbildung 2-6 dargestellten Verteilung ist h = 1875.

Treten nebeneinanderliegende Werte oder Klassen gleich häufig auf,
und ist ihre Häufigkeit größer als die der anderen Werte (Klassen),
gibt man als Modus das arithmetische Mittel der beiden Meßwerte
(Klassenmitten) an.[1] Beispiel: Bei der in Abbildung 2-4 veranschaulichten Verteilung sind die nebeneinanderliegenden Klassenintervalle, die die Klassenmitten 38 und 43 aufweisen, mit der
Häufigkeit 9 gleich stark besetzt. Als Modalwert gilt hier der
Wert (38 + 43)/2 = 40.5. Aus Abbildung 2-4 geht mehr oder weniger
klar hervor, daß die Verteilung ihr Maximum bzw. ihre größte Dichte
dort hat, wo die nebeneinanderliegenden Klassen mit den Klassenmitten 38 und 43 lokalisiert sind. Da die Klasse mit der Klassenmitte 53 zwar ebenfalls die Häufigkeit 9 aufweist, aber lediglich
durch eine einzige schwächer besetzte Klasse vom Zentrum der Verteilung getrennt ist, spricht man im vorliegenden Fall nicht von
einer bimodalen, sondern von einer unimodalen Verteilung.

Während die übrigen Mittelwerte ein höheres Meßniveau voraussetzen,
kann der Modus auch für nominale Variablen (für qualitative Klassifikationen) angegeben werden. Bei nominalen Variablen ist die am
stärksten besetzte Ausprägung als Modus bzw. als *Modalkategorie*
definiert. Beispiel: Bei der in Abbildung 2-8 dargestellten Verteilung der Variablen "Berufliche Stellung des Vaters" ist die
Kategorie "Arbeiter" Modalkategorie, weil sie eine größere Häufigkeit als die übrigen Kategorien hat.

2.3.1.2 DER MEDIAN

Wie der Name dieses Kennwertes andeutet (lat. medianus = in der
Mitte befindlich), ist der *Median* ($\tilde{x}$) jener Wert, der eine nach
ihrer Größe geordnete Reihe von Meßwerten halbiert (man liest das
Symbol $\tilde{x}$ "x Schlange"). Die Ermittlung des Medians setzt folglich
mindestens ordinale Daten voraus.

---

1) SPSS weicht hiervon ab. Kommen in einer Verteilung zwei oder
   mehr Variablenwerte mit der "größten" Häufigkeit vor, so gibt
   SPSS den niedrigsten numerischen Wert als Modus an.

Bei einer geringen Anzahl von Fällen und nicht klassierten (nicht gruppierten) Daten bestimmt man den Median in Abhängigkeit von der Frage, ob die Anzahl der Fälle ungerade oder gerade ist.

Liegt eine *ungerade* Anzahl von Fällen vor, ist der Median der Wert des mittleren Falles (tatsächlich auftretender Wert); das ist der Wert des (N + 1)/2-ten Falles. Man habe etwa folgende Meßwertreihe (N = 7):

$$2, \quad 3, \quad 4, \quad \boxed{5,} \quad 8, \quad 11, \quad 13.$$

Hier ist $\tilde{x}$ = 5, denn es liegen ebenso viele Fälle unterhalb wie oberhalb des vierten Falles. Man beachte, daß der Medianwert nicht (7 + 1)/2 = 4 ist, sondern der Wert des vierten Falles, also 5.

Liegt eine *gerade* Anzahl von Fällen vor, ist der Median der halbierte Wert der mittleren beiden Fälle (fiktiver Wert); das ist der halbierte Wert des N/2-ten und des (N/2 + 1)-ten Falles. Fügt man beispielsweise den obigen Meßwerten den Wert 19 hinzu, sieht die Meßwertreihe wie folgt aus (N = 8):

$$2, \quad 3, \quad 4, \quad \boxed{5, \quad 8,} \quad 11, \quad 13, \quad 19.$$

Hier ist der Medianwert der halbierte Wert des 8/2-ten und des (8/2 + 1)-ten Falles; das ist der halbierte Wert des vierten und fünften Falles, also $\tilde{x}$ = (5 + 8)/2 = 6.5.

Die Situation wird etwas komplizierter, wenn man - was eigentlich die Regel ist - Medianwerte für Verteilungen mit mehrfach besetzten mittleren Meßwerten oder für klassierte Verteilungen berechnen muß. Das verlangt die Einführung der Annahme, daß sich die Meßwerte gleichmäßig über die jeweiligen (Klassen-)Intervalle verteilen. Der Median kann dann durch Interpolation bestimmt werden. Nehmen wir zunächst ein Beispiel mit fiktiven Daten, um anschließend Medianwerte für Variablen zu berechnen, mit deren Verteilungen wir uns bereits beschäftigt haben. Gegeben seien folgende zehn Meßwerte:

$$3, \quad 6, \quad 7, \quad 8, \quad 8, \quad 8, \quad 9, \quad 9, \quad 10, \quad 12.$$

Abbildung 2-15: Histogramm der fiktiven Beispieldaten

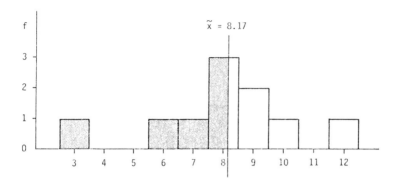

Die obigen Ausführungen legen es möglicherweise nahe, den Median
zwischen den beiden mittleren Fällen zu vermuten, also zwischen
dem fünften und sechsten Fall, die beide den Wert 8 haben. Unterhalb des fünften Falles liegt allerdings ein weiterer Fall mit
dem Wert 8. Damit scheidet 8 als Medianwert aus, falls man nicht
in Widerspruch zur Definition des Medians geraten will, denn es
liegen nicht gleich viele Fälle unterhalb und oberhalb dieses
Wertes; vielmehr liegen drei statt fünf unterhalb und vier statt
fünf oberhalb des Wertes 8.

Abbildung 2-16: Mit SPSS/PC+ erzeugtes Histogramm derselben Daten

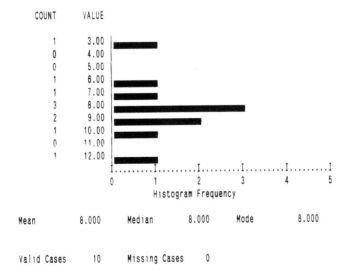

Unter der Annahme, daß sich die drei Fälle gleichmäßig über das
von 7.5 bis 8.5 reichende Intervall verteilen, läßt sich das
Problem durch lineare Interpolation lösen, indem man der exakten
unteren Intervallgrenze (7.5) zwei Drittel des Intervalls (.67)
hinzurechnet und so einen Medianwert von 7.5 + .67 = 8.17 erhält.
Wie Abbildung 2-15 veranschaulicht, halbiert dieser Wert die
Fläche des Histogramms.

Daß die PC-Version des Programmpakets SPSS - anders als die Version
SPSS 9, siehe BEUTEL und SCHUBÖ (1983) oder NIE u.a. (1975) - keine
Interpolation vornimmt, sondern lediglich das Intervall bezeichnet,
in das der Median fällt, geht aus Abbildung 2-16 hervor.

Bei der nachfolgenden Berechnung des Medians der Variablen LALTER
(siehe Tabelle 2-3 und Abbildung 2-1) gehen wir ganz ähnlich vor
wie im vorangegangenen Beispiel. Zuerst legen wir eine der Häufigkeitstabelle (Tabelle 2-3) ähnliche Arbeitstabelle (Tabelle 2-9)
an, in deren Spalten die Meßwerte (x_i) bzw. Intervalle, die exakten
Intervallgrenzen, die Häufigkeiten (f_i) und die kumulierten Häufigkeiten (fc_i) aufgeführt sind. (Später werden wir mit Rückgriff auf
Tabelle 2-9 auch die Quartile Q_1 und Q_3 ermitteln, die hier noch
nicht interessieren.)

Anhand der kumulierten Häufigkeitsverteilung läßt sich leicht das
Intervall identifizieren, in das der Median fällt. Dieses Intervall
wird *Medianintervall*, Mediankategorie oder Eingriffsspielraum genannt. Wir halbieren zunächst die Anzahl der Fälle: N/2 = 60/2 =
30. Damit ist die Anzahl der Fälle bekannt, die unterhalb und oberhalb des Medians liegen. Alsdann ermitteln wir das Intervall, in
das der Median fällt. Das ist das Intervall mit einer kumulierten
Häufigkeit gleich oder (nächst) größer als N/2. Im vorliegenden
Beispiel ist das von 40.5 (exakte untere Grenze) bis 41.5 (exakte
obere Grenze) reichende Intervall das gesuchte Medianintervall.
Die zu diesem Intervall korrespondierende kumulierte Häufigkeit ist
31. Die kumulierte Häufigkeit unterhalb des Medianintervalls ist
29, und die Häufigkeit im Medianintervall ist 2. Das heißt, im
Medianintervall liegen der 30. und 31. Fall. Irgendwo zwischen

Tabelle 2-9: Berechnung des Medians und der Quartile der Variablen "Lebensalter des Befragten (LALTER)"

Meßwert (Intervall) x_i	Exakte Intervall- grenzen	Häufigkeit f_i	Kumulierte Häufigkeit fc_i
22	21.5 - 22.5	2	2
23	22.5 - 23.5	2	4
24	23.5 - 24.5	1	5
26	25.5 - 26.5	2	7
28	27.5 - 28.5	1	8
30	29.5 - 30.5	4	12
31	30.5 - 31.5	3	15
32	31.5 - 32.5	3	18
35	34.5 - 35.5	2	20
36	35.5 - 36.5	2	22
37	36.5 - 37.5	1	23
38	37.5 - 38.5	1	24
39	38.5 - 39.5	3	27
40	39.5 - 40.5	2	Fu = 29
41	U = 40.5 - 41.5	Fm = 2	31
42	41.5 - 42.5	2	33
43	42.5 - 43.5	1	34
44	43.5 - 44.5	1	35
45	44.5 - 45.5	3	38
46	45.5 - 46.5	1	39
47	46.5 - 47.5	2	41
48	47.5 - 48.5	1	42
49	48.5 - 49.5	2	44
51	50.5 - 51.5	1	45
52	51.5 - 52.5	4	49
53	52.5 - 53.5	1	50
54	53.5 - 54.5	3	53
58	57.5 - 58.5	2	55
59	58.5 - 59.5	3	58
62	61.5 - 62.5	1	59
63	62.5 - 63.5	1	60

N=60

diesen beiden Fällen liegt der Median. Unter der Annahme, daß sich
die Fälle gleichmäßig über das von 40.5 bis 41.5 reichende Intervall verteilen (siehe Abbildung 2-17), erhält man einen Medianwert
von 41.0. Unterhalb und oberhalb dieses Wertes liegen je 30 Fälle
(Befragte), die jünger bzw. älter sind.

Abbildung 2-17: Skizze zur Veranschaulichung der Lage des Medians

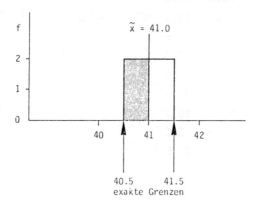

Die gesamte Prozedur zur Berechnung des Medians kann formelmäßig
wie folgt ausgedrückt werden:

$$\tilde{x} = U + \left[\frac{\frac{1}{2}N - Fu}{Fm} \right] Kb$$

wobei $\tilde{x}$ = Median,
    U = exakte untere Grenze des Medianintervalls,
    N = Anzahl der Fälle,
    Fu = kumulierte Häufigkeit unterhalb des Medianintervalls,
    Fm = Häufigkeit im Medianintervall,
    Kb = Intervallbreite.

Diese Formel ist auch auf *klassierte Daten* anwendbar, bei denen
der Klammerausdruck mit der Breite des Medianintervalls (Kb) zu
multiplizieren ist. Setzen wir die Zahlenwerte des vorangehenden
Beispiels (siehe Tabelle 2-9) in die Formel ein, erhalten wir denselben Medianwert wie oben:

$$\tilde{x} = 40.5 + \left[\frac{30 - 29}{2} \right] 1$$

$$= 40.5 + .5$$

$$= 41.0$$

Zur Berechnung des Medians klassierter Daten greifen wir auf die
Tabellen 2-4 und 2-5 zurück, die zwei Versionen der Klassierung
der Variablen LALTER darstellen. Bei Version I (Tabelle 2-4) ist
das Intervall, in das der Median fällt, das Klassenintervall
41 - 45. Die exakte untere Grenze dieses Medianintervalls ist
40.5, die kumulierte Häufigkeit unterhalb des Medianintervalls
29, die Häufigkeit im Medianintervall 9 und die Breite des Intervalls 5. Durch Einsetzen dieser Zahlenwerte in die obige Formel
erhalten wir:

$$\tilde{x} = 40.5 + \left[\frac{30 - 29}{9} \right] 5$$

$$= 41.06$$

Bei Version II (Tabelle 2-5) ist das Intervall, in das der Median
fällt, das Klassenintervall 38 - 42. Die exakte untere Grenze des
Medianintervalls ist 37.5, die kumulierte Häufigkeit unterhalb des
Medianintervalls 23, die Häufigkeit im Medianintervall 10 und die
Breite des Intervalls 5. Setzen wir diese Zahlenwerte in die obige
Formel ein, so erhalten wir:

$$\tilde{x} = 37.5 + \left[\frac{30 - 23}{10} \right] 5$$

$$= 41.0$$

Die Übereinstimmung der Medianwerte geht hier so weit, daß einer
der beiden auf der Basis klassierter Daten berechneten Mediane mit
dem auf der Basis der nicht klassierten Daten berechneten Median
identisch ist (41.0), während der andere geringfügig davon abweicht (41.06). Eine so hohe Übereinstimmung ist normalerweise
nicht zu erwarten. Andererseits sind große Abweichungen eher die
Ausnahme, so daß man von einer relativen Stabilität der Maßzahlen
sprechen kann, wenn bei der Klassierung der Daten die oben angeführten Faustregeln beachtet werden.

Die Schritte zur Berechnung des Medians nach der obigen Formel
können wie folgt beschrieben werden:

1. Man ermittelt N/2, die Anzahl der Fälle, die unterhalb des
   Medians liegen.

2. Man bestimmt mit Hilfe der kumulierten Häufigkeitsverteilung
   das (Klassen-)Intervall, in das der Median fällt (Medianintervall). Das ist das Intervall mit einer kumulierten Häufigkeit
   gleich oder (nächst) größer als N/2.

3. Man vergewissert sich der exakten unteren und oberen Grenze
   des Medianintervalls.

4. Ist die kumulierte Häufigkeit eines Intervalls genau gleich
   N/2, dann ist die exakte obere Grenze dieses Intervalls der
   Wert des Medians. Dieser Fall kommt relativ selten vor. In der
   Regel geht es darum, die Anzahl der Fälle des Medianintervalls
   zu ermitteln, die man noch benötigt, um N/2 zu erhalten
   (N/2 - Fu).

5. Man dividiert die Anzahl der (meistens) noch benötigten Fälle
   (N/2 - Fu) durch die Anzahl der Fälle im Medianintervall (Fm).

6. Man multipliziert den sich hieraus ergebenden Wert mit der
   Breite des Medianintervalls (Kb).

7. Man addiert das erlangte Ergebnis zur exakten unteren Grenze
   des Medianintervalls (U). Der resultierende Zahlenwert ist der
   Wert des Medians.

Ein besonderer Vorzug des Medians ist darin zu sehen, daß er auch
für Verteilungen mit "offenen Enden" berechnet werden kann. Nehmen
wir als Beispiel (siehe Abbildung 2-12) die oben nicht geschlossene
Verteilung der diskreten Variablen "Anzahl bisheriger Arbeitgeber
(V173)".

Tabelle 2-10: Berechnung des Medians der Variablen "Anzahl bisheriger Arbeitgeber (V173)"

Meßwert (Intervall) x_i	Exakte Intervall- grenzen	Häufigkeit f_i	Kumulierte Häufigkeit fc_i
1	.5 - 1.5	13	13
2	1.5 - 2.5	16	29
3	2.5 - 3.5	11	40
4	3.5 - 4.5	5	45
5	4.5 - 5.5	3	48
6+	5.5 -	12	60
		60	

$$\tilde{x} = 2.5 + \left[\frac{30 - 29}{11} \right] 1$$
$$= 2.59$$

Wie wir im nächsten Abschnitt sehen werden, ist es nicht möglich,
das arithmetische Mittel der Variablen V173 zu berechnen, es sei
denn, man schließt die Verteilung aufgrund mehr oder weniger ge-
wagter oder begründeter Annahmen. Wer dazu nicht bereit ist, mag
sich anstelle des arithmetischen Mittels mit der durchaus informativen Feststellung begnügen, daß 50 Prozent der Befragten mehr
und 50 Prozent weniger als 2.59 Arbeitgeber hatten.

Die Beschreibung einer Verteilung mit Hilfe des Medians ist nur
eine von mehreren Möglichkeiten, die zentrale Tendenz einer Verteilung durch die Bildung von Schnittpunkten zu kennzeichnen. Zur
Charakterisierung der Verteilungslage können ebensogut sogenannte
Quartile und *Perzentile* benutzt werden. Quartile zerlegen eine
Verteilung in vier, Perzentile in 100 gleich große Teile. Statt
den Median zu ermitteln, jenen Wert also, unterhalb und oberhalb
dessen gleich viele Fälle liegen ($\tilde{x} = Q_2 = P_{50}$), können wir z.B.
den Wert des ersten Quartils ($Q_1 = P_{25}$) berechnen, jenen Wert,
unterhalb dessen ein Viertel der Fälle liegt, oder aber den Wert
des dritten Quartils ($Q_3 = P_{75}$), oberhalb dessen ein Viertel der

Fälle liegt. Die Berechnung der Quartile und Perzentile erfolgt
analog der Berechnung des Medians. (Zur Bestimmung der Quartile
siehe Abschnitt 2.3.2.2.)

Der Median kann zur Beschreibung der Verteilungen ordinaler wie
metrischer Variablen benutzt werden. Bei ordinalen Daten ist es
jedoch, strenggenommen, nicht möglich, die oben beschriebenen
arithmetischen Operationen durchzuführen, d.h. es ist weder legitim, bei einer geraden Anzahl von Fällen die Werte der mittleren
beiden Fälle zu halbieren, noch ist es legitim, bei mehrfach besetzten Werten in mittlerer Lage und bei klassierten Daten die
Rechenformel zur exakten Bestimmung des Medians zu gebrauchen.
Dennoch werden diese nur bei metrischen Daten sinnvollen Operationen häufig auch auf ordinale Daten angewandt. Der Purist wird bei
einer geraden Anzahl von Fällen seine Feststellung auf die Aussage
beschränken, daß der Median zwischen den beiden mittleren Fällen
liegt, die die und die Werte haben. Bei mehrfach besetzten Werten
und bei klassierten Daten in mittlerer Lage wird er auf eine Interpolation verzichten und die Suche nach dem Median auf die Identifizierung des Intervalls beschränken, in das der Median fällt.

2.3.1.3   DAS ARITHMETISCHE MITTEL

Die bekannteste Maßzahl der zentralen Tendenz einer Verteilung ist
das *arithmetische Mittel* ($\bar{x}$), dessen Berechnung metrische Daten
voraussetzt (man liest das Symbol $\bar{x}$ "x quer"). Das arithmetische
Mittel (engl. mean), allgemein auch Durchschnittswert genannt, ist
definiert als die Summe der Meßwerte, geteilt durch ihre Anzahl:

$$\bar{x} = \frac{x_1 + x_2 + x_3 + \ldots + x_N}{N} = \frac{\sum\limits_{i=1}^{N} x_i}{N}$$

Kommen Meßwerte mehr als einmal vor, kann man sie mit der Häufigkeit multiplizieren, in der sie auftreten:

$$\bar{x} = \frac{f_1 x_1 + f_2 x_2 + f_3 x_3 + \ldots + f_k x_k}{N} = \frac{\sum\limits_{i=1}^{k} f_i x_i}{N}$$

Das sei an einem einfachen Zahlenbeispiel illustriert. Zu berechnen sei das arithmetische Mittel der folgenden Meßwerte ($N = 8$): 6, 7, 7, 8, 8, 8, 9 und 9. Gemäß der ersten Formel erhalten wir:

$$\bar{x} = \frac{6 + 7 + 7 + 8 + 8 + 8 + 9 + 9}{8} = \frac{62}{8} = 7.75$$

Gemäß der zweiten Formel lautet die Rechnung:

$$\bar{x} = \frac{1(6) + 2(7) + 3(8) + 2(9)}{8} = \frac{62}{8} = 7.75$$

Die zweite Formel ist sowohl auf nicht klassierte als auch auf klassierte Daten anwendbar, die derart organisiert wurden, daß sie in Form einer Häufigkeitstabelle vorliegen. In tabellarischer Form, d.h. in Form einer sog. Arbeitstabelle zur Berechnung des arithmetischen Mittels, sieht unser Zahlenbeispiel wie folgt aus:

Tabelle 2-11: Berechnung des arithmetischen Mittels

Meßwert x_i	Häufig- keit f_i	Produkt aus Häufigkeit und Meßwert $f_i x_i$
6	1	6
7	2	14
8	3	24
9	2	18
Summe	8	62

$$\bar{x} = \frac{\sum\limits_{i=1}^{k} f_i x_i}{N}$$
$$= \frac{62}{8}$$
$$= 7.75$$

Arbeitstabellen dieser Art benutzen wir auch bei der nachfolgenden Berechnung des arithmetischen Mittels der Variablen "Lebensalter

Tabelle 2-12: Berechnung des arithmetischen Mittels der Variablen "Lebensalter des Befragten (LALTER)"

Meßwert x_i	Häufigkeit f_i	Produkt $f_i x_i$
22	2	44
23	2	46
24	1	24
26	2	52
28	1	28
30	4	120
31	3	93
32	3	96
35	2	70
36	2	72
37	1	37
38	1	38
39	3	117
40	2	80
41	2	82
42	2	84
43	1	43
44	1	44
45	3	135
46	1	46
47	2	94
48	1	48
49	2	98
51	1	51
52	4	208
53	1	53
54	3	162
58	2	116
59	3	177
62	1	62
63	1	63
	60	2483

Tabelle 2-13: Berechnung des arithmetischen Mittels der Variablen
"Lebensalter des Befragten (LALTER)", klassierte
Daten, Version I

Klassen-intervall	Klassen-mitte x_i	Häufig-keit f_i	Produkt aus Häufigkeit und Meßwert $f_i x_i$
21 - 25	23	5	115
26 - 30	28	7	196
31 - 35	33	8	264
36 - 40	38	9	342
41 - 45	43	9	387
46 - 50	48	6	288
51 - 55	53	9	477
56 - 60	58	5	290
61 - 65	63	2	126
		60	2485

des Befragten (LALTER)", und zwar zum einen für die nicht klassierte Altersverteilung (siehe Tabelle 2-3 und Abbildung 2-1), zum
andern für eine der beiden klassierten Verteilungen, die uns oben
als Beispiel dienten; von diesen wählen wir Version I aus (siehe
Tabelle 2-4 und Abbildung 2-4).

Bei klassierten (gruppierten) Verteilungen ist es üblich, in der
ersten Spalte der Arbeitstabelle die Klassenintervalle und in der
zweiten Spalte die Mitten dieser Intervalle anzugeben. Da man bei
klassierten Daten keine detaillierte Information über die zugrundeliegenden Meßwerte hat, führt man die vereinfachende Annahme ein,
daß sich die Meßwerte in der jeweiligen Klassenmitte konzentrieren.
Das heißt, man betrachtet die Klassenmitten als Meßwerte, die dann
mit der jeweiligen Häufigkeit multipliziert werden.

Wie aus den Arbeitstabellen hervorgeht, erhalten wir für die nicht
klassierten Daten (Tabelle 2-12) einen Zahlenwert von $\bar{x}$ = 2483/60 =
41.38. Dieser besagt, daß das Durchschnittsalter der 60 Befragten
41.38 Jahre ist. Für die klassierten Daten der Version I (Tabelle

2-13) erhalten wir einen Zahlenwert von $\bar{x}$ = 2485/60 = 41.42 (und,
wie man sich vergewissern kann, für die klassierten Daten der
Version II, Tabelle 2-5 und Abbildung 2-5, einen Zahlenwert von
$\bar{x}$ = 2475/60 = 41.25).

Die Übereinstimmung der Durchschnittswerte ist also auch hier, wie
bei den Medianwerten, so hoch, daß man den mit der Klassenbildung
verbundenen Informationsverlust als unerheblich bezeichnen kann.
Dies ist weder ein seltenes noch ein triviales Ergebnis. Es ist
deshalb von Interesse, weil man oft auf Daten trifft, die lediglich in klassierter Form verfügbar sind, wie gerade Alters- und
Einkommensverteilungen. In solchen Fällen bleibt einem meistens
nichts anderes übrig, als Maßzahlen auf der Basis dieser klassierten Daten zu berechnen. Ist man aber darauf angewiesen, Maßzahlen
auf der Basis gegebener klassierter Verteilungen zu berechnen,
wird man dazu eher bereit sein, wenn man sicher sein kann, daß sie
relativ stabil sind, was in der Regel der Fall ist, wenn die oben
erläuterten Klassierungsprinzipien beachtet wurden.

An dieser Stelle kommen wir auf die Variable "Anzahl bisheriger
Arbeitgeber (V173)" zurück, jene Variable, deren Verteilung oben
offen ist. Da wir nicht wissen, welche Variablenwerte die zwölf
Befragten haben, die die Kategorie "bei mehr als fünf Arbeitgebern
(beschäftigt gewesen)" ankreuzten, ist es nicht möglich, das
arithmetische Mittel dieser Variablen zu berechnen, es sei denn,
man führt Schätzungen über den offenen Bereich der Verteilung ein.
Eine solche Schätzung ist die in Abbildung 2-18 dargestellte Verteilung.

Die in Abbildung 2-18 veranschaulichte Verteilung ist nur eine von
unbekannt vielen Alternativen, die man als mehr oder weniger rea-
listische Schätzungen der tatsächlichen Verteilung betrachten mag.
Legt man sie der Berechnung des arithmetischen Mittels der Variablen V173 zugrunde, so kann man das arithmetische Mittel der oberen
12 Werte ($\bar{x}$ = [5(6) + 3(7) + 3(8) + 1(9)]/12 = 84/12 = 7) als geschätzten Variablenwert der 12 Befragten der oberen Kategorie in
die Berechnung des arithmetischen Mittels eingehen lassen.

Abbildung 2-18: Histogramm der im oberen Bereich geschätzten Verteilung der Variablen "Anzahl bisheriger Arbeitgeber (V173)"

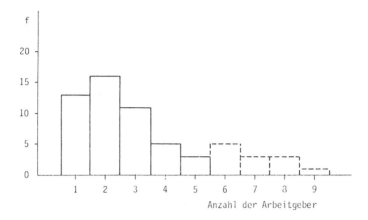

Tabelle 2-14: Berechnung des arithmetischen Mittels der im oberen Bereich geschätzten Verteilung der Variablen "Anzahl bisheriger Arbeitgeber (V173)"

x_i	f_i	$f_i x_i$
1	13	13
2	16	32
3	11	33
4	5	20
5	3	15
7	12	84
	60	197

$$\bar{x} = \frac{\sum\limits_{i=1}^{k} f_i x_i}{N}$$

$$= \frac{197}{60}$$

$$= 3.28$$

Ob der errechnete Mittelwert von $\bar{x}$ = 3.28 als realistischer Wert angesehen werden kann, ist schwer zu sagen. Wählt man beispielsweise für die 12 Befragten der offenen Kategorie statt des Schätzwertes 7 den Schätzwert 8, so erhält man einen Mittelwert von $\bar{x}$ = 209/60 = 3.48; bei einem (wahrscheinlich zu hohen) Schätzwert von 9 ist der Mittelwert $\bar{x}$ = 221/60 = 3.68. Ziemlich sicher ist lediglich, daß ein geschätzter Wert von 6 und ein Mittelwert von $\bar{x}$ = 185/60 = 3.08 unterhalb einer realistischen Grenze liegen.

Ohne jede zusätzliche Information, etwa über die Verteilung dieser
Variablen in einer ganz ähnlichen Population, ist die Frage nach
der Güte der Schätzung kaum zu beantworten. Wo eine derartige Information fehlt, mag man sich mit dem Median ($\tilde{x} = 2.59$) begnügen,
der keine gewagte Schätzung verlangt.

Das arithmetische Mittel hat zwei wichtige Eigenschaften, die hier
unter Verzicht auf Beweise und Illustrationen angeführt werden
sollen:

1. Die Summe der Abweichungen aller Meßwerte von ihrem arithmetischen Mittel ist gleich Null:

$$\sum_{i=1}^{N} (x_i - \bar{x}) = 0$$

Wie wir sehen werden, erwachsen aus dieser Eigenschaft Kon-
sequenzen für die Konstruktion mittelwertbezogener Streuungsmaße.

2. Die Summe der quadrierten Abweichungen aller Meßwerte von ihrem
   arithmetischen Mittel ist kleiner als die Summe der quadrierten
   Abweichungen aller Meßwerte von einem beliebigen anderen Wert.
   Oder anders gesagt: Die Summe der Abweichungsquadrate (SAQ) ist
   für das arithmetische Mittel ein Minimum:

$$\sum_{i=1}^{N} (x_i - \bar{x})^2 = min$$

Diese Eigenschaft ist die Grundlage der in Kapitel 4 behandelten Methode der kleinsten Quadrate.

Zusammenfassung. Da man häufig die Möglichkeit hat, zwischen verschiedenen Maßzahlen der zentralen Tendenz einer Verteilung zu
wählen, mag sich die Frage stellen, welcher Mittelwert für konkrete Verteilungen auszuwählen ist. Dazu ist zunächst zu sagen,
daß man keinen Mittelwert als den anderen Mittelwerten in jeder

Hinsicht überlegen ansehen oder universell verwenden kann, denn sie reflektieren verschiedene Aspekte einer Verteilung: Der Modus reflektiert die größte *Häufigkeit*, der Median die mittlere *Position* und das arithmetische Mittel die *Zentralität* der Werte. Abgesehen davon wird die Wahlmöglichkeit in den meisten Fällen bereits durch das Meßniveau der Daten eingeschränkt. Im übrigen ist zu bedenken, daß Mittelwerte repräsentative Werte sind, die bestimmte Charakteristika einer Verteilung in einer einzigen Zahl zum Ausdruck bringen, was notwendig mit einem Informationsverlust verbunden ist.

Der *Modus* ist der häufigste Wert einer Verteilung, d.h. der Punkt ihrer größten Dichte. Betrachtet man als Modus einen Wert, der eine größere Häufigkeit aufweist als andere Werte in seiner Nachbarschaft, dann kann man Modalwerte zur Beschreibung mehrgipfliger (bimodaler, trimodaler, generell: multimodaler) Verteilungen, d.h. zur Beschreibung von Verteilungen mit mehreren Bereichen großer Dichte benutzen. Der Modus ist der einzige Mittelwert, der auch für nominale Variablen ermittelt werden kann.

Der *Median* ist der Wert, der eine Verteilung rangmäßig geordneter Werte halbiert, so daß je eine Hälfte der Fälle unterhalb und oberhalb dieses Wertes liegt. Der Median kann auch für unvollständige Verteilungen (Verteilungen mit offenen Enden) berechnet werden. Er ist besonders nützlich, wenn stark asymmetrische (schiefe) Verteilungen bzw. Verteilungen mit einigen sehr extremen Werten beschrieben werden sollen. Er ist nicht für nominale Variablen bestimmbar.

Das *arithmetische Mittel* ist eine Funktion aller Meßwerte der Verteilung. Die Summen der Abweichungen beiderseits des arithmetischen Mittels sind bis auf das Vorzeichen gleich, weshalb die Summe der algebraischen Abweichungen gleich Null ist. Das arithmetische Mittel empfiehlt sich, wenn der Schwerpunkt einer Verteilung identifiziert werden soll; es ist am ehesten zur Charakterisierung relativ symmetrischer unimodaler Verteilungen geeignet. Es sollte nicht berechnet werden, wenn die Verteilung mehrgipflig oder ausgeprägt asymmetrisch ist. Weist eine Verteilung offene Enden auf,

Abbildung 2-19: Die Lage der Mittelwerte in verschiedenen
               Verteilungen

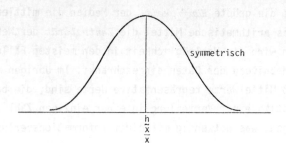

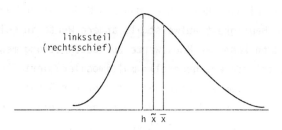

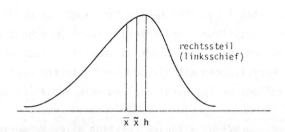

ist die Berechnung des arithmetischen Mittels ausgeschlossen. Es
setzt metrische Daten voraus.

Ist eine Verteilung unimodal und symmetrisch, fallen Modus, Median
und arithmetisches Mittel zusammen: $h = \tilde{x} = \bar{x}$. Bei unimodalen
linkssteilen (rechtsschiefen) Verteilungen besteht folgende Beziehung zwischen den Mittelwerten: $h < \tilde{x} < \bar{x}$. Bei unimodalen rechts-

steilen (linksschiefen) Verteilungen ist die Beziehung: $\bar{x} < \tilde{x} < h$
(siehe Abbildung 2-19). Beispielsweise ist die in Abbildung 2-6
dargestellte klassierte Verteilung eine linkssteile (rechtsschiefe)
Verteilung mit den Mittelwerten $h = 1875 < \tilde{x} = 2000 < \bar{x} = 2163.79$.

2.3.2   STREUUNGSWERTE

Mittelwerte informieren über einen wichtigen Aspekt univariater
Verteilungen, nämlich deren zentrale Tendenz; sie geben keinen
Aufschluß über die Homogenität oder Heterogenität der Variablenwerte. Wenn wir Verteilungen unter diesem letzteren Gesichtspunkt
betrachten, sind wir mit dem Konzept der Streuung (Dispersion,
Variation) befaßt. Wie Abbildung 2-20 demonstriert, können Verteilungen mit gleicher zentraler Tendenz durch eine ungleiche Streuung gekennzeichnet sein.

Abbildung 2-20: Zwei Verteilungen mit gleicher zentraler Tendenz
            ($h = \tilde{x} = \bar{x} = 100$), aber ungleicher Streuung

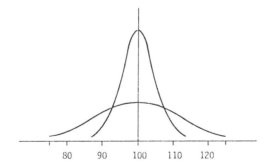

Die in Abbildung 2-20 veranschaulichte unterschiedliche Streuung
der Meßwerte kann mit verschiedenen Maßzahlen beschrieben werden.
Wie zur Charakterisierung der zentralen Tendenz gegebener Verteilungen, so stehen uns etliche Maßzahlen zur Kennzeichnung der
Streuung zur Verfügung, deren Aufgabe es ist, die Variation der
Meßwerte in einer einzigen Zahl zum Ausdruck zu bringen. Einige
dieser Maßzahlen sollen nachfolgend behandelt werden.

2.3.2.1 DER RANGE

Das einfachste Streuungsmaß ist der *'Range'* (R), ein Kennwert, der
im Englischen auch "total range" genannt wird (die deutschen Bezeichnungen Spannweite und Variationsweite werden nur selten verwendet). Der Range ist definiert als die Differenz zwischen dem
größten und kleinsten Meßwert einer Verteilung:

$$R = x_{max} - x_{min}$$

Beispielsweise erhalten wir für die beiden Verteilungen der Abbildung 2-20 zwei Werte, die die beträchtlich unterschiedliche Streuung der Meßwerte zum Ausdruck bringen, nämlich einmal (etwa)
R = 125 - 75 = 50 und einmal R = 113 - 87 = 26.

Die Variable "Lebensalter des Befragten (LALTER)" (Tabelle 2-3 und
Abbildung 2-1) hat die Extremwerte x_{max} = 63 und x_{min} = 22. Die
durch den Range ausgedrückte Streuung dieser Verteilung ist folg-
lich R = 63 - 22 = 41. Bei klassierten Daten ermittelt man die
Differenz zwischen den Klassenmitten der beiden extremen Klassen-
intervalle. Nehmen wir als Beispiel die klassierte Verteilung der
Variablen "Lebensalter des Befragten (LALTER)", Version I (siehe
Tabelle 2-4 und Abbildung 2-4). Hier sind die Mitten der extremen
Klassenintervalle x_{max} = 63 und x_{min} = 23. Folglich ist der Range
R = 63 - 23 = 40.

Der größte Vorteil dieses Streuungsmaßes, seine Einfachheit, ist
zugleich sein gewichtigster Nachteil. Da es lediglich auf den
beiden Extremwerten der Verteilung basiert, sagt es nichts über
die Streuung der übrigen Werte aus, die zwischen den Extremwerten
liegen.

Die Verwendung des Ranges zur Beschreibung der Streuung einer Verteilung setzt prinzipiell metrische Daten voraus. Dies wird gelegentlich übersehen, wenn der Range auch für ordinale Daten berechnet wird, bei denen keine Äquidistanz der Intervalle gewährleistet
ist.

2.3.2.2 DER (MITTLERE) QUARTILABSTAND

Es gibt zwei weitere einfache Streuungsmaße, die erheblich stabiler
sind als der Range, weil sie nicht von den Extremwerten der Verteilung abhängen. Das erste Maß ist der *Quartilabstand* (engl. inter-
quartile range), definiert als

$$\text{Quartilabstand} = Q_3 - Q_1$$

Das zweite Maß ist der *mittlere Quartilabstand* (engl. semi-inter-
quartile range, quartile deviation), definiert als

$$QA = \frac{Q_3 - Q_1}{2}$$

wobei Q_1 und Q_3 Quartile sind, nämlich das erste und dritte Quartil,
die Schnittpunkte zwischen Vierteln der Verteilung bilden. Wie Abbildung 2-21 veranschaulicht, trennen die Quartile Q_1 und Q_3 die
unteren bzw. oberen 25 Prozent der Fälle einer Verteilung von den
mittleren 50 Prozent der Fälle. Einen weiteren Schnittpunkt, der
die Verteilung halbiert, bildet das zweite Quartil, das mit dem
Median identisch ist ($Q_2 = \tilde{x}$).

Abbildung 2-21: Illustration der Quartile und des Quartilabstandes

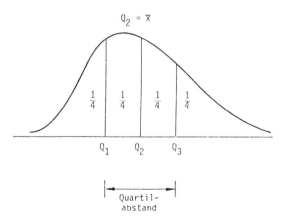

Man ermittelt die Quartile in direkter Analogie zur Bestimmung des Medians. Die Schritte zur Berechnung der Quartile Q_1 und Q_3 können wie folgt beschrieben werden:

1. Man ermittelt $\frac{1}{4}N$ bzw. $\frac{3}{4}N$, das heißt die Anzahl der Fälle, die unterhalb Q_1 bzw. Q_3 liegen.

2. Man bestimmt anhand der kumulierten Häufigkeitsverteilung die (Klassen-)Intervalle, in die die Quartile Q_1 bzw. Q_3 fallen (Quartilintervalle). Das sind die Intervalle mit einer kumulierten Häufigkeit gleich oder (nächst) größer als $\frac{1}{4}N$ bzw. $\frac{3}{4}N$.

3. Man vergewissert sich der exakten unteren und oberen Grenzen der Quartilintervalle.

4. Ist die kumulierte Häufigkeit eines Intervalls genau gleich $\frac{1}{4}N$, dann ist die exakte obere Grenze dieses Intervalls der Wert des Quartils Q_1; ist sie genau gleich $\frac{3}{4}N$, dann ist die exakte obere Grenze dieses Intervalls der Wert des Quartils Q_3.

5. Man dividiert die Anzahl der (meistens) noch benötigten Fälle, also $\frac{1}{4}N$ bzw. $\frac{3}{4}N$ minus kumulierte Häufigkeit unterhalb des betreffenden Quartilintervalls, durch die Anzahl der Fälle im Quartilintervall.

6. Man multipliziert den sich hieraus ergebenden Wert mit der Breite des Quartilintervalls.

7. Man addiert das erlangte Ergebnis zur exakten unteren Grenze des Quartilintervalls. Der resultierende Zahlenwert ist der Wert des Quartils Q_1 bzw. Q_3.

Nehmen wir ein weiteres Mal die Verteilung der Variablen "Lebensalter des Befragten (LALTER)" als Beispiel, hier zur Berechnung der Quartile Q_1 und Q_3 sowie des Quartilabstandes QA. Dazu greifen wir auf Tabelle 2-9 zurück.

Gemäß den oben erläuterten Schritten ermitteln wir zunächst $\frac{1}{4}N =$ $\frac{1}{4}60 = 15$ und $\frac{3}{4}N = \frac{3}{4}60 = 45$. Damit wissen wir, daß 15 Fälle unterhalb Q_1 und 45 Fälle unterhalb Q_3 liegen. Im vorliegenden Beispiel entfällt jede weitere Rechnung (Interpolation) zur genauen Bestimmung der Quartile, da - was selten genug vorkommt - zwei kumulierte Häufigkeiten auftreten, die genau gleich $\frac{1}{4}N$ und genau gleich $\frac{3}{4}N$ sind. Die exakten Obergrenzen der zu diesen beiden kumulierten Häufigkeiten korrespondierenden Intervalle sind 31.5 und 51.5. Demnach ist $Q_1 = 31.5$ und $Q_3 = 51.5$ (siehe auch Abbildung 2-22). Setzen wir diese Werte in die obigen Formeln zur Berechnung des (mittleren) Quartilabstands ein, so erhalten wir:

$$\text{Quartilabstand} = Q_3 - Q_1 = 51.5 - 31.5 = 20.0$$

$$\text{und} \quad QA = \frac{Q_3 - Q_1}{2} = \frac{51.5 - 31.5}{2} = \frac{20.0}{2} = 10.0$$

Anders als im vorangehenden Beispiel mit nicht klassierten Daten, macht die Berechnung der Quartile für die klassierte Verteilung der Variablen "Lebensalter des Befragten (LALTER)", Version I, Interpolationen erforderlich. Mit Rückgriff auf Tabelle 2-4 und die modifizierte Formel zur Berechnung des Medians (siehe S.130) erhalten wir folgende Zahlenwerte für Q_1 und Q_3:

$$Q_1 = 30.5 + \left[\frac{\frac{1}{4}N - 12}{8}\right] 5$$

$$= 30.5 + \left[\frac{15 - 12}{8}\right] 5$$

$$= 32.38$$

$$Q_3 = 50.5 + \left[\frac{\frac{3}{4}N - 44}{9}\right] 5$$

$$= 50.5 + \left[\frac{45 - 44}{9}\right] 5$$

$$= 51.06$$

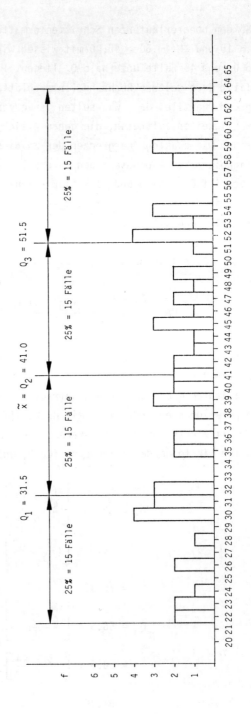

Abbildung 2-22: Veranschaulichung der Quartile der Variablen "Lebensalter des Befragten (LALTER)", nicht klassierte Daten

Durch Einsetzen der errechneten Zahlenwerte in die obigen Formeln
erhalten wir:

$$\text{Quartilabstand} = Q_3 - Q_1 = 51.06 - 32.38 = 18.68$$

$$\text{und} \quad QA = \frac{Q_3 - Q_1}{2} = \frac{51.06 - 32.38}{2} = \frac{18.68}{2} = 9.34$$

Der Leser wird sich vielleicht fragen, warum bei dem zweiten Streuungsmaß die Quantität $(Q_3 - Q_1)$ halbiert wird. Die Antwort ist:
Aus purer Konvention. Warum die Differenz zwischen Q_3 und Q_1 ermittelt wird, ist einleuchtend: Man will die Streuung mit einer
einzigen Zahl ausdrücken. Ebenso sinnfällig wäre allerdings die
Aussage, daß die mittleren 50 Prozent der Fälle zwischen dem und
dem Wert liegen. In unseren beiden Rechenbeispielen, in denen die
Q_1-Werte von 31.5 und 32.38 sowie die Q_3-Werte von 51.5 und 51.06
nur wenig voneinander abweichen, lautet die Aussage, daß die
mittleren 50 Prozent der Befragten rund 32 bis 52 Jahre alt sind.
Bei einer großen Ungleichheit oder Heterogenität der Meßwerte sind
die Zahlenwerte der Quartile Q_1 und Q_3 sehr verschieden, bei einer
geringen Ungleichheit oder Heterogenität sehr ähnlich.

Die oben durchgeführten arithmetischen Operationen zur Bestimmung
des (mittleren) Quartilabstandes verlangen prinzipiell metrische
Daten. Das gilt auch für die nachfolgend dargestellten mittel-
wertbezogenen Streuungsmaße. Dennoch werden Quartilabstand und
mittlerer Quartilabstand mitunter auch für ordinale Daten berechnet.

Im Unterschied zum Range und zum (mittleren) Quartilabstand, die
lediglich auf *zwei* Werten basieren (x_{max} und x_{min} bzw. Q_3 und Q_1),
berücksichtigen die nachfolgend behandelten, auf den Mittelwert $\bar{x}$
bezogenen Streuungsmaße, die durchschnittliche Abweichung AD, die
Standardabweichung s und die Varianz s^2, *alle* Meßwerte der Verteilung, indem sie die Abweichungen der Meßwerte von ihrem arithmetischen Mittel in die Rechnung einbeziehen. Nun ist aber, wie erwähnt, die Summe der Differenzen zwischen den Meßwerten einer

Verteilung und ihrem arithmetischen Mittel stets gleich Null:

$$\sum_{i=1}^{N} (x_i - \bar{x}) = 0$$

Es ist unmittelbar einsichtig, daß die algebraischen Abweichungen nicht zur Konstruktion eines Streuungsmaßes taugen. Wenn wir hingegen die Vorzeichen ignorieren, d.h. die *absoluten* Abweichungen berechnen, wie bei der durchschnittlichen Abweichung, oder wenn wir die Abweichungen *quadrieren*, wie bei der Standardabweichung und der Varianz, erhalten wir nützliche, auf allen Meßwerten der Verteilung basierende Streuungsmaße.

2.3.2.3 DIE DURCHSCHNITTLICHE ABWEICHUNG

Dieses Streuungsmaß, dessen Symbol AD von der englischen Bezeichnung "average deviation" herrührt, ist definiert als der Durchschnitt der absoluten Abweichungen aller Meßwerte einer Verteilung von ihrem arithmetischen Mittel:

$$AD = \frac{\sum_{i=1}^{N} |x_i - \bar{x}|}{N} \qquad \text{bzw.} \qquad AD = \frac{\sum_{i=1}^{k} f_i |x_i - \bar{x}|}{N}$$

(Man liest den Ausdruck $|x_i - \bar{x}|$ "x i minus x quer absolut" bzw. "die Abweichungen der Meßwerte vom arithmetischen Mittel absolut".)

Bei der *durchschnittlichen Abweichung* (AD), auch "mittlere Abweichung vom Mittel" (engl. mean deviation) genannt, läßt man folglich die Richtung der Abweichungen, d.h. das algebraische Vorzeichen, unberücksichtigt; in die Berechnungsformel gehen die in Absolutbeträgen gemessenen Abweichungen vom arithmetischen Mittel ein. Betrachten wir dazu die in der ersten Spalte der Tabelle 2-15 enthaltenen fünf Meßwerte, deren Verteilung in Abbildung 2-23 graphisch dargestellt ist.

Tabelle 2-15: Algebraische, absolute und quadrierte Abweichung
der Meßwerte von ihrem arithmetischen Mittel

Meßwert x_i	Algebraische Abweichung $(x_i - \bar{x})$	Absolute Abweichung $|x_i - \bar{x}|$	Quadrierte Abweichung $(x_i - \bar{x})^2$
1	-4	4	16
3	-2	2	4
6	1	1	1
7	2	2	4
8	3	3	9
25	0	12	34

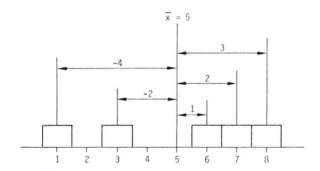

Abbildung 2-23: Darstellung der Abweichungen der Meßwerte von
ihrem arithmetischen Mittel

Die Berechnung der durchschnittlichen Abweichung dieser Meßwerte
(N = 5) von ihrem arithmetischen Mittel sieht wie folgt aus:

$$AD = \frac{|1 - 5| + |3 - 5| + |6 - 5| + |7 - 5| + |8 - 5|}{5}$$

$$= \frac{4 + 2 + 1 + 2 + 3}{5} = \frac{12}{5} = 2.4$$

Der Zahlenwert besagt, daß die Meßwerte im Durchschnitt 2.4 Einheiten von ihrem arithmetischen Mittel abweichen.

Dieses plausible, für deskriptive Zwecke durchaus geeignete Streuungsmaß ist allerdings aus der jüngeren Forschungsliteratur ver-
schwunden und in Programmpaketen wie SPSS nicht enthalten; deshalb
wollen wir uns nicht weiter mit ihm befassen. Statt der durchschnittlichen Abweichung wird heute die Standardabweichung berechnet, ein Streuungsmaß, das eine weiterreichende theoretische Bedeutung hat und vor allem in der schließenden Statistik eine zentrale Stellung einnimmt.

2.3.2.4 STANDARDABWEICHUNG UND VARIANZ

Das weitaus gebräuchlichste Streuungsmaß ist die *Standardabweichung*
(s), definiert als die Quadratwurzel aus der *Varianz* (s^2), die
ihrerseits definiert ist als die Summe der quadrierten Abweichungen
aller Meßwerte von ihrem arithmetischen Mittel, geteilt durch N:

$$s^2 = \frac{\sum_{i=1}^{N} (x_i - \bar{x})^2}{N} \qquad \text{bzw.} \qquad s^2 = \frac{\sum_{i=1}^{k} f_i(x_i - \bar{x})^2}{N}$$

$$s = \sqrt{\frac{\sum_{i=1}^{N} (x_i - \bar{x})^2}{N}} \qquad \text{bzw.} \qquad s = \sqrt{\frac{\sum_{i=1}^{k} f_i(x_i - \bar{x})^2}{N}}$$

Zur Berechnung der Standardabweichung und der Varianz (man liest
das Symbol s^2 "s-Quadrat") stehen etliche weitere Formeln zur
Verfügung, die sämtlich auf die obigen Definitionsformeln zurück-
gehen. Da jene sog. Rechenformeln lediglich den Zweck haben, den
Rechenaufwand und das Fehlerrisiko gering zu halten, können wir
sie übergehen und uns darauf beschränken, die Varianz und die
Standardabweichung mit Hilfe der zitierten Definitionsformeln zu
berechnen.

Wie Tabelle 2-15 zu entnehmen ist, verschwinden durch die Quadrierung (eine Rechenoperation mit dem Effekt einer disproportionalen

Tabelle 2-16: Berechnung von Varianz und Standardabweichung der
Variablen "Lebensalter des Befragten (LALTER)"

Meßwert x_i	Häufig- keit f_i	Abweichung vom Mittelwert $(x_i - \bar{x})$	Quadrat der Abweichung $(x_i - \bar{x})^2$	Produkt $f_i(x_i - \bar{x})^2$
22	2	-19.38	375.58	751.16
23	2	-18.38	337.82	675.64
24	1	-17.38	302.06	302.06
26	2	-15.36	236.54	473.08
28	1	-13.38	179.02	179.02
30	4	-11.38	129.50	518.00
31	3	-10.38	107.74	323.22
32	3	- 9.38	87.98	263.94
35	2	- 6.38	40.70	81.40
36	2	- 5.38	28.94	57.88
37	1	- 4.38	19.18	19.18
38	1	- 3.38	11.42	11.42
39	3	- 2.38	5.66	16.98
40	2	- 1.38	1.90	3.30
41	2	- .38	.14	.28
42	2	.62	.38	.76
43	1	1.62	2.62	2.62
44	1	2.62	6.86	6.86
45	3	3.62	13.10	39.30
46	1	4.62	21.34	21.34
47	2	5.62	31.58	63.16
48	1	6.62	43.82	43.82
49	2	7.62	58.06	116.12
51	1	9.62	92.54	92.54
52	4	10.62	112.78	451.12
53	1	11.62	135.02	135.02
54	3	12.62	159.26	477.78
58	2	16.62	276.22	552.44
59	3	17.62	310.46	931.38
62	1	20.62	425.18	425.18
63	1	21.62	467.42	467.42
	60			7503.92

Gewichtung unterschiedlich großer Zahlenwerte) nicht nur - wie bei
der durchschnittlichen Abweichung infolge der Absolutsetzung der
Abweichungsbeträge - die negativen Vorzeichen, sondern es erhalten
auch größere Abweichungen ein größeres Gewicht.

Für die Meßwerte der Tabelle 2-15 ergeben sich folgende Streuungswerte:

$$s^2 = \frac{34}{5} = 6.8 \text{ (Varianz) bzw.}$$

$$s = \sqrt{s^2} = \sqrt{6.8} = 2.61 \text{ (Standardabweichung)}$$

Zur Berechnung der Varianz und der Standardabweichung der Variablen "Lebensalter des Befragten (LALTER)" legen wir eine Arbeitstabelle an, um in jeder Zeile der Tabelle (a) die Abweichung des
Meßwertes vom arithmetischen Mittel, (b) das Quadrat der Abweichung
und (c) das Produkt aus Häufigkeit und Abweichungsquadrat zu ermitteln (siehe Tabelle 2-16). Den zu dieser Verteilung gehörigen
Mittelwert haben wir schon (in Tabelle 2-12) berechnet; er ist
$\bar{x} = 41.38$.

Die in Tabelle 2-16 durchgeführten Rechenoperationen sind zwar
etwas mühselig, aber mit einem Taschenrechner leicht zu bewerkstelligen. Beispielsweise sieht die Rechnung für die erste Zeile
der Arbeitstabelle wie folgt aus:

(a) $(x_i - \bar{x}) = 22 - 41.38 = -19.38$

(b) $(x_i - \bar{x})^2 = (-19.38)^2 = 375.58$

(c) $f_i(x_i - \bar{x})^2 = 2(375.58) = 751.16$

Gemäß den obigen Formeln erhalten wir für die Werte der Tabelle
2-16 folgende Varianz (s^2) und Standardabweichung (s):

$$s^2 = \frac{\sum\limits_{i=1}^{k} f_i(x_i - \bar{x})^2}{N} = \frac{7503.92}{60} = 125.07$$

$$s = \sqrt{s^2} = \sqrt{125.07} = 11.18 \text{ (Jahre)}$$

Tabelle 2-17: Berechnung von Varianz und Standardabweichung der
Variablen "Lebensalter des Befragten (LALTER)",
klassierte Daten, Version I

Klassen-intervall	Klassen-mitte	Häufig-keit	Abweichung vom Mittelwert	Quadrat der Abweichung	Produkt aus Häufigkeit und Abweichungs-quadrat
	x_i	f_i	$(x_i - \bar{x})$	$(x_i - \bar{x})^2$	$f_i(x_i - \bar{x})^2$
21 - 25	23	5	-18.42	339.30	1696.50
26 - 30	28	7	-13.42	180.10	1260.70
31 - 35	33	8	- 8.42	70.90	567.20
36 - 40	38	9	- 3.42	11.70	105.30
41 - 45	43	9	1.58	2.50	22.50
46 - 50	48	6	6.58	43.30	259.80
51 - 55	53	9	11.58	134.10	1206.90
56 - 60	58	5	16.58	274.90	1374.50
61 - 65	63	2	21.58	465.70	931.40
		60			7424.80

Standardabweichung und Varianz sind grundsätzlich als gleichwer-
tige Streuungsmaße anzusehen, denn wenn die Varianz groß (klein)
ist, ist auch die Standardabweichung groß (klein). Für deskriptive
Zwecke ist allerdings die Standardabweichung vorzuziehen, weil sie
ein Kennwert in der Einheit der zugrundeliegenden Meßwerte ist
(in unserem Rechenbeispiel in der Einheit Jahre, nicht Quadrat-
jahre).

Auch bei klassierten Daten werden Varianz und Standardabweichung in
der oben erläuterten Weise berechnet, mit dem Unterschied, daß - wie
bei der Berechnung des arithmetischen Mittels klassierter Daten -
an die Stelle aktueller Meßwerte die jeweiligen Klassenmitten treten.
Nehmen wir als Beispiel ein weiteres Mal die klassierte Verteilung
der Variablen "Lebensalter das Befragten (LALTER)", Version I, deren
Mittelwert ($\bar{x}$ = 41.42) wir in Tabelle 2-13 berechnet haben (siehe
Tabelle 2-17).

Für die Daten der Tabelle 2-17 erhalten wir folgende Varianz (s^2)
und Standardabweichung (s):

$$s^2 = \frac{\sum\limits_{i=1}^{k} f_i(x_i - \bar{x})^2}{N} = \frac{7424.80}{60} = 123.75$$

$$s = \sqrt{s^2} = \sqrt{123.75} = 11.12 \text{ (Jahre)}$$

Ein Vergleich dieser Zahlenwerte mit jenen, die wir für die nicht
klassierten Daten errechneten, zeigt, daß auch hier die auf die
Klassierung zurückzuführenden Diskrepanzen minimal sind.

Zusammenfassung. Auf die Frage, welchen Streuungswert man zur
Beschreibung der Dispersion (Variation) von Verteilungen heranziehen soll, kann ebensowenig eine allgemein verbindliche Antwort
gegeben werden wie auf die Frage, welchen Mittelwert man zur
Beschreibung der zentralen Tendenz verwenden soll.

Der *Range* ist die Differenz zwischen dem größten und kleinsten
Meßwert einer Verteilung. Dieses einfache Maß ist schnell zu ermitteln und leicht zu verstehen. Es informiert allerdings eher
über die Grenzen der Streuung als über die Streuung innerhalb
dieser Grenzen. Bei seiner Berechnung für ordinale Daten sollte
man sich darüber im klaren sein, daß das Meßniveau der Daten an
sich keine Subtraktion der Meßwerte erlaubt.

Der *(mittlere) Quartilabstand* ignoriert je 25 Prozent der am
unteren und oberen Ende der Verteilung liegenden Fälle. Infolgedessen empfiehlt sich seine Berechnung, wenn die mittleren 50
Prozent der Fälle von besonderem Interesse sind. Das kann der
Fall sein, wenn die Verteilung extrem schief ist oder einige
sehr extreme Werte aufweist. Der (mittlere) Quartilabstand wird
mitunter auch für ordinale Daten berechnet, obwohl die dabei
vorgenommenen arithmetischen Operationen metrische Daten voraussetzen.

Die *durchschnittliche Abweichung* ist ein aus der Mode gekommenes
Streuungsmaß, das auf den absoluten Abweichungen aller Meßwerte
einer Verteilung von ihrem arithmetischen Mittel beruht. Es ist
üblich geworden, diesem ehrwürdigen Maß einen gewissen didaktischen Wert zuzuschreiben, den es zweifellos hat. An seine Stelle
ist die Standardabweichung getreten.

Standardabweichung und *Varianz* basieren auf den quadrierten Abweichungen aller Meßwerte von ihrem arithmetischen Mittel, sind
also eine Funktion sämtlicher Meßwerte einer Verteilung. Diese
Streuungsmaße sind zu bevorzugen, wenn alle Meßwerte repräsentiert werden sollen. Das ist regelmäßig der Fall, wenn weiterge-
hende Berechnungen mit Streuungswerten durchgeführt werden.
Standardabweichung und Varianz setzen prinzipiell metrische
Daten voraus.

2.4 Standardwerte (z-transformierte Werte)

Eine der wichtigsten Anwendungen des arithmetischen Mittels und
der Standardabweichung einer Verteilung metrischer Daten besteht
in der Berechnung sog. *Standardwerte* oder *z-Werte* (engl. standard
measures, z-scores). Das heißt, das arithmetische Mittel und die
Standardabweichung können nicht nur zur Beschreibung einer Verteilung benutzt werden, etwa um eine gegebene Verteilung mit einer
anderen Verteilung zu vergleichen; vielmehr kann man diese beiden
Kennwerte auch zur Transformation gegebener Variablenwerte in
z-Werte heranziehen. Durch eine z-Transformation werden Meßwerte
in eine Form umgewandelt, die es erlaubt, sie mit anderen Werten
derselben oder einer anderen Verteilung zu vergleichen.

Man mag beispielsweise an der relativen Position des Meßwertes
eines Individuums innerhalb einer Gruppe, die durch eine Verteilung repräsentiert ist, interessiert sein. Oder man möchte die
Meßwerte eines Befragten, die man mittels verschiedener Messungen
erlangt hat, miteinander vergleichen oder kombinieren. Diesem
Ziel dient die Transformation gegebener Meßwerte in standardisier-

te Werte. Man erzeugt z-transformierte Werte, indem man das arith-
metische Mittel ($\bar{x}$) von jedem Meßwert (x_i) subtrahiert und die
Differenz ($x_i - \bar{x}$) durch die Standardabweichung (s) dividiert.
Ein *Standardwert (z-Wert)* ist wie folgt definiert:

$$z_i = \frac{x_i - \bar{x}}{s}$$

wobei z_i = der i-te Wert der z-transformierten Variablen,

x_i = der i-te Wert der zu transformierenden Variablen,

$\bar{x}$ = das arithmetische Mittel der zu transformierenden
Variablen,

s = die Standardabweichung der zu transformierenden
Variablen.

Aus der Umrechnungsformel geht hervor, daß die Transformation der
Meßwerte in z-Werte die Berechnung des arithmetischen Mittels und
der Standardabweichung der Ausgangsdaten, in diesem Zusammenhang
häufig *Rohwerte* (engl. raw scores) genannt, voraussetzt. Die erforderlichen Rechenschritte seien am Beispiel der "Gesichterskala
(V143)" erläutert (siehe Datenmatrix, Tabelle 2-18 und Abbildung
2-24).

Der erste Teil der Arbeitstabelle 2-18 dient der Berechnung des
arithmetischen Mittels (hier $\bar{x}$ = 5) und der Standardabweichung
(hier s = 1.1547) der zu transformierenden Variablen (hier der
als metrisch interpretierten "Gesichterskala"). Nachdem die
Zahlenwerte dieser beiden Maßzahlen ermittelt sind, erfolgt die
Berechnung der in der letzten Tabellenspalte ausgewiesenen
Standardwerte.

Der kleinste in Tabelle 2-18 enthaltene Meßwert, der Meßwert 2,
weicht um den Betrag -3 vom arithmetischen Mittel 5 ab. Teilt man
die Abweichung -3 durch die Standardabweichung 1.1547, erhält man
den zum Meßwert 2 korrespondierenden z-Wert -2.598. Die Abweichung
des größten in Tabelle 2-18 aufgeführten Meßwertes vom arithmetischen Mittel ist (7 - 5) = 2. Die Division dieser Abweichung durch

Tabelle 2-18: Transformation gegebener Meßwerte (x_i) in Standardwerte (z_i) der "Gesichterskala (V143)"

x_i	f_i	$f_i x_i$	$(x_i - \bar{x})$	$(x_i - \bar{x})^2$	$f_i(x_i - \bar{x})^2$	$z_i = \dfrac{x_i - \bar{x}}{s}$
2	3	6	-3	9	27	-2.598
3	3	9	-2	4	12	-1.732
4	9	36	-1	1	9	- .866
5	25	125	0	0	0	0.0
6	16	96	1	1	16	.866
7	4	28	2	4	16	1.732
	60	300			80	

$$\bar{x} = \frac{300}{60} = 5 \qquad s^2 = \frac{80}{60} = 1.333 \qquad s = \sqrt{s^2} = \sqrt{1.333} = 1.1547$$

die Standardabweichung ergibt einen z-Wert von 2/1.1547 = 1.732.

Infolge der Standardisierung werden die Abweichungen der Meßwerte
vom arithmetischen Mittel in Standardabweichungseinheiten ausgedrückt. Je nachdem, auf welcher Seite des arithmetischen Mittels
der Meßwert liegt, kann ein z-Wert positiv (+) oder negativ (-)
sein. Beispielsweise liegt der kleinste Meßwert (2) der "Gesichterskala" -2.598 Standardabweichungseinheiten unterhalb, der größte
Meßwert (7) hingegen 1.732 Standardabweichungseinheiten oberhalb
des arithmetischen Mittels.

Nach dem hier erläuterten Standardisierungsverfahren wurden auch
die Lebenszufriedenheitswerte der Befragten mit geeigneten SPSS-
Operationen in z-Werte umgewandelt und anschließend zu einem gemeinsamen LEBZUZ-Skalenwert kombiniert (siehe oben, Seite 61ff).
Das heißt, es wurden die zwischen 19 und 56 variierenden LEBZU8-
Werte in LEBZ8Z-Werte transformiert, die zwischen -2.732 und 1.331
variieren, und es wurden die zwischen 2 und 10 variierenden
LEBZU2-Werte in LEBZ2Z-Werte transformiert, die zwischen -2.299
und 2.377 variieren (siehe Datenmatrix). Diese Transformation er-

möglich nicht nur die Kombination zweier Skalenwerte, die auf
unterschiedliche Weise gemessen wurden, zu einem gemeinsamen
Zufriedenheitswert, sondern auch die Beantwortung der Frage, ob
ein bestimmter Skalenwert vergleichsweise niedrig oder hoch ist.
Zum Beispiel sagt die bloße Information, daß der Befragte *Sechzig*
(siehe Datenmatrix, letzte Zeile) einen LEBZU8-Wert von 46 hat,
wenig über die Lebenszufriedenheit ("specific life satisfaction")
dieses Befragten aus. Stellt man jedoch einen Bezug zu dem Kollektiv her, dem der Befragte zugehört, indem man unter Heranziehung
des arithmetischen Mittels ($\bar{x}$ = 43.883) und der Standardabweichung
(s = 9.107) der LEBZU8-Verteilung die LEBZU8-Werte standardisiert,
so kann man den standardisierten Werten entnehmen, daß *Sechzig*,
mit .232 Standardabweichungseinheiten nur wenig oberhalb des
arithmetischen Mittels liegend, eine mittlere Position einnimmt,
während andere Befragte mit z-Werten von -2.732 und 1.331 sehr
viel weiter unterhalb bzw. oberhalb des arithmetischen Mittels
liegen. Mit anderen Worten: Standardwerte informieren über die
relative Position eines Individuums in einem Kollektiv.

Sind alle Meßwerte einer Verteilung in z-Werte transformiert, so
liegt eine neue Variable (die z-transformierte Variable) und eine
neue Verteilung (die der z-transformierten Werte) vor. Die Verteilung dieser Variablen hat *zwei wichtige Eigenschaften:* Jede Verteilung von z-Werten hat ein arithmetisches Mittel von Null ($\bar{z}$ = 0)
und eine Standardabweichung von Eins (s_z = 1).[1] Die Transformation
gegebener Werte in z-Werte verändert nicht die Form der Verteilung
(siehe Abbildung 2-24). Ist etwa die Verteilung der Rohwerte eine
schiefe Verteilung, dann ist auch die Verteilung der z-Werte eine
schiefe Verteilung. Wohl ist mit der Standardisierung eine Veränderung der Einheiten (der Metrik) der Originalmeßwerte in Standardabweichungseinheiten verbunden. Infolge dieser Veränderung nehmen
auch die Mittel- und Streuungswerte der z-Werte-Verteilung andere
Zahlenwerte an.

---

1) Eine interessante Eigenschaft der z-Werte, auf die wir bei der
   Behandlung des Korrelationskoeffizienten r eingehen werden, ist,
   daß die Summe der quadrierten z-Werte gleich der Anzahl der
   Fälle ist: $\Sigma z_i^2 = \Sigma f_i z_i^2 = N$.

Abbildung 2-24: Veranschaulichung der Formgleichheit der Rohwerte-
                und der z-Werte-Verteilung

V143   Gesichterskala

| | | | | Valid | Cum |
Value Label		Value	Frequency	Percent	Percent	Percent
	2	3	5.0	5.0	5.0
	3	3	5.0	5.0	10.0
	4	9	15.0	15.0	25.0
	5	25	41.7	41.7	66.7
	6	16	26.7	26.7	93.3
	7	4	6.7	6.7	100.0
		-------	-------	-------	
	TOTAL	60	100.0	100.0	

                                                            MORE

V143   Gesichterskala

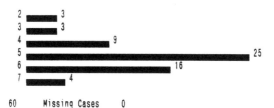

Valid Cases   60   Missing Cases   0

                                                            MORE

V143Z   Gesichterskala, z-transformiert

| | | | | Valid | Cum |
Value Label		Value	Frequency	Percent	Percent	Percent
	-2.598	3	5.0	5.0	5.0
	-1.732	3	5.0	5.0	10.0
	-.866	9	15.0	15.0	25.0
	.000	25	41.7	41.7	66.7
	.866	16	26.7	26.7	93.3
	1.732	4	6.7	6.7	100.0
		-------	-------	-------	
	TOTAL	60	100.0	100.0	

                                                            MORE

V143Z   Gesichterskala, z-transformiert

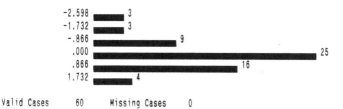

Valid Cases   60   Missing Cases   0

ÜBUNGSAUFGABEN

1. Legen Sie ein Blatt mit dem unten angegebenen Tabellenkopf an,
   um die Häufigkeitsverteilung der Variablen "Monatliches Nettoeinkommen in DM (V170)" zu bilden, womit hier bereits begonnen
   wurde. Die Variablenwerte (Meßwerte x_i) finden Sie in der mit
   V170 gekennzeichneten Spalte der Datenmatrix. Beachten Sie, daß
   nur 58 der 60 Befragten Angaben über ihr Einkommen machten, d.h.
   daß zwei Befragte bei der Variablen V170 fehlende Werte (9999)
   aufweisen.

   Ob Sie zuerst eine primäre Tafel bilden, d.h. alle der Datenmatrixspalte zu entnehmenden 58 Variablenwerte zuerst der Größe
   nach auflisten, bleibt Ihnen überlassen. Sie können diesen
   Schritt durchaus übergehen und sofort mit Strichmarken arbeiten.
   Dabei empfiehlt es sich, die Werte der Datenmatrixspalte syste-
   matisch von oben nach unten durchzugehen und jeden einzelnen
   Wert mit einer Strichmarke festzuhalten, statt bei der Suche
   nach bestimmten Werten in dieser Spalte hin und her zu springen.

   Bei der Ermittlung der prozentualen Häufigkeiten (siehe die
   Formeln auf S. 98) sollten Sie auf eine Stelle nach dem Komma
   (Dezimalpunkt) aufrunden. Daß dann die Summe der prozentualen
   Häufigkeiten geringfügig von 100.0 abweicht, ist zu erwarten.

Meßwert x_i	Strich-marke	Häufig-keit f_i	Proz. Häufig-keit $\%f_i$	Kumul. Häufig-keit fc_i	Proz. kumulierte Häufigkeit $\%fc_i$
1300	///	3	5.2	3	5.2
1350	/	1	1.7	4	6.9

2. Die in Tabelle 2-6 und Abbildung 2-6 dargestellte Häufigkeitsverteilung ist nur eine von vielen Möglichkeiten, benachbarte
   Werte der Variablen "Monatliches Nettoeinkommen in DM (V170)"
   zu Klassen gleicher Breite zusammenzufassen, um ein Bild von
   der Einkommensverteilung zu erhalten.

   Konstruieren Sie als Alternative zu Tabelle 2-6 und Abbildung
   2-6 eine klassierte Verteilung ("Version II"), die dadurch entstehen soll, daß Sie die in der Datenmatrix enthaltenen 58
   Werte der Variablen V170 auf die jeweils nächste durch 250 teilbare Zahl auf- bzw. abrunden, sofern die Werte nicht selber
   durch 250 teilbar sind. Dies wird Ihnen leichtfallen, wenn Sie
   auf die richtige Lösung der Übungsaufgabe 1 zurückgreifen.

   Legen Sie ein Blatt mit dem nachfolgend angegebenen Tabellenkopf an, aus dem hervorgeht, was Sie ermitteln sollen. Tragen

Sie die Ergebnisse in die Tabelle ein, um dann auf der Basis dieser Ergebnisse ein Histogramm zu zeichnen, bei dem auf der Merkmalsachse, ähnlich wie in Abbildung 2-6, die Klassenmitten abgetragen sind.

Exakte Grenzen des Klasseninvervalls (von - bis unter)	Klassen-mitte x_i	Häufig-keit f_i	Kumulierte Häufigkeit fc_i
1125 - 1375	1250	4	4
1375 - 1625	1500	8	12

3. Abbildung 2-9 enthält außer der graphischen Darstellung auch die Häufigkeitstabelle der Variablen V172. Diese weist neben den absoluten Häufigkeiten (Frequency) auch die relativen Häufigkeiten (Percent) aus.

(a) Zeichnen Sie nach dem Muster der Abbildung 2-8 ein Streifendiagramm, bei dem Sie die f-Achse durch eine %f-Achse ersetzen, d.h. anstelle der absoluten Häufigkeiten die prozentualen Häufigkeiten der Variablen V172 auf der Häufigkeitsachse abtragen. Die Wahl des Maßstabs liegt bei Ihnen (Vorschlag: 1 Prozent = 2 mm).

(b) Zu welchem Schluß kommen Sie, wenn Sie das auf der Basis der prozentualen Häufigkeiten gezeichnete Diagramm mit dem auf der Basis der absoluten Häufigkeiten gezeichneten Diagramm vergleichen?

4. Bei einer Befragung von Frauen habe man auf die Frage nach der Anzahl eigener Kinder folgende Verteilung erhalten:

Anzahl eigener Kinder x_i	Prozent-satz der Frauen $\%f_i$
0	22
1	17
2	21
3	15
4	10
5	5
6	3
7	2
8	2
9 und mehr	3
	100

(a) Ist die Variable "Anzahl eigener Kinder" eine diskrete oder eine kontinuierliche Variable?

(b) Stellen Sie die Verteilung in Form eines Histogramms dar.

5. Ermittel Sie aus den Angaben des Fragebogens und der Datenmatrix die Häufigkeitsverteilung der Variablen V143 ("Gesichterskala") und stellen Sie sie als Histogramm dar, aus dem Sie dann ein Polygon entwickeln.

6. Ermitteln Sie für die nachfolgend bezeichneten Verteilungen den Modus bzw. die Modalkategorie:

Abbildung 2-10: h =

Abbildung 2-12: h =

Abbildung 2-13: h =

Übungsaufgabe 1: h =

Übungsaufgabe 2: h =

Übungsaufgabe 3: h =

Übungsaufgabe 4: h =

Übungsaufgabe 5: h =

7. (a) Ist es möglich, den Median klassierter Daten ohne Interpolation zu bestimmen, wenn eine der kumulierten Häufigkeiten gleich N/2 ist?

(b) Läßt sich der Median auch für Verteilungen berechnen, die an beiden Enden offen sind?

8. Ermitteln Sie den Median der beiden klassierten Verteilungen der Variablen "Monatliches Nettoeinkommen in DM (V170)", d.h. ermitteln Sie

(a) den Median der Version I, die aus Tabelle 2-6 und Abbildung 2-6 hervorgeht, sowie

(b) den Median der Version II, die sich aus der richtigen Lösung der Übungsaufgabe 2 ergibt.

9. Legen Sie eine Arbeitstabelle nach dem Muster der Tabelle 2-12 an und berechnen Sie das arithmetische Mittel der nicht klassierten Verteilung der Variablen "Monatliches Nettoeinkommen in DM (V170)". Dabei ist Ihnen der Rückgriff auf die richtige Lösung der Übungsaufgabe 1 dienlich.

10. Legen Sie zwei Arbeitstabellen nach dem Muster der Tabelle 2-13 an und berechnen Sie das arithmetische Mittel der beiden auf unterschiedliche Weise gebildeten klassierten Verteilungen der Variablen "Monatliches Nettoeinkommen in DM (V170)", d.h. berechnen Sie

(a) das arithmetische Mittel der Version I, die aus Tabelle 2-6 und Abbildung 2-6 hervorgeht, und

(b) das arithmetische Mittel der Version II, die sich aus der richtigen Lösung der Übungsaufgabe 2 ergibt.

11. Ermitteln Sie für die nachfolgend bezeichneten Verteilungen den Range:

$$\text{Abbildung} \quad 2\text{-}5: \quad R =$$

$$\text{Abbildung} \quad 2\text{-}6: \quad R =$$

$$\text{Abbildung} \quad 2\text{-}13: \quad R =$$

$$\text{Übungsaufgabe 1:} \quad R =$$

$$\text{Übungsaufgabe 2:} \quad R =$$

$$\text{Übungsaufgabe 5:} \quad R =$$

12. Berechnen Sie den mittleren Quartilabstand (QA) der beiden klassierten Verteilungen der Variablen "Monatliches Nettoeinkommen in DM (V170)", d.h. berechnen Sie

(a) die Quartile Q_1 und Q_3 sowie den mittleren Quartilabstand der Version I, die aus Tabelle 2-6 und Abbildung 2-6 hervorgeht, und

(b) die Quartile Q_1 und Q_3 sowie den mittleren Quartilabstand der Version II, die sich aus der richtigen Lösung der Übungsaufgabe 2 ergibt.

13. Berechnen Sie Varianz und Standardabweichung der klassierten Verteilung der Variablen "Monatliches Nettoeinkommen in DM (V170)", Version II, die sich aus der richtigen Lösung der Übungsaufgabe 2 ergibt. Der für diese Verteilung (siehe Übungsaufgabe 10) berechnete Mittelwert ist $\bar{x} = 2107.76$. Benutzen Sie zwecks Minimierung des Rechenaufwandes statt dieses Wertes den gerundeten Wert $\bar{x} = 2108$. Runden Sie auch die Werte der Varianz und Standardabweichung auf ganze Zahlen auf bzw. ab.

13. Sie finden hier einen mit SPSS/PC+ erzeugten Ausdruck, der aus einer Häufigkeitstabelle, einem Histogramm und einer Reihe von Maßzahlen besteht, die die Verteilung der (als metrisch aufgefaßten) Variablen "Zufriedenheit alles in allem (V127)" charakterisieren. Unterhalb des Ausdrucks ist angegeben, zu welchen Maßzahlen und Symbolen die englischen Bezeichnungen korrespondieren.

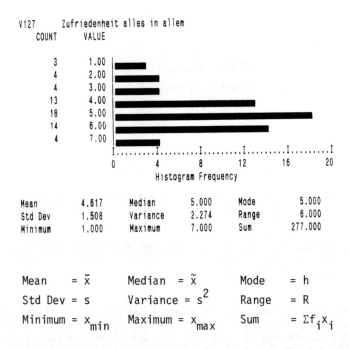

V127   Zufriedenheit alles in allem

Value Label	Value	Frequency	Percent	Valid Percent	Cum Percent
	1	3	5.0	5.0	5.0
	2	4	6.7	6.7	11.7
	3	4	6.7	6.7	18.3
	4	13	21.7	21.7	40.0
	5	18	30.0	30.0	70.0
	6	14	23.3	23.3	93.3
	7	4	6.7	6.7	100.0
	TOTAL	60	100.0	100.0	

MORE

V127   Zufriedenheit alles in allem

COUNT	VALUE
3	1.00
4	2.00
4	3.00
13	4.00
18	5.00
14	6.00
4	7.00

        0   4   8   12   16   20
        Histogram Frequency

Mean	4.617	Median	5.000	Mode	5.000
Std Dev	1.508	Variance	2.274	Range	6.000
Minimum	1.000	Maximum	7.000	Sum	277.000

Mean	$= \bar{x}$	Median	$= \tilde{x}$	Mode	$= h$
Std Dev	$= s$	Variance	$= s^2$	Range	$= R$
Minimum	$= x_{min}$	Maximum	$= x_{max}$	Sum	$= \Sigma f_i x_i$

(a) Ihre Aufgabe besteht darin, die Mittelwerte $\bar{x}$ und $\tilde{x}$ und die Streuungswerte s^2 und s zu berechnen, um sie mit den vom SPSS-System errechneten Zahlenwerten zu vergleichen. Beim Median und bei der Varianz und Standardabweichung werden Sie zu anderen Zahlenwerten kommen; beim Median, weil SPSS/PC+ lediglich das Medianintervall identifiziert und auf eine Interpolation zur genauen Bestimmung des Medians verzichtet; bei der Varianz und Standardabweichung, weil SPSS/PC+ (aus inferenzstatistischen Gründen, die hier nicht zu erläutern sind) die Summe der Abweichungsquadrate (SAQ) nicht durch N, sondern durch N - 1 dividiert.

(b) Beschreiben Sie außerdem (verbal) aufgrund der drei Mittelwerte die Form der Verteilung.

15. Überzeugen Sie sich anhand der Daten der Tabelle 2-18 davon,
daß das arithmetische Mittel der z-Werte gleich Null ($\bar{z} = 0$)
und die Standardabweichung der z-Werte gleich 1 ist ($s_z = 1$).

Kapitel 3
Bivariate Analyse sozialwissenschaftlicher Daten I: Assoziationen in bivariaten Tabellen (nominale und ordinale Variablen)

In Kapitel 2 haben wir Verfahren und Maßzahlen kennengelernt, die bei der Untersuchung univariater Verteilungen eingesetzt werden. Die Beschäftigung mit univariaten Verteilungen ist jedoch in der empirischen Sozialforschung niemals Endzweck; sie dient eher der Vorbereitung der eigentlichen Analyse, die sich stets auf die Untersuchung von *Beziehungen* (Assoziationen, Korrelationen) *zwischen Variablen* richtet. Deshalb sind weniger univariate als bivariate (in der fortschreitenden Analyse auch multivariate) Verteilungen grundlegende Bestandteile fast aller quantitativen Beiträge der sozialwissenschaftlichen Forschung.

Ähnlich wie sich relevante Aspekte univariater Verteilungen mit Maßzahlen kennzeichnen lassen, können auch bivariate Verteilungen mit Maßzahlen, mit sog. *Koeffizienten*, charakterisiert werden. Diese Kennwerte der bivariaten Statistik sind den Kennwerten der univariaten Statistik (etwa dem Modus, dem Median oder dem arithmetischen Mittel) insofern ähnlich, als diese wie jene bestimmte Aspekte einer Verteilung summarisch mit einer einzigen Zahl beschreiben. Das Prinzip der Datenreduktion im Sinne eines gezielten Informationsverzichts manifestiert sich bei den Maßzahlen der bivariaten Statistik darin, daß sie in jedem Fall den *Grad* (die Stärke, die Enge), in bestimmten Fällen auch die *Richtung* der Beziehung zwischen zwei Variablen mit einem einzigen Zahlenwert beschreiben. Die Zahlenwerte der meisten Koeffizienten variieren zwischen 0 (keine Beziehung) und 1 (perfekte Beziehung). Die Zahlenwerte der Koeffizienten, die auch die Richtung der Beziehung angeben, variieren zwischen -1 (perfekte negative Beziehung) und +1 (perfekte positive Beziehung).

Ebensowenig wie die Maßzahlen zur Beschreibung univariater Verteilungen können die Maßzahlen zur Beschreibung bivariater Verteilungen alle Details einer Verteilung widerspiegeln. Die Assoziationsmaße reflektieren jenen spezifischen Aspekt bivariater Verteilungen, der die Tendenz zweier Variablen betrifft, gemeinsam aufzutreten oder gemeinsam zu variieren. Einige dieser Maßzahlen sind besonders nützlich, weil sie über die relative Genauigkeit informieren, mit der die eine Variable auf der Basis der anderen Variablen vorhergesagt werden kann. Wie wir sehen werden, kann der Grad der relativen Genauigkeit der Vorhersage der einen Variablen auf der Basis der anderen Variablen als Grad der Assoziation bezeichnet werden.

Die Beziehung zwischen Variablen (Merkmalen, Eigenschaften) hat viele Namen, die im Grunde dasselbe bezeichnen. Spricht ein Fachmann von einer statistischen Beziehung, so verwendet er gewöhnlich Ausdrücke wie Kontingenz, Assoziation oder Korrelation, während ein Laie, der dasselbe meint, vielleicht Ausdrücke wie Zusammenhang, Übereinstimmung, Verbindung, Entsprechung oder Korrespondenz benutzt.

Die den Grad der Beziehung zwischen Variablen ausdrückenden Koeffizienten werden in der statistischen Literatur als *Kontingenz-*, *Assoziations-* und *Korrelationskoeffizienten* bezeichnet. Allerdings ist die Nomenklatur nicht einheitlich. So sprechen einige Autoren von Kontingenzen, wenn die miteinander in Beziehung gesetzten Variablen nominalskaliert sind, von Assoziationen, wenn sie ordinalskaliert sind, und von Korrelationen, wenn sie das Niveau von Intervall- oder Ratioskalen haben. Diese Art der Benennung ist wenig hilfreich, da die Variablen, deren Beziehung man untersucht, häufig nicht dasselbe Meßniveau haben (und keineswegs haben müssen). Wir teilen die Auffassung jener Autoren, die die Bezeichnungen Kontingenz, Assoziation und Korrelation als sinngleich und austauschbar betrachten (z.B. DAVIS, 1971).

Wichtiger als die Benennung der Koeffizienten ist die Beachtung ihrer Anwendungsvoraussetzungen. Ähnlich wie bei den Maßzahlen der univariaten Statistik ist auch bei den Maßzahlen der bivariaten

Statistik zu beachten, welches Meßniveau sie voraussetzen. Wie in
Abschnitt 1.2.4 betont, können wir Daten nicht ohne weiteres so
behandeln, als seien sie auf einem höheren Niveau als dem tatsächlich erreichten gemessen worden. Wir können jedoch jederzeit den
umgekehrten Weg gehen, das heißt wir können Daten so behandeln,
als seien sie auf einem niedrigeren Niveau als dem aktuell erzielten gemessen worden. So ist es beispielsweise möglich, eine zur
Verfügung stehende Information über das Einkommen (Ratioskala) wie
eine Information zu behandeln, die die Individuen lediglich rangmäßig zu unterscheiden erlaubt, nämlich nach der Maßgabe, ob sie
wenig, mittelmäßig oder viel verdienen (Ordinalskala). Gleichermaßen können wir Daten höheren Meßniveaus behandeln, als seien sie
lediglich nominalskaliert.

Wenn derartige Reduktionen des Meßniveaus auch prinzipiell möglich sind, so heißt das nicht, daß man leichten Herzens so verfahren sollte. Die generelle Regel lautet vielmehr: Verwende in der
Datenanalyse das Meßniveau, das bei der Erhebung der Daten erzielt
wurde. Haben also die Daten das Niveau einer metrischen Skala, so
sollten sie mit Maßzahlen beschrieben werden, die den metrischen
Eigenschaften der Originaldaten entsprechen. Gleiches gilt für
ordinalskalierte Ausgangsdaten. Der Grund dieser Regel ist leicht
einzusehen. Wenn wir das Meßniveau reduzieren, leisten wir uns
einen unklugen Informationsverzicht, unklug deshalb, weil wir die
unter Umständen mühselig erreichte präzisere Information aus der
Datenerhebung leichtfertig verspielen. Gegen diese Regel wird oft
verstoßen, weil es Sozialforschern an Informationen über aussage-
kräftige Maßzahlen mangelt, die den verschiedenen Meßniveaus entsprechen.

Wie wir sehen werden, gibt es eine Reihe von Assoziationskoeffizienten, die für die verschiedensten Fragestellungen und Probleme
geeignet sein können. Die Auswahl der in den folgenden Abschnitten
und in Kapitel 4 dargestellten Assoziationsmaße orientiert sich
primär an deren Anwendbarkeit auf Daten, mit denen es die empirische Sozialforschung häufig zu tun hat. Besonderes Gewicht und
breiterer Raum wird einigen Maßzahlen gegeben, die im Gegensatz

zu anderen eine einfache und klare Interpretation erlauben. Es
sind dies Maßzahlen der Assoziation, die im Sinne der proportionalen Fehlerreduktion interpretierbar sind, kurz *PRE-Maße* (lies
"Pe-Er-Ee-Maße", engl. proportional reduction in error measures)
genannt.

Die Reihenfolge der Darstellung ist so gewählt, daß Maßzahlen des
niedrigsten Meßniveaus zuerst besprochen werden. Wir betrachten
zunächst solche Assoziationsmaße, die lediglich qualitative Klassifikationen, also *nominale Variablen* voraussetzen. Danach behandeln wir Maßzahlen, die rangmäßig geordnete Kategorien, also
ordinale Variablen voraussetzen. In Kapitel 4 befassen wir uns
dann mit Koeffizienten, die zusätzlich eine Abstandsgleichheit
der Kategorien, also *metrische Variablen* voraussetzen.

Diese Maßzahlen können berechnet und zur Beschreibung der Beziehung zwischen Variablen verwendet werden, wenn die Daten in Form
einer gemeinsamen Häufigkeitsverteilung, einer sog. *bivariaten
Verteilung*, vorliegen, d.h. wenn für jede Untersuchungseinheit
(jeden Merkmalsträger) die Werte (Merkmalsausprägungen) je zweier
Variablen (Merkmale) registriert und in einer bestimmten Weise
organisiert wurden. Diese Organisierung findet ihren Ausdruck in
der *gemeinsamen Häufigkeitstabelle* oder *bivariaten Tabelle* (engl.
joint frequency table, bivariate table). Die Form dieser Tabelle
ist für alle Meßniveaus dieselbe. Wie die bivariate Tabelle aufgebaut ist, wie sie zu lesen und zu interpretieren ist, soll nachfolgend erläutert werden.

3.1 Die bivariate Tabelle

Wie bereits in Abschnitt 1.4.2 anhand dreier Beispiele verdeutlicht wurde, entsteht eine *bivariate Tabelle*, auch Kontingenz-,
Assoziations- oder Korrelationstabelle (engl. contingency table,
two-way frequency table) genannt, durch *Kreuzklassifikation* oder
Kreuztabulation (engl. cross-classification, cross-tabulation)
zweier Variablen.

Nehmen wir als ein weiteres Beispiel die beiden nominalen Variablen "Beschäftigtenstatus (V166)" und "Berufliche Stellung des
Vaters (V172)". Wie dem Fragebogen (siehe Anhang A) zu entnehmen
ist, informiert die Variable V166 über den Beschäftigtenstatus des
Befragten und die Variable V172 über die berufliche Stellung des
Vaters, als der Befragte 14 Jahre alt war. Variable V166 hat drei
Kategorien, die alle drei besetzt sind, und Variable V172 hat
sechs Kategorien, von denen fünf besetzt sind. Kreuztabuliert man
diese beiden Variablen, so erhält man eine bivariate Tabelle mit
3 x 5 = 15 Zellen oder Feldern, deren Häufigkeiten man durch simultane Auswertung der mit V166 und V172 gekennzeichneten Spalten der
Datenmatrix 1 oder 3 (siehe Anhang B) ermitteln kann. Genau das
hat die SPSS-Prozedur CROSSTABS besorgt.

Tabelle 3-1: Berufliche Stellung des Vaters und Beschäftigten-
            status des Sohnes

Crosstabulation: V166   Beschäftigtenstatus
             By V172   Berufliche Stellung des Vaters

Count V172-> V166	Arbeiter 1	Angest. 2	Beamter 3	Selbst. 4	verst. 5	Row Total
1 Arbeiter	10	4	3	1	2	20 33.3
2 Angest.	6	8	3	2	1	20 33.3
3 Beamter	6	4	7	2	1	20 33.3
Column Total	22 36.7	16 26.7	13 21.7	5 8.3	4 6.7	60 100.0

Number of Missing Observations =   0

Chi-Square = 6.81608
Cramer's V   = .23833
Contingency Coefficient = .31939
Lambda (asymmetric)   = .22500 with V166 dependent
                         = .07895 with V172 dependent
Lambda (symmetric)   = .15385

Tabelle 3-1 ist durch Kreuzklassifikation, d.h. durch vertikale
Anordnung der Kategorien der einen Variablen (V166) und durch

horizontale Anordnung der Kategorien der anderen Variablen (V172)
entstanden (V166 by V172), wobei die *unabhängige*, üblicherweise
mit X bezeichnete (Spalten-)Variable (V172) in den Tabellenkopf
und die *abhängige*, üblicherweise mit Y bezeichnete (Zeilen-)Vari-
able (V166) an den Tabellenrand gelangte. Auf diese Weise wurden
15 Zellen gebildet, die die *gemeinsamen Häufigkeiten* enthalten.
Die Häufigkeit oder Besetzung einer jeden Zelle informiert darüber,
wie häufig eine bestimmte Ausprägungskombination vorkommt, etwa
die V166/V172-Kombination 1/4 (Sohn Arbeiter/ Vater Selbständiger)
einmal. Die größten Häufigkeiten der Tabelle 3-1 (10, 8 und 7)
finden sich in drei Zellen, und zwar dort, wo man sie erwartet,
wenn man von der Hypothese einer gewissen Intergenerationenstabi-
lität ausgeht, nach der Söhne tendenziell den Status ihrer Väter
haben.

Die *Zellenhäufigkeiten* beziehen sich also auf das gemeinsame Auftreten einer bestimmten Kategorie der einen Variablen und einer
bestimmten Kategorie der anderen Variablen. Durch zeilenweise bzw.
spaltenweise Addition der Anzahl der Fälle (engl. count) der einzelnen Zellen erhält man die *Randhäufigkeiten der Zeilenvariablen*
(engl. row totals) bzw. die *Randhäufigkeiten der Spaltenvariablen*
(engl. column totals), deren Summe die *Gesamtzahl der Fälle (N)*
ergibt.

Unterhalb der Tabelle 3-1 sind einige mit SPSS errechnete Kennwerte angegeben, die wir später behandeln werden. Hier sei nur erwähnt, daß es sich dabei um einen Chi-Quadrat-Wert (Chi-Square)
handelt, der zur Berechnung zweier Assoziationsmaße herangezogen
wurde, nämlich des CRAMERschen Koeffizienten V und des PEARSON-
schen Kontingenzkoeffizienten C, sowie um drei Versionen des von
GOODMAN und KRUSKAL vorgeschlagenen Koeffizienten Lambda, nämlich
zwei asymmetrische Lambdas und ein symmetrisches Lambda. Da diese
Assoziationsmaße geeignet sind, die Beziehung zwischen kreuztabulierten nominalen Variablen zu beschreiben, kann man sie, wie hier
geschehen, mit derselben SPSS-Prozedur CROSSTABS berechnen und in
Verbindung mit der bivariaten Tabelle ausdrucken lassen.

3.1.1 DIE GENERELLE STRUKTUR DER BIVARIATEN TABELLE

Die bivariate Tabelle besteht zunächst aus einer bestimmten Anzahl
von *Zeilen, Spalten* und *Zellen*. Zur Identifizierung der Zellen
verwendet man die Subskripte i und j, wobei das erste Subskript i
die *Zeile* und das zweite Subskript j die *Spalte* bezeichnet, in der
die *Zelle* lokalisiert ist. Zelle$_{ij}$ ist folglich die Zelle der
i-ten Zeile und der j-ten Spalte:

Tabelle 3-2: Die Bezeichnungen der Zeilen, Spalten und Zellen der
bivariaten Tabelle

Variable X

	j=1	j=2	j=3
i=1			
i=2			
i=3		Zelle$_{32}$	
i=4			

Variable Y

Die Häufigkeit der Zelle$_{ij}$ wird mit f_{ij} oder n_{ij} bezeichnet; sie
informiert über die Anzahl der Untersuchungseinheiten, die die
Ausprägungskombination y_i, x_j aufweisen.

Die vollständige bivariate Tabelle hat außerdem zwei *Randhäufig-*
keiten (das sind die univariaten Verteilungen der kreuztabulierten
Variablen) und die *Gesamthäufigkeit (N)* sowie eine möglichst aus-
führliche Beschriftung. Die Randhäufigkeiten heißen auch *marginale*
Häufigkeiten; sie werden mit dem Buchstaben n bezeichnet, dem ein
Subskript und ein Punkt bzw. ein Punkt und ein Subskript folgt.
Zum Beispiel ist die Summe der Zellenhäufigkeiten der ersten Zeile
der Tabelle 3-3 mit $n_{1.}$ symbolisiert, wobei die Zahl 1 anzeigt,
daß es sich um die erste Zeile handelt, und der Punkt angibt,
daß der Zahlenwert eine Summe über alle Spalten ist. Sinngemäß
symbolisiert $n_{.1}$ die Summe der ersten Spalte, wobei der Punkt vor
der Zahl 1 angibt, daß wir über alle Zeilen summiert haben. Die

Tabelle 3-3: Die generelle Struktur der bivariaten Tabelle

Variable X

	x_1	x_2	x_3	
y_1	f_{11}	f_{12}	f_{13}	$n_{1.}$
y_2	f_{21}	f_{22}	f_{23}	$n_{2.}$
y_3	f_{31}	f_{32}	f_{33}	$n_{3.}$
y_4	f_{41}	f_{42}	f_{43}	$n_{4.}$
	$n_{.1}$	$n_{.2}$	$n_{.3}$	N

Variable Y

vollständige Tabelle sieht dann wie Tabelle 3-3 aus. Wie wir oben sahen, können bivariate Tabellen mehr (oder weniger) Zeilen und Spalten haben als die hier dargestellte Tabelle. Die einfachste Form einer bivariaten Tabelle ist die sog. *2 x 2-Tabelle* (lies "zwei-mal-zwei-Tabelle"), die Tabelle zweier originär dichotomer oder dichotomisierter Variablen. Werden zwei trichotome oder trichotomisierte Variablen kreuztabuliert, so entsteht eine 3 x 3-Tabelle mit neun Feldern oder Zellen. Generell ist das Ergebnis der Kreuztabulation zweier Variablen mit r (engl. rows für Zeilen) und c (engl. columns für Spalten) Kategorien eine *r x c-Tabelle*, gelegentlich auch I x J-Tabelle genannt.

Das folgende Beispiel aus einer empirischen Forschungsarbeit soll verdeutlichen, welche Informationen und Einsichten eine bivariate Tabelle vermittelt. Die Autoren der Untersuchung, ARMER und YOUTZ, gingen von der zentralen Hypothese aus, daß eine formale westliche Ausbildung die Perspektiven in traditionalen, nicht-industialisierten Gesellschaften "modernisiert".[1] In Tabelle 3-4 ist die unabhängige Variable "Ausbildungsniveau (X)" mit der in der Nähe des Medians dichotomisierten Variablen "individuelle Modernität (Y)" kreuztabuliert. (Die Daten entstammen strukturierten Interviews mit 591 Jugendlichen aus Kano in Nigeria. Der unterhalb der

---

1) Michael ARMER und Robert YOUTZ, Formal Education and Individual Modernity in an African Society, in: American Journal of Sociology 76 (1971), S.604-626.

Tabelle 3-4: Ausbildungsniveau und individuelle Modernität

Crosstabulation: MODERN   Modernität (Y)
                         By AUSBIL Ausbildungsniveau (X)

AUSBIL→	Count	keine Ausbildg 1	primäre Ausbildg 2	sekund. Ausbildg 3	Row Total
MODERN					
niedrig	1	194	94	11	299 50.6
hoch	2	118	117	57	292 49.4
Column Total		312 52.8	211 35.7	68 11.5	591 100.0

$$\gamma = .48 \qquad \begin{array}{l} 312 = x \\ 591 = 100 \end{array} \qquad \frac{312}{591} \cdot 100 \\ \qquad\qquad\qquad\qquad =\!\!>\!52,8$$

Tabelle ausgewiesene Koeffizient Gamma (γ) ist geeignet, die
Richtung und die Stärke der Beziehung zwischen den Variablen zu
beschreiben. Wir werden dieses Maß der ordinalen Assoziation in
Abschnitt 3.4.2 kennenlernen.)

Man kann die Spalten der Tabelle 3-4 als drei univariate oder *konditionale* Verteilungen betrachten, wobei die Spaltenüberschriften
die Bedingungen spezifizieren. So beschreibt die erste Spalte die
individuelle Modernität der 312 Jugendlichen, die keine formale
Ausbildung haben: Von den 312 Jugendlichen ohne formale Ausbildung
zeichnen sich 194 durch "niedrige" und 118 durch "hohe" individuelle Modernität Modernität aus; die Bedingung dafür ist "keine
formale Ausbildung". Die zweite Spalte beschreibt die konditionale
Verteilung der Variablen "individuelle Modernität" unter der Bedingung einer "primären Ausbildung", die dritte Spalte unter der
Bedingung einer "sekundären Ausbildung".

Prinzipiell sind jedoch zwei Arten von konditionalen Verteilungen
zu unterscheiden. Wir können, ARMER und YOUTZ folgend, (a) die
Verteilung der Variablen "individuelle Modernität" unter verschiedenen Ausbildungsbedingungen betrachten. Diese Betrachtungsweise
impliziert die Hypothese, daß die individuelle Modernität vom Aus-

bildungsniveau abhängt, nicht umgekehrt. Wir könnten jedoch, im
Gegensatz zu ARMER und YOUTZ, (b) die Verteilung der Variablen
"Ausbildungsniveau" unter verschiedenen Bedingungen der individuellen Modernität betrachten. Diese Betrachtungsweise implizierte
die - ebenfalls vertretbare - Hypothese, daß das Ausbildungsniveau
von der individuellen Modernität (die als Stimulus für den Schulbesuch aufgefaßt werden kann) abhängt, nicht umgekehrt.

Im Fall (a) wird das "Ausbildungsniveau" als *unabhängige Variable*
(engl. independent variable) betrachtet, mit der die *abhängige
Variable* (engl. dependent variable) "individuelle Modernität" vorhergesagt oder erklärt werden soll. Demgemäß betrachtet man die
Kategorien der Variablen "Ausbildungsniveau" als drei verschiedene
Bedingungen der zweifach gestuften (abhängigen oder bedingten)
Variablen "individuelle Modernität". Im Fall (b) wird die "individuelle Modernität" als unabhängige Variable betrachtet, mit der
die abhängige Variable "Ausbildungsniveau" vorhergesagt oder erklärt werden soll. Demgemäß betrachtet man die Kategorien der
Variablen "individuelle Modernität" als zwei verschiedene Bedingungen der dreifach gestuften (abhängigen oder bedingten) Variablen "Ausbildungsniveau".

Fall (a) und Fall (b) sind Beispiele für die Annahme *asymmetrischer*
Beziehungen. Es gibt außerdem den Fall (c), nämlich die Annahme
symmetrischer Beziehungen. Eine symmetrische Beziehung liegt vor,
wenn keine der beiden Variablen als unabhängige oder abhängige
Variable angesehen werden kann oder wenn jede der beiden Variablen
als von der anderen abhängig aufgefaßt werden kann. Wie wir sehen
werden, gibt es sowohl asymmetrische als auch symmetrische Koeffizienten, die zur Beschreibung entsprechender Beziehungen benutzt
werden können.

Mit der - theoretisch zu begründenden - Entscheidung der Frage,
welche Variable als unabhängig oder abhängig zu betrachten ist,
fällt eine Vorentscheidung darüber, wie die bivariate Verteilung
zu analysieren und mit welchen Maßzahlen sie zu beschreiben ist.
Da im vorliegenden Beispiel zwei ordinale Variablen kreuztabuliert

wurden, von denen die abhängige Variable dichotomisiert ist, sind
Prozentzahlen durchaus geeignete Hilfsmittel, um die Verteilung
näher zu untersuchen und die zwischen den Variablen bestehende
Beziehung zu veranschaulichen. Diese Prozentwerte sind wie folgt
zu berechnen: Wir finden in der ersten Spalte der Tabelle 3-4 die
Kategorie "hoch" der Variablen "individuelle Modernität" mit 118
besetzt; das sind (118/312)100 = 37.8 Prozent der 312 Jugendlichen
ohne formale Ausbildung. Der entsprechende Prozentsatz der zweiten
Spalte ist (117/211)100 = 55.5 und der der dritten Spalte gleich
(57/68)100 = 83.8. Als *bivariate Prozentwertverteilung* sieht dann
Tabelle 3-4 wie Tabelle 3-5 und Abbildung 3-1 aus.

Die in Tabelle 3-5 enthaltenen Spaltenprozentwerte (Col Pct) sind
mit einer Stelle nach dem Komma bzw. Dezimalpunkt ausgedruckt; das
ermöglicht die genaue Rückrechnung der in Tabelle 3-4 enthaltenen
Besetzungszahlen der Zellen (Count). Bei graphischen Darstellungen
des Musters der Abbildung 3-1 ist es üblich, die Basis der Prozentuierung in Klammern auszuweisen, was ebenfalls der Rückrechnung
der absoluten Häufigkeiten dient. (Wäre Abbildung 3-1 nicht in
Kombination mit Tabelle 3-5 präsentiert worden, hätten die aus Dar-
stellungsgründen gerundeten Prozentzahlen der Graphik ebenfalls
mit einer Nachkommastelle angegeben werden müssen.)

Die Grundregel der Prozentuierung lautet: Nimm die als unabhängig
betrachtete Variable, also die Variable, deren Effekt untersucht
werden soll, als Basis der Prozentuierung. Das heißt bei konventioneller Anordnung der X-Variablen im Tabellenkopf: *Prozentuiere
spaltenweise und vergleiche zeilenweise.* (Eine hervorragende Darstellung der Tabellenanalyse durch Anwendung dieser und weiterer
Prozentuierungsregeln findet der Leser in ZEISEL, 1970.)

Im vorliegenden Beispiel führt der Vergleich der Prozentzahlen zu
der Feststellung, daß nur 38 Prozent der Jugendlichen ohne formale
Ausbildung in die mit "hoch" bezeichnete Kategorie der abhängigen
Variablen "individuelle Modernität" fallen, während der entsprechende Prozentsatz bei den Jugendlichen mit Primärausbildung
bereits 55 Prozent und bei den Jugendlichen mit Sekundärausbildung

Tabelle 3-5: Ausbildungsniveau und individuelle Modernität:
Tabelle mit Spaltenprozentwerten (Col Pct)

Crosstabulation: MODERN   Modernität (Y)
                        By AUSBIL   Ausbildungsniveau (X)

Col Pct	keine Ausbildg 1	primäre Ausbildg 2	sekund. Ausbildg 3	Row Total
AUSBIL->				
MODERN				
1 niedrig	62.2	44.5	16.2	299 50.6
2 hoch	37.8	55.5	83.8	292 49.4
Column Total	312 52.8	211 35.7	68 11.5	591 100.0

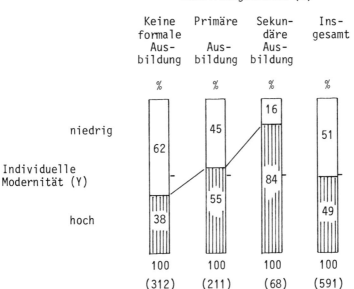

Abbildung 3-1: Graphische Darstellung zu Tabelle 3-5

84 Prozent beträgt. Offensichtlich sind diese Daten geeignet, die
Hypothese der Autoren ARMER und YOUTZ zu unterstützen, nach der
die formale westliche Ausbildung einen modernisierenden Einfluß
auf die Jugend in einer traditionalen, nicht-westlichen Gesellschaft hat. Wie wir sehen werden, kann ein solches Ergebnis der
Tabellenanalyse mit einer einzigen Zahl zum Ausdruck gebracht
werden.

3.1.2   DIE VIERFELDER- ODER 2 x 2-TABELLE

Ein wichtiger Spezialfall der bivariaten Tabelle ist die bereits
erwähnte *Vierfelder-* oder *2 x 2-Tabelle*, auf die einige nachfolgend behandelte Maßzahlen zugeschnitten sind. Ihre besondere Bedeutung liegt darin, daß prinzipiell jede Variable durch Zusammenfassung ihrer Ausprägungen auf eine Dichotomie reduziert und mit
einer anderen Dichotomie kreuztabuliert werden kann.

Für die 2 x 2-Tabelle gibt es eine parallel zur oben erläuterten
generellen Nomenklatur verwendete Bezeichnung ihrer Häufigkeiten,
bei der die Buchstaben a, b, c und d die absoluten *Häufigkeiten
der Zellen* und die Ausdrücke (a + b), (c + d), (a + c) und (b + d)
die *marginalen Häufigkeiten* symbolisieren (siehe Tabelle 3-6).

Tabelle 3-6: Die Nomenklatur der 2 x 2-Tabelle

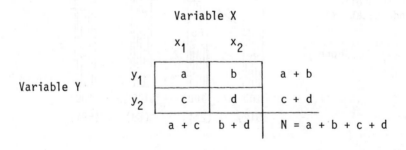

Werden die Dichotomien der kreuztabulierten Variablen durch
Zusammenfassung (man sagt auch: durch Kollabierung) der Auspä-
gungen einer Ordinal-, Intervall- oder Ratioskala gebildet, so

sind die Variablen derart anzuordnen, daß die Ausprägungen x_1 und y_1 zu der Benennung "niedrig" und die Ausprägungen x_2 und y_2 zu der Benennung "hoch" korrespondieren. Mit anderen Worten: Die Variablenwerte sind so anzuordnen, daß sie von links nach rechts und von oben nach unten zunehmen. Die Beachtung dieser Regel ist wichtig, weil einige Koeffizienten über das Vorzeichen die Richtung der Beziehung angeben.

3.1.3 ZUR BILDUNG DER KATEGORIEN KREUZTABULIERTER VARIABLEN

Die Zahlenwerte aller Assoziationsmaße werden durch die Art und Weise, in der die Kategorien der kreuztabulierten Variablen gebildet werden, mehr oder weniger stark beeinflußt. Negativ formuliert heißt das: Die Größe der Koeffizienten ist durch die Bildung der Variablenklassen (durch die Wahl der Schnittstellen) manipulierbar. Nehmen wir zur Illustration das folgende Beispiel einer 4 x 4-Tabelle:

Tabelle 3-7: Beispiel einer 4 x 4-Tabelle

Variable X

	x_1	x_2	x_3	x_4	
y_1		25			25
y_2	25				25
y_3				25	25
y_4			25		25
	25	25	25	25	100

(Variable Y)

Wenn wir jeweils zwei benachbarte Kategorien der Tabelle 3-7, d.h. die Ausprägungen x_1 und x_2, x_3 und x_4, y_1 und y_2 sowie y_3 und y_4 zusammenfassen, erhalten wir die in Tabelle 2-8 dargestellte Vierfelder-Tabelle.

Tabelle 3-8: Beispiel einer 2 x 2-Tabelle

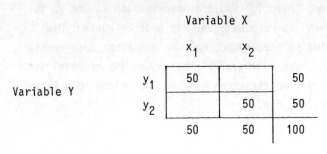

Diese Zusammenfassung der Kategorien kann eine drastische Veränderung des Zahlenwertes des Assoziationsmaßes bewirken. Eine andere Kombination der Kategorien ist die folgende:

Tabelle 3-9: Beispiel einer 2 x 2-Tabelle

$$
\begin{array}{c}
\text{Variable X} \\
\begin{array}{ccc}
x_1 & x_2 & \\
\end{array}
\end{array}
$$

Variable Y	x_1	x_2	
y_1		25	25
y_2	25	50	75
	25	75	100

In Tabelle 3-9 sind die drei rechten Spalten (x_2 bis x_4) und die drei unteren Zeilen (y_2 bis y_4) der Tabelle 3-7 zusammengefaßt worden. Diese Kollabierung ergibt ein völlig anderes Bild von der Beziehung zwischen den Variablen.

Dies sind zwar extreme Beispiele; nichtsdestoweniger können Veränderungen dieser Art bei fast jeder Kreuztabulation produziert werden. Wenn aber die willkürliche Kombination der Kategorien kreuztabulierter Variablen höchst unterschiedliche Zahlenwerte der Assoziationsmaße hervorbringen kann, dann drängt sich die Frage auf, welchen tieferen Sinn die Berechnung derartiger Maße haben soll. Die Antwort hierauf kann nur lauten: Der Zahlenwert eines Assoziationsmaßes reflektiert die Stärke der Beziehung

zwischen den Variablen, *wie diese Variablen definiert sind*. Auf
unser obiges Beispiel angewandt, heißt das: Man sollte nicht von
einer Beziehung zwischen dem Ausbildungsniveau und der individuellen Modernität sprechen, ohne die Kategorien der kreuztabulierten Variablen genau definiert zu haben. In der Tat erfüllen ARMER
und YOUTZ diese Forderung, indem sie die Kategorien der X-Variablen "Ausbildungsniveau" wie folgt spezifizieren: Mit Primärausbildung ist ein ein- bis siebenjähriger Besuch einer Primarschule,
mit Sekundärausbildung ein mindestens einjähriger Schulbesuch jenseits der Primarschule bezeichnet. Gleichermaßen geben die Autoren
genau an, wie die Y-Variable "individuelle Modernität" gemessen
wurde, nämlich mit Hilfe einer bestimmten Skala, und wie die Kategorien gebildet wurden, nämlich durch Dichotomisierung der Verteilung der Skalenwerte in der Nähe des Medians (deshalb die fast
gleich starke Besetzung der Kategorien "niedrig" und "hoch" mit
299 bzw. 292 Jugendlichen).

Es muß hinzugefügt werden, daß eine sinnvolle Reorganisation bzw.
Zusammenfassung der Kategorien in vielen Fällen keine drastische
Veränderung des Zahlenwertes des Assoziationskoeffizienten bewirkt.
Da aber die Bildung der Variablenklassen den Grad der Beziehung
beeinflussen *kann*, sollte man der Kategorienbildung - der Inter-
pretation der Ergebnisse wegen - Aufmerksamkeit schenken.

3.2 Das Konzept der statistischen Beziehung oder Assoziation

Wenn wir im Anschluß an die Betrachtung der von ARMER und YOUTZ
identifizierten Beziehung zwischen den Variablen "Ausbildungsniveau" und "individuelle Modernität" (siehe Tabelle 3-4) eine
Definition der statistischen Beziehung (Assoziation) geben wollten,
so könnte diese wie folgt lauten: Zwischen zwei Variablen besteht
eine statistische Beziehung, wenn die konditionalen Verteilungen
verschieden sind; zwei Variablen stehen *nicht* miteinander in Beziehung, wenn die konditionalen Verteilungen gleich sind.

Im vorliegenden Beispiel weisen die in Abbildung 3-1 veranschaulichten unterschiedlichen konditionalen Prozentsätze auf eine beträchtliche Beziehung zwischen den Variablen hin; zwischen den
Variablen bestünde *keine* Beziehung, wenn die konditionalen Prozentsätze völlig unterschiedslos wären.

Ein intuitives Verständnis für verschiedene Grade der Beziehung
zwischen Variablen mögen die folgenden Tabellen und graphischen
Darstellungen vermitteln (siehe Tabelle 3-10 und 3-11).

Tabelle 3-10: Verschiedene Grade der Beziehung in 2 x 2-Tabellen
mit gleichen Randverteilungen

(a) *Keine* Beziehung — Beschäftigtenstatus

Lohn-zufrieden-heit		Arbeit.	Angest.	
	gering	25	25	50
	hoch	25	25	50
		50	50	100

(b) *Schwache* Beziehung — Beschäftigtenstatus

Lohn-zufrieden-heit		Arbeit.	Angest.	
	gering	28	22	50
	hoch	22	28	50
		50	50	100

Tabelle 3-10: (Fortsetzung)

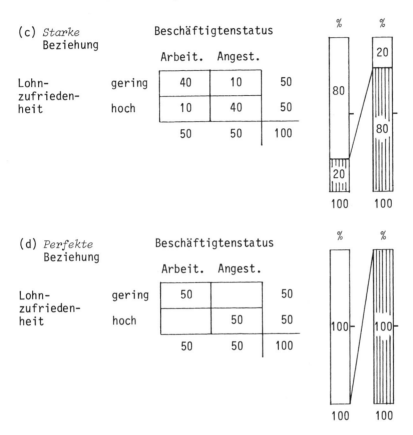

(c) *Starke* Beziehung

Beschäftigtenstatus

		Arbeit.	Angest.	
Lohn- zufrieden- heit	gering	40	10	50
	hoch	10	40	50
		50	50	100

(d) *Perfekte* Beziehung

Beschäftigtenstatus

		Arbeit.	Angest.	
Lohn- zufrieden- heit	gering	50		50
	hoch		50	50
		50	50	100

Tabelle 3-11: Verschiedene Grade der Beziehung in 3 x 3-Tabellen mit gleichen Randverteilungen

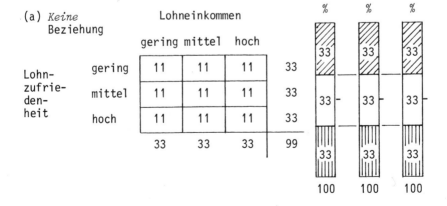

(a) *Keine* Beziehung

Lohneinkommen

		gering	mittel	hoch	
Lohn- zufrie- den- heit	gering	11	11	11	33
	mittel	11	11	11	33
	hoch	11	11	11	33
		33	33	33	99

Tabelle 3-11: (Fortsetzung)

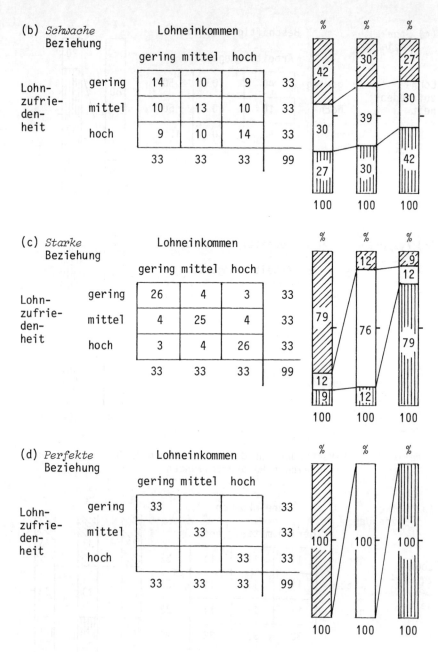

(b) *Schwache* Beziehung

Lohneinkommen

Lohn-zufrie-den-heit		gering	mittel	hoch	
	gering	14	10	9	33
	mittel	10	13	10	33
	hoch	9	10	14	33
		33	33	33	99

(c) *Starke* Beziehung

Lohneinkommen

Lohn-zufrie-den-heit		gering	mittel	hoch	
	gering	26	4	3	33
	mittel	4	25	4	33
	hoch	3	4	26	33
		33	33	33	99

(d) *Perfekte* Beziehung

Lohneinkommen

Lohn-zufrie-den-heit		gering	mittel	hoch	
	gering	33			33
	mittel		33		33
	hoch			33	33
		33	33	33	99

In den Tabellen 3-10a und 3-11a weisen die konditionalen Verteilungen keine Unterschiede auf, weshalb in diesen Fällen *keine
Beziehung* zwischen den Variablen vorliegt. In den Tabellen 3-10b
und 3-10c wie auch in den Tabellen 3-11b und 3-11c sind die Unterschiede zwischen den konditionalen Verteilungen mehr oder weniger
stark ausgeprägt; in diesen Fällen ist eine *schwache* bzw. *starke
Beziehung* zwischen den Variablen vorhanden. In den Tabellen 3-10d
und 3-11d liegen maximale Differenzen zwischen den konditionalen
Verteilungen vor; in diesen Fällen besteht eine *perfekte Beziehung*
zwischen den Variablen.

Grundsätzlich sind zwei Betrachtungsweisen zu unterscheiden, die
definieren, was unter einer statistischen Beziehung oder Assoziation zu verstehen ist, nämlich erstens die *Abweichung von der
statistischen Unabhängigkeit* und zweitens die *Vorhersagbarkeit
der einen Variablen auf der Basis der anderen.*

Die erste, herkömmliche Betrachtungsweise des Konzepts der Beziehung oder Assoziation betont einen spezifischen Aspekt, nämlich
den der *Abweichung von der Nichtbeziehung.* Danach ist eine statistische Beziehung gewissermaßen doppelt negativ bestimmt: Zwei
Variablen sind assoziiert, wenn sie keine Nichtbeziehung aufweisen. Der klassische Gedankengang des Statistikers ist der
folgende (vgl. DAVIS, 1971, S.36):

1. Entweder die Daten einer Tabelle stehen in Beziehung zueinander
   (X und Y sind assoziiert) oder aber nicht.

2. Man prüft zunächst, wie die Tabelle aussähe, wenn X und Y
   nicht assoziiert wären.

3. Alsdann vergleicht man die Daten der aktuellen Tabelle, in
   diesem Zusammenhang häufig *Kontingenztabelle* genannt, mit den
   Daten der Tabelle der Nichtbeziehung zwischen X und Y, in
   diesem Zusammenhang häufig *Indifferenztabelle* genannt.

4. Differieren die Daten der Kontingenztabelle und der Indifferenz-

tabelle, so sagt man, daß X und Y miteinander in Beziehung
stehen (assoziiert sind).

Dabei verwendet der Fachmann als Terminus technicus für Indifferenz bzw. Nichtbeziehung den Ausdruck *statistische Unabhängigkeit*.
Wie wir sehen werden, beruhen etliche traditionelle Assoziationsmaße, nämlich die sog. *chi-quadrat-basierten Koeffizienten*, auf
dieser Konzeption der *Abweichung von der statistischen Unabhängigkeit*.

Die zweite, aktuellere Betrachtungsweise des Konzepts der Beziehung oder Assoziation ist die der *prädiktiven Assoziation*, der
ebenfalls eine Reihe von Maßzahlen entsprechen, nämlich die sog.
PRE-Maße (engl. proportional reduction in error measures). Bei der
prädiktiven Assoziation geht es um die Frage, ob und in welchem
Maße eine Schätzung oder Vorhersage (engl. prediction) der abhängigen (Y-)Variablen, bei der man darauf verzichtet, die zur Verfügung stehende Information über die unabhängige (X-)Variable aus-
zunutzen, verbessert werden kann, wenn man in einer zweiten Vorhersage die Information über die unabhängige Variable ausnutzt,
d.h. wenn die Vorhersage der abhängigen Variablen nicht auf ihre
eigene Verteilung, sondern auf die gemeinsame Verteilung der X-
und Y-Variablen gestützt wird.

Greift man etwa aus einer gegebenen Population zufällig Personen
heraus, um deren Zugehörigkeit zu einer von mehreren Kategorien
der Y-Variablen zu schätzen bzw. vorherzusagen, so kann das auf
zweierlei Weise geschehen, nämlich einmal *ohne* und einmal *mit*
Ausnutzung der Information darüber, daß die betreffenden Personen
bestimmten Kategorien der X-Variablen zugehörig sind. Welcher
Vorhersageregel man dabei auch folgen mag, man wird stets einige
Vorhersagefehler begehen, jedenfalls bei der ersten Vorhersage.
Besteht nun eine Beziehung zwischen X und Y, dann führt die
Ausnutzung der Kenntnis der X-Variablen (genauer: die Ausnutzung
der Kenntnis der Zugehörigkeit der Personen zu bestimmten Kate-
gorien der X-Variablen) zu einer Verminderung (engl. reduction)
der Vorhersagefehler. Fallen beispielsweise alle Personen je

spezifischer Kategorien der X-Variablen in je spezifische Kategorien der Y-Variablen, so ermöglicht die Kenntnis der X-Katego-
rien eine exakte (fehlerfreie) Vorhersage der Y-Kategorien; es
besteht dann eine *perfekte prädiktive Assoziation* zwischen den
Variablen. Liegt keine perfekte, aber doch eine gewisse Korrespondenz zwischen den Kategorien der beiden Variablen vor, so ist
die auf die X-Variable gestützte Vorhersage der Y-Variablen zwar
nicht fehlerfrei, aber stets besser als die erste Vorhersage, die
die X-Variable ignoriert. Ist die (Vorhersage-)Fehlerreduktion
erheblich, so ist die (prädiktive) Assoziation stark, ist sie
gering, so ist die Assoziation schwach, und ist sie gleich Null,
so ist die Assoziation gleich Null, und zwar selbst dann, wenn
die Abweichung von der statistischen Unabhängigkeit ungleich Null
ist. Bei dieser zweiten (prädiktiven) Konzeption ist folglich die
Verbesserung der Vorhersage im Sinne einer (Vorhersage-)Fehler-
reduktion das entscheidende *Kriterium der Assoziation*.

Wie wir sehen werden, zeichnen sich die dieser Konzeption entsprechenden PRE-Maße durch den Vorteil aus, daß sie im Gegensatz
zu anderen Assoziationsmaßen eine einfache und klare Interpretation haben, was besonders nützlich ist, wenn man eine schwache
oder weniger starke Beziehung beschreiben will.

3.2.1   ASSOZIATIONSMASSE UND IHRE EIGENSCHAFTEN

Wie angedeutet, kann man sich auf verschiedene Weise Aufschluß
darüber verschaffen, ob eine Beziehung zwischen zwei Variablen
vorliegt, etwa durch Inspizierung der bivariaten Tabelle, durch
die Berechnung relativer Häufigkeiten und deren Vergleich, durch
die Überprüfung der Frage, ob die Daten der Kontingenztabelle von
den Daten der Indifferenztabelle abweichen, oder durch die Beantwortung der Frage, ob die Anwendung zweier Vorhersageregeln zu
einer Vorhersagefehlerreduktion (= Verbesserung der Vorhersage)
führt. Mit diesen elementaren Aktivitäten der Tabellenanalyse ist
jedoch noch kein summarisches Maß gewonnen, das uns in die Lage
versetzt, den wesentlichen Inhalt der Tabelle *mit einer einzigen*

Zahl zu beschreiben, einer Zahl, die sich leicht mit anderen
Zahlen *vergleichen* läßt (leichter als Tabellen mit Tabellen) und
die sich leicht *mitteilen* läßt (z.B. in wissenschaftlichen Publikationen). Genau dies ermöglichen die schon mehrfach erwähnten
Assoziationsmaße (engl. measures of association), auch Assozia-
tions-, Kontingenz- oder Korrelationskoeffizienten genannt.

Assoziationsmaße sind Kennwerte, die der zusammenfassenden Beschreibung der Beziehung zwischen Variablen dienen. Zur Erfüllung dieser
Funktion sollten sie eine Reihe von Eigenschaften besitzen, von
denen hier nur einige angeführt seien.[1] Da es, wie erwähnt, unterschiedliche Konzeptionen der Assoziation und ihnen entsprechende
Maßzahlen gibt, ist nicht zu erwarten, daß ein bestimmtes Assoziationsmaß alle angeführten Eigenschaften besitzt.

1. Konventionell sollen die Zahlenwerte eines Assoziationsmaßes
   zwischen 0 und 1 variieren, wobei der Wert 1 eine perfekte
   Beziehung und der Wert 0 eine Nichtbeziehung anzeigen soll.
   Für den Fall, daß das Assoziationsmaß auch die Richtung der
   Beziehung angibt, kommt hinzu, daß der Wert -1 eine perfekte
   negative (oder inverse) Beziehung und der Wert +1 eine perfekte positive Beziehung anzeigen soll. Nicht alle (ohnehin vorzeichenlosen) Koeffizienten, die auf der Maßzahl Chi-Quadrat
   basieren, erfüllen die Forderung, als Obergrenze den Zahlenwert 1 zu haben. Andererseits kann z.B. das PRE-Maß Lambda
   den Zahlenwert 0 annehmen, ohne daß eine statistische Unabhängigkeit vorliegt.

2. Die vielleicht wichtigste Forderung ist die einer klaren Interpretation. Der Koeffizient sollte eine eindeutige Aussage ermöglichen, wie etwa die Zahlenwerte der PRE-Maße die Interpretation erlauben, daß bei einer Vorhersage der einen Variablen
   durch die Auswertung der Information über die andere Variable
   eine Fehlerreduktion von soundsoviel Prozent erzielt wird.

---

1) Siehe etwa die Aufzählung und Abwägung einzelner Kriterien
   bei Johan GALTUNG, Theory and Methods of Social Research,
   London 1970, Kap. 2.

Einige Maßzahlen erlauben jedoch keine andere Aussage als die,
daß ein höherer Zahlenwert des Koeffizienten eine engere Beziehung zum Ausdruck bringt als ein niedrigerer Wert. Die sog.
traditionellen Maßzahlen, die eine Funktion der Maßzahl Chi-
Quadrat sind, lassen in dieser Hinsicht nahezu alles vermissen.
Ihre für unterschiedlich große Tabellen berechneten Werte können kaum sinnvoll miteinander verglichen werden. GOODMAN und
KRUSKAL (1954) bemerken hierzu, daß sie nicht in der Lage
waren, in der statistischen Literatur eine einzige überzeugende
Verteidigung chi-quadrat-basierter Assoziationsmaße zu finden.

3. Assoziationsmaße sollen für unterschiedliche Grade der Beziehung empfindlich sein, d.h. sie sollen mit dem Grad der Beziehung variieren. Oder anders formuliert, sie sollen nicht gleiche
oder annähernd gleiche Zahlenwerte für Tabellen produzieren,
die offensichtlich durch unterschiedlich starke Beziehungen
gekennzeichnet sind. Die PRE-Maße Lambda und Gamma lassen dies-
bezüglich einiges zu wünschen übrig.

4. Maßzahlen der Beziehung sollen invariant sein gegenüber unterschiedlichen absoluten Häufigkeiten der Tabellen, d.h. nicht
für unterschiedliche absolute, sondern für unterschiedliche
relative Häufigkeiten empfindlich sein. Einige Maße (z.B. die
Prozentsatzdifferenz) besitzen diese Eigenschaft, andere nicht.

5. Des weiteren sollen Assoziationsmaße gegenüber unterschiedlichen Anzahlen von Variablenkategorien möglichst invariant sein.
Diese Forderung berührt das in Abschnitt 3.1.3 angesprochene
Problem der Zusammenfassung von Variablenausprägungen. Die
relative Unabhängigkeit eines Assoziationsmaßes von der Anzahl
der Kategorien der Variablen ist deshalb wünschenswert, weil
die in der Forschungsliteratur publizierten Koeffizienten von
den verschiedensten Autoren berechnet werden und deshalb sehr
häufig auf Variablen mit unterschiedlich zusammengefaßten Ausprägungen, d.h. auf Tabellen unterschiedlicher Größe beruhen.
Mit Ausnahme des Koeffizienten C, der unter bestimmten Bedingungen (bei symmetrischen Verteilungen der kreuztabulierten

Variablen) in dieser Hinsicht relativ stabil ist, variieren
alle Maßzahlen mehr oder weniger stark, wenn die Anzahl der
Kategorien der kreuztabulierten Variablen vermindert oder ver-
mehrt und dadurch die bivariate Tabelle verkleinert oder ver-
größert wird.

3.2.2   DAS MODELL DER PROPORTIONALEN FEHLERREDUKTION
(PRE-MODELL)

Statt Assoziationsmaße aus bloßer Tradition oder Konvention mehr
oder weniger unreflektiert auszuwählen, empfehlen GOODMAN und
KRUSKAL (1954) dem empirischen Forscher, eher solche Maße zu verwenden, die eine klare Bedeutung haben. Einen ähnlichen Vorschlag
hatte schon Louis GUTTMAN (1941) unterbreitet, der dafür eintrat,
die Assoziation zwischen zwei Variablen als den Grad zu definieren,
in dem uns die eine Variable hilft, die andere vorherzusagen. Die
von GUTTMAN gegebene Definition eines dieser Konzeption entsprechenden "prädiktiven" Assoziationsmaßes lautet wie folgt:[1]

> "By a measure of the association of variate Y (whether Y is
> qualitative or quantitative) with variate X (whether X is quali-
> tative or quantitative) is meant a measure whose absolute value
> increases with the decrease in amount of errors of prediction
> of Y from knowledge of the bivariate distribution of Y and X
> and knowledge of the X values of the individuals, the decrease
> being from the amount of error of prediction that would exist
> from knowledge of the univariate distribution of Y alone"
> (GUTTMAN, 1941, S.261).

GOODMAN und KRUSKAL entwickelten in ihrem klassischen Aufsatz von
1954, dem vielleicht wichtigsten Beitrag über Maßzahlen der Assoziation, einige inzwischen gut eingeführte Assoziationsmaße, die
eine *"predictive interpretation"*, d.h. eine Interpretation im
Sinne der von GUTTMAN definierten Fehlerreduktion erlauben.

---

1) In Übereinstimmung mit der inzwischen üblichen, auch in diesem
   Buch verwendeten Notation haben wir hier, anders als GUTTMAN
   in seinem frühen Beitrag, die unabhängige Variable mit X und
   die abhängige Variable mit Y bezeichnet.

Derartige Maßzahlen favorisiert auch COSTNER (1965), dessen Rat-
schlag dahin geht, in der soziologischen Forschung prinzipiell
Assoziationsmaße zu bevorzugen, die im Sinne der proportionalen
Fehlerreduktion, die durch eine gegebene Beziehung zwischen zwei
Variablen ermöglicht wird, interpretierbar sind.

Dieses generelle Interpretationsmodell soll im folgenden kurz erläutert werden. Die hier präsentierte Darstellung lehnt sich sehr
eng an den Aufsatz von COSTNER (1965) und das vorzügliche Lehrbuch
von MUELLER, SCHUESSLER und COSTNER (1977) an, die ihrerseits einen
engen Bezug zu den Arbeiten von GUTTMAN (1941) und GOODMAN und
KRUSKAL (1954) haben. Dabei werden wir auch die aus dem Angelsächsischen kommende Abkürzung "PRE" (proportional reduction in error),
z.B. die Ausdrücke "PRE-Interpretation" und "PRE-Maße", verwenden.
Wenn also von PRE-Maßen die Rede ist, sind jene Assoziationsmaße
gemeint, die im Sinne der proportionalen Fehlerreduktion interpretierbar sind. Wie wir sehen werden, gibt es PRE-Maße, die für
nominale Daten (Lambda), ordinale Daten (Gamma) und metrische Daten
(r^2 und Eta^2) verwendet werden können.

Bei der Berechnung von PRE-Maßen kommen *zwei Vorhersageregeln* zur
Anwendung: 1. eine Regel für die Vorhersage der abhängigen Variablen *ohne* Auswertung der Information über die unabhängige Variable
und 2. eine Regel für die Vorhersage der abhängigen Variablen *mit*
Auswertung der Information über die unabhängige Variable. Alsdann
wird ein Verhältnis berechnet, das die graduelle Verbesserung der
Vorhersage als proportionale Fehlerreduktion ausdrückt, die bei
der Anwendung der beiden Vorhersageregeln erzielt wird.

Greifen wir zur Illustration der PRE-Logik auf die in den Tabellen
3-10 und 3-11 dargestellten Beziehungen zurück. Tabelle 3-10d und
3-11d sind Beispiele perfekter Beziehungen. Im Fall der Tabelle
3-10d ermöglicht die Kenntnis des Beschäftigtenstatus die Vorhersage der Lohnzufriedenheit, *ohne einen Vorhersagefehler zu begehen;*
denn wenn wir wissen, daß eine Person der betrachteten Population
Arbeiter ist, dann wissen wir auch, daß sich diese Person durch
eine geringe Lohnzufriedenheit auszeichnet; und wenn wir wissen,

daß jemand Angestellter ist, dann wissen wir auch, daß er sich
durch eine hohe Lohnzufriedenheit auszeichnet. Gleichermaßen erlaubt die in Tabelle 3-11d dargestellte Beziehung zwischen den
Variablen "Lohneinkommen" und "Lohnzufriedenheit" die Lohnzufriedenheit aufgrund der Kenntnis des Lohneinkommens nach der folgenden Regel *fehlerfrei* vorherzusagen: "Wenn das Lohneinkommen gering
ist, dann ist auch die Lohnzufriedenheit gering; wenn das Lohneinkommen mittelmäßig ist, dann ist auch die Lohnzufriedenheit mittelmäßig; und wenn das Lohneinkommen hoch ist, dann ist auch die Lohnzufriedenheit hoch." Perfekte Beziehungen wie diese kommen in der
Realität höchst selten vor, weil auch andere Variablen als die
isoliert betrachtete unabhängige Variable die abhängige Variable
beeinflussen und weil fast immer Klassifikations- bzw. Meßfehler
auftreten (hier bei der Unterscheidung von Arbeitern und Angestellten, bei der Ermittlung des Lohneinkommens und bei der Messung der
Lohnzufriedenheit).

Tabelle 3-10c stellt keine perfekte, sondern eine offensichtlich
starke Beziehung dar. Nichtsdestoweniger können wir auch hier aufgrund der Kenntnis des Beschäftigtenstatus die Lohnzufriedenheit
vorhersagen. Unsere Vorhersage ist allerdings bei Anwendung derselben Regel "Wenn Arbeiter, dann geringe Lohnzufriedenheit, und
wenn Angestellter, dann hohe Lohnzufriedenheit" nicht fehlerfrei.
Bei durchgehender Anwendung dieser Regel auf alle 100 Beschäftigten trifft unsere Vorhersage in 80 Prozent der Fälle zu und in 20
Prozent der Fälle nicht. Nun ist der Prozentwert 80 (bzw. der Wert
.80) kein sinnvoller Kennwert der Assoziation zwischen den Variablen, weil er den Grad der (Un-)Genauigkeit der Vorhersage der Lohnzufriedenheit *ohne* Kenntnis des Beschäftigtenstatus außer acht läßt.
Das heißt, der Zahlenwert .80 wäre der Wert eines nicht genormten
Assoziationsmaßes. In Tabelle 3-10c entfallen je 50 Beschäftigte
auf die Kategorien "gering" und "hoch" der Variablen "Lohnzufriedenheit". Allein auf diese Information gestützt, können wir genau
die Hälfte der Fälle korrekt klassifizieren; wenn wir für jeden
Beschäftigten entweder eine geringe oder eine hohe Lohnzufriedenheit vorhersagen, sind genau 50 dieser Vorhersagen falsch. Wie wir
sahen, sind bei Anwendung der anderen Regel von 100 Vorhersagen

nur 20 falsch. Mit anderen Worten: Bei der Vorhersage der Lohnzufriedenheit hilft uns die Kenntnis des Beschäftigtenstatus, die
Vorhersage erheblich zu verbessern, weil wir bei 100 Vorhersagen
statt 50 nur noch 20 Fehler begehen. Das bedeutet eine Fehlerreduktion von (50 - 20)/50 = .60 oder 60 Prozent.

Bei Anwendung der Vorhersageregel "Wenn das Lohneinkommen gering
ist, dann ist auch die Lohnzufriedenheit gering; ..." auf Tabelle
3-11c können wir die Lohnzufriedenheit für die in der sog. Haupt-
diagonalen vorfindlichen Fälle (26 + 25 + 26 = 77) genau vorhersagen. Wir sind aber, wie erwähnt, nicht an der Anzahl korrekter
Vorhersagen interessiert, sondern an der proportionalen bzw. prozentualen Fehlerreduktion. In Tabelle 3-11c sind die Kategorien
der abhängigen Variablen "Lohnzufriedenheit" mit je 33 Fällen besetzt. Ohne Berücksichtigung des Lohneinkommens kann deshalb die
Vorhersage einer dieser drei Kategorien (z.B. "hoch") für alle 99
Beschäftigten in nur 33 Fällen korrekt sein; 66 Vorhersagen sind
notwendig falsche Vorhersagen. *Ohne* Kenntnis des Lohneinkommens
begehen wir folglich bei der Vorhersage der Lohnzufriedenheit 66
Fehler, *mit* Kenntnis des Lohneinkommens hingegen nur 99 - 77 = 22
Fehler. Die Fehlerreduktion beträgt in diesem Fall (66 - 22)/66 =
.67 oder 67 Prozent.

Betrachten wir schließlich die in den Tabellen 3-10b und 3-11b
dargestellten schwachen Beziehungen. Im ersten Beispiel ist die
Vorhersage der Lohnzufriedenheit bei Berücksichtigung des Beschäftigtenstatus in 28 + 28 = 56 von 100 Fällen richtig und in 44
Fällen falsch. Auf der Basis der (Rand-)Verteilung der Variablen
"Lohnzufriedenheit" allein begehen wir 50 Vorhersagefehler. Die
Fehlerreduktion ist in diesem Beispiel sehr gering; sie beträgt
nur (50 - 44)/50 = .12 oder 12 Prozent. Bei Tabelle 3-11b führt
die Auswertung der Information über das Lohneinkommen zu 14 + 13 +
14 = 41 fehlerfreien Vorhersagen der Lohnzufriedenheit; in diesem
Beispiel sind also 99 - 41 = 58 Vorhersagen falsch. Gegenüber der
allein auf der (Rand-)Verteilung der Variablen "Lohnzufriedenheit"
beruhenden Vorhersage mit 66 Fehlern stellt dies eine sehr geringe
Fehlerreduktion von nur (66 - 58)/66 = .12 oder 12 Prozent dar.

Aus den in den Tabellen 3-10a und 3-11a dargestellten Nichtbezie-
hungen erhellt unmittelbar, daß die Kenntnis der zweiten Variablen
nichts zur Verbesserung der Vorhersage beiträgt; aufgrund der bivariaten Verteilung ist keine Reduktion der (Vorhersage-)Fehler
und damit keine Vorhersageverbesserung möglich.

Die vorangehenden Beispiele illustrieren nicht nur die Anwendung
gewisser Regeln zur Berechnung eines PRE-Maßes, sondern auch gewisse *Eigenschaften des PRE-Modells*. Diese Eigenschaften können
wie folgt beschrieben werden: Jedes PRE-Maß repräsentiert die
proportionale bzw. (mit 100 multipliziert) *relative* Fehlerreduktion, die aus der Enge der Beziehung zwischen den Variablen resultiert. Die PRE-Maße unterscheiden sich zwar nach *Vorhersageregeln*
und nach *Definitionen der Vorhersagefehler*; sie haben jedoch eine
gemeinsame Logik. Die gemeinsame Logik besteht in der zahlenmäßigen Bestimmung des Fehlers einer ersten Vorhersage der abhängigen
Variablen, die sich lediglich auf die Verteilung der abhängigen
Variablen stützt, und in einer Spezifikation des Grades, in dem
dieser Fehler der Vorhersage reduziert werden kann, wenn in einer
zweiten Vorhersage der abhängigen Variablen auch die Information
über die unabhängige Variable ausgewertet wird.

Demgemäß sind den PRE-Maßen vier Elemente gemeinsam: 1. eine Vorhersageregel, die auf der Marginalverteilung der abhängigen Variablen basiert, 2. eine Vorhersageregel, die auf der gemeinsamen
Verteilung der Variablen basiert, 3. eine Fehlerdefinition und
4. eine Formel zur Berechnung der proportionalen Fehlerreduktion.
Die PRE-Interpretation setzt folglich voraus:

1. *Eine Regel für die Vorhersage der abhängigen Variablen auf der*
   Basis ihrer eigenen Verteilung. Bei der Analyse der Tabellen
   3-10 und 3-11 lief die Anwendung dieser Regel darauf hinaus,
   daß wir jeweils eine der in diesen Beispielen gleich stark
   besetzten Kategorien der abhängigen Variablen für alle Untersuchungseinheiten vorhersagten. Wie wir sehen werden, lautet
   die Regel für die Vorhersage der abhängigen Variablen auf der
   Basis ihrer eigenen Verteilung bei anderen Daten und bei PRE-

Maßen, die von ordinalen und metrischen Variablen ausgehen, anders.

2. *Eine Regel für die Vorhersage der abhängigen Variablen auf der Basis der unabhängigen Variablen.* In jedem der obigen Rechenbeispiele lautete die auf die unabhängige Variable gestützte Vorhersageregel: "Wenn Arbeiter, dann geringe Lohnzufriedenheit, ..." und "Wenn geringes Lohneinkommen, dann geringe Lohnzufriedenheit, ...". Auf andere Daten und PRE-Maße sind, wie wir sehen werden, andere Regeln für die Vorhersage der anhängigen Variablen auf der Basis der unabhängigen Variablen zugeschnitten.

3. *Eine Fehlerdefinition.* Die obigen Rechenbeispiele implizieren eine unmittelbar einsichtige Fehlerdefinition: Jeder nicht korrekt klassifizierte, d.h. von einer Vorhersageregel abweichende Fall wurde als Fehler behandelt. Wie wir sehen werden, beziehen sich z.B. die Vorhersagen bei metrischen Daten nicht auf die kategoriale Zugehörigkeit oder Nichtzugehörigkeit der Fälle. Vielmehr geht bei metrischen Daten die exakte Größe der Differenzen zwischen Beobachtungs- und Vorhersagewerten in die Berechnung des Fehlers bzw. des PRE-Maßes ein. Damit ist angedeutet, daß die Fehlerdefinition bei Variablen anderen Meßniveaus eine andere ist.

4. *Eine Definition des PRE-Maßes.* Obwohl die Vorhersageregeln und Fehlerdefinitionen maßzahlspezifisch sind, haben alle PRE-Maße diese generelle Form:

$$\text{PRE-Maß} = \frac{(\text{Fehler nach Regel 1}) - (\text{Fehler nach Regel 2})}{(\text{Fehler nach Regel 1})}$$

$$= \frac{E_1 - E_2}{E_1}$$

wobei E_1 = Fehler bei Anwendung der Regel 1
E_2 = Fehler bei Anwendung der Regel 2

3.3 Die Analyse der Beziehung zwischen nominalen Variablen

Da es eine Vielzahl von Assoziationsmaßen gibt, die zur Beschreibung der Beziehung zwischen *nominalen* Variablen geeignet sind (siehe etwa BISHOP u.a., 1975, Kap. 11), können wir hier nur eine Auswahl besprechen. Diese Auswahl orientiert sich an zwei Kriterien: erstens daran, wie häufig die Maßzahlen in der sozialwissenschaftlichen Forschung verwendet werden, zweitens daran, ob sie mit Datenanalysesystemen, die in den Sozialwissenschaften bevorzugt werden (SPSS, BMDP und SAS), berechenbar sind. Einige der zu behandelnden Maßzahlen, nämlich jene, die eine Funktion von Chi-Quadrat sind, erfahren häufig berechtigte Kritik, weil deren Zahlenwerte nur schwer interpretierbar sind. Nichtsdestoweniger werden wir auch auf diese Koeffizienten eingehen, weil man ihnen nicht nur in der älteren Forschungsliteratur begegnet. Wir werden aber auch ein Assoziationsmaß für nominale Variablen kennenlernen, das den "traditionellen" Maßen in dieser Hinsicht überlegen ist, nämlich das von GOODMAN und KRUSKAL (1954) vorgeschlagene Maß Lambda.

Die im folgenden behandelten Maßzahlen sind sämtlich geeignet, die Beziehung zwischen Variablen zu beschreiben, die das Niveau einer *Nominalskala* haben, wie z.B. die Variablen Geschlechtszugehörigkeit, Konfessionszugehörigkeit, Beschäftigtenstatus, Familienstand, Parteipräferenz und Nationalität. Die für nominale Variablen konzipierten Assoziationsmaße können lediglich voraussetzen, daß eine Klassifizierung der Untersuchungseinheiten in rangmäßig nicht geordnete Kategorien vorgenommen wurde. Da die Kategorien nominaler Variablen beliebig angeordnet, d.h. jederzeit vertauscht werden können, ist unmittelbar einsichtig, daß wir nicht von positiven oder negativen Beziehungen sprechen können, wenn auch nur eine der beiden kreuztabulierten Variablen lediglich nominales Meßniveau hat. Die Maßzahlen zur Charakterisierung der Beziehung zwischen nominalen Variablen brauchen deshalb nicht über die Richtung der Beziehung zu informieren; sie können vorzeichenlos sein, weil Vorzeichen bei nominalen Variablen inhaltlich nicht interpretierbar sind. In der Tat sind etliche für nominale Variablen geeignete Maße vorzeichenlose Kennwerte, z.B. alle chi-quadratbasierten Maßzahlen. Zwei auf nominale Variablen anwendbare und im folgenden behandelte Assoziationsmaße produzieren jedoch Vorzeichen; es sind dies die *Prozentsatzdifferenz (d%)* und der *Phi-Koeffizient* (falls letzterer direkt aus den Originaldaten einer 2 x 2-Tabelle berechnet wird). Deren über den Richtungssinn einer Beziehung informierende Vorzeichen können von besonderem Interesse sein, wenn - was prinzipiell möglich ist - d% oder Phi für dichotomisierte Variablen höheren Meßniveaus berechnet werden. Bei nominalen Variablen beschränkt sich die Interpretation der Vorzeichen dieser Maße auf die Feststellung, daß bei positivem Vorzeichen eine (ad)-Dominanz und bei negativem Vorzeichen eine (bc)-Dominanz in der 2 x 2-Tabelle vorliegt (vgl. Abschnitt 3.1.2).

3.3.1 DIE PROZENTSATZDIFFERENZ

Welch nützliche Funktion das vielleicht einfachste aller Assoziationsmaße, die *Prozentsatzdifferenz (d%)*, hat, sei am Beispiel einer 2 x 2-Tabelle verdeutlicht (Tabelle 3-12), die aus der Kreuztabulation der Variablen V167 und V164 (siehe Datenmatrix 3) hervorgeht, wenn man die Variable V164 zuvor dichotomisiert. Die Variable V164D (das angefügte D steht für dichotomisiert) wurde in der Weise gebildet, daß V164-Werte bis einschließlich 300 (Monate) zur Kategorie 1 ("bis 25") und V164-Werte über 300 zur Kategorie 2 ("über 25") der neuen Variablen V164D ("Berufstätigkeit in Jahren") zusammengefaßt wurden. Diese durch Dichotomisierung in der Nähe des Medians bewerkstelligte Umwandlung der kontinuierlichen Variablen V164 in die diskrete Variable V164D ermöglicht die Überprüfung der Frage, ob Beschäftigte, die über 25 Jahre lang berufstätig sind, häufiger (auch) Vorgesetztenfunktionen ausüben als Beschäftigte, die bis zu 25 Jahre lang berufstätig sind.

Tabelle 3-12 wurde so angelegt, daß die unabhängige (X-)Variable "Berufstätigkeit in Jahren (V164D)" als Spaltenvariable in den Tabellenkopf und die abhängige (Y-)Variable "Auch Vorgesetzten-

Tabelle 3-12: Berufstätigkeit in Jahren (dichotomisiert) und
Vorgesetztenfunktionen

Crosstabulation: V167   Auch Vorgesetztenfunktionen
                By V164D   Berufstätigkeit in Jahren

		bis 25	über 25	
V164D→	Count Col Pct			Row
		1	2	Total
V167				
nein	1	21 70.0	15 50.0	36 60.0
ja	2	9 30.0	15 50.0	24 40.0
	Column Total	30 50.0	30 50.0	60 100.0

Berufstätigkeit in Jahren (V164D)

bis 25   über 25   insgesamt

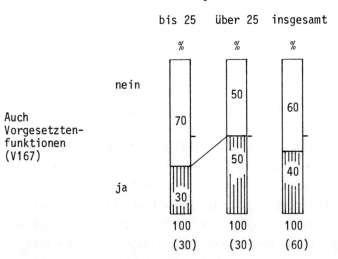

Abbildung 3-2: Graphische Darstellung zu Tabelle 3-12

funktionen (V167)" als Zeilenvariable an den Tabellenrand gelangte.
Demgemäß informiert die spaltenweise Prozentuierung über die konditionalen Verteilungen der Variablen V167. Wie den mit SPSS berechneten, in den Zellen der Tabelle 3-12 unterhalb der absoluten
Häufigkeiten (Count) ausgewiesenen Spaltenprozentwerten (Col Pct)

zu entnehmen ist, differieren die Prozentwerte: Von den bis 25
Jahre lang Berufstätigen haben 70 Prozent, von den über 25 Jahre
lang Berufstätigen hingegen nur 50 Prozent *keine* Vorgesetztenfunktionen. Diese Differenz zwischen den Prozentsätzen ist ein Maß
der Beziehung zwischen den Variablen.

Mit Bezug zur Nomenklatur der 2 x 2-Tabelle (siehe Abschnitt 3.1.2)
kann die *Prozentsatzdifferenz (d%)* wie folgt berechnet werden:

$$d\% = 100 \left(\frac{a}{a + c} - \frac{b}{b + d} \right)$$

oder
$$d\% = \frac{100(ad - bc)}{(a + c)(b + d)}$$

Setzen wir die Daten unseres obigen Beispiels (Tabelle 3-12) in
diese Formeln ein, so erhalten wir

$$d\% = 100 \left(\frac{21}{30} - \frac{15}{30} \right) = 100(.70 - .50) = 20$$

oder
$$d\% = \frac{100(21 \cdot 15 - 15 \cdot 9)}{(30)(30)} = \frac{100(315 - 135)}{900} = 20$$

Die Prozentsatzdifferenz beträgt bei vollständiger Unabhängigkeit
(Indifferenz) 0, bei vollständiger Abhängigkeit bzw. Assoziation
±100. Dieser Variationsbereich könnte unter Verzicht auf die
Multiplikation mit 100 in den Variationsbereich zwischen -1 und
+1 umgewandelt und auf diese Weise die Prozentsatzdifferenz den
Koeffizienten, die konventionell zwischen -1 und +1 variieren,
angeglichen werden, nämlich als Proportionsdifferenz. Das ist
jedoch nicht üblich. Insofern nimmt die Prozentsatzdifferenz unter
den Assoziationsmaßen eine Sonderstellung ein.

Die Prozentsatzdifferenz vermittelt als einfaches, leicht errech-
netes Maß einen plastischen Eindruck von der Beziehung zwischen
den Variablen. Die Richtung wird durch das Vorzeichen ausgedrückt.

Ein positives Vorzeichen gibt zu erkennen, daß die Beziehung entlang der (ad)-Diagonalen verläuft, während ein negatives Vorzeichen
das Übergewicht der (bc)-Diagonalen anzeigt.

Es gibt keinen Grund, die Prozentsatzdifferenz als ein primitives
Assoziationsmaß zu betrachten, das eines qualifizierten Forschers
unwürdig ist, weil es keinen Grund gibt, ein Konzept seiner klaren
Bedeutung wegen abzulehnen. Prozentwerte sind die einzigen Kennwerte, die nicht-professionellen Lesern geläufig sind. Man kann
sicher sein, daß jedes andere Assoziationsmaß bei Laien auf größere Verständnisschwierigkeiten stößt. Da aber viele sozialwissenschaftliche Aussagen und Forschungsberichte an ein nicht einschlä-
gig vorgebildetes Publikum gerichtet sind, sollte man die erhellen-
de Funktion eines leicht verständlichen Assoziationsmaßes nicht
unterschätzen. Die Prozentsatzdifferenz ist durchaus geeignet, ein
intuitives, wenn nicht fundamentales Verständnis für das Konzept
der Assoziation zu vermitteln. Infolgedessen ist die Verwendung
der Prozentsatzdifferenz als Maß der Beziehung stets zu erwägen,
wenn die kreuztabulierten Variablen zwei Kategorien haben, d.h.
Dichotomien sind.

Was für 2 x 2-Tabellen gilt, gilt nicht für beliebig große Tabellen. Größere als 2 x 2-Tabellen weisen mehr als eine Prozentsatzdifferenz auf. Nehmen wir beispielsweise an, eine aus der Kreuztabulation der dichotomisierten Variablen "Autoritarismus" (nie-
drig/hoch) und der trichotomisierten Variablen "Schichtzugehörigkeit" (Unterschicht/Mittelschicht/Oberschicht) resultierende
2 x 3-Tabelle hätte folgende Prozentwerte in der Kategorie "niedrig": Unterschicht 70 Prozent, Mittelschicht 60 Prozent und
Oberschicht 40 Prozent. Hier wäre die Differenz zwischen der Unter-
und Mittelschicht 10 Prozent, zwischen der Unter- und Oberschicht
30 Prozent und zwischen der Mittel- und Oberschicht 20 Prozent.
Läge überdies die Variable "Autoritarismus" nicht dichotomisiert,
sondern trichotomisiert vor, so wäre das Bild noch komplizierter,
weil dann in jeder Schicht drei statt zwei Prozentwerte aufträten.
Es liegt auf der Hand, daß bei größeren als 2 x 2-Tabellen der
Rekurs auf Prozentsatzdifferenzen eher Verwirrung stiften würde

Tabelle 3-13: Berufstätigkeit in Jahren (trichotomisiert) und
              Vorgesetztenfunktionen

Crosstabulation: V167   Auch Vorgesetztenfunktionen
                 By V164T   Berufstätigkeit in Jahren

V164T→	Count Col Pct	unter 20 1	20 - 30 2	über 30 3	Row Total
V167					
nein	1	14 73.7	12 60.0	10 47.6	36 60.0
ja	2	5 26.3	8 40.0	11 52.4	24 40.0
Column Total		19 31.7	20 33.3	21 35.0	60 100.0

als ein Maß der Beziehung, das unabhängig von der Tabellengröße
die Assoziation zwischen den Variablen mit einer einzigen Zahl
beschreibt.

Prinzipiell besteht natürlich immer die Möglichkeit, eine größere
als 2 x 2-Tabelle durch Zusammenfassung der Kategorien auf eine
2 x 2-Tabelle zu reduzieren. Von dieser Möglichkeit haben wir in
unserem obigen Beispiel Gebrauch gemacht, indem wir die kontinuierliche Variable V164 in eine diskrete Variable mit nur zwei
Kategorien umgewandelt haben. Man sollte sich jedoch hüten, dieses Verfahren gewissermaßen blind anzuwenden, weil dadurch leicht
Informationen verschenkt und falsche Eindrücke erzeugt werden können. Daß im vorliegenden Beispiel keine wesentliche Information
vergeudet und keine Verzerrung der Beziehung bewirkt wurde, geht
einmal aus der vom Leser überprüfbaren Tatsache hervor, daß die
36 Beschäftigten ohne Vorgesetztenfunktionen im Durchschnitt 265
Monate (oder rund 22 Jahre) berufstätig waren, die 24 Beschäftigten mit Vorgesetztenfunktionen hingegen 338 Monate (oder rund 28
Jahre). Zum andern legitimiert die in Tabelle 3-13 dargestellte
Beziehung die Dichotomisierung der Variablen V164 vor ihrer Kreuztabulation mit der Variablen V167. In Tabelle 3-13 erscheint Variable V164 nicht als Dichotomie, sondern als Trichotomie (V164T),

die mit der dichotomen Variablen V167 kreuztabuliert ist. An den
Prozentwerten läßt sich ablesen, wie ähnlich das Muster der Beziehung dem der Tabelle 3-12 ist: Je länger jemand berufstätig ist,
desto eher übt er auch Vorgesetztenfunktionen aus. Doch obwohl die
Spaltenprozentwerte (Col Pct) die zwischen den Variablen V164T und
V167 bestehende Beziehung sehr gut zum Ausdruck bringen, kann die
Beziehung nicht mit der oben erläuterten Prozentsatzdifferenz (d%)
beschrieben werden. Dazu benötigen wir Assoziationsmaße, die auch
für größere als 2 x 2-Tabellen geeignet sind.

3.3.2   MASSZAHLEN AUF DER BASIS VON CHI-QUADRAT

Statt, wie bei der Prozentsatzdifferenz, die konditionalen Verteilungen einer Vierfelder-Tabelle miteinander zu vergleichen, kann
man die vorgefundene Besetzung der Zellen (auch größerer als 2 x 2-
Tabellen) mit einer Besetzung vergleichen, die man erwarten würde,
wenn keine Beziehung zwischen den Variablen bestünde. Auf diesem
Vergleich der *Häufigkeiten der sog. Kontingenztabelle* (f_b) mit den
Häufigkeiten der sog. Indifferenztabelle (f_e) beruhen die traditionellen chi-quadrat-basierten Maßzahlen, die sich für Daten
aller Meßniveaus, also auch für nominalskalierte Daten, berechnen
lassen. Dabei wird die Maßzahl *Chi-Quadrat* (χ^2) nach der folgenden
Formel beerechnet:

$$\chi^2 = \sum \frac{(f_b - f_e)^2}{f_e}$$

Wie wir sehen werden, kann Chi-Quadrat für Vierfelder-Tabellen
auch unter Verzicht auf die Ermittlung der erwarteten Häufigkeiten
nach der folgenden Formel berechnet werden:

$$\chi^2 = \frac{N(ad - bc)^2}{(a + b)(c + d)(a + c)(b + d)}$$

In allen anderen Fällen besteht der erste Schritt zur Berechnung
eines chi-quadrat-basierten Assoziationsmaßes darin, die erwarte-

ten Häufigkeiten der sog. Indifferenztabelle zu ermitteln. Die
Indifferenztabelle ist insofern eine imaginäre Tabelle, als sie
die gemeinsamen Häufigkeiten bei gegebenen Randverteilungen in
einer Weise darstellt, wie wir sie anträfen bzw. zu erwarten
hätten, wenn keine Beziehung zwischen den Variablen bestünde, d.h.
wenn die Variablen voneinander unabhängig wären. Der zweite
Schritt besteht darin, die beobachteten gemeinsamen Häufigkeiten
der *Kontingenztabelle* (f_b) mit den erwarteten, den, wie man auch
sagt, "theoretischen" gemeinsamen Häufigkeiten der *Indifferenz-*
tabelle (f_e) zu vergleichen. Je größer die Differenz zwischen den
Häufigkeiten der beiden Tabellen ist, desto größer ist die
Abweichung von der statistischen Unabhängigkeit und der Grad der
Assoziation zwischen den Variablen. Der dritte und letzte Schritt
besteht darin, die Differenzen der beiden Tabellen zur Berechnung
des Assoziationsmaßes heranzuziehen.

Zur Verdeutlichung der Rechenschritte greifen wir ein weiteres Mal
auf unsere Datenmatrix zurück, und zwar auf die Variablen "Höchster allgemeinbildender Schulabschluß (V169)" und "Berufswechsel
(V174)", die beide in dichotomisierter Form in Tabelle 3-14 kreuztabuliert sind.

Aus Tabelle 3-14 geht hervor, daß von den 33 Befragten mit Volks-
schul- oder Hauptschulabschluß nur 9 (oder 27 Prozent) im Laufe
ihres Berufslebens *keinen* Berufswechsel erfuhren, von den 27
Befragten mit einem höheren Schulabschluß hingegen 17 (oder 63
Prozent). Die schnell berechnete Prozentsatzdifferenz von d% =
27 - 63 = -36 beschreibt eine ziemlich starke Beziehung zwischen
den Variablen V169D und V174D, in der sich möglicherweise ein
unterschiedliches, von der Schulbildung der Berufstätigen beein-
flußtes Berufsrisiko ausdrückt.

Uns soll zunächst die Frage beschäftigen, wie man die gemeinsamen
Häufigkeiten der *Indifferenztabelle* berechnet. Dazu greift man
auf die marginalen Häufigkeiten der Tabelle 3-14 zurück, jener
Tabelle, die in diesem Zusammenhang *Kontingenztabelle* genannt
wird. Auf der Basis der marginalen Häufigkeiten der Kontingenz-

Tabelle 3-14: Höchster allgemeinbildender Schulabschluß (dicho-
          tomisiert) und Berufswechsel (dichotomisiert)

Crosstabulation: V174D   Berufswechsel
                 By V169D   Höchster allg.bild. Schulabschluß

	Count	VS, HS	höher	
V169D→				Row
		1	2	Total
V174D				
1		9	17	26
nein				43.3
2		24	10	34
ja				56.7
Column		33	27	60
Total		55.0	45.0	100.0

Chi-Square = 7.70328
Phi   = .35831
Contingency Coefficient = .33731

tabelle wird für jede Zelle der Indifferenztabelle die sog. theoretische oder erwartete Häufigkeit berechnet. Aus dieser Berechnung
gehen konditionale Verteilungen hervor, die - in Prozentwerten ausgedrückt - unterschiedslos oder "indifferent" sind.

Nach der in Abschnitt 3.1.1 beschriebenen Notation hat die Zelle$_{ij}$
der Indifferenztabelle die *erwartete Häufigkeit*

$$f_{e_{ij}} = \frac{n_{i.} \, n_{.j}}{N}$$

Beziehen wir uns auf Tabelle 3-14, so erhalten wir z.B. für die
Zelle$_{11}$ die erwartete Häufigkeit

$$f_{e_{11}} = \frac{n_{1.} \, n_{.1}}{N} = \frac{(26)(33)}{60} = \frac{858}{60} = 14.3$$

Das Ergebnis der gesamten Rechnung ist die in Tabelle 3-15 mit der
Kontingenztabelle kontrastierte Indifferenztabelle.

Tabelle 3-15: Berechnung der erwarteten Häufigkeiten (f_e)

		Kontingenztabelle (f_b) Schulabschluß (V169D)			Indifferenztabelle (f_e) Schulabschluß (V169D)		
		VS, HS	höher		VS, HS	höher	
Berufs-wechsel (V174D)	nein	9	17	26	$\frac{26 \cdot 33}{60}=14.3$	$\frac{26 \cdot 27}{60}=11.7$	26.0
	ja	24	10	34	$\frac{34 \cdot 33}{60}=18.7$	$\frac{34 \cdot 27}{60}=15.3$	34.0
		33	27	60	33.0	27.0	60.0

Man beachte und kontrolliere, daß sich die Häufigkeiten der Indifferenztabelle zu den Randhäufigkeiten der Tabelle addieren. (Da die marginalen Häufigkeiten der Indifferenztabelle fixiert sind, ist eine 2 x 2-Tabelle mit der Bestimmung von nur einer erwarteten Häufigkeit determiniert; die erwarteten Häufigkeiten der übrigen drei Zellen sind die jeweilige Differenz zwischen der errechneten Häufigkeit und der entsprechenden Randhäufigkeit. Zur Vermeidung von Folgefehlern empfiehlt sich jedoch die Berechnung aller erwarteten Häufigkeiten nach dem in Tabelle 3-15 dargestellten Verfahren.) Ob die ermittelten theoretischen Häufigkeiten der Indifferenztabelle in der Tat eine Tabelle ergeben, in der die Variablen voneinander unabhängig sind, läßt sich durch die Berechnung der relativen Häufigkeiten der konditionalen Verteilungen leicht überprüfen. Falls keine Beziehung zwischen den Variablen besteht, müssen *per definitionem* die konditionalen Verteilungen - in Proportionen oder Prozentwerten ausgedrückt - identisch sein; nur dann liegt eine Indifferenztabelle vor. Da in unserem Beispiel die abhängige Variable "Berufswechsel (V174D)" lediglich zwei Kategorien hat, genügt es, die Prozentwerte von nur einer Kategorie jeder konditionalen Verteilung zu berechnen. Es zeigt sich, daß die konditionalen Verteilungen tatsächlich unterschiedslos sind und mit der Marginalverteilung der Variablen V174D übereinstimmen (siehe auch Abbildung 3-3):

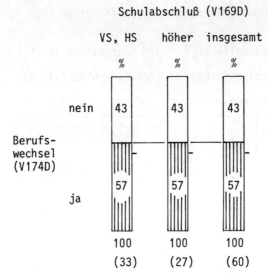

Abbildung 3-3: Graphische Darstellung der Indifferenztabelle
             (siehe Tabelle 3-15)

$$\frac{14.3}{33}(100) = 43.3 \qquad\qquad \frac{11.7}{27}(100) = 43.3 \qquad\qquad \frac{26}{60}(100) = 43.3$$

Infolge von Rundungen ergeben sich bei dieser Kontrolle mitunter
geringe Differenzen.

Mit der Berechnung der erwarteten Häufigkeiten ist der erste
Schritt zur Berechnung chi-quadrat-basierter Assoziationsmaße
getan. Der zweite Schritt besteht darin, die Differenz zwischen
den beobachteten Häufigkeiten der Kontingenztabelle und den erwarteten Häufigkeiten der Indifferenztabelle festzustellen. Faktisch
bedeutet dies, die Maßzahl Chi-Quadrat zu berechnen. Dazu bedient
man sich einer nützlichen Arbeitstabelle und einer vereinfachten
Notation. Die vereinfachte Notation benutzt anstelle der Symbole
$f_{b_{ij}}$ und $f_{e_{ij}}$ für die beobachteten bzw. erwarteten Häufigkeiten
die Symbole f_b und f_e.

Die aktuelle Berechnung der Maßzahl Chi-Quadrat mit Hilfe der
Arbeitstabelle (siehe Tabelle 3-16) ist überaus einfach. Dabei

Tabelle 3-16: Arbeitstabelle zur Berechnung von Chi-Quadrat, hier
für Tabelle 3-15

Zeile i	Spalte j	f_b	f_e	$(f_b - f_e)$	$(f_b - f_e)^2$	$\dfrac{(f_b - f_e)^2}{f_e}$
1	1	9	14.3	-5.3	28.09	1.96
1	2	17	11.7	5.3	28.09	2.40
2	1	24	18.7	-5.3	28.09	1.50
2	2	10	15.3	5.3	28.09	1.84
		60	60.0	0.0		$\chi^2 = 7.70$

wird *erstens* die Differenz zwischen der beobachteten Häufigkeit
(f_b) und der erwarteten Häufigkeit (f_e) einer jeden Zelle berechnet: ($f_b - f_e$), *zweitens* jede Differenz quadriert: ($f_b - f_e)^2$,
drittens jede quadrierte Differenz durch die erwartete Häufigkeit
dividiert: ($f_b - f_e)^2/f_e$ und schließlich *viertens* über alle Zellen
summiert: $\Sigma(f_b - f_e)^2/f_e = \chi^2$.

Der Vergleich des hier errechneten Chi-Quadrat-Wertes von 7.70
(siehe Tabelle 3-16) mit dem genaueren, mit SPSS errechneten Chi-
Quadrat-Wert von 7.70328 (siehe Tabelle 3-14) zeigt, daß die Zahlenwerte bis auf geringfügige Rundungsungenauigkeiten übereinstimmen.

Obwohl der errechnete Wert von $\chi^2 = 7.70$ das Ausmaß der Abweichung
der Kontingenztabelle von der Indifferenztabelle, d.h. den Grad
der Abweichung der beobachteten bivariaten Verteilung von der statistischen Unabhängigkeit reflektiert, kann er in dieser Form
nicht als sinnvoller Kennwert der Beziehung zwischen den Variablen
fungieren. Denn wie die in Tabelle 3-17 dargestellten Häufigkeitsverteilungen zeigen, führt eine Verdoppelung der Zellenhäufigkeiten
bei identischen konditionalen Verteilungen bzw. bei denselben Proportionen der Tabellen zur Verdoppelung des Chi-Quadrat-Wertes.
Chi-Quadrat variiert also direkt mit N. Da wir aber nicht an einer
Maßzahl interessiert sind, die bei identischen Graden der Beziehung

Tabelle 3-17: Tabellen mit identischen Proportionen, aber unter-
          schiedlichen Chi-Quadrat-Werten

24	16	40
16	24	40
40	40	80

$$\chi^2 = 3.2$$

48	32	80
32	48	80
80	80	160

$$\chi^2 = 6.4$$

96	64	160
64	96	160
160	160	320

$$\chi^2 = 12.8$$

in Abhängigkeit von der Anzahl der Fälle unterschiedliche Werte
annimmt, muß ein auf Chi-Quadrat basierendes Assoziationsmaß die
Anzahl der Fälle (N) berücksichtigen. Ein solches Maß ist der
Phi-Koeffizient, definiert als

$$\phi^2 = \frac{\chi^2}{N} \qquad \text{bzw.} \qquad \phi = \sqrt{\frac{\chi^2}{N}}$$

Für die Zahlenbeispiele der Tabelle 3-17 erhalten wir

$$\phi = \sqrt{\frac{3.2}{80}} = \sqrt{\frac{6.4}{160}} = \sqrt{\frac{12.8}{320}} = .20$$

Der letzte Schritt zur Berechnung eines chi-quadrat-basierten
Assoziationsmaßes besteht - wie gezeigt - darin, den Chi-Quadrat-
Wert in die Formel des Koeffizienten einzusetzen. Für unser
obiges Rechenbeispiel erhalten wir bei $\chi^2 = 7.70$ und N = 60 einen
Zahlenwert von

$$\phi^2 = \frac{\chi^2}{N} = \frac{7.70}{60} = .128$$

bzw. $$\phi = \sqrt{.128} = .36$$

Infolge von Rundungen weicht dieser Wert geringfügig von dem in
Tabelle 3-14 ausgewiesenen Phi-Wert von .35831 ab.

Wie oben erwähnt, hätten wir den Chi-Quadrat-Wert für unsere Vierfelder-Tabelle auch ohne Ermittlung der erwarteten Häufigkeiten
nach dieser Formel berechnen können:

$$\chi^2 = \frac{N(ad - bc)^2}{(a + b)(c + d)(a + c)(b + d)}$$

Wie das Ergebnis der folgenden Rechnung zeigt, ist der Chi-Quadrat-
Wert mit dem in Tabelle 3-14 angegebenen Wert identisch:

$$\chi^2 = \frac{60(9 \cdot 10 - 17 \cdot 24)^2}{(26)(34)(33)(27)} = 7.70328$$

Eine mit der obigen Definitionsformel von Phi algebraisch überein-
stimmende, auf die Häufigkeiten einer 2 x 2-Tabelle bezogene
Formel zur direkten Berechnung des Phi-Koeffizienten ist

$$\phi = \frac{ad - bc}{\sqrt{(a + b)(c + d)(a + c)(b + d)}}$$

Auf unser obiges Rechenbeispiel angewandt, erhalten wir mit dieser
Formel einen Wert von

$$\phi = \frac{(9)(10) - (17)(24)}{\sqrt{(26)(34)(33)(27)}} = -.36$$

Dieser Zahlenwert stimmt mit dem oben errechneten Wert überein.
Ein beachtenswerter Unterschied liegt darin, daß ein nach der
Formel $\phi^2 = \chi^2/N$ berechneter Wert vorzeichenlos ist, ein nach der
zuletzt verwendeten Formel berechneter Wert jedoch zwischen -1 und
+1 variieren kann. Da es stets von Interesse ist, die Richtung der
Beziehung zu kennen (Übergewicht entlang der (ad)-Diagonalen oder
der (bc)-Diagonalen), ist die auf die Vierfelder-Tabelle bezogene
Formel zu bevorzugen, falls man den Koeffizienten Phi "von Hand"
berechnet. Bei ordinalen und metrischen Daten kommt hinzu, daß das
Vorzeichen nicht nur formal, sondern auch inhaltlich interpretiert
werden kann.

Für 2 x 2-Tabellen ist ϕ ein sensibles Assoziationsmaß. Es nimmt
den Wert 0 an, wenn die beobachteten Häufigkeiten mit den unter
der Bedingung der statistischen Unabhängigkeit erwarteten Häufigkeiten übereinstimmen. Phi erreicht den Wert 1, wenn Chi-Quadrat
seinen maximalen Wert, nämlich N, erreicht. Das ist der Fall, wenn
zwei Diagonalzellen der 2 x 2-Tabelle unbesetzt sind.

Für größere als 2 x 2-Tabellen kann $\phi^2 > 1$ werden - eine bei Assoziationsmaßen unerwünschte Eigenschaft, die sie als Vergleichs-
größen untauglich werden läßt. Deshalb sind für r x c-Tabellen
andere Koeffizienten vorgeschlagen worden, die ebenfalls eine
Funktion der Maßzahl Chi-Quadrat sind, aber den Wert 1 als Obergrenze haben. Eines dieser Maße ist der von TSCHUPROW vorgeschlagene Koeffizient T, definiert als

$$T^2 = \frac{\chi^2}{N \sqrt{(r-1)(c-1)}} \qquad \text{bzw.} \qquad T = \sqrt{\frac{\chi^2}{N \sqrt{(r-1)(c-1)}}}$$

wobei r die Anzahl der Zeilen und c die Anzahl der Spalten symbolisiert. Bei 2 x 2-Tabellen ist T^2 mit ϕ^2 identisch, weil dann der
Wurzelausdruck im Nenner gleich 1 ist. T kann allerdings die Obergrenze 1 nur dann erreichen, wenn die Anzahl der Zeilen und Spalten der Tabelle gleich ist. In einer 2 x 3- oder 3 x 4-Tabelle ist
T stets kleiner als 1. Dieser Schwäche wegen spielt der Koeffizient T in der empirischen Sozialforschung praktisch keine Rolle.

Eine Variante, die statt dessen verwendet wird, ist der von CRAMER
vorgeschlagene Koeffizient V, definiert als

$$V^2 = \frac{\chi^2}{N \min(r-1,c-1)} \qquad \text{bzw.} \qquad V = \sqrt{\frac{\chi^2}{N \min(r-1,c-1)}}$$

wobei r die Anzahl der Zeilen und c die Anzahl der Spalten bezeichnet. Der Ausdruck "min" steht für Minimum und besagt, daß zunächst
zu prüfen ist, ob die Anzahl der Zeilen oder die Anzahl der Spalten
kleiner ist; der kleinere Wert geht in die Berechnung des Koeffizienten ein. Auch V^2 ist bei 2 x 2-Tabellen mit ϕ^2 identisch, weil

dann der Klammerausdruck im Nenner $(2 - 1) = 1$ ist. V ist T überlegen, weil der Koeffizient auch dann den Wert 1 annehmen kann,
wenn r und c ungleich sind.

Die älteste für r x c-Tabellen vorgeschlagene und auf Chi-Quadrat
beruhende Maßzahl ist der 1904 von PEARSON eingeführte Kontingenzkoeffizient C, definiert als

$$C = \sqrt{\frac{\chi^2}{\chi^2 + N}}$$

Der Kontingenzkoeffizient C hat zwar den Vorteil, für Tabellen beliebiger Größe (rechteckige oder quadratische) berechnet werden zu
können; wie die übrigen auf Chi-Quadrat basierenden Maße nimmt C
im Falle der statistischen Unabhängigkeit den Wert 0 an. Der Haupt-
nachteil des Koeffizienten C liegt jedoch darin, daß er praktisch
eine unterhalb 1 liegende Obergrenze hat, obwohl sich die Obergrenze dem Wert 1 nähert, wenn die Anzahl der Zeilen und Spalten
zunimmt. Der Maximalwert hängt also von der Größe der zugrundeliegenden Tabelle ab. Im Falle einer 2 x 2-Tabelle mit zwei unbesetzten Diagonalzellen ist

$$C = \sqrt{\frac{N}{N + N}} \text{ , weil } \chi^2 \text{ den Höchstwert N erreicht.}$$ Wie das folgende

Beispiel veranschaulicht, ist der Maximalwert des Kontingenzkoeffizienten C für die Vierfelder-Tabelle gleich .707:

50		50
	50	50
50	50	100

$\chi^2 = 100$

$$C = \sqrt{\frac{100}{100 + 100}} = .707$$

Die Höchstwerte von C, die überdies nur für quadratische Tabellen
genau bestimmbar sind, betragen in der 3 x 3-Tabelle .816, in der
4 x 4-Tabelle .866 und in der 5 x 5-Tabelle .894. Generell ist

$$C_{max} = \sqrt{\frac{r - 1}{r}}$$

wobei r die Anzahl der Zeilen der quadratischen Tabelle bezeichnet. Hieraus folgt, daß sich C-Werte nur vergleichen lassen, wenn
sie für Tabellen gleicher Größe berechnet wurden. Sollen C-Werte
unterschiedlich großer Tabellen miteinander verglichen werden,
sind sie nach der folgenden Formel, deren Anwendung stets zu einer
Erhöhung des C-Wertes führt, zu korrigieren:

$$C_{korr} = \frac{C}{C_{max}}$$

Als Beispiel für die Berechnung der Koeffizienten T, V und C soll
uns Tabelle 3-18 dienen, die aus der Kreuztabulation der trichotomisierten Variablen V168 und der dichotomisierten Variablen V174
entstanden ist (siehe Datenmatrix).

Im unteren Teil der Tabelle 3-18 findet sich die zu der im oberen
Teil wiedergegebenen *Kontingenztabelle* (mit den beobachteten
Häufigkeiten f_b) gehörige *Indifferenztabelle* (mit den unter der
Bedingung der statistischen Unabhängigkeit zu erwartenden Häufig-
keiten f_e).

Die Berechnung des Chi-Quadrat-Wertes erfolgt anschließend mit
Hilfe einer Arbeitstabelle (Tabelle 3-19), die in der dritten
und vierten Spalte die beobachteten (f_b) und die erwarteten (f_e)
Häufigkeiten der Tabelle 3-18 enthält.

Ein Vergleich des hier errechneten Chi-Quadrat-Wertes ($\chi^2 = 7.50$)
mit dem genaueren, mit SPSS errechneten und in Tabelle 3-18 angegebenen Wert ($\chi^2 = 7.48738$) zeigt, daß die auf Rundungen zurück-
zuführende Differenz minimal ist. Durch Einsetzen der Zahlenwerte
von N = 60, $\chi^2 = 7.50$, r = 2 (Anzahl der Zeilen) und c = 3 (Anzahl
der Spalten) in die entsprechenden Formeln zu Berechnung von
TSCHUPROWs T, CRAMERs V und PEARSONs C erhalten wir:

Tabelle 3-18: Kontingenztabelle und Indifferenztabelle der kreuztabulierten Variablen V168T und V174D

Kontingenztabelle (f_b)

Crosstabulation: V174D   Berufswechsel
                 By V168T   Erforderliche Lernzeit in Jahren

	Count	bis 1	2 bis 4	über 4	
V168T→		1	2	3	Row Total
V174D					
nein	1	4	11	11	26 / 43.3
ja	2	14	15	5	34 / 56.7
	Column Total	18 / 30.0	26 / 43.3	16 / 26.7	60 / 100.0

Chi-Square = 7.48738
Cramer's V   = .35326
Contingency Coefficient = .33308
Lambda (asymmetric)   = .23077 with V174D dependent
                         = .00000 with V168T dependent
Lambda (symmetric)   = .10000

Indifferenztabelle (f_e)

$\frac{26 \cdot 18}{60}$= 7.80	$\frac{26 \cdot 26}{60}$=11.27	$\frac{26 \cdot 16}{60}$= 6.93	26.00
$\frac{34 \cdot 18}{60}$=10.20	$\frac{34 \cdot 26}{60}$=14.73	$\frac{34 \cdot 16}{60}$= 9.07	34.00
18.00	26.00	16.00	60.00

Tabelle 3-19: Arbeitstabelle zur Berechnung von Chi-Quadrat, hier
für Tabelle 3-18

Zeile i	Spalte j	f_b	f_e	$(f_b - f_e)$	$(f_b - f_e)^2$	$\dfrac{(f_b - f_e)^2}{f_e}$
1	1	4	7.80	-3.80	14.44	1.85
1	2	11	11.27	- .27	.07	.01
1	3	11	6.93	4.07	16.56	2.39
2	1	14	10.20	3.80	14.44	1.42
2	2	15	14.73	.27	.07	.00
2	3	5	9.07	-4.07	16.56	1.83
		60	60.00	0.00		χ^2 = 7.50

$$T = \sqrt{\frac{\chi^2}{N\sqrt{(r-1)(c-1)}}} = \sqrt{\frac{7.50}{60\sqrt{(2-1)(3-1)}}} = .297$$

$$V = \sqrt{\frac{\chi^2}{N\min(r-1,c-1)}} = \sqrt{\frac{7.50}{60(1)}} = .354$$

$$C = \sqrt{\frac{\chi^2}{\chi^2 + N}} = \sqrt{\frac{7.50}{7.50 + 60}} = .333$$

Die Zahlenwerte der drei Koeffizienten, wenngleich voneinander
abweichend, besagen, daß zwischen den Variablen V168T ("Erforderliche Lernzeit in Jahren") und V174D ("Berufswechsel") eine beträchtliche Beziehung besteht. Diese Beziehung könnte - ähnlich
wie die Beziehung zwischen den Variablen "Schulabschluß" und
"Berufswechsel" - ein Hinweis darauf sein, daß das Berufsrisiko
der Beschäftigten unterschiedlich verteilt ist: Mit zunehmender
Qualifikation nimmt das Risiko ab, den Beruf im Laufe der Zeit
wechseln zu müssen.

Wie ein Vergleich der hier ermittelten Zahlenwerte mit den mit
SPSS errechneten V- und C-Werten der Tabelle 3-18 zeigt, sind die

Abweichungen geringfügig. (Der T-Koeffizient ist nicht mit SPSS
berechenbar.) Wollte man den Zahlenwert des C-Koeffizienten mit
dem einer anderen Tabelle vergleichen, so wäre der errechnete Wert
nach der erwähnten Formel $C_{korr} = C/C_{max}$ zu korrigieren. Dazu
müßte man zunächst die Höchstwerte, die der C-Koeffizient in einer
2 x 2-Tabelle (.707) und in einer 3 x 3-Tabelle (.816) erreichen
kann, halbieren: C_{max} = (.707 + .816)/2 = 1.523/2 = .762. Der
korrigierte C-Wert wäre dann C_{korr} = .333/.762 = .437.

Zusammenfassend läßt sich von den auf Chi-Quadrat beruhenden Assoziationskoeffizienten sagen, daß sie im Falle der statistischen
Unabhängigkeit den Wert 0 haben und daß sie als vor allem für
nominale Variablen berechenbare Maßzahlen vorzeichenlose Kennwerte
sind. Der Maximalwert des Koeffizienten C hängt von der Anzahl der
Zeilen und Spalten der Tabelle ab. Für T gilt dasselbe bei nicht-
quadratischen Tabellen. Im übrigen variieren die Zahlenwerte zwischen 0 und 1. Beim Phi-Koeffizienten ist zu beachten, daß er nur
für 2 x 2-Tabellen berechnet werden darf. Für größere als 2 x 2-
Tabellen ist der Koeffizient V zu bevorzugen, falls man die Assoziation mit einem Koeffizienten beschreiben will, der die Abweichung von der statistischen Unabhängigkeit ausdrückt.

Die große Schwäche der chi-quadrat-basierten Maßzahlen ist, daß
ihre Zahlenwerte mangels einer "operationalen Interpretation"
(GOODMAN und KRUSKAL) kaum miteinander verglichen werden können.
Da Chi-Quadrat-Werte häufig zur Überprüfung der *Signifikanz* der
Abweichung von der statistischen Unabhängigkeit berechnet werden
(ein Verfahren der schließenden Statistik, das hier nicht erläutert
werden kann), mögen manche Forscher dazu neigen, auch die *Stärke*
der Beziehung mit Hilfe einer Maßzahl auszudrücken, die eine Funktion von Chi-Quadrat ist. Jedoch, wie GOODMAN und KRUSKAL (1954,
S.740) bemerken: "The fact that an excellent test of independence
may be based on χ^2 does not at all mean that χ^2, or some simple
function of it, is an appropriate *measure* of degree of association
... One difficulty with the use of the traditional measures, or
of any measures that are not given operational interpretation, is
that it is difficult to compare meaningfully their values for two

cross-classifications." BLALOCK (1972, S.298) stellt zu Recht fest,
"that all measures based on chi square are somewhat arbitrary in
nature, and their interpretations leave a lot to be desired."

Im nächsten Abschnitt werden wir ein Assoziationsmaß kennenlernen,
nämlich GOODMAN und KRUSKALs Lambda, das in dieser Hinsicht nichts
zu wünschen übrig läßt.

3.3.3   EIN MASS DER PRÄDIKTIVEN ASSOZIATION: LAMBDA

Eine Betrachtungsweise, bei der nicht die Abweichung von der statistischen Unabhängigkeit, sondern die Vorhersagbarkeit der einen
Variablen auf der Basis der anderen Variablen das Kriterium der
Assoziation ist, ist die im Englischen mit "predictive association"
bezeichnete Perspektive. Die dieser Konzeption entsprechenden
PRE-Maße (engl. proportional reduction in error measures) reflektieren den Grad, in dem uns die Kenntnis der einen Variablen die
andere Variable vorherzusagen hilft. Ein solches Maß der prädiktiven Assoziation ist das von GOODMAN und KRUSKAL (1954) vorgeschlagene *Assoziationsmaß Lambda (λ)*. Da Lambda jener Konzeption
entspricht, die schon Louis GUTTMAN (1941) formuliert hatte, wird
es von einigen Autoren, die mitunter anstelle des kleinen griechi-
schen Lambda (λ) das Symbol g benutzen, auch "Guttman's coefficient of (relative) predictability" genannt.

Lambda ist ein für *nominale* Variablen konzipiertes Maß, das keine
Restriktion der Tabellengröße kennt, zwischen 0 und 1 (einschließlich) variiert und als PRE-Maß eine klare Interpretation hat. Bei
der Diskussion der Tabellen 3-10 und 3-11 haben wir bereits eine
ganze Reihe von Lambda-Werten berechnet, ohne dies erwähnt zu
haben. Nachfolgend wollen wir die Logik des Lambda-Koeffizienten,
seine Anwendungsweise und seine Interpretation erörtern.

Lambda ist ein *asymmetrisches* Maß, d.h. man kann für jede Kreuztabulation zwei Lambda-Werte berechnen, indem man einmal die
Zeilenvariable (engl. row variable) und einmal die Spaltenvariable

(engl. column variable) vorhersagt. Wenn, wie üblich, die Zeilenvariable *abhängige* Variable (engl. dependent variable) ist, hat
Lambda das Symbol λ_r (lies "Lambda-sub-r" oder kurz "Lambda-r"),
weil dann die R-Variable vorhergesagt wird. Wenn umgekehrt die
Spaltenvariable abhängige Variable ist, hat Lambda das Symbol λ_c,
weil dann die C-Variable vorhergesagt wird. Aus der Kombination
beider Lambdas geht eine dritte Version hervor, die λ_s genannt
wird (s für "symmetric"). Das *symmetrische* Lambda kann zur Beschreibung einer symmetrischen Beziehung verwendet werden, bei der
keine der beiden Variablen als von der anderen abhängig betrachtet
wird.

In einer anderen Schreibweise versieht man λ mit *zwei* Subskripten.
Dabei gibt das erste Subskript an, welche Variable die (vorherzu-
sagende) *abhängige* Variable ist (üblicherweise Y), während das
zweite Subskript angibt, welche Variable die *unabhängige* Variable
ist (in der Regel X). Bei konventioneller Anordnung der Variablen
X (Spaltenvariable) und Y (Zeilenvariable) in der bivariaten
Tabelle ist dann $\lambda_r = \lambda_{yx}$ und $\lambda_c = \lambda_{xy}$ (siehe auch das folgende
Schema).

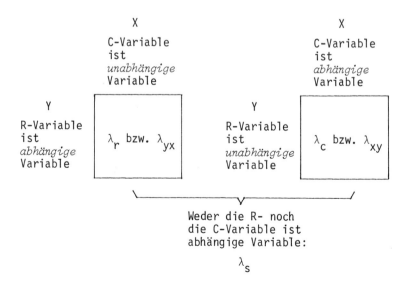

Lambda setzt - wie alle PRE-Maße - die Spezifizierung der oben

Tabelle 3-20: Erforderliche Lernzeit (trichotomisiert) und
Monatliches Nettoeinkommen (trichotomisiert)

Crosstabulation: V170T   Monatliches Nettoeinkommen in DM
By V168T   Erforderliche Lernzeit in Jahren

V168T->	Count	bis 1	2 bis 4	über 4	Row
		1	2	3	Total
V170T					
1 unt 1800		8	9	1	18 31.0
2 18 -2200		6	9	4	19 32.8
3 üb. 2200		2	8	11	21 36.2
Column Total		16 27.6	26 44.8	16 27.6	58 100.0

Chi-Square = 12.93583
Cramer's V   = .33394
Contingency Coefficient = .42704
Lambda (asymmetric)   = .18919 with V170T dependent
= .09375 with V168T dependent
Lambda (symmetric)   = .14493

(siehe Abschnitt 3.2.2) aufgezählten vier Elemente voraus, nämlich
die Spezifizierung (1) einer Regel für die Vorhersage der abhängigen Variablen auf der Basis ihrer eigenen Verteilung, (2) einer
Regel für die Vorhersage der abhängigen Variablen auf der Basis
der unabhängigen Variablen, (3) der Fehler und (4) der generellen
Formel zur Berechnung der proportionalen Fehlerreduktion. Dies sei
am Beispiel der Tabelle 3-20 erläutert.

Wie aus den Bezeichnungen der ordinalen Variablen V168T und V170T
sowie aus den Beschriftungen der Kategorien hervorgeht, handelt
es sich bei Tabelle 3-20 um eine Kreuztabulation der auf Trichoto-
mien reduzierten metrischen Variablen V168 und V170 (siehe Fragebogen in Anhang A und Datenmatrix in Anhang B). Später werden wir
auch Beispiele mit nominalen Variablen - und andere als 3 x 3-
Tabellen - betrachten, denn Lambda setzt lediglich nominales
Meßniveau voraus.

Angenommen, wir sollten auf der Basis der Verteilung "Monatliches
Nettoeinkommen in DM (V170T)" schätzen, welcher der drei Einkom-
menskategorien ein beliebig herausgegriffener Befragter zugehört.
Die beste Vorhersage auf der Basis der Verteilung der Variablen
V170T wäre die Kategorie "über 2200 (DM)", weil diese mit 21
Fällen besetzte Kategorie eine größere Häufigkeit hat als die beiden anderen Kategorien. Auf alle 58 Befragten angewandt, wäre die
Vorhersage dieser *Modalkategorie* in 21 Fällen richtig und in
18 + 19 = 37 Fällen falsch. Oder anders gesagt: Bei der Vorhersage
der Modalkategorie wäre die Anzahl der Vorhersagefehler 58 - 21 =
37.

Die Frage ist, ob die Anzahl dieser Fehler vermindert und damit
die Vorhersage verbessert werden kann, wenn wir die Vorhersage auf
eine zusätzliche Information stützen. Tabelle 3-20 gibt nicht nur
über die Randverteilung, sondern auch über die konditionalen Verteilungen der Variablen "Monatliches Nettoeinkommen in DM (V170T)"
in den drei Kategorien der Variablen "Erforderliche Lernzeit in
Jahren (V168T)" Aufschluß. Wie man sofort sieht, ist das monatliche
Nettoeinkommen in diesen drei Kategorien unterschiedlich verteilt,
und zwar in Abhängigkeit davon, ob die ausgeübte Tätigkeit eine
kurze (bis 1 Jahr), mittlere (2 bis 4 Jahre) oder lange (über 4
Jahre) Lernzeit erfordert.

Was ist diese zusätzliche Information wert? Hilft sie unsere Vorhersage der abhängigen Variablen in dem Sinne zu verbessern, daß
wir weniger Vorhersagefehler begehen, wenn wir die erforderliche
Lernzeit kennen, bevor wir die modale Kategorie der abhängigen
(Einkommens-)Variablen vorhersagen?

Die Antwort ist, ja. Denn wenn wir wissen, daß die Lernzeit "bis 1
(Jahr)" beträgt, sagen wir die Einkommenskategorie "unter 1800
(DM)" vorher; diese Vorhersage ist in 8 von 16 Fällen richtig und
in 6 + 2 = 8 Fällen falsch. Wenn wir wissen, daß die erforderliche
Lernzeit "2 bis 4 (Jahre)" beträgt, können wir entweder die Kategorie "unter 1800 (DM)" oder die Kategorie "18-2200 (DM)" vorhersagen; im einen wie im andern Fall ist die Vorhersage in 9 von 26

Fällen richtig und in 9 + 8 = 17 Fällen falsch. Und wenn wir wissen,
daß die erforderliche Lernzeit "über 4 (Jahre)" beträgt, sagen wir
die Kategorie "über 2200 (DM)" vorher; diese Vorhersage ist in 11
von 16 Fällen richtig und in 1 + 4 = 5 Fällen falsch.

Vergleichen wir die Anzahl der 18 + 19 = 37 Fehler der *ersten* Vorhersage (d.h. der Vorhersage der modalen Einkommenskategorie *ohne*
Berücksichtigung der erforderlichen Lernzeit) mit der Anzahl der
8 + 17 + 5 = 30 Fehler der *zweiten* Vorhersage (d.h. der Vorhersage
der modalen Einkommenskategorie *mit* Berücksichtigung der erforderlichen Lernzeit), so stellen wir eine Verminderung der Vorhersagefehler fest: Die *proportionale Fehlerreduktion* beträgt (37 - 30)/37
= .18919 oder rund .19. Dies ist der Zahlenwert des Assoziationsmaßes Lambda, und zwar für den Fall, daß die abhängige (engl. dependent) Variable V170T auf der Basis der unabhängigen Variablen
V168T vorhergesagt wird, also $\lambda_r = \lambda_{yx}$ = .19 (vgl. die Anordnung
der Variablen in Tabelle 3-20 und den mit dem Zusatz "with V170T
dependent" versehenen Lambda-Wert .18919). Dieser Zahlenwert besagt,
daß man die Vorhersage der trichotomisierten Variablen "Monatliches
Nettoeinkommen in DM (V170T)" um 19 Prozent verbessern kann, wenn
man sie, statt sie auf die eigene Verteilung zu stützen, auf die
trichotomisierte Variable "Erforderliche Lernzeit in Jahren (V168T)"
stützt, d.h. anstelle der marginalen Modalkategorie die konditionalen Modalkategorien vorhersagt.

Im Anschluß an diese Betrachtung ist es ein leichtes, die oben erwähnten vier PRE-Elemente zu spezifizieren und anzuwenden, nämlich
wie folgt:

(1) Lambda: Die Regel für die Vorhersage der abhängigen Variablen
auf der Basis ihrer eigenen Verteilung. Durch Inspektion der margi-
nalen Häufigkeiten der Tabelle wird die Modalkategorie identifi-
ziert und als beste Vorhersage für alle Untersuchungseinheiten
(Fälle) genommen. Zur Berechnung von λ_r ist die *Modalkategorie der*
Zeilenvariablen (der R-Variablen) zu identifizieren. Das ist in
Tabelle 3-20 die mit 21 Fällen besetzte Kategorie "über 2200 (DM)".
Die beste Vorhersage der Variablen "Monatliches Nettoeinkommen in

DM (V170T)" ohne Berücksichtigung der zweiten Variablen ist folglich "über 2200 (DM)". Bei der Berechnung von λ_c ist die *Modalkategorie der Spaltenvariablen* (der C-Variablen) zu identifizieren und vorherzusagen. Das ist in Tabelle 3-20 die mit 26 Fällen besetzte Kategorie "2 bis 4 (Jahre)" der Variablen "Erforderliche Lernzeit in Jahren (V168T)". Generell lautet die erste Vorhersageregel: "Sage für alle Untersuchungseinheiten die *marginale Modalkategorie* der abhängigen Variablen vorher."

(2) Lambda: Die Regel für die Vorhersage der abhängigen Variablen auf der Basis der unabhängigen Variablen. Für jede Kategorie der unabhängigen Variablen gibt es eine (konditionale) Verteilung der Fälle über die Kategorien der abhängigen Variablen. Zur Berechnung von λ_r sind die Verteilungen der Spalten im Hinblick auf die *spaltenspezifischen Modalkategorien* zu betrachten. Das sind in Tabelle 3-20 die mit den Häufigkeiten 8, 9 und 11 besetzten Kategorien.[1] Bei der Berechnung von Lambda werden diese Kategorien der abhängigen Variablen vorhergesagt, weil die spaltenspezifische Modalkategorie die beste Vorhersage für die Fälle der jeweiligen Spalte ist. Bei der Berechnung von λ_c werden die *zeilenspezifischen Modalkategorien* identifiziert und vorhergesagt. Das sind in Tabelle 3-20 die Kategorien mit den Häufigkeiten 9, 9 und 11. Generell lautet die zweite Vorhersageregel: "Sage für die Untersuchungseinheiten einer jeden Kategorie der unabhängigen Variablen die jeweilige *konditionale Modalkategorie* der abhängigen Variablen vorher."

(3) Lambda: Die Fehlerdefinition. Jeder von einer Vorhersageregel abweichende Fall ist ein Fehler (engl. error). Die Anzahl der Fehler der Vorhersage der abhängigen Variablen auf der Basis ihrer eigenen Verteilung (E_1) ist die Differenz zwischen der Gesamthäufigkeit (N) und der Häufigkeit der (vorhergesagten) marginalen

---

1) Kommen mehrere Kategorien einer Tabellenspalte für die Vorhersage in Betracht - wie im vorliegenden Beispiel die mit je 9 Fällen gleich stark besetzten Kategorien "unter 1800 (DM)" und "18-2200 (DM)" der mittleren Spalte -, so ist eine dieser Kategorien auszuwählen und vorherzusagen; die Anzahl der Vorhersagefehler ist in jedem Fall dieselbe. Gleiches gilt für die Zeilen und Randverteilungen der Tabelle.

Modalkategorie. Bei der Berechnung von λ_r für Tabelle 3-20 ist das die Differenz 58 - 21 = 37, bei der Berechnung von λ_c die Differenz 58 - 26 = 32.

Je nachdem, ob man λ_r oder λ_c berechnet, ist die generelle Definition dieser *ersten* Fehler

bei λ_r: $\quad\quad\quad\quad\quad E_1 = N - \max n_{i\cdot}$

bei λ_c: $\quad\quad\quad\quad\quad E_1 = N - \max n_{\cdot j}$

wobei E_1 = Anzahl der Fehler bei der Vorhersage der Modalkategorie der abhängigen Variablen auf der Basis ihrer eigenen Verteilung,

$\quad\quad$ N = Gesamthäufigkeit,

$\max n_{i\cdot}$ = modale Häufigkeit (Häufigkeit der Modalkategorie) der Zeilenvariablen und

$\max n_{\cdot j}$ = modale Häufigkeit (Häufigkeit der Modalkategorie) der Spaltenvariablen.

Für Tabelle 3-20 erhalten wir

bei λ_r: $\quad\quad\quad\quad\quad E_1 = 58 - 21 = 37$

bei λ_c: $\quad\quad\quad\quad\quad E_1 = 58 - 26 = 32$

Die Fehler, die man bei der Vorhersage der abhängigen Variablen auf der Basis der unabhängigen Variablen begeht (E_2), werden auf ganz ähnliche Weise berechnet, d.h. für jede Kategorie der unabhängigen Variablen ermittelt und dann summiert.

Bei der Berechnung von λ_r für Tabelle 3-20 erhalten wir für die erste Spalte 6 + 2 = 8 Fehler; das ist die Differenz zwischen der (Rand-)Häufigkeit und der Häufigkeit der vorhergesagten Modalkategorie *der ersten Spalte*: 16 - 8 = 8. Für die zweite Spalte ist das Ergebnis 26 - 9 = 17 und für die dritte Spalte 16 - 11 = 5. Die Gesamtzahl dieser Fehler ist die Summe 8 + 17 + 5 = 30.

Je nachdem, ob man λ_r oder λ_c berechnet, ist die generelle Definition dieser *zweiten* Fehler

bei λ_r:
$$E_2 = \sum_{j=1}^{c} (n_{.j} - \max_j n_j)$$

bei λ_c:
$$E_2 = \sum_{i=1}^{r} (n_{i.} - \max_i n_i)$$

wobei E_2 = Anzahl der Fehler bei der Vorhersage der Modalkategorie der abhängigen Variablen auf der Basis der Kategorien der unabhängigen Variablen,

$n_{.j}$ = (Rand-)Häufigkeit der j-ten Spalte,

$\max_j n_j$ = modale Häufigkeit der j-ten Spalte,

$n_{i.}$ = (Rand-)Häufigkeit der i-ten Zeile,

$\max_i n_i$ = modale Häufigkeit der i-ten Zeile,

$\sum_{j=1}^{c}$ = Instruktion, den spezifizierten Ausdruck über alle Spalten zu summieren, und

$\sum_{i=1}^{r}$ = Instruktion, den spezifizierten Ausdruck über alle Zeilen zu summieren.

Für Tabelle 3-20 erhalten wir bei der Berechnung von λ_r:

$$E_2 = (16 - 8) + (26 - 9) + (16 - 11)$$
$$= 8 + 17 + 5 = 30$$

Für Tabelle 3-20 erhalten wir bei der Berechnung von λ_c:

$$E_2 = (18 - 9) + (19 - 9) + (21 - 11)$$
$$= 9 + 10 + 10 = 29$$

(4) Lambda: Die generelle Formel zur Berechnung der proportionalen Fehlerreduktion lautet

$$\lambda = \frac{E_1 - E_2}{E_1}$$

Für Tabelle 3-20 erhalten wir folgende Lambda-Werte:

$$\lambda_r = \frac{E_1 - E_2}{E_1} = \frac{37 - 30}{37} = \frac{7}{37} = .18919 \text{ oder } .19$$

$$\lambda_c = \frac{E_1 - E_2}{E_1} = \frac{32 - 29}{32} = \frac{3}{32} = .09375 \text{ oder } .09$$

Wie ein Vergleich mit Tabelle 3-20 zeigt, stimmt auch der mit dem Zusatz "with V168T dependent" versehene Lambda-Wert mit dem hier berechneten Wert von λ_c = .09375 überein. Dieser Zahlenwert besagt, daß bei der Vorhersage der Variablen "Erforderliche Lernzeit in Jahren (V168T)" auf der Basis der Variablen "Monatliches Netto-einkommen in DM (V170T)" eine Vorhersageverbesserung von 9 Prozent gegenüber einer Vorhersage erzielt wird, die auf eine Auswertung der Information über die Einkommensvariable verzichtet und anstelle der konditionalen Modalkategorien die marginale Modalkategorie der Lernzeitvariablen vorhersagt.

Die *symmetrische* Version Lambdas ist eine einfache Kombination der Vorhersagefehler E_1 und E_2 der asymmetrischen Lambdas, die im Bei-spiel der Tabelle 3-20 folgenden Zahlenwert ergibt:

$$E_1 = 37 + 32 = 69$$

$$E_2 = 30 + 29 = 59$$

$$\lambda_s = \frac{E_1 - E_2}{E_1} = \frac{69 - 59}{69} = \frac{10}{69} = .14493 \text{ oder } .14$$

(vgl. Tabelle 3-20). Man beachte, daß dieser Wert nicht das arith-metische Mittel des Lambda-r- und des Lambda-c-Wertes ist: (.18919 + .09375)/2 = .14147 ≠ .14493.

Die hier gewählte Darstellungsweise sollte die Logik des Assozia-tionsmaßes *Lambda* erläutern, dessen Zahlenwerte ebensogut mit den folgenden *Rechenformeln* ermittelt werden können:

$$\lambda_r = \frac{\sum\limits_{j=1}^{c} \max\limits_{j} n_j - \max n_{i.}}{N - \max n_{i.}}$$

$$\lambda_c = \frac{\sum\limits_{i=1}^{r} \max\limits_{i} n_i - \max n_{.j}}{N - \max n_{.j}}$$

$$\lambda_s = \frac{\sum\limits_{j=1}^{c} \max\limits_{j} n_j + \sum\limits_{i=1}^{r} \max\limits_{i} n_i - \max n_{i.} - \max n_{.j}}{2N - \max n_{i.} - \max n_{.j}}$$

wobei N = Gesamthäufigkeit,

  $\max n_j$ = modale Häufigkeit der j-ten Spalte,

  $\max n_i$ = modale Häufigkeit der i-ten Zeile,

 $\max n_{.j}$ = modale Häufigkeit (Häufigkeit der Modalkategorie) der Spaltenvariablen,

 $\max n_{i.}$ = modale Häufigkeit (Häufigkeit der Modalkategorie) der Zeilenvariablen,

 $\sum\limits_{j=1}^{c}$ = Instruktion, den spezifizierten Ausdruck über alle Spalten zu summieren, und

 $\sum\limits_{i=1}^{r}$ = Instruktion, den spezifizierten Ausdruck über alle Zeilen zu summieren.

Für Tabelle 3-20 erhalten wir folgende, uns bereits bekannte Werte:

$$\lambda_r = \frac{(8 + 9 + 11) - 21}{58 - 21} = .18919$$

$$\lambda_c = \frac{(9 + 9 + 11) - 26}{58 - 26} = .09375$$

$$\lambda_s = \frac{(8 + 9 + 11) + (9 + 9 + 11) - 21 - 26}{2(58) - 21 - 26} = .14493$$

Tabelle 3-21: Beispiel einer Tabelle mit Lambda-r = 0 trotz
              Abweichung von der statistischen Unabhängigkeit

Crosstabulation: V167   Auch Vorgesetztenfunktionen
                   By V164D   Berufstätigkeit in Jahren

	Count	bis 25	über 25	
V164D–>		1	2	Row Total
V167				
1 nein		21	15	36 60.0
2 ja		9	15	24 40.0
Column Total		30 50.0	30 50.0	60 100.0

Lambda (asymmetric) = .00000 with V167 dependent
                    = .20000 with V164D dependent
Lambda (symmetric) = .11111

Daß Lambda den Wert 0 annehmen kann, obwohl eine statistische
Beziehung, wenngleich keine *prädiktive*, zwischen den Variablen
besteht, illustrieren zwei Beispiele. Tabelle 3-21, unser erstes
Beispiel, ist eine Wiederholung der in Abbildung 3-2 dargestellten
Tabelle 3-12, für die wir eine Prozentsatzdifferenz von d% = 20
ermittelten. Die nachfolgende Rechnung bestätigt die mit SPSS berechneten Lambda-Werte.

Lambda-r: $E_1 = 60 - 36 = 24$

$E_2 = (30 - 21) + (30 - 15) = 9 + 15 = 24$

$$\lambda_r = \frac{E_1 - E_2}{E_1} = \frac{24 - 24}{24} = .00000$$

Lambda-c: $E_1 = 60 - 30 = 30$

$E_2 = (36 - 21) + (24 - 15) = 15 + 9 = 24$

$$\lambda_c = \frac{E_1 - E_2}{E_1} = \frac{30 - 24}{30} = \frac{6}{30} = .20000$$

Tabelle 3-22: Beispiel einer Tabelle mit Lambda-c = 0 trotz
Abweichung von der statistischen Unabhängigkeit

Crosstabulation: V174D   Berufswechsel
By V168T   Erforderliche Lernzeit in Jahren

V168T→	Count	bis 1	2 bis 4	über 4	Row
V174D		1	2	3	Total
nein	1	4	11	11	26 43.3
ja	2	14	15	5	34 56.7
Column Total		18 30.0	26 43.3	16 26.7	60 100.0

Lambda (asymmetric) = .23077 with V174D dependent
= .00000 with V168T dependent
Lambda (symmetric) = .10000

Lambda-s: E_1 = 24 + 30 = 54

E_2 = 24 + 24

$$\lambda_s = \frac{E_1 - E_2}{E_1} = \frac{54 - 48}{54} = .11111$$

Im Fall der Tabelle 3-21 nimmt Lambda-r den Zahlenwert 0 an, weil
die vorherzusagenden konditionalen Modalkategorien mit der marginalen Modalkategorie der abhängigen Variablen übereinstimmen; da
alle modalen Häufigkeiten in derselben Zeile liegen, ist die Anzahl der Fehler der zweiten Vorhersage (E_2 = 9 + 15 = 24) gleich
der Anzahl der Fehler der ersten Vorhersage (E_1 = 24). Das aber
bedeutet, daß bei der Vorhersage der Zeilenvariablen keine Fehlerreduktion (E_1 - E_2 = 24 - 24 = 0) und damit keine Vorhersage;ver-
besserung möglich ist.

Tabelle 3-22, unser zweites Beispiel, ist eine Wiederholung der
Tabelle 3-18, für die wir T-, V- und C-Koeffizienten von .297,
.354 und .333 ermittelten.

Die in Tabelle 3-22 ausgewiesenen Lambda-Werte sind schnell berechnet:

Lambda-r: $E_1 = 60 - 34 = 26$

$E_2 = (18 - 14) + (26 - 15) + (16 - 11) = 20$

$\lambda_r = \dfrac{E_1 - E_2}{E_1} = \dfrac{26 - 20}{26} = \dfrac{6}{26} = .23077$

Lambda-c: $E_1 = 60 - 26 = 34$

$E_2 = (26 - 11) + (34 - 15) = 34$

$\lambda_c = \dfrac{E_1 - E_2}{E_1} = \dfrac{34 - 34}{34} = .00000$

Lambda-s: $E_1 = 26 + 34 = 60$

$E_2 = 20 + 34 = 54$

$\lambda_s = \dfrac{E_1 - E_2}{E_1} = \dfrac{60 - 54}{60} = \dfrac{6}{60} = .10000$

Hier nimmt Lambda-c den Zahlenwert 0 an, weil die Anzahl der Fehler bei der Vorhersage der konditionalen Modalkategorien (E_2 = 15 + 19 = 34) gleich der Anzahl der Fehler bei der Vorhersage der abhängigen Spaltenvariablen (E_1 = 34) ist. Da infolgedessen keine Fehlerreduktion erzielt werden kann ($E_1 - E_2$ = 34 - 34 = 0), trägt die Variable "Berufswechsel (V174D)" nichts zur Vorhersage der Variablen "Erforderliche Lernzeit in Jahren (V168T)" bei. In diesem spezifischen Sinne ist die (prädiktive) Assoziation gleich Null, obwohl die Abweichung von der statistischen Unabhängigkeit ungleich Null ist. Konkreter: Die (asymmetrische) prädiktive Assoziation ist gleich Null (λ_c = 0), wenn Variable V168T auf der Basis der Variablen V174D vorhergesagt wird; sie ist ungleich Null (λ_r = .23), wenn Variable V174D auf der Basis der Variablen V168T vorhergesagt wird.

Die beiden vorangehenden Beispiele verdeutlichen eine Besonderheit

Lambdas: Ist die Modalkategorie der abhängigen Variablen in allen
Kategorien der unabhängigen Variablen dieselbe, so ist Lambda, un-
geachtet anderer Eigenschaften der gemeinsamen Verteilung, gleich
Null. Und in Tabellen mit einem starken Übergewicht der Fälle in
einer der Kategorien der abhängigen Variablen nimmt Lambda häufig
sehr kleine Werte an - was vor allem jenen Forschern als Nachteil
erscheinen mag, die an der Demonstration starker Beziehungen interessiert sind.

GOODMAN und KRUSKAL - die in ihrer Notation die Variablen mit A
und B und den Koeffizienten mit λ_b bezeichnen, wenn B die abhängige Variable ist - kommentieren die Tatsache, daß Lambda den Wert
Null annehmen kann, ohne daß eine statistische Unabhängigkeit gegeben ist, wie folgt (1954, S.742):

> "That λ_b may be zero without statistical independence holding
> may be considered by some as a disadvantage of this measure.
> We feel, however, that this is not the case, for λ_b is con-
> structed specifically to measure association in a restricted
> but definite sense, namely the predictive interpretation
> given. If there is no association in that sense, even though
> there is association in other senses, one would want λ_b to be
> zero. Moreover, all the measures of association of which we
> know are subject to this kind of criticism in one form or
> another, and indeed it seems inevitable. To obtain a measure
> of association one must sharpen the definition of association,
> and this means that of the many vague intuitive notions of the
> concept some must be dropped."

In diesem *restriktiven, aber definitiven Sinn* erlaubt Lambda die
Beantwortung der Frage, in welchem Maße uns die Kenntnis der
einen Variablen die andere Variable vorherzusagen hilft, je nachdem, welche der beiden Variablen als von der anderen abhängig betrachtet wird. Wie es mit der Assoziation in einem anderen Sinn
bestellt ist, spielt dabei keine Rolle. Entscheidend ist, ob eine
als Fehlerreduktion definierte Vorhersageverbesserung möglich ist
oder nicht. Darüber gibt der Zahlenwert Lambdas Aufschluß: "λ_b
gives the proportion of errors that can be eliminated by taking
account of knowledge of the A classifications of individuals"
(GOODMAN und KRUSKAL, 1954, S.741). Lambda-Werte informieren folglich über die proportionale bzw. (mit 100 multipliziert) relative

Eliminierung oder Reduktion der Fehler, die bei der Anwendung
zweier Vorhersageregeln auf die Daten einer bivariaten Tabelle erzielt wird. Oder anders gesagt: Lambda-Werte repräsentieren die
proportionale Fehlerreduktion, die erzielt wird, wenn eine auf
der bivariaten Verteilung basierende Vorhersage (der konditionalen
Modalkategorien) mit einer auf der Randverteilung der abhängigen
Variablen basierenden Vorhersage (der marginalen Modalkategorie)
verglichen wird. So sagt ein Lambda-Wert von .25 aus, daß man bei
der Vorhersage der abhängigen Variablen 25 Prozent weniger Fehler
begeht, wenn man die Information über die unabhängige Variable
ausnutzt, gegenüber einer Vorhersage, die sich lediglich auf die
Verteilung der abhängigen Variablen stützt.

Wie gezeigt, ist Lambda ein asymmetrisches Assoziationsmaß, das
insbesondere für nominale Variablen geeignet ist. Normalerweise
sind Beziehungen zwischen Variablen von vornherein als asymmetrische oder "one-way-associations" spezifiziert, so daß eine der
beiden Variablen als unabhängig, d.h. als der anderen Variablen
zeitlich vorangehend betrachtet wird. Ist das nicht der Fall,
kann das symmetrische Maß λ_s berechnet werden.

3.4 Die Analyse der Beziehung zwischen ordinalen Variablen

Haben zwei Variablen das Niveau einer *Ordinalskala*, so ist die
zwischen ihnen bestehende Beziehung mit anderen als den bisher
behandelten Maßzahlen zu beschreiben, obwohl wir im Prinzip auch
die für nominale Variablen geeigneten Assoziationsmaße zur Charakterisierung der Beziehung zwischen ordinalen Variablen (und metrischen Variablen oder Kombinationen aus beiden Typen) verwenden
können. Letzteres ist zwar möglich, aber nicht empfehlenswert.
Denn wenn wir Assoziationsmaße, die für nominale Variablen konzipiert wurden, zur Beschreibung der Beziehung zwischen ordinalen
(und/oder metrischen) Variablen benutzen, gehen uns Informationen
verloren, auf die wir nicht verzichten sollten. Zwischen ordinalen
(und/oder metrischen) Variablen können nämlich sowohl *positive* als

auch *negative* (inverse) Beziehungen bestehen, die durch das Vorzeichen der für diese Variablen vorgeschlagenen Assoziationsmaße
angezeigt werden. Die Zahlenwerte dieser Assoziationskoeffizienten
variieren zwischen -1, wenn eine perfekte negative Beziehung gegeben ist, über 0, wenn keine Beziehung vorliegt, bis +1, wenn eine
perfekte positive Beziehung zwischen den Variablen besteht.

Aufgrund ordinalen Messens sind Sozialwissenschaftler oft in der
Lage anzugeben, welche von zwei Untersuchungseinheiten im Hinblick
auf eine bestimmte Variable vor der anderen rangiert, d.h. welche
von beiden bezüglich der gemessenen Variablen "größer" oder "kleiner" ist (falls nicht - dritte Möglichkeit - beide dieselbe Ausprägung haben, also bezüglich der betrachteten Variablen nicht
unterscheidbar oder verknüpft sind). So sind Sozialwissenschaftler
bestrebt, Personen im Hinblick auf den Grad der Entfremdung, der
sozialen Distanz, des politischen Interesses, des Berufsprestiges,
der Leistungsorientierung, der Bildung oder des sozialen Status
zu unterscheiden.

Obwohl einige Variablen dieses in den Sozialwissenschaften häufig
vorkommenden Typs von ursprünglich ordinaler Natur sein mögen (wie
etwa die Variable "perzipierte soziale Distanz", bei der der Per-
zipient nur ordinale Unterschiede wahrnimmt), ist die Basis ordinaler Variablen nicht selten eine Situation, in der man bestimmte
manifeste Variablen als Indikatoren einer nicht beobachtbaren zugrundeliegenden Variablen betrachtet und annimmt, daß zwischen der
zugrundeliegenden theoretischen Variablen und den manifesten Indikatoren monotone Beziehungen bestehen. Beispielsweise kann man die
Variable "Anzahl vollendeter Schuljahre" zweifellos in dem Sinne
als Ratioskala behandeln, als jemand, der zwölf Schuljahre voll-
endete, doppelt soviel Schuljahre aufzuweisen hat wie jemand, der
die Schule nur sechs Jahre lang besuchte. In vielen Fällen ist der
Forscher aber nicht an der Anzahl vollendeter Schuljahre interessiert, sondern an der Abbildung des Individuums auf einem Kontinuum, das mit "Kenntnisstand, Verständnisfähigkeit und Fertigkeiten" oder so ähnlich umschrieben werden kann. Da diese theoretische "Bildungs"-Variable kaum gemessen werden kann, wird die

verhältnismäßig leicht meßbare Variable "Anzahl vollendeter Schuljahre" als (durchaus gute) Indikatorvariable benutzt. Auf ganz
ähnliche Weise wird mitunter die in Mark ausgedrückte Schwere von
Fehlern, die jemand bei seinen Routinearbeiten machen kann, als
Indikatorvariable der theoretischen Variablen "persönliche Verant-
wortung" benutzt. Von solchen Indikatorvariablen kann jedoch kaum
angenommen werden, daß sie metrische Messungen der zugrundeliegenden Zielvariablen sind. Diese Beispiele illustrieren, weshalb viele
Variablen, die metrisches Meßniveau zu haben scheinen, in Wahrheit ordinale Variablen sind. Dies wiederum weist den Maßzahlen
der ordinalen Assoziation einen besonderen Stellenwert zu (siehe
hierzu SOMERS, 1962, S.800).

Wenn wir beispielsweise nicht sagen können, daß eine Person mit
zwölf Schuljahren doppelt soviel "Bildung" hat wie eine Person mit
sechs Schuljahren, und wenn wir nicht einmal annehmen können, daß
die Abstände zwischen nebeneinanderliegenden Variablenwerten
gleich sind, können wir in der Datenanalyse lediglich die Information auswerten, daß die eine Person im Hinblick auf die Variable
"Bildung" höher rangiert als die andere. Wenn wir den Vergleich
zweier Personen (generell: Untersuchungseinheiten oder Fälle) auf
zwei Variablen beziehen, können wir ein *Paar* von Personen daraufhin betrachten, ob diejenige Person, die im Hinblick auf die Variable X "größer" ist als die andere, auch im Hinblick auf die Variable Y "größer" ist oder nicht. Dies ist eine Betrachtungsweise
der Untersuchungseinheiten und Variablen, die für das Verständnis
der ordinalen Assoziation von zentraler Bedeutung ist. Deshalb
werden wir uns zunächst mit dem Begriff der Paare befassen.

3.4.1   ZUM BEGRIFF DER PAARE

Beginnen wir mit einem denkbar einfachen Beispiel, das sich auf
zwei Untersuchungseinheiten und zwei Variablen bezieht. Nehmen wir
an, zwei Schüler, a und b, hätten für ihre Leistungen in den
Fächern Mathematik und Physik folgende Noten erhalten:

Schüler	Mathematik-note	Physik-note
	X	Y
a	5	5
b	4	4

Da die Vier eine bessere Note ist als die Fünf, stellen wir fest,
daß Schüler b in beiden Fächern eine bessere Note erhielt als
Schüler a. Im Hinblick auf die eine (X) wie auf die andere Variable (Y) besteht folglich *dieselbe* Rangordnung zwischen den beiden
Schülern. Ein solches Paar wird *konkordant* (engl. concordant, same-
ordered), auch konsistent, positiv oder "gleichsinnig" genannt.
Nehmen wir an, zwei weitere Schüler, c und d, hätten folgende Noten
in den Fächern Mathematik und Physik erhalten:

Schüler	Mathematik-note	Physik-note
	X	Y
c	1	3
d	2	2

Hier stellen wir fest, daß Schüler c im Fach Mathematik eine
bessere, im Fach Physik hingegen eine schlechtere Note erzielte
als Schüler d. Im Hinblick auf die Variablen X und Y besteht folglich eine *unterschiedliche* Rangordnung zwischen diesen beiden
Schülern. Ein solches Paar wird *diskordant* (engl. discordant,
different-ordered), auch inkonsistent, negativ oder "gegensinnig"
genannt. Im ersten dieser beiden Beispiele spricht man von einer
positiven Beziehung, im zweiten von einer *negativen* Beziehung
zwischen den Variablen X und Y. Generell wird eine Beziehung
positiv genannt, wenn hohe (niedrige) Werte der einen Variablen
mit hohen (niedrigen) Werten der anderen Variablen einhergehen;
eine Beziehung wird negativ oder invers genannt, wenn hohe (nie-

drige) Werte der einen Variablen mit niedrigen (hohen) Werten der
anderen Variablen einhergehen.

Bezeichnen wir die Anzahl der *konkordanten* Paare mit N_c (c für
"concordant") und die Anzahl der *diskordanten* Paare mit N_d (d für
"discordant"), so wird das Übergewicht der einen oder anderen
Rangordnung durch die Differenz $N_c - N_d$ ausgedrückt. Ist diese
Differenz positiv, so gibt es offensichtlich mehr Paare, bei denen
die Variablen dieselbe Rangordnung erzeugten; ist die Differenz
negativ, so liegen offensichtlich mehr Paare vor, bei denen die
Variablen eine unterschiedliche Rangordnung erzeugten. Dividieren
wir die Differenz $N_c - N_d$ durch die Gesamtzahl der möglichen Paare,
so erhalten wir das von Maurice KENDALL entwickelte Assoziationsmaß τ_a (lies das kleine griechische Tau, versehen mit dem Subskript a, "Tau-sub-a" oder kurz "Tau-a"). Dieser Koeffizient ist
wie folgt definiert:

$$\tau_a = \frac{N_c - N_d}{\dfrac{N(N-1)}{2}}$$

wobei N_c = Anzahl der konkordanten Paare,

$\quad\quad N_d$ = Anzahl der diskordanten Paare und

$\dfrac{N(N-1)}{2}$ = Gesamtzahl der möglichen Paare.

Zwecks Anwendung der hier eingeführten Begriffe wollen wir unser
Beispiel um einen fünften Schüler erweitern (siehe die folgende
Datenmatrix).

Schüler	Mathematik- note X	Physik- note Y
a	5	5
b	4	4
c	1	3
d	2	2
e	3	1

Unser erstes Problem besteht darin, *alle möglichen Paare* zu identifizieren, die aus diesen fünf Individuen gebildet werden können.
Betrachten wir zunächst das erste Individuum. Schüler a kann mit
jedem der übrigen vier Schüler gepaart werden. Die resultierenden
Paare sind: (a, b), (a, c), (a, d) und (a, e). Betrachten wir alsdann das zweite Individuum. Auch Schüler b kann mit jedem der vier
anderen Schüler gepaart werden. Die resultierenden vier Paare sind:
(b, a), (b, c), (b, d) und (b, e). Generell gibt es für jedes der
fünf Individuen vier andere, mit denen es gepaart werden kann,
insgesamt 5 x 4 oder N(N - 1) Paare. Unsere obige Aufzählung enthält allerdings das Paar (a, b) wie auch das Paar (b, a). Die Wendung "alle möglichen Paare" soll aber lediglich bedeuten, daß aus
gleichen Untersuchungseinheiten gebildete Paare nur einmal zu
zählen sind (als sog. Kombinationen). Da in unserem Beispiel fünf
Individuen gegeben sind, ist die *Anzahl aller möglichen Paare* (lies
"N über zwei")

$$\binom{N}{2} = \frac{N(N - 1)}{2} = \frac{5(5 - 1)}{2} = 10$$

Unser nächstes Problem besteht darin, jedes der 10 Paare daraufhin
zu untersuchen, ob es ein konkordantes oder diskordantes Paar ist.
Das kann mit Hilfe der folgenden Arbeitstabelle geschehen.

Tabelle 3-23: Arbeitstabelle zur Identifizierung der Paartypen

Paar	Rangordnung im Hinblick auf X	Rangordnung im Hinblick auf Y	Paartyp
a, b	a < b	a < b	konkordant
a, c	a < c	a < c	"
a, d	a < d	a < d	"
a, e	a < e	a < e	"
b, c	b < c	b < c	"
b, d	b < d	b < d	"
b, e	b < e	b < e	"
c, d	c > d	c < d	diskordant
c, e	c > e	c < e	"
d, e	d > e	d < e	"

Tabelle 3-24: Veranschaulichung der konkordanten und diskordanten
Paare in der bivariaten Tabelle

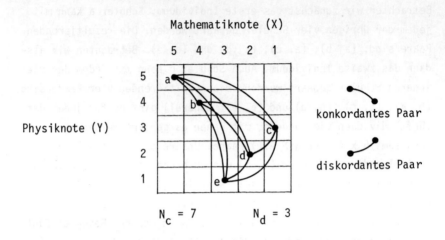

Wenn wir eine bivariate Tabelle anlegen und die 10 Paare der fünf
(als Punkte dargestellten) Schüler mit Hilfe von Verbindungslinien
veranschaulichen, lassen sich die konkordanten und diskordanten
Paare durch bloße Inspektion ausmachen (siehe Tabelle 3-24).

Mit Hilfe der Arbeitstabelle wie auch mit Hilfe der bivariaten
Tabelle identifizieren wir 7 konkordante und 3 diskordante Paare:
N_c = 7 und N_d = 3. Durch Einsetzen dieser Werte in die angeführte
Formel des KENDALLschen Assoziationskoeffizienten Tau-a erhalten
wir

$$\tau_a = \frac{N_c - N_d}{\frac{N(N - 1)}{2}} = \frac{7 - 3}{\frac{5(5 - 1)}{2}} = \frac{4}{10} = .40$$

Der Grad der mit Tau-a ausgedrückten (positiven) ordinalen Assoziation zwischen den Variablen X (Mathematiknote) und Y (Physiknote)
ist folglich .40.

Das Assoziationsmaß Tau-a ist am ehesten für Daten geeignet, in
denen keine sog. *Bindungen* oder *Verknüpfungen* (engl. ties) auftreten. Diese liegen vor, wenn nicht alle Untersuchungseinheiten
verschiedene Variablenwerte aufweisen, so daß eine strenge Rang-

ordnung ausgeschlossen ist. Anders gesagt: Zwei Untersuchungseinheiten sind verknüpft, wenn sie bezüglich einer oder beider Variablen denselben Wert haben. Das folgende Beispiel ist ein Paar, das
bezüglich der X-Variablen verknüpft und bezüglich der Y-Variablen
nicht verknüpft ist:

Schüler	Mathematik-note	Physik-note
	X	Y
f	3	2
g	3	4

Werden Untersuchungseinheiten im Hinblick auf eine bestimmte Vari-
able rangmäßig geordnet, treten normalerweise viele "Ties" auf.
Beispielsweise erhalten viele Schüler für ihre Leistungen dieselbe
Note. Werden, wie in unserem Beispiel, die Leistungen mit nur
fünf Noten bewertet, so können maximal fünf Schüler *verschiedene*
Noten erzielen. Es tritt notwendig ein "Tie" auf, sobald die
Leistung eines sechsten Schülers beurteilt wird, weil nur fünf
verschiedene Noten zur Beurteilung zur Verfügung stehen.

Dieses Beispiel macht deutlich, daß "Ties" besonders häufig vorkommen, wenn - etwa zwecks Bildung von Kreuztabellen - Variablenwerte klassiert, d.h. wenn Variablenausprägungen zu Klassen zusammengefaßt werden; es sind dann alle Untersuchungseinheiten,
die in dieselbe Klasse oder Kategorie fallen, miteinander verknüpft. Da aber Maßzahlen der ordinalen Assoziation typischerweise für Tabellen mit Variablen berechnet werden, deren Ausprägungen mehr oder weniger stark zusammengefaßt wurden und deshalb
viele "Ties" aufweisen, ist es wichtig zu wissen, wie "Ties" identifiziert und behandelt werden.

Generell gibt es fünf verschiedene Erscheinungsformen von Paaren;
drei dieser *fünf Paartypen* involvieren "Ties":

1. Die Untersuchungseinheiten können im Hinblick auf X und Y dieselbe Rangordnung haben. Diese *konkordanten* Paare werden mit
   dem Symbol N_c bezeichnet.

2. Die Untersuchungseinheiten können im Hinblick auf X und Y eine
   unterschiedliche Rangordnung haben. Diese *diskordanten* Paare
   werden mit dem Symbol N_d bezeichnet.

3. Die Untersuchungseinheiten können im Hinblick auf X verknüpft
   (engl. tied on X), jedoch im Hinblick auf Y verschieden sein.
   Diese Paare werden mit dem Symbol T_x bezeichnet.

4. Die Untersuchungen können im Hinblick auf X verschieden, jedoch
   im Hinblick auf Y verknüpft sein (engl. tied on Y). Diese Paare
   werden mit dem Symbol T_y bezeichnet.

5. Die Untersuchungseinheiten können im Hinblick auf X und Y verknüpft sein. Diese Paare werden mit dem Symbol T_{xy} bezeichnet.

Die genannten fünf Alternativen erschöpfen alle möglichen Erscheinungsformen eines Paares. Deshalb ist die Summe der fünf Paartypen
gleich der *Anzahl aller möglichen Paare:*

$$\binom{N}{2} = \frac{N(N-1)}{2} = N_c + N_d + T_x + T_y + T_{xy}$$

Wie wir im nächsten Abschnitt sehen werden, gibt es verschiedene
Varianten der Behandlung, d.h. der Berücksichtigung oder Ignorie-
rung einiger dieser Paartypen, deren Kombination verschiedene
Maßzahlen der ordinalen Assoziation ergeben.

Zuvor wollen wir uns anhand zweier Beispiele damit vertraut machen,
wie die Paare in bivariaten Tabellen verteilt sind und wie man sie
ermittelt. Das sei zunächst an einer gemeinsamen Häufigkeitsverteilung zweier ordinaler Variablen in einer 2 x 3-Tabelle illustriert. Die bivariate Tabelle, die wir genauer betrachten wollen
(Tabelle 3-26), basiert auf den Variablen "Erforderliche Lernzeit

in Monaten (V168)" und "Zufriedenheit mit dem beruflich Erreichten
(V175)" (siehe Fragebogen in Anhang A und Datenmatrix in Anhang B),
die hier in trichotomisierter Form "Erforderliche Lernzeit in
Jahren (V168T)" bzw. in dichotomisierter Form (V175D) kreuztabuliert sind. Da wir es in unserem ersten Beispiel mit einer 2 x 3-
Tabelle zu tun haben, ist auch das generelle Schema der Tabelle
3-25 auf eine 2 x 3-Tabelle zugeschnitten. Dem Leser wird jedoch
bald klarwerden, daß die hier erläuterte Vorgehensweise zur *Ermittlung der Paare* auf jede beliebige bivariate Tabelle analog angewendet werden kann, gleichgültig welches Format bzw. welche Größe
die r x c-Tabelle hat (siehe dazu auch S.252ff).

Wie aus Tabelle 3-27 hervorgeht, bezeichnen die kleinen Buchstaben
a bis f die Zellenbesetzungen der in Tabelle 3-25 dargestellten
2 x 3-Tabelle, für die Tabelle 3-26 ein numerisches Beispiel zur
Berechnung der in ihr enthaltenen Paare abgibt. Auf der Basis der
ermittelten Paare können alle unterhalb der Tabelle 3-26 aufgeführten Assoziationsmaße berechnet werden (was im Rahmen des SPSS-Pro-
gramms mit der Prozedur CROSSTABS geschah). Bei diesen Maßzahlen
der ordinalen Assoziation handelt es sich um Maurice KENDALLs Tau-
Koeffizienten, um GOODMAN und KRUSKALs Gamma-Koeffizient und um
die von Robert SOMERS vorgeschlagenen d-Koeffizienten.

Bevor wir uns in Abschnitt 3.4.2 mit diesen Maßzahlen beschäftigen, wollen wir uns dem zweiten Beispiel (Tabelle 3-28) zuwenden,
das auf anschauliche Weise über die Verteilung der Paare in einer
2 x 2-Tabelle mit geringer Besetzung (N = 8) informiert. In Tabelle
3-28 sind - wie in Tabelle 3-24 - die Untersuchungseinheiten als
Punkte dargestellt und die Paare mittels Verbindungslinien zwischen
den Untersuchungseinheiten kenntlich gemacht. Diese Prozedur zur
Identifizierung und Veranschaulichung der Paare kann prinzipiell
auf jede r x c-Tabelle angewendet werden, praktisch allerdings
nur dann, wenn die Anzahl der Fälle nicht zu groß ist und die Darstellung übersichtlich bleibt.

Tabelle 3-25: Generelles Schema einer 2 x 3-Tabelle, zugeschnitten
auf Tabelle 3-26 und Tabelle 3-27

X-Variable

	x_1	x_2	x_3
y_1	a	b	c
y_2	d	e	f

Y-Variable

Tabelle 3-26: Erforderliche Lernzeit in Jahren (trichotomisiert)
und Zufriedenheit mit dem beruflich Erreichten
(dichotomisiert)

Crosstabulation: V175D   Zufriedh. m. d. berufl. Erreichten
                      By V168T   Erforderliche Lernzeit in Jahren

Count	bis 1	2 bis 4	über 4	
V168T–>				Row
	1	2	3	Total
V175D				
1	12	12	5	29
gering				48.3
2	6	14	11	31
hoch				51.7
Column	18	26	16	60
Total	30.0	43.3	26.7	100.0

Kendall's Tau B   = .25330
Kendall's Tau C   = .28889
Gamma   = .43046
Somers' D (asymmetric) = .22184 with V175D dependent
                       = .28921 with V168T dependent
Somers' D (symmetric) = .25109

Tabelle 3-27: Ermittlung der Paare in einer 2 x 3-Tabelle, bezogen
auf Tabelle 3-25 und Tabelle 3-26

Paartyp	Symbol	Anzahl der Paare (Tabelle 3-25)	Rechenbeispiel (Tabelle 3-26)
konkordant	N_c	$a(e + f) + b(f)$	$12(14 + 11)$ $+ 12(11)$ $= 432$
diskordant	N_d	$c(d + e) + b(d)$	$5(6 + 14)$ $+ 12(6)$ $= 172$
nur in X verknüpft	T_x	$a(d) + b(e) + c(f)$	$12(6)$ $+ 12(14)$ $+ 5(11)$ $= 295$
nur in Y verknüpft	T_y	$a(b + c) + b(c)$ $+ d(e + f) + e(f)$	$12(12 + 5)$ $+ 12(5)$ $+ 6(14 + 11)$ $+ 14(11)$ $= 568$
in X und Y verknüpft	T_{xy}	$\frac{1}{2}\big[a(a - 1)$ $+ b(b - 1)$ $+ c(c - 1)$ $+ d(d - 1)$ $+ e(e - 1)$ $+ f(f - 1)\big]$	$\frac{1}{2}\big[12(12 - 1)$ $+ 12(12 - 1)$ $+ 5(5 - 1)$ $+ 6(6 - 1)$ $+ 14(14 - 1)$ $+ 11(11 - 1)\big]$ $= 303$
mögliche Paare insgesamt	$\binom{N}{2}$	$\dfrac{N(N - 1)}{2}$	$\dfrac{60(60 - 1)}{2} = 1770$

Tabelle 3-28: Die Verteilung der Paare in einer 2 x 2-Tabelle mit
bestimmten Zellenbesetzungen

	x_1	x_2	
y_1	1	2	3
y_2	3	2	5
	4	4	8

$$\frac{N(N-1)}{2} = \frac{8(8-1)}{2} = 28$$

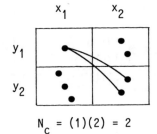

$N_c = (1)(2) = 2$

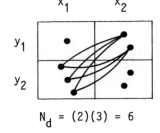

$N_d = (2)(3) = 6$

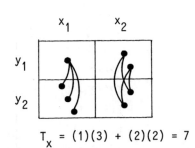

$T_x = (1)(3) + (2)(2) = 7$

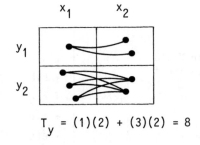

$T_y = (1)(2) + (3)(2) = 8$

Die Anzahl der Paare in Zelle$_{21}$ ist $\frac{n(n-1)}{2} = \frac{3(3-1)}{2} = 3$ und in Zelle$_{12}$ und Zelle$_{22}$ je $\frac{2(2-1)}{2} = 1$. Folglich ist $T_{xy} = 1 + 3 + 1 = 5$.

$$\binom{N}{2} = \frac{N(N-1)}{2} = N_c + N_d + T_x + T_y + T_{xy} = 2 + 6 + 7 + 8 + 5 = 28$$

3.4.2   MASSZAHLEN DER ORDINALEN ASSOZIATION

Wir sind jetzt in der Lage, verschiedene Maßzahlen der ordinalen
Assoziation zu betrachten, die auf dem Konzept des paarweisen
Vergleichs der Untersuchungseinheiten beruhen. Die nachfolgenden
Assoziationsmaße haben alle denselben Zählerausdruck wie τ_a,
nämlich $N_c - N_d$. Diese Differenz reflektiert das numerische Übergewicht konkordanter oder diskordanter Paare. Jede Maßzahl hat
jedoch einen anderen Nennerausdruck, in dem sich die unterschiedliche Behandlung der "Ties" niederschlägt.

KENDALLs
$$\tau_a = \frac{N_c - N_d}{\frac{N(N-1)}{2}}$$

KENDALLs
$$\tau_b = \frac{N_c - N_d}{\sqrt{(N_c + N_d + T_x)(N_c + N_d + T_y)}}$$

KENDALLs
$$\tau_c = \frac{N_c - N_d}{\frac{1}{2}N^2\left(\frac{m-1}{m}\right)} = \frac{2(N_c - N_d)}{N^2\left(\frac{m-1}{m}\right)}$$

wobei N die Gesamtzahl der Untersuchungseinheiten und m die Zahl
der Zeilen oder Spalten der r x c-Tabelle symbolisiert, die die
kleinere von beiden ist.

GOODMAN
und KRUSKALs
$$\gamma = \frac{N_c - N_d}{N_c + N_d}$$

SOMERS'
$$d_{yx} = \frac{N_c - N_d}{N_c + N_d + T_y}$$

SOMERS'
$$d_{xy} = \frac{N_c - N_d}{N_c + N_d + T_x}$$

SOMERS'
$$d_s = \frac{N_c - N_d}{N_c + N_d + \frac{1}{2}\left(T_y + T_x\right)}$$

Bevor wir einige Eigenschaften dieser Assoziationsmaße diskutieren, wollen wir den Zahlenwert eines jeden Koeffizienten berechnen. Dazu greifen wir auf Tabelle 3-26 zurück, deren Paare in Tabelle 3-27 ermittelt wurden. (Um zu demonstrieren, daß die nachfolgend berechneten Koeffizienten nicht von den mit der SPSS-Prozedur CROSSTABS berechneten und in Tabelle 3-26 ausgewiesenen Koeffizienten abweichen, sind die Zahlenwerte nicht, wie sonst üblich, auf zwei oder höchstens drei Stellen nach dem Komma bzw. Dezimalpunkt gerundet.) Tabelle 3-27 weist für die N = 60 Befragten folgende Paare aus:

$$N_c = 432$$

$$N_d = 172$$

$$T_x = 295$$

$$T_y = 568$$

$$T_{xy} = 303$$

$$\frac{N(N-1)}{2} = 1770$$

Wir erhalten einen relativ niedrigen KENDALLschen Tau-a-Koeffizienten (fehlt in Tabelle 3-26):

$$\tau_a = \frac{N_c - N_d}{\frac{N(N-1)}{2}} = \frac{432 - 172}{1770} = \frac{260}{1770} = .14689$$

Der KENDALLsche Tau-b-Koeffizient hat einen höheren Zahlenwert, nämlich

$$\tau_b = \frac{N_c - N_d}{\sqrt{(N_c + N_d + T_x)(N_c + N_d + T_y)}}$$

$$= \frac{432 - 172}{\sqrt{(432 + 172 + 295)(432 + 172 + 568)}}$$

$$= \frac{260}{\sqrt{(899)(1172)}} = \frac{260}{\sqrt{1053628}} = .25330$$

Einen noch höheren Zahlenwert hat KENDALLs Tau-c-Koeffizient:

$$\tau_c = \frac{N_c - N_d}{\frac{1}{2}N^2\left(\frac{m-1}{m}\right)} = \frac{432 - 172}{\frac{1}{2}(60)^2\left(\frac{2-1}{2}\right)} = \frac{260}{900} = .28889$$

Der von GOODMAN und KRUSKAL konzipierte Gamma-Koeffizient hat den höchsten Zahlenwert, nämlich

$$\gamma = \frac{N_c - N_d}{N_c + N_d} = \frac{432 - 172}{432 + 172} = \frac{260}{604} = .43046$$

Die von SOMERS vorgeschlagenen Koeffizienten nehmen folgende Werte an:

$$d_{yx} = \frac{N_c - N_d}{N_c + N_d + T_y} = \frac{432 - 172}{432 + 172 + 568} = \frac{260}{1172} = .22184$$

$$d_{xy} = \frac{N_c - N_d}{N_c + N_d + T_x} = \frac{432 - 172}{432 + 172 + 295} = \frac{260}{899} = .28921$$

$$d_s = \frac{N_c - N_d}{N_c + N_d + \frac{1}{2}\left(T_y + T_x\right)}$$

$$= \frac{432 - 172}{432 + 172 + \frac{1}{2}\left(568 + 295\right)} = \frac{260}{1035.5} = .25109$$

Für den (seltenen) Fall, daß keine "Ties" vorkommen, sind die Koeffizienten τ_a, τ_b, τ_c, γ, d_{yx}, d_{xy} und d_s ein und dasselbe Maß, das denselben Zahlenwert produziert (was sich anhand der Tabelle 3-24, die keine "Ties" enthält, überprüfen läßt). Beim Auftreten von "Ties" können die Koeffizienten erheblich voneinander abweichen.[1]

---

1) Beispiele für die Effekte von "Ties", die insbesondere durch Zusammenfassungen der Ausprägungen kreuztabulierter ordinaler Variablen, d.h. durch Verkleinerungen bivariater Tabellen entstehen, finden sich in BENNINGHAUS, 1992, Abschnitt 6.2.

Tau-a. KENDALLs Tau-a (τ_a) ist definiert als das Verhältnis des
Obergewichts konkordanter oder diskordanter Paare zur Gesamtzahl
der möglichen Paare:

$$\tau_a = \frac{N_c - N_d}{\dfrac{N(N - 1)}{2}}$$

Dieser Koeffizient kann Werte von -1 bis +1 annehmen. Ein Zahlenwert von 0 besagt, daß die Anzahl der konkordanten und diskordanten Paare gleich ist, während ein Zahlenwert von 1 anzeigt, daß
entweder nur diskordante ($\tau_a = -1$) oder nur konkordante ($\tau_a = +1$)
Paare vorliegen. Tau-a ist ein *symmetrischer* Koeffizient, da die
Ermittlung der N_c und N_d keine Entscheidung darüber verlangt,
welche Variable als unabhängig bzw. abhängig zu betrachten ist.
Der Koeffizient kann für r x c-Tabellen beliebiger Größe, d.h.
für Kreuztabulationen ordinaler Variablen, die beliebig viele
Ausprägungen haben, berechnet werden.

Tau-a hat die Eigenschaft, den Maximalwert 1 *nicht* erreichen zu
können, wenn - was bei Kreuztabulationen die Regel ist - "Ties"
auftreten. Bei einem hohen Anteil verknüpfter Paare (T_x, T_y und/
oder T_{xy}) an der Gesamtzahl der möglichen Paare ($N_c + N_d + T_x + T_y$
+ T_{xy}) - wie er für bivariate Tabellen typisch ist - nimmt Tau-a
häufig sehr niedrige Zahlenwerte an. Da aber ein niedriger Tau-a-
Wert sowohl auf einer schwachen Korrelation als auch auf einem
hohen Anteil von Verknüpfungen beruhen kann, ist der Koeffizient
Tau-a in der empirischen Sozialforschung ausgesprochen unpopulär.

Tau-b. Als Alternative für Daten, in denen x- und/oder y-verknüpfte
Paare auftreten, schlug KENDALL den Koeffizienten Tau-b (τ_b) vor:

$$\tau_b = \frac{N_c - N_d}{\sqrt{(N_c + N_d + T_x)(N_c + N_d + T_y)}}$$

Dieses symmetrische Assoziationsmaß nimmt eine "Korrektur" für Verknüpfungen vor, die den Effekt hat, den Zahlenwert des Koeffizien-

ten zu erhöhen, so daß $|\tau_a| \leq |\tau_b|$. In Abhängigkeit von der Richtung und der Stärke der Beziehung kann τ_b Werte von -1 bis +1 annehmen. Doch obwohl τ_b den Maximalwert 1 auch in solchen Fällen erreichen kann, in denen τ_a kleiner als 1 ist, gibt es - in der Analyse sozialwissenschaftlicher Daten häufig vorkommende - Fälle, in denen Tau-b den Höchstwert 1 nicht erreicht. Tau-b kann die Werte -1 und +1 nur dann erzielen, wenn beide Variablen dieselbe Anzahl von Kategorien haben, d.h. wenn in einer quadratischen Tabelle alle Untersuchungseinheiten entlang einer der beiden Diagonalen angeordnet sind. Der Koeffizient kann den Höchstwert *nicht* erreichen, wenn die Tabelle nicht quadratisch ist ($r \neq c$) und infolgedessen x- und/oder y-verknüpfte Paare auftreten. Diese Eigenschaft ist allerdings kein gewichtiger Nachteil des Koeffizienten Tau-b.

Für 2 x 2-Tabellen berechnet, ergibt der Koeffizient τ_b übrigens denselben Zahlenwert wie der Koeffizient ϕ bzw. r.

Tau-c. Im Unterschied zu Tau-a und Tau-b wurde KENDALLs Tau-c (τ_c) explizit für Kontingenztabellen entwickelt:

$$\tau_c = \frac{N_c - N_d}{\frac{1}{2}N^2\left(\frac{m-1}{m}\right)}$$

wobei m die Anzahl der Zeilen oder Spalten der bivariaten Tabelle symbolisiert, die die kleinere von beiden ist. (Bei einer gleichen Anzahl von Zeilen und Spalten ist m = r = c.) Dieser ebenfalls symmetrische Koeffizient ist so konzipiert, daß er die Extremwerte -1 und +1 auch in nicht-quadratischen Tabellen erreichen kann, indem er die Quantität ($N_c - N_d$) zu der in einer quadratischen Tabelle erreichbaren Obergrenze ins Verhältnis setzt, was einigermaßen behelfsmäßig anmutet. Trotz seiner generellen Verwendbarkeit in der Tabellenanalyse ist τ_c "... difficult to interpret and in this respect less satisfactory than τ_b" (BLALOCK, 1972, S.423).

In der sozialwissenschaftlichen Forschungsliteratur wird von den

drei Versionen des KENDALLschen Tau-Koeffizienten zu Recht der
Koeffizient Tau-b bevorzugt, nicht zuletzt deshalb, weil er ganz
ähnliche (in den meisten Fällen etwas kleinere) Zahlenwerte als
der PEARSONsche Koeffizient r produziert, insbesondere bei relativ
großen (etwa 5 x 5 oder größeren) Tabellen mit nicht pathologi-
schen (nicht extrem schiefen) Randverteilungen.[1]

Gamma. Eine Lösung des Problems, trotz des Auftretens von "Ties"
einen Koeffizienten zu haben, dessen Extremwerte -1 und +1 sind,
besteht darin, die "Ties" als irrelevant zu betrachten und aus
dem Nenner zu entfernen. Genau das geschieht bei dem von GOODMAN
und KRUSKAL (1954) vorgeschlagenen Koeffizienten Gamma (γ), der
nur konkordante und diskordante Paare kennt:

$$\gamma = \frac{N_c - N_d}{N_c + N_d}$$

Gamma ist ein symmetrisches Maß, das für Tabellen beliebiger Größe
berechnet werden kann und unabhängig von der Anzahl der "Ties"
zwischen -1 und +1 variiert.[2] Gamma-Werten kann überdies eine
PRE-Interpretation gegeben werden (siehe dazu Abschnitt 3.4.3).

Da Gamma "Ties" ignoriert, die in die Berechnung von Tau-a und
Tau-b eingehen, nimmt es regelmäßig höhere Zahlenwerte als diese
Maße an. So erhielten wir in unserem obigen Rechenbeispiel folgende Werte: τ_a = .15, τ_b = .25 und γ = .43. Zwischen den Nennern
der Koeffizienten Tau-a, Tau-b und Gamma besteht folgende Bezie-
hung: $[N(N - 1)/2] \geq \sqrt{(N_c + N_d + T_x)(N_c + N_d + T_y)} \geq [N_c + N_d]$.

---

1) Wie HILDEBRAND, LAING und ROSENTHAL (1977, S.16) in ihrer Mono-
graphie "Analysis of Ordinal Data" feststellen: "In many re-
spects ... KENDALL's τ_b^2 is an ordinal variable analog of r^2."

2) Im Spezialfall der 2 x 2-Tabelle ist Gamma mit einem älteren
Assoziationsmaß, nämlich YULEs Q, identisch, das mit Bezug zur
Nomenklatur der 2 x 2-Tabelle (siehe Abschnitt 3.1.2) wie folgt
definiert ist:
$$Q = \frac{ad - bc}{ad + bc}$$

Infolgedessen besteht diese Beziehung zwischen den Koeffizienten: $|\tau_a| \leq |\tau_b| \leq |\gamma|$. Dieser Umstand mag mit dazu beigetragen haben, daß Gamma das verbreitetste Maß der Assoziation zwischen ordinalen Variablen ist. Als nachteilig muß gelten, daß der Zahlenwert Gammas häufig dramatisch zunimmt, wenn eine bivariate Tabelle verkleinert (kollabiert) und dadurch die Anzahl jener Paare vermehrt wird, die der Koeffizient ignoriert.

SOMERS' d_{yx}. Im Gegensatz zu KENDALLs Tau-Koeffizienten und zu GOODMAN und KRUSKALs Gamma-Koeffizient sind die von SOMERS (1962) vorgeschlagenen, für Tabellen beliebiger Größe berechenbaren Koeffizienten *asymmetrische* Maße. Man berechnet

$$d_{yx} = \frac{N_c - N_d}{N_c + N_d + T_y}$$

wenn Y die abhängige (die vorherzusagende) Variable und X die unabhängige (die Prädiktor-)Variable ist. Man berechnet

$$d_{xy} = \frac{N_c - N_d}{N_c + N_d + T_x}$$

wenn X die abhängige und Y die unabhängige Variable ist. Da von SPSS auch die (selten verwendete) *symmetrische* Version des SOMERS-schen Assoziationsmaßes berechnet wird, sei der Vollständigkeit halber auch die Formel für d_s angegeben:

$$d_s = \frac{N_c - N_d}{N_c + N_d + \frac{1}{2}\left(T_y + T_x\right)}$$

SOMERS (1962, S.809) erläutert den Unterschied zwischen γ und d_{yx} wie folgt: "d_{yx} ... is simply gamma modified by a penalty for the number of pairs tied on Y only." Wie ein Vergleich der Formeln zeigt, kann d_{yx} niemals einen höheren absoluten Zahlenwert als

Gamma haben. Vielmehr besteht die Beziehung $|d_{yx}| \leq |\gamma|$, wobei die
Gleichheit nur erreicht werden kann, wenn $T_y = 0$. Folglich erreicht
d_{yx} nicht seinen Maximalwert 1 in einer Tabelle, die mehr Spalten
als Zeilen hat, weil in einer solchen Tabelle notwendig y-verknüpfte Paare auftreten. Entsprechendes gilt für d_{xy}. Im übrigen gilt
die Beziehung

$$\tau_b = \pm \sqrt{d_{yx} \, d_{xy}}$$

Außerdem ist d_{yx} in 2 x 2-Tabellen gleich der Prozentsatzdifferenz,
d.h. es besteht die Identität $d\% = 100 \, d_{yx}$:

$$100 \left(\frac{a}{a + c} - \frac{b}{b + d} \right) = 100 \, \frac{ad - bc}{(a + c)(b + d)} = 100 \, \frac{N_c - N_d}{N_c + N_d + T_y}$$

Bisher haben wir die *Berechnung der Paare* am Beispiel einer 2 x 3-
Tabelle (Tabelle 3-27) und einer 2 x 2-Tabelle (Tabelle 3-28)
durchgeführt. Nachfolgend wollen wir die Paare einer 3 x 3-Tabelle
berechnen. Dabei wird erneut deutlich werden, daß das Berechnungs-
verfahren auf jede r x c-Tabelle angewandt bzw. ausgedehnt werden
kann.

Bei der Tabelle, die uns als Beispiel dienen soll, handelt es sich
um eine Kreuztabulation der Variablen (siehe Datenmatrix) "Selbstwertgefühl (SELBST)" und "Jobdepression (JOBDEP)", die hier in der
Weise trichotomisiert wurden, daß die neuen Variablen SELBSTT und
JOBDEPT bei möglichst gleich starker Besetzung ihrer Kategorien
möglichst symmetrisch verteilt waren. Diese Reduzierung der kontinuierlichen Originalvariablen, die wir als metrische Variablen
interpretieren, auf diskrete ordinale Neuvariablen ermöglicht
eine gut mitteilbare, auch nicht-professionellen Lesern verständ-
liche Kreuztabulation (Tabelle 3-29), deren graphische Darstellung
(Abbildung 3-4) nicht weniger anschaulich ist als das Streudiagramm der korrelierten Originalvariablen (siehe Abbildung 1-4).

Die Kreuztabulation der Neuvariablen SELBSTT und JOBDEPT führt zu
derselben Schlußfolgerung wie die Korrelation der Originalvariablen SELBST und JOBDEP (r=-.60), und zwar unabhängig davon, ob man

Tabelle 3-29: Selbstwertgefühl (trichotomisiert) und Jobdepression
           (trichotomisiert)

Crosstabulation: JOBDEPT   Jobdepression, 10 Items
                  By SELBSTT   Selbstwertgefühl, 10 Items

		Count	gering	mittel	hoch	
SELBSTT—>						Row
			1	2	3	Total
JOBDEPT						
gering		1	2	3	13	18 30.0
mittel		2	5	10	8	23 38.3
hoch		3	12	7		19 31.7
Column Total			19 31.7	20 33.3	21 35.0	60 100.0

Kendall's Tau B   = -.54850
Kendall's Tau C   = -.54667
Gamma   = -.75057
Somers' D (asymmetric) = -.54712 with JOBDEPT dependent
                       = -.54987 with SELBSTT dependent
Somers' D (symmetric) = -.54849

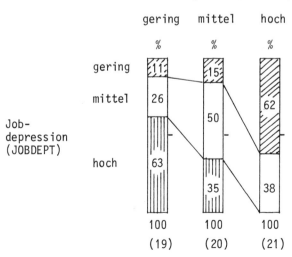

Abbildung 3-4: Graphische Darstellung zu Tabelle 3-29

das Augenmerk auf Tabelle 3-29, auf Abbildung 3-4 oder auf die in
Tabelle 3-29 ausgewiesenen Assoziationskoeffizienten richtet: Man
kommt in jedem Fall zu der Feststellung, daß eine ziemlich starke
negative Beziehung zwischen den Variablen "Selbstwertgefühl" und
"Jobdepression" besteht. Diese Beziehung besagt, daß tendenziell
geringes Selbstwertgefühl mit hoher Jobdepression und hohes Selbstwertgefühl mit geringer Jobdepression einhergeht (wobei die Anordnung der Variablen in Tabelle 3-29 nicht unbedingt eine Kausal-
richtung der Beziehung impliziert).

Wenn wir hier wiederum alle Paare (Paartypen) und mehrere Assoziationskoeffizienten berechnen, so aus Gründen der Illustration;
in der Praxis berechnet man, mit oder ohne Computerhilfe, in der
Regel nur einen Koeffizienten und die für die Berechnung dieses
Koeffizienten benötigten Paare (obwohl die Ermittlung *aller* Paare
eine empfehlenswerte Probe dafür liefert, ob man richtig gerechnet
hat, siehe unten, S.259).

Schritt 1: Die Identifizierung der Beziehungsrichtung

Man stellt zunächst fest, welche Diagonale die "positive" Diagonale ist, d.h. welche Diagonale von der Zelle der niedrigen Ausprägungen (-, -) bis zur Zelle der hohen Ausprägungen (+, +) der
kreuztabulierten Variablen verläuft. Man kennzeichnet diese Diagonale zweckmäßigerweise mit einem c (für "concordant") und die
"negative" Diagonale mit einem d (für "discordant"). Dies sichert
die korrekte Berechnung der konkordanten (N_c) und der diskordanten (N_d) Paare. Zugleich ist damit garantiert, daß das Vorzeichen
des Assoziationskoeffizienten die Richtung der Beziehung korrekt
angibt.

Schritt 2: Die Berechnung der Paare

N_c = die Anzahl der *konkordanten* Paare. Die Anzahl der konkordanten Paare wird berechnet, indem man die Zelle der mit c bezeichneten Tabellenecke identifiziert und ihre Häufigkeit mit der Summe der Häufigkeiten aller rechts unterhalb dieser Ausgangszelle liegenden Zellen multipliziert. In der folgenden schematischen Darstellung ist diese Zelle geschwärzt, während die rechts unterhalb der Ausgangszelle liegenden Zellen schraffiert sind. Zu diesem ersten Produkt werden weitere Produkte addiert, die sich ergeben, wenn man jede Zelle, die mindestens eine Zelle rechts unterhalb ihrer selbst hat, sukzessive als Ausgangszelle nimmt. In unserem Beispiel erhalten wir vier Produkte dieses Typs, die wie folgt summiert werden:

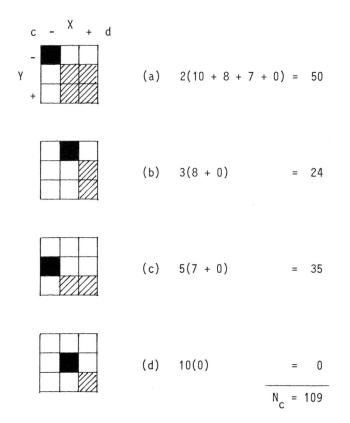

(a) $2(10 + 8 + 7 + 0) = 50$

(b) $3(8 + 0)$ $= 24$

(c) $5(7 + 0)$ $= 35$

(d) $10(0)$ $= 0$

$$N_c = 109$$

N_d = die Anzahl der *diskordanten* Paare. Die Anzahl der diskordanten Paare wird nach demselben Schema wie die N_c berechnet, mit dem Unterschied, daß man in der mit d bezeichneten Tabellenecke beginnt, um sukzessive die Häufigkeit einer jeden Ausgangszelle mit der (Summe der) Häufigkeit(en) der links unterhalb dieser Zelle liegenden Zelle(n) zu multiplizieren. In unserem Beispiel erhalten wir:

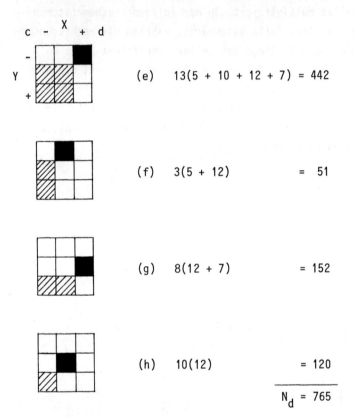

(e)   13(5 + 10 + 12 + 7) = 442

(f)   3(5 + 12)   = 51

(g)   8(12 + 7)   = 152

(h)   10(12)   = 120

$$N_d = 765$$

Da die Anzahl der diskordanten Paare (N_d = 765) die Anzahl der konkordanten Paare (N_c = 109) überwiegt, ist klar, daß die Assoziation negativ ist, d.h. daß jedes Assoziationsmaß ein Minuszeichen vor dem Zahlenwert haben wird.

T_x = die Anzahl der *x–verknüpften* Paare. Die x-verknüpften Paare befinden sich in jeweils gleichen Kategorien der (unabhängigen) X-Variablen, also üblicherweise in den Spalten der Tabelle. Mit der linken Tabellenspalte beginnend, multipliziert man die Häufigkeit einer jeden Ausgangszelle mit der (Summe der) Häufigkeit(en) der unterhalb dieser Zelle liegenden Zelle(n), wie unten veranschaulicht. Diese Berechnungen ergeben im vorliegenden Beispiel:

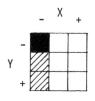

(i)   2(5 + 12)   = 34

(j)   5(12)   = 60

(k)   3(10 + 7)   = 51

(l)   10(7)   = 70

(m)   13(8 + 0)   = 104

(n)   8(0)   =   0

$$T_x = 319$$

T_y = Die Anzahl der *y-verknüpften* Paare. Die Berechnung der y-verknüpften Paare gleicht der Berechnung der T_x, mit dem Unterschied,
daß die Produkte in den Kategorien der (abhängigen) Y-Variablen
gebildet werden. Man multipliziert die Häufigkeit einer jeden Ausgangszelle mit der (Summe der) Häufigkeit(en) der rechts neben
dieser Zelle liegenden Zelle(n), wie unten veranschaulicht. Das
ergibt im vorliegenden Beispiel:

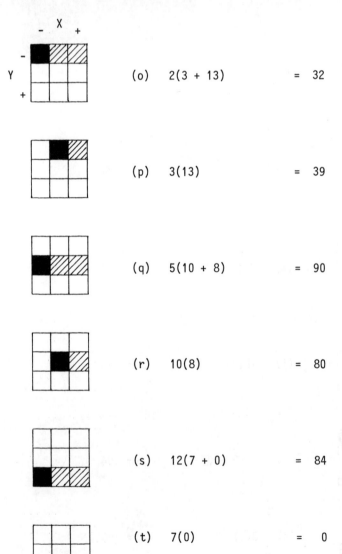

(o)	2(3 + 13)	= 32
(p)	3(13)	= 39
(q)	5(10 + 8)	= 90
(r)	10(8)	= 80
(s)	12(7 + 0)	= 84
(t)	7(0)	= 0
		T_y = 325

T_{xy} = die Anzahl der *x- und y-verknüpften* Paare. Diese aus Untersuchungseinheiten mit gleichen X- und Y-Werten gebildeten Paare, die sich in jeweils gleichen Zellen befinden, werden nach der folgenden Formel berechnet:

$$\frac{n(n - 1)}{2}$$

wobei n die Häufigkeit einer gegebenen Zelle bezeichnet. In unserem Beispiel ergibt sich:

$$2(2 - 1)/2 = \quad 1$$
$$3(3 - 1)/2 = \quad 3$$
$$13(13 - 1)/2 = 78$$
$$5(5 - 1)/2 = 10$$
$$10(10 - 1)/2 = 45$$
$$8(8 - 1)/2 = 28$$
$$12(12 - 1)/2 = 66$$
$$7(7 - 1)/2 = 21$$
$$0(0 - 1)/2 = \quad 0$$
$$\overline{\qquad\qquad\qquad\qquad}$$
$$T_{xy} = 252$$

Abschließend überprüft man, ob die Summe der fünf Paartypen gleich der Anzahl der möglichen Paare ist:

$$N_c = 109$$
$$N_d = 765$$
$$T_x = 319$$
$$T_y = 325$$
$$T_{xy} = 252$$
$$\overline{\qquad\qquad\qquad\qquad}$$
$$\frac{N(N - 1)}{2} = 1770 = \frac{60(60 - 1)}{2}$$

Schritt 3: Die Berechnung des Assoziationskoeffizienten

Auf der Basis der ermittelten Paare können die folgenden Koeffizienten der ordinalen Assoziation berechnet werden:
Tau-a, Tau-b, Tau-c, Gamma, d_{yx}, d_{xy} und d_s.

3.4.3 DIE PRE-INTERPRETATION DES ASSOZIATIONSMASSES GAMMA

Gamma ist ein Assoziationsmaß, das im Sinne der relativen bzw. proportionalen Fehlerreduktion interpretiert werden kann. Hier soll
lediglich die von COSTNER (1965) eingeführte PRE-Interpretation
des in der empirischen Sozialforschung häufig verwendeten Gamma-
Koeffizienten betrachtet werden, obwohl auch für andere Maßzahlen
der ordinalen Assoziation PRE-Interpretationen vorgeschlagen wurden. Wie in Abschnitt 3.2.2 beschrieben, basiert die PRE-Interpretation auf vier maßzahlspezifischen Regeln und Definitionen.
Die auf den Gamma-Koeffizienten zugeschnittenen Regeln und Definitionen lauten wie folgt (vgl. COSTNER, 1965, und MUELLER,
SCHUESSLER und COSTNER, 1977):

*(1) Gamma: Die Regel für die Vorhersage der Rangordnung der Unter-
suchungseinheiten bezüglich der abhängigen Variablen auf der Basis
ihrer eigenen Verteilung.* Sagt man für alle nicht verknüpften
Paare vorher, daß die jeweils erste (als zufällig herausgegriffen
vorzustellende) Untersuchungseinheit eines Paares im Hinblick auf
die abhängige Variable die "größere" (oder die "kleinere") von
beiden ist, so ist die Vorhersage in 50 Prozent der Fälle richtig
bzw. falsch. Deshalb kann die erste Vorhersageregel wie folgt
spezifiziert werden: "Sage für die jeweils erste Untersuchungseinheit eines jeden nicht verknüpften Paares vorher, daß sie im
Hinblick auf die abhängige Variable die 'größere' von beiden ist."
Die Anzahl der richtigen bzw. falschen Vorhersagen ist dann genau
$0.5(N_c + N_d)$.

*(2) Gamma: Die Regel für die Vorhersage der Rangordnung der Unter-
suchungseinheiten bezüglich der abhängigen Variablen auf der Basis
der Rangordnung bezüglich der unabhängigen Variablen.* Wenn wir,
wiederum bei Außerachtlassung verknüpfter Paare, die Untersuchungseinheiten im Hinblick auf die Variable X und Y betrachten, kann
jedes Paar nur zwei Erscheinungsformen haben: es kann entweder
konkordant oder diskordant sein. Greifen wir ein beliebiges Paar
von Untersuchungseinheiten - a und b zum Beispiel - heraus, so

gibt es folgende Alternativen: Entweder die Rangordnung von a und b in Bezug auf die eine Variable ist *dieselbe* wie die Rangordnung in Bezug auf die andere Variable, also "gleichsinnig" ($x_a < x_b$ und $y_a < y_b$; $x_a > x_b$ und $y_a > y_b$), oder aber die Rangordnung von a und b in Bezug auf die eine Variable ist *nicht dieselbe* wie die Rangordnung in Bezug auf die andere Variable, also "gegensinnig" ($x_a < x_b$ und $y_a > y_b$; $x_a > x_b$ und $y_a < y_b$). Sind die konkordanten Paare in der Überzahl (d.h. ist Gamma positiv), so lautet die Regel für die beste Vorhersage: "Sage vorher, daß die Untersuchungs-einheiten in Bezug auf die abhängige Variable *dieselbe* Rangordnung haben wie in Bezug auf die unabhängige Variable." Dominieren hin-gegen die diskordanten Paare (d.h. ist Gamma negativ), so lautet die Regel für die beste Vorhersage: "Sage vorher, daß die Unter-suchungseinheiten in Bezug auf die abhängige Variable die *umge-kehrte* Rangordnung haben wie in Bezug auf die unabhängige Vari-able." Kommen konkordante und diskordante Paare gleich häufig vor, so ist keine Information gegeben, die der Vorhersageverbesserung dienen könnte.

(3) Gamma: Die Fehlerdefinition. Wenn die vorhergesagte Rangordnung eines gegebenen Paares von der beobachteten Rangordnung abweicht, liegt ein Fehler vor, andernfalls nicht. Man beachte, daß bei Gamma ein Fehler die Bedeutung einer falschen *Rangordnung* hat, während bei Lambda ein Fehler die Bedeutung einer falschen *Klassifikation* (oder *kategorialen Zuordnung*) hat. In beiden Fällen sind Fehler entweder vorhanden oder nicht vorhanden, sie sind keine *Größen* (wie bei r^2 und η^2, siehe Kapitel 4).

Wird die Rangordnung der Untersuchungseinheiten im Hinblick auf die abhängige Variable ohne Berücksichtigung der unabhängigen Variablen vorhergesagt, so ist der Anteil der Vorhersagefehler 0.5, weil die eine wie die andere Alternative ("größer" oder "kleiner") gleich häufig vorkommt. Daher ist die konsistente Vorhersage einer der beiden Alternativen in 50 Prozent der Fälle falsch.

(4) Gamma: Die generelle Formel zur Berechnung der proportionalen Fehlerreduktion lautet

$$\gamma = \frac{E_1 - E_2}{E_1}$$

Wie wir sahen, ist die Anzahl der Fehler bei der ersten Vorhersage gleich 0.5. Da die Gesamtzahl der konkordanten und diskordanten Paare gleich $(N_c + N_d)$ ist, ist die Anzahl der Fehler bei der ersten Vorhersage (ohne Berücksichtigung der zweiten Variablen)

$$E_1 = 0.5(N_c + N_d)$$

Die Anzahl der Fehler bei der zweiten Vorhersage (mit Auswertung der Information der zweiten Variablen) ist die kleinere der beiden Größen, N_c oder N_d. Diese Quantität sei wie folgt ausgedrückt:

$$E_2 = \min(N_c, N_d)$$

Durch Einsetzen der beiden Ausdrücke für E_1 und E_2 in die obige generelle Formel erhalten wir

$$\gamma = \frac{0.5(N_c + N_d) - \min(N_c, N_d)}{0.5(N_c + N_d)}$$

Die Multiplikation des Zählers und Nenners mit 2 ergibt

$$\gamma = \frac{N_c + N_d - 2\min(N_c, N_d)}{N_c + N_d}$$

Wenn N_c größer ist als N_d, d.h. wenn eine positive ordinale Assoziation vorliegt, wird aus dieser Gleichung

$$\gamma = \frac{N_c + N_d - 2N_d}{N_c + N_d} = \frac{N_c - N_d}{N_c + N_d}$$

Wenn N_c kleiner ist als N_d, d.h. wenn eine negative ordinale Assoziation vorliegt, wird aus dieser Gleichung

$$\gamma = \frac{N_c + N_d - 2N_c}{N_c + N_d} = \frac{N_d - N_c}{N_c + N_d}$$

Bei Anwendung der Formel $\gamma = \dfrac{N_c - N_d}{N_c + N_d}$ ist der Zahlenwert positiv,

wenn $N_c > N_d$, bzw. negativ, wenn $N_c < N_d$. Der *absolute* Zahlenwert
repräsentiert die proportionale Fehlerreduktion bei der Vorhersage
der Rangordnung von Paaren.

Nehmen wir als Beispiel noch einmal Tabelle 3-29, für die wir
$N_c = 109$, $N_d = 765$ und $\gamma = -.75$ ermittelten. Gemäß der PRE-Logik
ist der Gamma-Wert wie folgt zu interpretieren: *Ohne* Ausnutzung
der Kenntnis, daß die diskordanten Paare die konkordanten Paare
überwiegen und deshalb eine negative ordinale Assoziation vorliegt, ist (bei Außerachtlassung verknüpfter Paare) eine Vorhersage der Rangordnung der Befragten im Hinblick auf die abhängige
Variable (welche Variable das auch sei, Y oder X) mit einem zahlenmäßigen Fehler von $E_1 = 0.5(N_c + N_d) = 0.5(109 + 765) = 437$ be-
haftet. *Mit* Ausnutzung der Information, daß die diskordanten Paare
überwiegen, sagen wir (wiederum unter Außerachtlassung verknüpfter
Paare) vorher, daß die Befragten im Hinblick auf die abhängige
Variable die *umgekehrte* Rangordnung aufweisen wie im Hinblick auf
die unabhängige Variable. Der zahlenmäßige Fehler, den wir bei
dieser Vorhersage begehen, ist $E_2 = \min(N_c, N_d) = 109$. Demgemäß
ist die proportionale Fehlerreduktion

$$\gamma = \frac{E_1 - E_2}{E_1} = \frac{437 - 109}{437} = \frac{328}{437} = .75057$$

Mit anderen Worten: Die Vorhersageverbesserung beträgt 75 Prozent.
Da Gamma ein symmetrisches Maß ist, besteht formal kein Unterschied darin, ob man die abhängige Variable auf der Basis der unabhängigen Variablen vorhersagt oder umgekehrt.

3.4.4   DER SPEARMANSCHE RANGKORRELATIONSKOEFFIZIENT

Der 1904 von Charles SPEARMAN vorgeschlagene Rangkorrelationskoeffizient r_s gründet auf einer anderen Konzeption als die oben
behandelten Maßzahlen der ordinalen Assoziation. Im Unterschied
zu diesen Maßzahlen, bei denen Paare von Untersuchungseinheiten
daraufhin betrachtet werden, ob sie konkordant oder diskordant
sind, werden beim SPEARMANschen Koeffizienten r_s Paare von Rangplätzen im Hinblick auf ihre Differenz betrachtet. Der *Rangkorrelationskoeffizient r_s* ist wie folgt definiert:

$$r_s = 1 - \frac{6 \, \Sigma \, d_i^2}{N(N^2 - 1)}$$

wobei N = Anzahl der rangplacierten Untersuchungseinheiten,

d_i = Differenz zwischen den Rangplätzen, die die i-te
Untersuchungseinheit bezüglich der Variablen X und Y
aufweist, also $x_i - y_i$, und

$\Sigma \, d_i^2$ = Summe der quadrierten Rangplatzdifferenzen, also
$\Sigma \, (x_i - y_i)^2$.

Die Berechnung von r_s setzt folglich zwei Reihen rangplacierter
Untersuchungseinheiten voraus.

In den Sozialwissenschaften besteht häufig ein Interesse, die
Beziehung zwischen solchen Rangreihen zu beschreiben, beispielsweise wenn man die Frage untersucht, ob bestimmte Berufe in Land A
und Land B ein gleiches oder unterschiedliches Ansehen genießen,
wie ein Richter und ein Sozialarbeiter die Schwere bestimmter Ver-
gehen oder die Effektivität bestimmter Resozialisierungsbemühungen
beurteilen, wie ein Vorgesetzter und ein positionsgleicher Mitar-
beiter die Qualifikation von Stelleninhabern einschätzen, wie
Politiker und Wähler die Popularität oder Dringlichkeit bestimmter
politischer Programme bewerten, ob Gesellschaften (Ethnien), in
denen Kampfsportarten mehr oder weniger beliebt sind, besonders
kriegerisch oder friedlich sind, usw.

Betrachten wir zunächst ein einfaches Beispiel. Es seien von zwei
Gutachtern sieben Kunstwerke nach Maßgabe ihrer künstlerischen
Qualität in Rangreihen gebracht worden. Die nachfolgenden Tabellen
(wir ersparen uns die Darstellung in Form von bivariaten Tabellen)
enthalten drei denkbare Ergebnisse der gutachterlichen Tätigkeit.

Tabelle 3-30: Beispiel einer perfekten positiven Rangkorrelation

Kunst-werk	Urteil des Gutachters 1 x_i (Rangplatz)	Urteil des Gutachters 2 y_i (Rangplatz)	$d_i =$ $(x_i - y_i)$	$d_i^2 =$ $(x_i - y_i)^2$
a	1 ——————— 1		0	0
b	2 ——————— 2		0	0
c	3 ——————— 3		0	0
d	4 ——————— 4		0	0
e	5 ——————— 5		0	0
f	6 ——————— 6		0	0
g	7 ——————— 7		0	0
Summe	28	28	0	0

Tabelle 3-31: Beispiel einer perfekten negativen Rangkorrelation

Kunst-werk	Urteil des Gutachters 1 x_i (Rangplatz)	Urteil des Gutachters 2 y_i (Rangplatz)	$d_i =$ $(x_i - y_i)$	$d_i^2 =$ $(x_i - y_i)^2$
a	1	7	-6	36
b	2	6	-4	16
c	3	5	-2	4
d	4	4	0	0
e	5	3	2	4
f	6	2	4	16
g	7	1	6	36
Summe	28	28	0	112

Tabelle 3-32: Beispiel einer Rangkorrelation nahe Null

Kunst-werk	Urteil des Gutachters 1 x_i (Rangplatz)	Urteil des Gutachters 2 y_i (Rangplatz)	$d_i = (x_i - y_i)$	$d_i^2 = (x_i - y_i)^2$
a	1	3	-2	4
b	2	6	-4	16
c	3	1	2	4
d	4	7	-3	9
e	5	4	1	1
f	6	2	4	16
g	7	5	2	4
Summe	28	28	0	54

Da in Tabelle 3-30 die eine Rangreihe ein Duplikat der anderen ist, gibt es keine Differenzen zwischen den Rangplätzen; es besteht eine *perfekte positive* Rangkorrelation. Die in Tabelle 3-31 dargestellte Situation ist der in Tabelle 3-30 dargestellten genau konträr; da die eine Rangreihe eine Umkehrung der anderen ist, liegen maximale Differenzen zwischen den Rangplätzen vor; es besteht eine *perfekte negative* Rangkorrelation. Tabelle 3-32 stellt eine zwischen den Extremen der Tabellen 3-30 und 3-31 liegende Alternative dar; hier besteht praktisch *keine* Korrelation zwischen den Rangreihen. Für die drei vorstehenden Tabellen erhalten wir folgende Zahlenwerte:

$$r_s = 1 - \frac{6 \, \Sigma \, d_i^2}{N(N^2 - 1)}$$

Tabelle 3-30   Tabelle 3-31   Tabelle 3-32

$$r_s = 1 - \frac{6(0)}{7(49 - 1)} \qquad r_s = 1 - \frac{6(112)}{7(49 - 1)} \qquad r_s = 1 - \frac{6(54)}{7(49 - 1)}$$

$$= 1 - 0 \qquad\qquad = 1 - 2 \qquad\qquad = 1 - .96$$

$$= 1 \qquad\qquad = -1 \qquad\qquad = .04$$

In aller Regel besteht der erste Schritt zur Berechnung des
SPEARMANschen Rangkorrelationskoeffizienten r_s in der *Umwandlung
der Originaldaten in Rangplätze.* Dabei wird dem jeweils niedrigsten (oder höchsten) Wert der X- und der Y-Variablen der Rangplatz
1 zugeteilt, dem zweitniedrigsten (oder zweithöchsten) der Rangplatz 2, dem drittniedrigsten (oder dritthöchsten) der Rangplatz 3
usw. Kommen in der Verteilung der X- und/oder Y-Variablen gleiche
Werte ("Ties") vor, so weist man diesen Werten gleiche Rangplätze
zu (siehe unten). Im Anschluß daran werden die einzelnen Rangplatzdifferenzen ermittelt und quadriert. Schließlich wird die Summe
der quadrierten Rangplatzdifferenzen in die Formel für r_s eingesetzt.

Nehmen wir als Beispiel empirische Daten, die sich in einer 1970
von Alice S. ROSSI veröffentlichten Forschungsarbeit finden.[1]

Tabelle 3-33: Anzahl der in ausgewählten Departments verliehenen
Magister- und Doktorgrade im Fach Soziologie, 1964
bis 1968

Department	X Verliehene Magistergrade (M.A.s)	Y Verliehene Doktorgrade (Ph.D.s)
California (Berkeley)	182	39
Wisconsin	156	49
New School for Social Research	131	32
Michigan	110	35
Chicago	109	62
California (Los Angeles)	109	43
Michigan State	95	57
Minnesota	82	46
Ohio State	76	35
Washington (Seattle)	60	35
Columbia	59	57

1) Alice S. ROSSI, Status of Women in Graduate Departments of Sociology, 1968-1969, in: American Sociologist 5 (1970), S.1-11.

Die in Tabelle 3-33 wiedergegebenen Ausgangsdaten informieren über
die Anzahl der in fünf Jahren (1964-1968) von elf Departments
amerikanischer Universitäten verliehenen Magister- und Doktorgrade
(M.A.s und Ph.D.s) im Fach Soziologie. Mit Bezug auf die in
Tabelle 3-33 ausgewiesenen Daten stellt die Autorin fest: "There
is ... much overlap between the two rank orders, for the high
doctorate-producing departments tend to be high master's-producing
departments as well" (ROSSI, 1970, S.4).

Läßt bereits eine sorgfältige Betrachtung der Tabelle 3-33 Zweifel
an der Redeweise von einer "hohen Übereinstimmung zwischen den
beiden Rangordnungen" aufkommen, so erweist sie sich am Ende der
nachfolgenden Rangkorrelationsrechnung als falsch: Die Korrelation
zwischen den beiden Rangreihen ist derart gering (und außerdem
negativ), daß die Feststellung ROSSIs korrekterweise lauten müßte:
"There is *little* overlap between the two rank orders, for the high
doctorate-producing departments tend *not* to be high master's-producing departments as well." Hätte die Autorin, statt sich auf die
bloße Inspektion der Daten zu verlassen, den SPEARMANschen Rangkorrelationskoeffizienten r_s berechnet - was sich mühelos und
schnell bewerkstelligen läßt -, wäre sie wohl kaum einer so krassen
Fehlinterpretation aufgesessen.

Wir beginnen die Transformation der in Tabelle 3-33 enthaltenen
Originaldaten in Rangplätze bei der X-Variablen ("Verliehene
Magistergrade") und weisen der Untersuchungseinheit mit dem größten
X-Wert ("California, Berkeley", 182) den Rangplatz 1 zu; die Untersuchungseinheit mit dem zweitgrößten X-Wert ("Wisconsin", 156) erhält den Rangplatz 2, die mit dem drittgrößten X-Wert ("New School
for Social Research", 131) den Rangplatz 3 usw. (siehe Tabelle
3-34). Bei den Departments "Chicago" und "California, Los Angeles"
stoßen wir auf eine Besonderheit: sie haben gleiche X-Werte (beide
109), sind also im Hinblick auf die X-Variable verknüpft. Beim Auftreten solcher "Ties" weist man den verbundenen Untersuchungseinheiten das arithmetische Mittel derjenigen Rangplätze zu, die man
zugewiesen hätte, wenn keine "Ties" aufgetreten wären. Das wären
im vorliegenden Beispiel die Rangplätze 5 und 6 gewesen. Folglich

Tabelle 3-34: Rangplätze ausgewählter Departments nach Maßgabe
verliehener Magister- und Doktorgrade im Fach
Soziologie, 1964-1968

Department	Magister-grade (M.A.s) x_i (Rangplatz)	Doktor-grade (Ph.D.s) y_i (Rangplatz)	$d_i =$ $(x_i - y_i)$	$d_i^2 =$ $(x_i - y_i)^2$
California (Berkeley)	1	7	-6	36
Wisconsin	2	4	-2	4
New School for Social Research	3	11	-8	64
Michigan	4	9	-5	25
Chicago	5.5	1	4.5	20.25
California (Los Angeles)	5.5	6	-0.5	0.25
Michigan State	7	2.5	4.5	20.25
Minnesota	8	5	3	9
Ohio State	9	9	0	0
Washington (Seattle)	10	9	1	1
Columbia	11	2.5	8.5	72.25
Summe	66	66	0	252

weisen wir dem Department "Chicago" wie auch dem Department "California, Los Angeles" den Rangplatz (5 + 6)/2 = 5.5 zu.

Nach demselben Schema wandeln wir die in Tabelle 3-33 enthaltenen
Werte der Variablen Y ("Verliehene Doktorgrade") in Rangplätze um
und weisen der Untersuchungseinheit mit dem größten Y-Wert "Chicago", 62) den Rangplatz 1 zu usw. Hier stoßen wir auf eine erste
Verknüpfung von Untersuchungseinheiten bei den Departments "Michigan State" und "Columbia", die beide einen Y-Wert von 57 haben, und
auf eine zweite bei den Departments "Michigan", "Ohio State" und
"Washington, Seattle", die alle drei einen Y-Wert von 35 haben. Im

ersteren Fall weisen wir jeder Untersuchungseinheit den Rangplatz
(2 + 3)/2 = 2.5 und im letzteren Fall den Rangplatz (8 + 9 + 10)/3
= 9 zu.

Sind alle Werte der X- und Y-Variablen in Rangplätze umgewandelt,
empfiehlt sich die Kontrolle, ob die Summe aller Rangzahlen ($\Sigma\ x_i$
und $\Sigma\ y_i$) gleich N(N + 1)/2 ist. Für unser Beispiel (siehe Tabelle
3-34) erhalten wir

$$\Sigma\ x_i = \Sigma\ y_i = \frac{11(11 + 1)}{2} = 66$$

Im übrigen muß die Summe der Rangplatzdifferenzen stets Null ergeben, d.h. es gilt bei fehlerfreier Rechnung $\Sigma\ d_i = 0$. Erst nach
diesen Kontrollen quadriert man die Rangplatzdifferenzen, um sie
schließlich zu summieren.

Setzen wir $\Sigma\ d_i^2 = 252$ und N = 11 in die Formel für r_s ein, so ergibt das

$$r_s = 1 - \frac{6\ \Sigma\ d_i^2}{N(N^2 - 1)}$$

$$= 1 - \frac{6(252)}{11(121 - 1)}$$

$$= 1 - \frac{1512}{1320}$$

$$= 1 - 1.14545$$

$$= -.14545$$

Wie wir sahen, kann der Koeffizient r_s Werte zwischen -1 und +1
annehmen. Der errechnete Zahlenwert von rund -.15 besagt infolgedessen, daß eine sehr schwache negative Beziehung zwischen den
Rangreihen besteht. Das heißt, es liegt *nicht* eine weitgehende
Übereinstimmung zwischen den beiden Rangordnungen ("much overlap
between the two rank orders"), sondern eine weitgehende *Nicht-*
übereinstimmung vor. Departments, die im Hinblick auf die Produktion von M.A.s hoch rangieren, tendieren keineswegs dahin, auch im
Hinblick auf die Produktion von Ph.D.s hoch zu rangieren (und um-

gekehrt). Eine solche Tendenz hätte sich in einer starken positiven statt in der hier ermittelten schwachen negativen Korrelation
von r_s = -.15 ausgedrückt. Fazit: Da ein visueller Vergleich zweier
Rangreihen insbesondere bei einer größeren Anzahl von Untersuchungseinheiten und relativ vielen "Ties" (relativ zur Anzahl der zuge-
wiesenen Rangplätze) leicht zu Verwirrungen und Fehlinterpretatio-
nen führt, ist die Berechnung eines geeigneten Korrelationskoeffizienten stets angeraten, wenn nicht unverzichtbar.

Ähnlich wie der KENDALLsche Koeffizient τ_a kann auch der SPEARMAN-
sche Koeffizient r_s durch "Ties" empfindlich beeinträchtigt werden,
wenngleich mit unterschiedlichem Effekt. Während "Ties" den Zahlenwert des Koeffizienten τ_a verringern, vergrößern sie den des Koeffizienten r_s.

Die oben eingeführte Gleichung ist die gängigste Formel zur Berechnung von r_s. Sie geht davon aus, daß keine "Ties" vorkommen. Beim
Vorliegen von "Ties" liefert sie einen zu großen Zahlenwert. Der
Effekt ist allerdings gering und kann vernachlässigt werden, wenn
die Anzahl der verbundenen Untersuchungseinheiten relativ klein
ist (relativ zur Anzahl zugewiesener Rangplätze).

Eine Formel, die den inflationierenden Effekt auftretender "Ties"
korrigiert, ist die folgende:

$$r_s = \frac{\dfrac{N(N^2 - 1) - \Sigma RX_i(RX_i^2 - 1)}{12} + \dfrac{N(N^2 - 1) - \Sigma RY_i(RY_i^2 - 1)}{12} - \Sigma d_i^2}{2\sqrt{\left[\dfrac{N(N^2 - 1) - \Sigma RX_i(RX_i^2 - 1)}{12}\right]\left[\dfrac{N(N^2 - 1) - \Sigma RY_i(RY_i^2 - 1)}{12}\right]}}$$

wobei N = Anzahl der rangplacierten Untersuchungseinheiten,

RX_i, RY_i = Anzahl der Untersuchungseinheiten, die auf einem gegebenen Rangplatz der Variablen X bzw. Y verknüpft sind,

Σd_i^2 = Summe der quadrierten Rangplatzdifferenzen.

Zur Verdeutlichung dieser Formel greifen wir auf die Daten der

Tabellen 3-33 und 3-34 zurück und ermitteln zunächst die Anzahl der verbundenen Untersuchungseinheiten RX_i und RY_i.

Anzahl der im Hinblick auf die Variable X verknüpften Untersuchungseinheiten (RX_i):

    2 auf Rangplatz 5.5

Anzahl der im Hinblick auf die Variable Y verknüpften Untersuchungseinheiten (RY_i):

    2 auf Rangplatz 2.5

    3 auf Rangplatz 9

Daraus ergibt sich:

$$\Sigma RX_i (RX_i^2 - 1) = 2(2^2 - 1) = 6$$

$$\Sigma RY_i (RY_i^2 - 1) = [2(2^2 - 1) + 3(3^2 - 1)] = 30$$

Wir errechneten bereits oben:

$$N(N^2 - 1) = 11(11^2 - 1) = 1320$$

$$\Sigma d_i^2 = 252$$

Durch Einsetzen in die Formel erhalten wir:

$$r_s = \frac{\dfrac{1320 - 6}{12} + \dfrac{1320 - 30}{12} - 252}{2\sqrt{\left[\dfrac{1320 - 6}{12}\right]\left[\dfrac{1320 - 30}{12}\right]}}$$

$$= \frac{109.5 + 107.5 - 252}{2\sqrt{(109.5)(107.5)}}$$

$$= \frac{217 - 252}{2\sqrt{11771.25}}$$

$$= \frac{-35}{2(108.50)}$$

$$= -.16129$$

Der zuletzt errechnete Zahlenwert (r_s = -.16129) ist nur geringfügig kleiner als der zuvor ermittelte (r_s = -.14545), weshalb
eine Korrektur entbehrlich gewesen wäre.

Die obigen Rechenbeispiele haben gezeigt, daß bei r_s die Abstände
zwischen aufeinanderfolgenden Rangplätzen als gleich behandelt
werden. Eine Gleichheit der Abstände ist jedoch bei Rangreihen
definitionsgemäß nicht gegeben. Der SPEARMANsche Rangkorrelationskoeffizient r_s ist genau das, was sein Name besagt: ein Koeffizient der Korrelation zwischen zwei Reihen von Rangplätzen, wobei
(unerlaubterweise) die Rangplätze als Werte von Intervallskalen
und nicht von Ordinalskalen aufgefaßt werden. Die Berechnung von
r_s ist infolgedessen an die Voraussetzung gebunden, "that one is
willing to define rank as an interval scale, and not as ordinal"
(GALTUNG, 1970, S.219). Über diese Implikation sollte man sich
bei der Berechnung und Interpretation von Zahlenwerten des Koeffizienten r_s im klaren sein.

Die oben beschriebene Umwandlung der Originaldaten in Rangplätze
läßt sich ab Version 3.0 des SPSS/PC+-Programms mit der Prozedur
RANK bewerkstelligen. Auf die mit RANK gebildeten neuen Variablen
können dann Prozeduren zur Berechnung des PEARSONschen Korrelationskoeffizienten r angewendet werden, so auch die Prozedur
CORRELATION. Das Ergebnis der Berechnung der Korrelation zwischen
den beiden Reihen von Rangplätzen stimmt mit dem Ergebnis überein,
das mit der Anwendung der korrigierenden Formel (siehe S.271) erzielt wird - was der interessierte Leser überprüfen mag, nachdem
er sich mit dem PEARSONschen Korrelationskoeffizienten r (siehe
Abschnitt 4.3.3) vertraut gemacht hat. Ab Version 4.0 läßt sich
der SPEARMANsche Rangkorrelationskoeffizient r_s auch im Rahmen
der SPSS/PC+-Prozedur CROSSTABS berechnen.

3.5 Die Elaboration einer Beziehung: Zur klassischen Analyse multivariater Tabellen (nach LAZARSFELD)

Nachdem wir uns in den voraufgegangenen Abschnitten mit Verfahren und Maßzahlen beschäftigt haben, die der Analyse univariater (eindimensionaler) und bivariater (zweidimensionaler) Verteilungen dienen, wollen wir uns im vorliegenden letzten Abschnitt dieses Kapitels kurz der Analyse multivariater (mehrdimensionaler) Verteilungen, d.h. der Analyse gemeinsamer Verteilungen dreier oder mehrerer Variablen zuwenden. Da eine eingehende Behandlung multivariater Analyseverfahren nicht Gegenstand dieser Einführung in die sozialwissenschaftliche Datenanalyse sein kann, werden wir uns auf ausgewählte elementare Probleme beschränken. Wir werden nachfolgend lediglich den einfachsten Fall, nämlich die Beziehung zwischen *drei* zumeist *dichotomen* Variablen betrachten, und zwar im Rahmen der sog. *mehrdimensionalen Tabulierung*, auch *Subgruppenklassifikation* oder, nach einem Vorschlag Paul F. LAZARSFELDs (1955), *Elaboration* genannt.

Der Hauptgrund, weshalb wir uns mit der *Elaboration* (etwa "Verfeinerungsanalyse") als einem Verfahren befassen, mit dem der Einfluß dritter Variablen auf eine interessierende Beziehung zwischen zwei Variablen kontrolliert werden kann,[1] ist schnell benannt: Die Kontrolle des Einflusses dritter Variablen soll uns davor bewahren, eine statistische Beziehung, die in Wahrheit eine *Scheinbeziehung* ist, als eine *Kausalbeziehung* zu interpretieren (siehe Abbildung 3-5).

Eine *Scheinbeziehung* (engl. spurious correlation) kann definiert werden als eine Korrelation, bei der ein verborgener Faktor Z einen Einfluß auf Y ausübt, der fälschlich X zugeschrieben wird. Daraus folgt keineswegs, daß eine zwischen X und Y festgestellte

---

1) Ein weiteres Verfahren (für metrische Daten), mit dem der Effekt dritter Variablen auf eine Beziehung zwischen zwei Variablen ermittelt werden kann, nämlich das der Partialkorrelation, werden wir in Kapitel 4 kennenlernen.

(a) *Kausale* Beziehungen
    zwischen X und Y

(b) *Schein*beziehungen
    zwischen X und Y

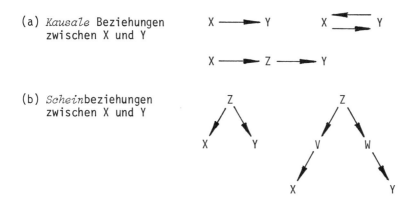

Abbildung 3-5: Schematische Darstellung kausaler Beziehungen

Beziehung irreal ist, wohl aber, daß die Annahme einer Ursache-
Wirkungs-Beziehung (engl. cause-and-effect relationship) zwischen
X und Y irrig ist. Der Ausdruck Scheinbeziehung besagt folglich
nicht, daß die X-Y-Beziehung falsch ist, sondern ihre Interpretation.

Der kausale Einfluß mag in *eine* oder aber in *beide* Richtungen
gehen. Beispielsweise mögen steigende Löhne die Ursache steigender
Preise sein, die ihrerseits die Ursache steigender Löhne sind (mit
dem berühmten Spiraleffekt). Daß der Einfluß einer Variablen auf
eine andere durch eine *intervenierende* Variable vermittelt wird,
ist mit unserer Vorstellung von Ursache-Wirkungs-Beziehungen durchaus vereinbar. Praktisch werden alle Kausalbeziehungen durch intervenierende Variablen vermittelt, auch wenn letztere unspezifiziert
bleiben. Ein Anstieg der Löhne führt nicht direkt, sondern über
steigende Produktions- und Vertriebskosten zu einem Anstieg der
Preise. Der Einfluß des Regens auf den Ernteertrag erfolgt indirekt
über biochemische Prozesse, die als intervenierende Variablen aufgefaßt werden können. Kurzum: Die Annahme einer Kausalbeziehung
zwischen zwei Variablen schließt nicht aus, daß der Effekt der
einen auf die andere Variable durch eine intervenierende Variable
vermittelt wird.

Hier soll uns die Frage beschäftigen, wie man in der Analyse multivariater Tabellen kausale Beziehungen zu identifizieren sucht.
Nehmen wir beispielsweise an, wir wollten die folgende Aussage
überprüfen: "Mangelnde Beaufsichtigung (X) ist eine Ursache der
Jugendlichendelinquenz (Y)". Diese Aussage hat die Form: "X (unabhängige Variable) beeinflußt Y (abhängige Variable)", ist also
eine sog. *Kausalhypothese*. In unserem Beispiel kann die Kausalhypothese nicht - wie in einem "echten" Experiment - durch Mani-
pulation der Werte der unabhängigen Variablen überprüft werden,
weil der Sozialforscher nicht verfügen kann, daß einige Eltern
eine "angemessene", andere hingegen eine "unangemessene" Beaufsichtigung ihrer Kinder praktizieren. In einer solchen Situation,
die für nicht-experimentelle Forscher typisch ist, besteht lediglich die Möglichkeit, Befragungs- oder Beobachtungsdaten nach
ihrer Erhebung durch statistische Kontrollen zur Überprüfung der
Kausalhypothese heranzuziehen.

Stellt man nun in der bivariaten Analyse derartiger nicht-experimenteller Daten fest, daß zwischen X und Y eine statistische
Beziehung besteht, so erhebt sich regelmäßig die Frage, ob damit
tatsächlich eine *Kausalbeziehung* nachgewiesen ist. Die Beantwortung
dieser Frage hängt davon ab, ob außer der Tatsache, daß zwischen
den Variablen X und Y eine statistische Beziehung besteht, die
Variable X der Variablen Y kausal vorangeht und die X-Y-Beziehung
nicht von einer gemeinsamen Ursache Z herrührt.

Kausalitätskriterien. In der methodologischen Literatur der Sozialwissenschaften - siehe etwa BLALOCK (1964), COOK und CAMPBELL
(1979), DAVIS (1988), HIRSCHI und SELVIN (1967), HYMAN (1955),
KENDALL und LAZARSFELD (1950), LAZARSFELD (1955), SIMON (1954)
und ZEISEL (1970) - herrscht eine generelle Übereinstimmung darüber
vor, daß die Annahme einer Kausalbeziehung an die Erfüllung der
folgenden drei Kriterien gebunden ist:

1. Zwischen der Variablen X und der Variablen Y besteht eine
   statistische Beziehung ("association").

2. Die Variable X geht der Variablen Y kausal voran ("causal order", "temporal precedence").

3. Die Beziehung zwischen X und Y verschwindet nicht, wenn der Einfluß dritter Variablen, die X und Y kausal vorangehen, kontrolliert wird ("lack of spuriousness").

Danach kann X als Ursache von Y betrachtet werden, wenn alle drei Kriterien erfüllt sind; um zu zeigen, daß X *keine* Ursache von Y ist, genügt die Demonstration, daß eines der drei Kriterien *nicht* erfüllt ist.[1]

Kausalität ist nicht an die Erfüllung der im folgenden illustrierten Bedingungen gebunden. Nehmen wir als Beispiel die Beziehung zwischen dem Konsum einer bestimmten Droge (X) und dem Auftreten von Halluzinationen (Y). Die Annahme einer Kausalbeziehung zwischen diesen Variablen setzt weder voraus, daß alle Halluzinierenden die Droge eingenommen haben, noch daß alle Drogenkonsumenten halluzinieren, noch daß alle Drogenkonsumenten und keine anderen Personen halluzinieren. Diese in Tabelle 3-35 dargestellten Bedingungen sind *falsche Kausalitätskriterien* (siehe HIRSCHI und SELVIN, 1967, Kap. 8). Die Annahme einer Kausalbeziehung zwischen X und Y setzt nicht die Erfüllung der in Tabelle 3-35 illustrierten restriktiven Bedingungen voraus (eine leere Zelle, wie in den Fällen a und b, oder zwei leere Zellen, wie im Fall c), sondern lediglich, daß Halluzinationen bei Drogenkonsumenten häufiger auftreten als bei Nicht-Drogenkonsumenten. Weder eine nicht perfekte noch eine schwache Beziehung zwischen X und Y ist ein Indiz dafür, daß X keine Ursache von Y ist, sondern lediglich, daß X nicht die einzige Ursache ist, vorausgesetzt, die Kausalitätskriterien 2 und 3 sind

---

1) Die Spuren der Entwicklung dieser Konzeption verlieren sich in der Vergangenheit, führen aber nicht an John Stuart MILL (1806 bis 1873) vorbei. Wie COOK und CAMPBELL (1979, S.18) feststellen: "Mill held that causal inference depends on three factors: first, the cause has to precede the effect in time; second, the cause and effect have to be related; and third, other explanations of the cause-effect relationship have to be eliminated." COOK und CAMPBELL fügen hinzu (S.18): "The third criterion is the difficult one."

Tabelle 3-35: Falsche Kausalitätskriterien

	(a)	(b)	(c)
	Drogen-konsum (X)	Drogen-konsum (X)	Drogen-konsum (X)
	nein ja	nein ja	nein ja

Hallu-zinatio-nen (Y)

(a)

	nein	ja	
Hallu-zinationen (Y) nein	50	25	75
ja		25	25
	50	50	100

(b)

	nein	ja	
nein	25		25
ja	25	50	75
	50	50	100

(c)

	nein	ja	
nein	50		50
ja		50	50
	50	50	100

(a) *Notwendige,* aber nicht *hinreichende* Bedingung:

Alle Halluzinierenden haben die Droge eingenommen.

(b) *Hinreichende,* aber nicht *notwendige* Bedingung:

Alle Drogenkonsumenten halluzinieren.

(c) *Notwendige* und *hinreichende* Bedingung:

Alle Drogenkonsumenten und keine anderen Personen halluzinieren.

ebenfalls erfüllt. Anders gesagt: Das erste Kausalitätskriterium ist bereits erfüllt, wenn eine nicht unerheblich von Null verschiedene Assoziation zwischen X und Y vorliegt. (Bezüglich dieses ersten Kriteriums ist anzumerken, daß eine sog. *Suppressorvariable* eine Beziehung zwischen X und Y verdecken kann, weshalb das Nicht-Erscheinen einer Beziehung zwischen X und Y (engl. zero association) kein Beweis dafür ist, daß X und Y nicht kausal verbunden sind. Insofern erweist sich das erste Kriterium als zu eng. Zur "analysis of zero associations" siehe HIRSCHI und SELVIN, 1967, S.106-110, und ROSENBERG, 1968, S.84-94).

Das zweite Kausalitätskriterium betrifft die zeitliche Folge der Variablen: Die Ursache geht der Wirkung voraus.[1] Auf unser Beispiel bezogen: Der Drogenkonsum kann nicht die Ursache der Halluzinationen sein, die bereits vor der Einnahme der Droge auftreten.

---

1) Nach einer ironischen Bemerkung VOLTAIREs nicht in allen Fällen: "Wenn ein Arzt hinter dem Sarg eines Patienten geht, folgt manchmal tatsächlich die Ursache der Wirkung."

Weder eine statistische Beziehung zwischen X und Y noch das kausale
Vorangehen von X erlauben es, auf eine *Kausal*beziehung zu schließen.
Es kann nämlich sein, daß eine zunächst verborgene, dann aber kon-
trollierte dritte Variable (Z) die Annahme einer Kausalbeziehung
zwischen X und Y widerlegt. Beispielsweise mag eine psychische
Krankheit (Z) sowohl den Drogenkonsum (X) als auch Halluzinationen
(Y) bewirken, d.h. die Beziehung zwischen X und Y mag allein auf
den Einfluß zurückzuführen sein, den die Drittvariable Z auf die
Variablen X und Y ausübt.

Die in der statistischen Literatur immer wieder zitierten Beispiele
solcher *Scheinbeziehungen* sind zum Teil sehr erheiternd, wie etwa
die tatsächlich gefundene Beziehung zwischen der Anzahl der bei
Schadensfeuern eingesetzten Löschzüge (X) und dem Umfang des ent-
standenen Sachschadens (Y), oder die Beziehung zwischen der Anzahl
der in bestimmten Regionen nistenden Störche (X) und der Geburtenrate in diesen Regionen (Y). Kann man aus diesen Beziehungen schließen, daß die Feuerwehren den Sachschaden und die Störche den Kin-
dersegen verursachen? Man kann nicht, denn die Beziehung zwischen
der Anzahl der Löschfahrzeuge und der Höhe des Sachschadens ist
- wie man zeigen kann - mit der Größe des Schadensfeuers (Z), die
Beziehung zwischen der Anzahl der Störche und der Geburtenrate mit
dem Grad der Urbanisierung (Z) zu erklären (je größer das Feuer,
desto mehr Löschfahrzeuge, aber auch: desto größer der Schaden;
je dünner die Besiedlung, desto mehr Störche, aber auch: desto
höher die Geburtenrate).

Von den Verfahren, die dem nicht-experimentellen Forscher zur Kontrolle des Einflusses dritter Variablen auf eine ihn interessierende Beziehung zur Verfügung stehen, ist die klassische Analyse multivariater Tabellen das universellste und anschaulichste Verfahren.
Deshalb soll anhand dieses Verfahrens der mehrdimensionalen Tabulierung, auch *Subgruppenklassifikation*, *Subgruppenanalyse* oder
Elaboration genannt, die Logik der Vorgehensweise verdeutlicht
werden.

Von Morris ROSENBERG (1968), einem Schüler und langjährigen Mitar-

beiter Paul F. LAZARSFELDs, stammt eine sozusagen authentische
Beschreibung der *Elaboration* als Prozeß,

> "the process of elaborating the relationship between two vari-
> ables by introducing a third variable into the analysis. The
> purpose is to 'explain' or to 'specify' the relationship, thus
> making it more meaningful or more exact. Elaboration helps to
> answer the questions of 'why' and 'under what circumstances'"
> (S.201). "These questions, often enough, are answered on the
> basis of informed speculation. Elaboration does not dispense
> with informed speculation; rather, it exposes such speculation
> to systematic test" (S.xiv).

Im engeren Sinn ist unter dem Prozeß der Elaboration die Analyse
der Beziehung zwischen zwei dichotomen Variablen im Lichte einer
dritten dichotomen Variablen - unter Beachtung ihrer zeitlichen
Folge - zu verstehen. Doch ist die Elaboration weder auf dichotome
Variablen noch auf die simultane Betrachtung von nur drei Variablen beschränkt.

Die *Einführung einer dritten Variablen* erweitert eine bivariate
Tabelle um eine dritte Dimension. So wird aus einer 2 x 2-Tabelle
bei Einführung einer dritten dichotomen Variablen eine 2 x 2 x 2-
Tabelle. Zur Illustration der Vorgehensweise kann uns ein Beispiel
dienen, das sich bei Hans ZEISEL (1970) findet. Danach besagt ein
alter chinesischer Statistiker-Scherz, daß Leute, die von einem
Arzt besucht wurden, im Durchschnitt früher sterben als diejenigen,
die keinen ärztlichen Besuch erhielten.

Um dieses Beispiel zu konkretisieren, wollen wir es etwas abwandeln
und annehmen, daß von 100 Patienten, die an einer Infektionskrank-
heit litten, 50 selten und 50 oft ärztlichen Besuch erhielten und
daß innerhalb eines Jahres 45 dieser 100 Patienten verstarben,
darunter 25, die oft von einem Arzt besucht worden waren. Hieraus
resultiert die in Tabelle 3-36 dargestellte bivariate Verteilung.

Tabelle 3-36 besagt, daß von den Patienten, die selten ärztlichen
Besuch erhielten, 40 Prozent früh verstarben, während von den
Patienten, die oft ärztlichen Besuch erhielten, 50 Prozent bald
verstarben. Da eine statistische Beziehung zwischen den Variablen

Tabelle 3-36: Die Beziehung zwischen den Variablen "Arztbesuch (X)"
und "Früher Patiententod (Y)"

Arztbesuch (X)

selten   oft

x_1 x_2

Früher Patienten-tod (Y)	nein y_1	30	25	55
	ja y_2	20	25	45
		50	50	100

%   %

60   50

40   50

100   100
(50)   (50)

$\gamma = .20$

"Arztbesuch (X)" und "Früher Patiententod (Y)" besteht ($\gamma = .20$),
ist Kausalitätskriterium 1 ("association") erfüllt.

Wenn, wie hier, eine Kausalhypothese überprüft werden soll, muß
der Forscher demonstrieren, daß die unabhängige Variable (hier
"Arztbesuch") der abhängigen Variablen (hier "Früher Patiententod")
kausal vorangeht. Im vorliegenden Fall kann kein Zweifel daran bestehen, daß die Variable X der Variablen Y zeitlich vorangeht;
demnach ist auch Kausalitätskriterium 2 ("causal order") erfüllt.

Die Überprüfung des dritten Kausalitätskriteriums ("lack of spuriousness") weist über die bivariate Tabelle hinaus; sie verlangt

die *Einführung weiterer Variablen*. Wir wollen uns hier mit dem
einfachsten Fall, einer sog. *Dreivariablen-Tabelle*, begnügen. In
unserem makabren Beispiel sei die *Drittvariable*, auch *Kontrollvariable* oder *Testfaktor* genannt, die Variable "Schwere der Krank-
keit (Z)" mit den Ausprägungen "leicht (z_1)" und "schwer (z_2)",
wie in Tabelle 3-37 veranschaulicht.

Tabelle 3-37 besteht aus drei 2 x 2-Tabellen. Die links angeordnete
Tabelle ist eine Wiederholung der in Tabelle 3-36 dargestellten
Originaltabelle; diese wird auch Marginaltabelle genannt. Die Originaltabelle ist in zwei *Konditionaltabellen*, auch Partialtabellen
genannt, aufgeteilt.[1] Die Häufigkeiten der korrespondierenden
Zellen der Konditionaltabellen addieren sich zu den Häufigkeiten+
der Originaltabelle. Beispielsweise ist die Häufigkeit der linken
oberen Zelle der Originaltabelle (30) gleich der Summe der Häufigkeiten der entsprechenden Zellen der beiden Konditionaltabellen
(18 und 12), also 30 = 18 + 12. Wie des weiteren aus Tabelle 3-37
hervorgeht, wird die unabhängige Variable wie gewohnt mit X, die
abhängige Variable wie üblich mit Y bezeichnet; die dritte bzw.
Kontrollvariable wird mit Z (oder T für "Testfaktor") symbolisiert.

In Tabelle 3-37 wird durch sog. *Konstanthaltung* der Drittvariablen
Z kontrolliert, ob die festgestellte Beziehung zwischen X und Y in
den Konditionaltabellen verschwindet oder nicht. In unserem Beispiel ist unter Konstanthaltung die Überprüfung der X-Y-Beziehung
in den beiden Kategorien z_1 ("leicht") und z_2 ("schwer") der Drittvariablen Z ("Schwere der Krankheit") zu verstehen.[2]

---

1) Zur Terminologie ist zu sagen, daß in vielen einschlägigen Ori-
   ginalbeiträgen und Lehrbüchern anstelle der Bezeichnungen "Konditionaltabellen" und "Konditionalbeziehungen" die Bezeichnungen
   "Partialtabellen" und "Partialbeziehungen" benutzt werden, um
   die aus der Einführung der Drittvariablen hervorgehenden Tabellen und die in ihnen zum Ausdruck kommenden Beziehungen zu benennen. Da die Verwendung dieser auch von LAZARSFELD benutzten
   Bezeichnungen Verwechslungen mit der Partialkorrelation begünstigt, ziehen wir die ersteren Bezeichnungen vor.

2) Der Ausdruck "Konstanthaltung" sollte nicht unreflektiert verwendet werden. Genaugenommen kann man nicht von Konstanthaltung
   einer Variablen wie "Schwere der Krankheit" sprechen, wenn man
   sie auf wenige Kategorien, im Extremfall auf zwei, reduziert. Da

Tabelle 3-37: Die Beziehung zwischen den Variablen "Arztbesuch (X)", "Früher Patiententod (Y)" und "Schwere der Krankheit (Z)"

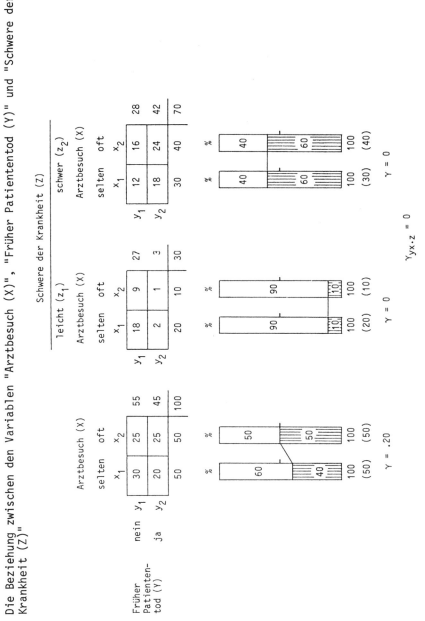

Im vorliegenden Fall zeigt sich, daß die in der Originaltabelle
beobachtete X-Y-Beziehung von γ = .20 (engl. total association,
zero-order association) in den Konditionaltabellen verschwindet.
Da die sog. *Konditionalbeziehungen* (engl. conditional associations),
hier durch zwei *konditionale Gamma-Koeffizienten* (engl. conditional
gammas) ausgedrückt, beide gleich Null sind (γ = 0), ist auch der
- weiter unten erläuterte - *partielle Gamma-Koeffizient* (engl.
partial gamma) gleich Null ($\gamma_{yx \cdot z}$ = 0).

Das Verschwinden der Beziehung zwischen den Variablen "Arztbesuch
(X)" und "Früher Patiententod (Y)" kommt am deutlichsten in der
Graphik zum Ausdruck: Von den 30 Patienten, die leicht erkrankt
waren, starben 10 Prozent, *unabhängig davon, ob sie selten oder
oft ärztlichen Besuch erhielten*, und von den 70 Patienten, die
schwer erkrankt waren, starben 60 Prozent, ebenfalls *unabhängig
davon, ob sie selten oder oft von einem Arzt besucht wurden*.
Anders gesagt: Bei den leicht Erkrankten ist der Anteil der früh
Verstorbenen gering (10 Prozent), bei den schwer Erkrankten ist
dieser Anteil hoch (60 Prozent), *unabhängig von der Häufigkeit des
Arztbesuchs*. Tabelle 3-37 enthüllt folglich, daß nicht die Häufigkeit des Arztbesuchs, sondern die Schwere der Krankheit als
Ursache des frühen Todes anzusehen ist. Somit erweist sich bei
Einführung der *antezedierenden*, d.h. der sowohl X als auch Y kausal
vorangehenden Z-Variablen, daß die X-Y-Beziehung eine *Scheinbeziehung* ist, die sich aus der Beziehung der Drittvariablen zu den
beiden Originalvariablen erklärt.

Über die Beziehung der Drittvariablen Z zu den Originalvariablen
X und Y informieren zwei weitere sog. *Marginaltabellen*, die sich
aus Tabelle 3-37 gewinnen lassen. Diese Beziehungen sind in den
Tabellen 3-38 und 3-39 dargestellt.

Forts. d. Fußnote v. S.282

in solchen Fällen die X-Y-Beziehung nicht in allen Ausprägungen
der Z-Variablen überprüft wird, sollte man vielleicht eher von
einer "Quasi-Konstanthaltung" sprechen und stets bedenken, daß
aus anderen Zusammenfassungen der Ausprägungen der Z-Variablen
möglicherweise andere X-Y-Beziehungen in den Konditionaltabellen
resultieren.

Tabelle 3-38: Die Beziehung zwischen den Variablen "Schwere der
              Krankheit (Z)" und "Arztbesuch (X)"

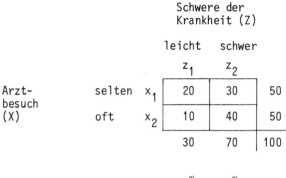

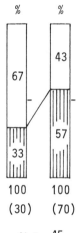

$\gamma = .45$

Damit haben wir im Zuge der Elaboration der Assoziation zwischen
den Variablen "Arztbesuch (X)", "Früher Patiententod (Y)" und
"Schwere der Krankheit (Z)" sechs Beziehungen identifiziert, nämlich:

Eine *Originalbeziehung:* Die X-Y-Beziehung $\gamma = .20$

Zwei *Konditionalbeziehungen:*
(a) Die X-Y-Beziehung in der z_1-Kategorie $\gamma = .00$
(b) Die X-Y-Beziehung in der z_2-Kategorie $\gamma = .00$

Eine *Partialbeziehung:* (siehe unten) $\gamma_{yx \cdot z} = .00$

Tabelle 3-39: Die Beziehung zwischen den Variablen "Schwere der
Krankheit (Z)" und "Früher Patiententod (Y)"

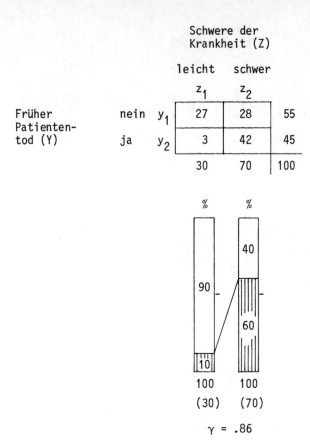

Schwere der
Krankheit (Z)

			leicht z_1	schwer z_2	
Früher	nein	y_1	27	28	55
Patienten-					
tod (Y)	ja	y_2	3	42	45
			30	70	100

$\gamma = .86$

Zwei *Marginalbeziehungen:*

(c) Die Z-X-Beziehung $\gamma = .45$
(d) Die Z-Y-Beziehung $\gamma = .86$

Dies ist die übliche Vorgehensweise, mit der man in der klassischen
Analyse multivariater Tabellen kausale Beziehungen zu identifizieren sucht: Nach Feststellung einer statistischen Beziehung zwischen
einer kausal vorangehenden unabhängigen Variablen X und einer abhängigen Variablen Y werden dritte (antezedierende) Variablen in
Betracht gezogen, die diese Beziehung verursacht haben könnten
(wozu es der oben zitierten "informierten Spekulation" des Sozial-

forschers bedarf). Findet man eine solche Variable, so erklärt man
die Originalbeziehung (die X-Y-Beziehung der Originaltabelle) als
Scheinbeziehung, wie in unserem fiktiven Beispiel. Stellt sich
heraus, daß die Originalbeziehung keine Scheinbeziehung ist, so
zieht man den Schluß, daß die unabhängige Variable X eine Ursache
der abhängigen Variablen Y ist. Diese Schlußfolgerung ist keineswegs sicher, weil nicht ausgeschlossen werden kann, daß die Überprüfung des Einflusses einer anderen antezedierenden Variablen Z
die Originalbeziehung zum Verschwinden gebracht hätte. Folglich
ist die Demonstration einer Kausalbeziehung niemals definitiv.
Wie HIRSCHI und SELVIN (1967, S.44) schreiben: "Logically, the
demonstration of causality is never complete." Das Vertrauen in
die vorläufige Schlußfolgerung erhöht sich allerdings in dem Maße,
in dem Drittvariablenkontrollen die Originalbeziehung nicht als
Scheinbeziehung aufdeckten.

In der LAZARSFELDschen Terminologie spricht man beim Verschwinden
einer Beziehung von einer *Erklärung* (engl. explanation), wenn (wie
in unserem Beispiel) die dritte Variable der unabhängigen Variablen kausal vorangeht. Weitere Beispiele: Die Beziehung zwischen
der "Anzahl der Feuerlöschzüge (X)" und der "Höhe des Sachschadens
(Y)" verschwindet bei Einführung der antezedierenden Drittvariablen "Größe des Schadensfeuers (Z)" und: Die Beziehung zwischen der
"Anzahl der regional nistenden Störche (X)" und der "regionalen
Geburtenrate (Y)" verschwindet bei Einführung der antezedierenden
Variablen "Urbanisierungsgrad (Z)". In jedem dieser denkwürdigen
Beispiele wird gewissermaßen ein kurioses Ergebnis "hinwegerklärt"
(engl. explained away) - es findet eine einleuchtende Erklärung.

Man spricht beim Verschwinden einer Beziehung von einer *Interpretation* (engl. interpretation), wenn die dritte Variable zwischen die
unabhängige und die abhängige Variable tritt, also *intervenierende*
Variable ist. Beispiel: Die (positive) Beziehung zwischen der
"Größe des Wohnorts (X)" und der "Selbstmordrate (Y)" verschwindet
bei Einführung der Drittvariablen "Soziale Kohäsion (Z)". (Die
zugrundeliegende Überlegung ist, daß zwar generell in ländlichen
Gemeinden ein engerer sozialer Zusammenhalt zu vermuten ist; da es

aber einige ländliche Gemeinden geben wird, in denen der soziale
Zusammenhalt lockerer ist als in einigen städtischen Gemeinden,
sollte die Konstanthaltung der "sozialen Kohäsion" die Beziehung
zwischen der "Wohnortgröße" und der "Selbstmordrate" zum Verschwinden bringen.) Schematisch kann der Unterschied zwischen
diesen beiden Typen der Elaboration wie folgt ausgedrückt werden:

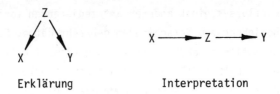

    Erklärung   Interpretation

Zwei weitere Typen der Elaboration sind die *Spezifikation* (engl.
specification) und die *Vorhersage* (engl. prediction). Dabei richtet sich die Aufmerksamkeit auf die unterschiedlichen Konditionalbeziehungen (von denen eine schwach und eine stark sein mag, oder
eine positiv und eine negativ, oder eine Null und eine ungleich
Null, usw.). Weichen die Konditionalbeziehungen deutlich voneinander ab, so interagieren Z und X in Bezug auf Y: man spricht dann
von einem *Interaktionseffekt*. Man sagt, daß eine Drittvariable (Z)
mit einer unabhängigen Variablen (X) *interagiert*, wenn die Wirkung
der X-Variablen auf die Y-Variable in den verschiedenen Ausprägungen der Z-Variablen unterschiedlich ist (was sich in unterschiedlichen Konditionalbeziehungen ausdrückt). Beispiel mit *antezedie-
render* Drittvariablen *(Spezifikation):* Die desintegrierende "Wirkung (Y)" einer rezessiven "Wirtschaftslage (X)" ist in "nicht
autoritären Familien (z_1)" weniger einschneidend als in "autoritären Familien (z_2)". Beispiel mit *intervenierender* Drittvariablen
(Vorhersage): Wenn man die Beziehung zwischen der "Erziehung (X)"
und der "Leistung (Y)" von Kindern untersucht, kann man die Beobachtung machen und dann vorhersagen, daß progressiv erzogene Kinder
in einer "autoritären Arbeitsatmosphäre (z_1)" schlechtere, in einer
"demokratischen Arbeitsatmosphäre (z_2)" hingegen bessere Leistungen
erbringen als nicht progressiv erzogene Kinder.

Im Anschluß an die Betrachtung dieser fiktiven Beispiele wollen wir

Tabelle 3-40: Die Beziehung zwischen den Variablen "Erforder-
            liche Lernzeit in Jahren (V168T)" und "Berufs-
            wechsel (V174D)"

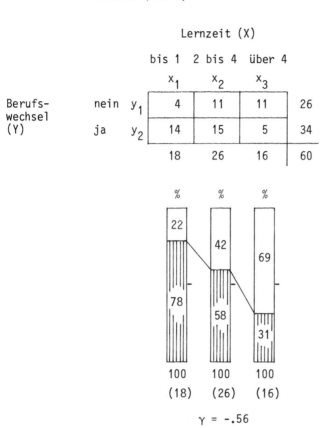

Lernzeit (X)

bis 1   2 bis 4   über 4

		x_1	x_2	x_3	
Berufs- wechsel (Y)	nein y_1	4	11	11	26
	ja y_2	14	15	5	34
		18	26	16	60

$\gamma = -.56$

uns einem Beispiel zuwenden, das unserer Datenmatrix entstammt.
Dabei soll es zunächst um die Beziehung zwischen der unabhängigen
Variablen "Erforderliche Lernzeit in Jahren (V168T)" und der abhängigen Variablen "Berufswechsel (V174D)" gehen (siehe Tabelle
3-40). Wenn wir die X-Variable ("Lernzeit") als Indikator der
beruflichen Qualifikation des Befragten und die Y-Variable
("Berufswechsel") als Indikator des individuellen Berufsrisikos
betrachten,[1] dann stimmt die zwischen den Variablen festgestellte

1) Diese vereinfachenden Annahmen implizieren, daß jeder Befragte
   zum Zeitpunkt der Befragung eine seiner individuellen Qualifikation entsprechende Tätigkeit ausübte und daß jeder bis dahin

Beziehung (γ = -.56) mit der allgemeinen Lebenserfahrung überein,
nach der das Berufsrisiko mit zunehmender Qualifikation abnimmt:
Je geringer die Qualifikation, desto größer das Risiko, nicht nur
den Arbeitsplatz, sondern auch den Beruf wechseln zu müssen (oder
zu verlieren).

Vor dem Hintergrund der Überlegung, daß der spezifischen beruflichen Qualifizierung stets eine allgemeine schulische Qualifizierung vorausgeht, wollen wir im Zuge der Elaboration dieser Beziehung die Drittvariable "Höchster allgemeinbildender Schulabschluß
(V169D)" einführen, d.h. die X-Y-Beziehung in den Kategorien
z_1 ("VS, HS") und z_2 ("höher") der Kontrollvariablen Z ("Schulabschluß") überprüfen (siehe Tabelle 3-41). Da die Drittvariable
"Schulabschluß" eine antezedierende Variable ist, kann ihre Einführung als Testvariable die Frage beantworten, ob die X-Y-Beziehung in den Konditionaltabellen verschwindet, also eine Scheinbeziehung ist, und falls nicht, ob und in welcher Weise sie die
X-Y-Beziehung spezifiziert. Hierüber gibt Tabelle 3-41 Aufschluß.

Tabelle 3-41 besteht aus drei 2 x 3-Tabellen, von denen die links
angeordnete Tabelle eine Wiederholung der Originaltabelle ist
(Tabelle 3-40), deren Zellen- und Randhäufigkeiten sich aus der
Addition der entsprechenden Häufigkeiten der beiden Konditionaltabellen ergeben. Wie man insbes. an der graphischen Darstellung[1]

Forts. d. Fußnote v. S.289

   stattgefundene Berufswechsel nach dem Erreichen eines (im übrigen als konstant angenommenen) bestimmten Qualifikationsniveaus
und nicht aufgrund einer freien Willensentscheidung des Befragten erfolgte, was sicherlich nicht in allen Fällen unterstellt
werden kann. Wichtig ist, sich der Implikationen seiner Annahmen
bewußt zu sein.

1) Es ist üblich, bei einer Basis von weniger als etwa 15 Fällen
von einer Prozentuierung abzusehen, weil die resultierenden
Prozentzahlen zu unzuverlässig sind. Wir weichen hier von dieser Praxis ab, um nicht auf die graphische Darstellung der Beziehungen verzichten zu müssen, was wegen des Verlustes der
Anschaulichkeit sehr bedauerlich wäre. Daß eine Basis, die für
eine Prozentuierung zu klein ist, erst recht für eine Verallgemeinerung der Schlußfolgerungen zu klein ist, braucht nicht
betont zu werden. Auch das vorliegende Beispiel, wenngleich auf
aktuellen Daten beruhend, dient ausschließlich der Illustration
des Verfahrens.

Tabelle 3-41: Die Beziehung zwischen den Variablen "Erforderliche Lernzeit in Jahren (V168T)", "Berufswechsel (V174D)" und "Höchster allgemeinbildender Schulabschluß (V169D)"

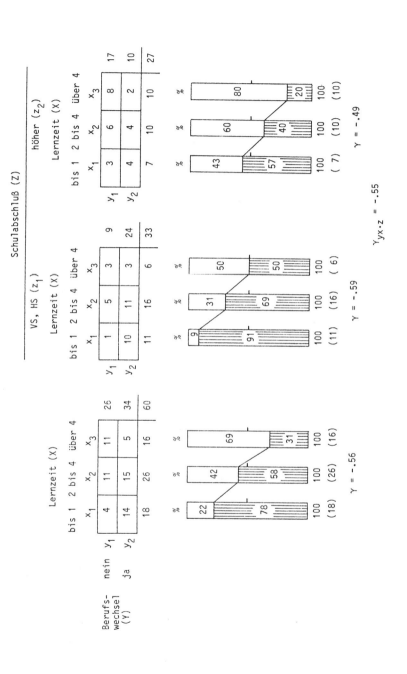

der relativen Häufigkeiten sieht, gleicht das Muster der Beziehung
der beiden Konditionaltabellen dem der Originaltabelle; vom Verschwinden der Beziehung kann also keine Rede sein. Im Gegenteil:
Die X-Y-Beziehung bleibt bei Konstanthaltung der Z-Variablen
nahezu unverändert erhalten. Konkreter: Die relativ starke negative Beziehung zwischen den Variablen "Lernzeit" und "Berufswechsel" (bzw. zwischen "beruflicher Qualifikation" und "beruf-
lichem Risiko") ist nahezu unabhängig davon, ob der "Schulabschluß"
(die "schulische Qualifikation") niedrig oder hoch ist. Wir kommen
zu derselben Einsicht, wenn wir die Gamma-Koeffizienten miteinander vergleichen. Die erste Konditionalbeziehung ist nur wenig
stärker (γ = -.59), die zweite nur wenig schwächer (γ = -.49)
als die Originalbeziehung (γ = -.56).

Daß die Variable "Schulabschluß" einen eigenen Effekt auf die Variable "Berufswechsel" hat, läßt sich aus der graphischen Darstellung
der konditionalen Beziehungen ablesen (siehe auch Tabelle 3-43).
In jeder Kategorie der Variablen "Erforderliche Lernzeit in Jahren
(X)" besteht im Hinblick auf die Variable "Berufswechsel (Y)" eine
ganz ähnliche Prozentsatzdifferenz zwischen denjenigen, die einen
niedrigen (z_1) bzw. einen höheren (z_2) Schulabschluß haben. In der
x_1-Kategorie, d.h. in der Kategorie der Beschäftigten, deren Tätigkeit eine geringe Lernzeit (x_1) erfordert, haben nur 9 Prozent
derjenigen, die einen niedrigen Schulabschluß (z_1) haben, *keinen*
Berufswechsel (y_1) erfahren, gegenüber 43 Prozent derjenigen, die
einen höheren Schulabschluß (z_2) haben (siehe auch die 31 Prozent
versus 60 Prozent in der x_2-Kategorie und die 50 Prozent versus
80 Prozent in der x_3-Kategorie).

Auch im vorliegenden Beispiel lassen sich aus der Dreivariablen-
Tabelle (Tabelle 3-41) zwei weitere Marginaltabellen gewinnen,
die über die Beziehung der antezedierenden Z-Variablen zu den
Originalvariablen X und Y informieren. Diese Beziehungen sind in
den Tabellen 3-42 und 3-43 dargestellt. Damit haben wir im Zuge
der Elaboration der Beziehung zwischen den Variablen "Lernzeit
(X)" und "Berufswechsel (Y)" durch Einführung der Drittvariablen
"Schulabschluß (Z)" folgende sechs Beziehungen identifiziert:

Tabelle 3-42: Die Beziehung zwischen den Variablen "Höchster
allgemeinbildender Schulabschluß (V169D)" und
"Erforderliche Lernzeit in Jahren (V168T)"

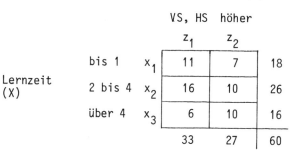

Schulabschluß (Z)

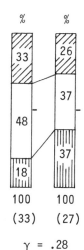

$\gamma = .28$

Eine *Originalbeziehung:* Die X-Y-Beziehung $\gamma = -.56$

Zwei *Konditionalbeziehungen:*
(a) Die X-Y-Beziehung in der z_1-Kategorie $\gamma = -.59$
(b) Die X-Y-Beziehung in der z_2-Kategorie $\gamma = -.49$

Eine *Partialbeziehung:* (siehe unten) $\gamma_{yx \cdot z} = -.55$

Zwei *Marginalbeziehungen:*
(c) Die Z-X-Beziehung $\gamma = .28$
(d) Die Z-Y-Beziehung $\gamma = -.64$

Tabelle 3-43: Die Beziehung zwischen den Variablen "Höchster
allgemeinbildender Schulabschluß (V169D)" und
"Berufswechsel (V174D)"

Schulabschluß (Z)

VS, HS   höher

			z_1	z_2	
Berufs- wechsel (Y)	nein	y_1	9	17	26
	ja	y_2	24	10	34
			33	27	60

%   %

27

63

73

37

100   100

(33)   (27)

$\gamma = -.64$

In diesem wie im vorangehenden Beispiel haben wir den Koeffizienten Gamma zur Beschreibung der Beziehung zwischen den (ordinalen) Variablen X, Y und Z benutzt, weil mit SPSS auch der von James A. DAVIS (1967) vorgeschlagene *partielle Gamma-Koeffizient* berechnet werden kann. DAVIS fand, daß

"in addition to the zero order and conditional coefficients,
it would be useful to have a partial coefficient (S.189)" ...
"which ... is a weighted average of the conditional coefficients (S.191)"

und definierte den als gewichteten Durchschnitt der konditionalen

Gammas[1] konzipierten *Partialkoeffizienten* wie folgt:

$$\gamma_p = \frac{\Sigma N_c - \Sigma N_d}{\Sigma N_c + \Sigma N_d}$$

wobei γ_p = partieller Gamma-Koeffizient,[2]

ΣN_c, ΣN_d = Summe der für jede einzelne Konditionaltabelle separat ermittelten konkordanten (N_c) bzw. diskordanten (N_d) Paare.

Für unser Beispiel (Tabelle 3-41) erhalten wir folgende Paare

- in der ersten Konditionaltabelle (in der z_1-Kategorie):

$$N_c = 1(11 + 3) + 5(3) = 14 + 15 = 29$$

$$N_d = 3(11 + 10) + 5(10) = 63 + 50 = 113$$

- in der zweiten Konditionaltabelle (in der z_2-Kategorie:

$$N_c = 3(4 + 2) + 6(2) = 18 + 12 = 30$$

$$N_d = 8(4 + 4) + 6(4) = 64 + 24 = 88$$

---

1) Weniger gebräuchliche, ebenfalls als Durchschnitte konzipierte, aber nicht (a) mit der Anzahl der Paare, die der Berechnung der konditionalen Koeffizienten zugrundeliegen, gewichtete ordinale Partialkoeffizienten sind (b) der mit der Anzahl aller Paare der Konditionaltabellen [N(N - 1)/2] gewichtete Durchschnitt der konditionalen Gammas [{528(-.59) + 351(-.49)}/879 = {(-311.52) + (-171.99)}/879 = -483.51/879 = -.55], (c) der mit der Anzahl der Fälle gewichtete Durchschnitt der konditionalen Gammas [{33(-.59) + 27(-.49)}/60 = {(-19.47) + (-13.23)}/60 = -.545] und (d) der einfache Durchschnitt der konditionalen Gammas [{(-.59) + (-.49)} /2 = -1.08/2 = -.54]. Diese Formulierungen sind nicht nur auf den Gamma-Koeffizienten, sondern auch auf die übrigen Maßzahlen der ordinalen Assoziation anwendbar.

2) Anstelle des Subskripts p kann man auch die Symbole der untersuchten Variablen verwenden. Die Schreibweise $\gamma_{yx\cdot z}$ (lies "Gamma sub Y X Punkt Z" oder "der partielle Gamma-Koeffizient der Beziehung zwischen X und Y bei Konstanthaltung von Z") besagt, daß der Partialkoeffizient die X-Y-Beziehung bei Kontrolle von Z beschreibt.

Daraus ergibt sich ein partieller Gamma-Koeffizient von

$$\gamma_{yx \cdot z} = \frac{(29 + 30) - (113 + 88)}{(29 + 30) + (113 + 88)} = \frac{59 - 201}{59 + 201} = \frac{-142}{260} = -.55$$

Ein Partialkoeffizient wird stets mit dem Koeffizienten der Originalbeziehung verglichen. Im vorliegenden Beispiel zeigt sich, daß die Originalbeziehung ($\gamma = -.56$) nur geringfügig reduziert wird ($\gamma_{yx \cdot z} = -.55$), was besagt, daß die X-Y-Beziehung bei Kontrolle der antezedierenden Z-Variablen praktisch unverändert erhalten bleibt. Hieraus kann man den (vorläufigen) Schluß ziehen, daß die X-Variable (hier "Lernzeit") eine Ursache der Y-Variablen (hier "Berufswechsel") ist, wenn auch nicht die einzige.

Da der partielle Gamma-Koeffizient ein (gewichteter) Durchschnitt ist, sollte man sich vergegenwärtigen, unter welchen Umständen ein Durchschnittswert akzeptabel ist. Die Mittelung einer Assoziation über verschiedene Tabellen hinweg ist nur dann sinnvoll, wenn die *Richtung* und die *Stärke* der Beziehung in den Konditionaltabellen *nicht* sehr verschieden sind, andernfalls liegt eine Interaktion vor. Darüber geben die graphische Darstellung der konditionalen Beziehungen und die konditionalen Koeffizienten Aufschluß. Weichen die Beziehungen und damit die Koeffizienten (die konditionalen Gammas) erheblich voneinander ab, ist der partielle Gamma-Koeffizient sicherlich kein angemessener Koeffizient.

Wir können *zusammenfassend* feststellen, daß die Drittvariablenkontrolle drei Ergebnisse haben kann, die jeweils unterschiedliche Schlußfolgerungen erlauben: 1. Die Konditionalbeziehungen sind mit der Originalbeziehung identisch oder doch nahezu identisch. 2. Die Konditionalbeziehungen sind Null oder doch nahe Null. 3. Die Konditionalbeziehungen differieren mehr oder weniger stark. Bleibt die Originalbeziehung in den Konditionaltabellen erhalten, schlußfolgert man, daß die Drittvariable keinen Einfluß auf die Beziehung zwischen X und Y hat. Verschwindet die Originalbeziehung in den Konditionaltabellen, schreibt man die Beziehung zwischen X und Y der Drittvariablen Z zu. Differieren die Konditionalbeziehungen

erheblich, schließt man auf einen Interaktionseffekt; die Beziehung
zwischen X und Y hängt dann von den spezifischen Ausprägungen der
Drittvariablen Z ab.

Man kann die Schlußfolgerung präzisieren, wenn entscheidbar ist,
ob die Drittvariable Z zeitlich sowohl X als auch Y vorangeht
(antezediert) oder zwischen X und Y tritt (interveniert). Verschwindet die Beziehung in den Konditionaltabellen, so gibt es
folgende Alternativen: (a) Ist Z antezedierende Variable, so sagt
man, daß Z die X-Y-Beziehung *erklärt*. (b) Ist Z intervenierende
Variable, so sagt man, daß Z die X-Y-Beziehung *interpretiert*. Sind
die Konditionalbeziehungen verschieden, so gibt es folgende Alternativen: (c) Ist Z antezedierende Variable, so sagt man, daß Z die
Bedingungen *spezifiziert*, unter denen eine bestimmte Beziehung zu
erwarten ist. (d) Ist Z intervenierende Variable, so sagt man, daß
Z eine Bedingung repräsentiert, die realisiert sein muß, wenn Y
auf der Basis von X *vorhergesagt* werden soll. Das Vorangehende ist
in Tabelle 3-44 schematisch dargestellt.

Tabelle 3-44: Die vier Haupttypen der Elaboration (nach LAZARSFELD)

		Die Drittvariable Z ...	
		... antezediert	... interveniert
Die Konditional-beziehungen sind ...	... beide Null	Erklärung	Interpretation
	... ver-schieden	Spezifikation	Vorhersage

Da hier lediglich eine knappe Einführung in die klassische Analyse
multivariater Tabellen bzw. des Prozesses der Elaboration geboten
werden konnte, sei der interessierte Leser auf die unverändert
wichtigen, gut lesbaren und mit vielen Beispielen illustrierten
Darstellungen von LAZARSFELD (1955), HIRSCHI und SELVIN (1967),
ROSENBERG (1968) und ZEISEL (1970) hingewiesen.

ÜBUNGSAUFGABEN

1. Bilden Sie aus den Variablen V167 und V170 (siehe Datenmatrix) eine 2 x 2-Tabelle, um dann die Prozentsatzdifferenz (d%) zu berechnen.

   Dichotomisieren Sie die Variable V170 in der Nähe des Medians, d.h fassen Sie die V170-Werte "bis 1900" zur Kategorie 1 und die V170-Werte "über 1900" zur Kategorie 2 den neuen Variablen V170D "Monatliches Nettoeinkommen in DM" zusammen. Kreuztabulieren Sie diese neue Variable V170D mit der Variablen "Auch Vorgesetzten-funktionen (V167)".

   Bedenken Sie, daß für die Anlage der Tabelle und die Richtung der Beziehung die Frage entscheidend ist, welche Variable Sie als unabhängig bzw. als abhängig betrachten.

2. Berechnen Sie für die 2 x 2-Tabelle, die aus der Kreuztabulation der Variablen V167 und V170D hervorgeht (siehe Obungsaufgabe 1), den Phi-Koeffizienten auf dreierlei Weise, nämlich

   (a) auf der Basis des Chi-Quadrat-Wertes, der sich aus der Kontrastierung der Kontingenztabelle mit der Indifferenztabelle ergibt,

   (b) auf der Basis des Chi-Quadrat-Wertes, der sich aus der Anwendung der Chi-Quadrat-Formel ergibt, die auf die 2 x 2-Tabelle zugeschnitten ist, und

   (c) ohne Ermittlung von Chi-Quadrat durch Anwendung der Formel zur direkten Berechnung des Phi-Koeffizienten.

3. Berechnen Sie für Tabelle 3-1 - für die Kreuztabulation der Variablen V172 und V166 - den CRAMERschen V-Koeffizienten und den PEARSONschen C-Koeffizienten auf der Basis des Chi-Quadrat-Wertes, der in Tabelle 3-1 ausgewiesen ist.

4. Ermitteln Sie für Tabelle 3-13 - für die Kreuztabulation der Variablen V164T und V167 - zunächst den Chi-Quadrat-Wert, um dann den CRAMERschen V-Koeffizienten und den PEARSONschen C-Koeffizienten zu berechnen.

5. Berechnen Sie für die folgende 2 x 2-Tabelle - für die Kreuztabulation der Variablen V167 und V175D -, die Ihnen aus Obungsaufgabe 9 des Kapitels 1 bekannt sein dürfte, die Koeffizienten Lambda-r, Lambda-c und Lambda-s auf zweierlei Weise, nämlich

   (a) über die Berechnung der Vorhersagefehler E_1 und E_2 gemäß der PRE-Formel

   $$\lambda = \frac{E_1 - E_2}{E_1} \quad \text{und}$$

(b) mit den drei Rechenformeln (siehe S.227).

Crosstabulation: V175D   Zufr. m. d. ber. Erreichten
                        By V167   Auch Vorgesetztenfunktionen

Count	nein	ja	Row
V167->			
	1	2	Total
V175D			
1	23	6	29
gering			48.3
2	13	18	31
hoch			51.7
Column	36	24	60
Total	60.0	40.0	100.0

6. Berechnen Sie auch für Tabelle 3-1 - für die Kreuztabulation
   der Variablen V172 und V166 - die Koeffizienten Lambda-r,
   Lambda-c und Lambda-s, wie in Übungsaufgabe 5 unter (a) und
   (b) beschrieben.

7. Konstruieren Sie aus der folgenden 3 x 3-Tabelle mit den vorgegebenen Randverteilungen drei gemeinsame Häufigkeitsverteilungen, für die Lambda-r diese Zahlenwerte annimmt:

   (a) $\lambda_r = 0$

   (b) $\lambda_r = 1$

   (c) $0 < \lambda_r < 1$

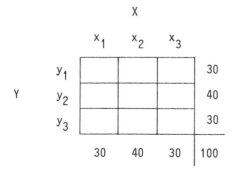

Berechnen Sie für jede der drei Tabellen den Lambda-r-Koeffizi-
enten, indem Sie die Vorhersagefehler E_1 und E_2 ermitteln.

8. Berechnen Sie für Tabelle 3-28, deren Paare bereits ermittelt sind (siehe dort), die folgenden Assoziationsmaße: (a) Tau-a, (b) Tau-b, (c) Tau-c, (d) Gamma, (e) d_{yx}, (f) d_{xy} und (g) d_s.

9. Konstruieren Sie nach dem Muster der Tabelle 3-24 aus den Angaben über die Mathematik- und Physiknoten der insgesamt 7 Schüler a, b, c, d, e, f und g (siehe S.236 und S.239) eine 5 x 5-Tabelle, um für die gemeinsame Häufigkeitsverteilung die in Übungsaufgabe 8 aufgezählten sieben Maßzahlen der ordinalen Assoziation zu berechnen.

10. Berechnen Sie auf der Basis der ermittelten Paare (siehe S.255 bis 259) die in Tabelle 3-29 angegebenen Assoziationsmaße.

11. Die folgende Tabelle enthält Deutsch- und Lateinnoten von 15 Schülern (es handelt sich um fiktive Daten). Obwohl beide Variablen nur wenige Ausprägungen haben und deshalb vielleicht die Konstruktion einer bivariaten Tabelle und die Berechnung eines Assoziationsmaßes wie Tau-b oder Gamma vorzuziehen wäre, soll hier der Koeffizient r_s berechnet werden. Doch sollte, da die Daten ziemlich viele "Ties" aufweisen, die den Zahlenwert von r_s erhöhen, der inflationierende Effekt der "Ties" korrigiert werden.

Schüler	Deutsch-note	Latein-note
	X	Y
a	1	1
b	1	2
c	1	2
d	1	3
e	1	4
f	2	2
g	2	3
h	2	3
i	2	4
j	2	4
k	2	4
l	2	4
m	3	3
n	3	4
o	3	5

(a) Wandeln Sie diese Daten in Rangreihen um, d.h. weisen Sie jedem Schüler nach Maßgabe seiner Leistung in Deutsch (X) und Latein (Y) einen Rangplatz zu.

Berechnen Sie dann den SPEARMANschen Rangkorrelationskoeffizienten r_s auf zweierlei Weise, nämlich

(b) mit der üblichen Formel (siehe S.264) und

(c) mit der Formel (siehe S.271), die den Effekt auftretender "Ties" korrigiert.

12. Sie finden unten (S.302) einen mit Hilfe der SPSS-Prozedur LIST CASES erzeugten Auszug aus der Datenmatrix, der über die erforderliche Lernzeit in Monaten (X), das monatliche Netto-einkommen in DM (Y) und das Lebensalter (Z) der 18 Beamten informiert, die bei der Befragung Angaben über ihr Einkommen machten.

(a) Ordnen Sie diese 18 Personen nach Maßgabe ihrer Variablen-werte in die entsprechenden Zellen der auf der gegenüber-liegenden Seite (S.303) vorbereiteten 2 x 2 x 2-Tabelle mit Graphik ein.

(b) Berechnen Sie zur Veranschaulichung der in den einzelnen Tabellen zum Ausdruck kommenden Beziehungen die relativen Häufigkeiten (Spaltenprozentwerte) und tragen Sie diese in die Graphik ein. (Lassen Sie sich dabei nicht von den ungewöhnlich kleinen Prozentuierungsbasen irritieren. Dieses Beispiel dient keinem anderen Zweck als dem der Verdeutlichung der Vorgehensweise. Dazu bedarf es keiner großen Zahlen.)

(c) Ermitteln Sie die angedeuteten vier Gammas zur Beschrei-bung (1) der Beziehung in der Originaltabelle (zero order gamma), (2) der Beziehungen in den Konditionaltabellen (conditional gammas) und (3) der Partialbeziehung $\gamma_{yx \cdot z}$ (partial gamma).

(d) Ermitteln Sie ferner die Beziehung der Drittvariablen Z zu den Originalvariablen X und Y, indem Sie zunächst die beiden Marginaltabellen konstruieren, um dann die beiden Gamma-Koeffizienten zu berechnen.

(e) Welche Schlußfolgerungen sind aus der Konfiguration der Daten zu ziehen? Was sagen der partielle Koeffizient und die konditionalen Koeffizienten aus? Um welchen Typ der Elaboration handelt es sich hier?

		Variablen	
(Laufende) Fall-nummer	Lernzeit in Monaten (X)	Einkommen in DM (Y)	Lebens-alter (Z)
Case#	V168	V170	LALTER
1	60	2500	44
2	60	2000	31
3	12	2500	35
4	120	4300	59
5	36	1750	23
6	12	1600	26
7	12	1850	45
8	120	2800	54
9	60	2800	49
10	36	3000	45
11	120	2800	49
12	42	1790	26
13	12	2200	32
14	36	3300	62
15	36	1350	22
16	36	3000	54
17	42	2340	59
18	24	1700	28

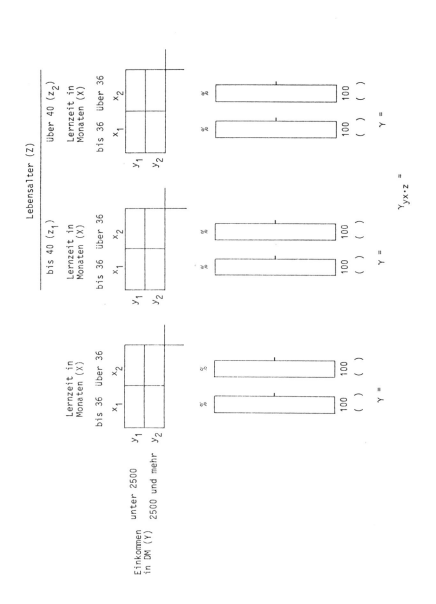

Kapitel 4
Bivariate Analyse sozialwissenschaftlicher Daten II: Bivariate Regression und Korrelation (metrische Variablen)

In Kapitel 3 haben wir bei unserer Beschäftigung mit Assoziationen in bivariaten Tabellen zunächst Maßzahlen behandelt, mit denen man eine Beziehung zwischen *nominalen* Variablen beschreiben kann. Im Anschluß daran haben wir Maßzahlen betrachtet, mit denen sich eine Beziehung zwischen *ordinalen* Variablen beschreiben läßt. Im vorliegenden letzten Kapitel werden wir sehen, welche Koeffizienten geeignet sind, eine Beziehung zwischen *metrischen* Variablen zu beschreiben.

Wir werden erstens einen Koeffizienten (den r-Koeffizienten) kennenlernen, der berechnet werden kann, wenn beide Variablen das Niveau einer Intervall- oder Ratioskala haben, zweitens einen Koeffizienten (den Eta-Koeffizienten), dessen Berechnung voraussetzt, daß die abhängige Variable mindestens Intervallskalenniveau hat, während die unabhängige Variable jedes Meßniveau haben kann, also auch das einer Nominalskala. Abschließend werden wir uns mit der *Partialkorrelation* befassen. Ähnlich wie die Elaboration geht auch die Partialkorrelation über die bivariate Analyse hinaus, indem dritte Variablen in die Analyse eingeführt werden. Im Unterschied zur Elaboration, die mit Variablen jeden Meßniveaus durchgeführt werden kann, verlangt die Partialkorrelation, daß alle beteiligten Variablen *metrisches* Meßniveau haben.

4.1 Die Analyse der Beziehung zwischen metrischen Variablen

Sozialwissenschaftler sind häufig mit Fragen wie den folgenden konfrontiert: In welchem Maße steigt das Einkommen aus beruflicher Tätigkeit mit der Anzahl der Schul- bzw. Ausbildungsjahre? Wie

sehr steigen die Ausgaben für Wohnzwecke mit dem verfügbaren Einkommen der Privathaushalte? Variiert die Kriminalitätsrate mit der
Erwerbslosenquote? Steigt die Anzahl verbotener Absprachen mit der
Zunahme der wirtschaftlichen Konzentration, d.h. mit der Anzahl
der Unternehmenszusammenschlüsse? Wie stark nimmt die Interaktions-
frequenz mit zunehmendem Alter der Interaktionspartner ab? Variiert
die Selbstmordrate mit der Größe des Wohnorts? Nimmt die Tagungs-
häufigkeit freiwilliger Organisationen mit der Größe der Organisationen (nach der Anzahl ihrer Mitglieder) ab?

Diesen Fragen ist gemeinsam, daß sie die Analyse der Beziehung
zwischen *metrischen* Variablen verlangen. Der Koeffizient, der
üblicherweise zur Beschreibung der Beziehung zwischen derartigen
Variablen verwendet wird, ist der PEARSONsche Produkt-Moment-
Korrelations-Koeffizient r, häufig kurz *der* Korrelationskoeffizient
genannt. Der Koeffizient r beschreibt den *Grad* und die *Richtung*
einer *linearen* Beziehung zwischen zwei (mindestens) intervall-
skalierten Variablen; er kann Zahlenwerte von -1 bis +1 annehmen.

Wir sahen in Kapitel 3, daß die sog. PRE-Maße eine einfache und
klare Interpretation haben; sie geben Aufschluß darüber, in
welchem Maße eine Fehlerreduktion bei der Vorhersage der abhängigen Variablen auf der Basis der unabhängigen Variablen erzielt
wird. Dieses auf den Koeffizienten *Lambda* (für nominale Variablen)
und *Gamma* (für ordinale Variablen) anwendbare Interpretationsmodell läßt sich auch auf den PEARSONschen Koeffizienten r bzw.
genauer: auf r^2 (für metrische Variablen) anwenden. Wie die Zahlenwerte von Lambda und Gamma, so nimmt auch der Zahlenwert des
Koeffizienten r mit der (Vorhersage-)Fehlerreduktion zu: Je höher
der absolute Zahlenwert des Koeffizienten r, desto größer ist die
Fehlerreduktion und desto stärker die Beziehung zwischen den Variablen. Obwohl der PEARSONsche Koeffizient r auf verschiedene
Weise dargestellt und interpretiert werden kann, betonen wir nachfolgend diese Perspektive, nach der die Beziehung zwischen X und
Y die proportionale (Vorhersage-)Fehlerreduktion repräsentiert,
die X zugerechnet werden kann.

Wie wir von der Diskussion der PRE-Maße Lambda und Gamma in Kapitel
3 her wissen, beziehen sich die Vorhersagen bei nominalen Variablen
auf die *kategoriale* Zugehörigkeit und bei ordinalen Variablen auf
die *Rangordnung* der Untersuchungseinheiten. Bei metrischen Variablen werden hingegen spezifische Werte der abhängigen Variablen auf
der Basis gegebener Werte der unabhängigen Variablen vorhergesagt;
hier ist die Assoziation bzw. Korrelation einer Frage der Vorhersage von *Größen*. Infolgedessen sind die Vorhersagen nicht einfach
richtig oder falsch; sie sind vielmehr in geringerem oder höherem
Maße zutreffend, weshalb auch die Vorhersagefehler im Einzelfall
größer oder kleiner sind. Wenngleich aus diesem Grund die Definitionen der Vorhersagefehler E_1 und E_2 etwas komplizierter sind als
bei Lambda und Gamma, ändert das nichts an der Anwendbarkeit der
generellen Formel

$$\frac{E_1 - E_2}{E_1}$$

4.2 Das Streudiagramm

Aus Abschnitt 1.4.2 wissen wir, daß bivariate Verteilungen metrischer Variablen in Form eines Streudiagramms veranschaulicht werden können. Das Streudiagramm hat den Zweck, einen visuellen Eindruck von der Beziehung zwischen den Variablen zu vermitteln,
bevor wir sie mit einem Korrelationskoeffizienten beschreiben;
es ist ein unverzichtbares Hilfsmittel der Analyse metrischer
Daten.

Im Streudiagramm wird die horizontale (X-)Achse zur Repräsentierung der unabhängigen Variablen, die vertikale (Y-)Achse zur
Repräsentierung der abhängigen Variablen benutzt. Die Deklarierung
einer Variablen als unabhängig oder abhängig ist selbstverständlich kein statistisches, sondern ein theoretisches Problem. Wenn,
wie in manchen Fällen, keine eindeutige kausale Beziehung zwischen zwei Variablen angenommen werden kann, wird sie nicht
etwa durch die Wahl der Bezeichnung und Anordnung der Variablen
konstituiert. Nichtsdestoweniger können wir auch die Beziehung

Tabelle 4-1: Monatliches Nettoeinkommen (X) und Monatliche Ausgaben für Wohnzwecke (Y), fiktives Beispiel

Privat-haushalt	Monatl. Nettoeinkommen (in 100 DM) x_i	Monatl. Ausgaben (in 100 DM) y_i
a	21	3.5
b	22	3
c	23	5
d	24	4
e	26	7
f	27	8
g	28	6
h	29	7.5

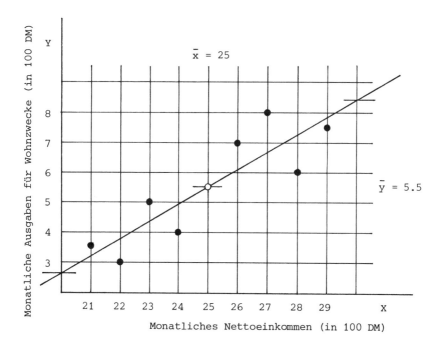

Abbildung 4-1: Beispiel eines Streudiagramms (siehe die Daten der Tabelle 4-1)

zwischen willkürlich als unabhängig und abhängig bezeichneten Variablen untersuchen, d.h. ihre bivariate Verteilung in einer Graphik
darstellen und ihre Beziehung durch einen Korrelationskoeffizienten
ausdrücken.

Nehmen wir als fiktives Beispiel die in Tabelle 4-1 gegebenen Informationen über das monatliche Nettoeinkommen (X) und die monatlichen
Ausgaben für Wohnzwecke (Y) von acht Privathaushalten. Tabelle 4-1
enthält zwei Informationen über jede der acht Untersuchungseinheiten, einmal die monatlichen Einkünfte und einmal die monatlichen
Ausgaben für Wohnzwecke betreffend. Die zu untersuchende Frage
sei, wie sehr die Ausgaben für Wohnzwecke von der Höhe des Einkommens abhängen. Wir betrachten folglich das Einkommen als *unabhängige* und die Ausgaben für Wohnzwecke als *abhängige* Variable.
Damit ist über die Anordnung der Variablen im Streudiagramm entschieden. Die Wertebereiche der beiden Variablen brauchen nicht bei
Null zu beginnen (siehe Abbildung 4-1), da das Augenmerk auf das
Muster der Punkte gerichtet ist; dieses Muster ist unabhängig von
der relativen Lage des Punkteschwarms zum Ursprung des Koordinatenkreuzes.

Das Muster der Punkte ermöglicht es, verschiedene Aspekte der Beziehung zu studieren. So können wir aus Abbildung 4-1 die Tendenz
ablesen, daß die Ausgaben für Wohnzwecke mit steigendem Einkommen
steigen. Im vorliegenden Fall besteht offensichtlich eine *lineare*
Beziehung zwischen den Variablen. Die Punkte streuen nur wenig um
eine Gerade, die wir durch den Punkteschwarm hindurchziehen können.
Eine solche Gerade kann freihändig eingezeichnet oder rechnerisch
bestimmt werden; sie heißt *Regressionsgerade*.

Der Ausdruck "Regression" geht auf Sir Francis GALTON (1822-1911)
zurück, der sich Ende des vorigen Jahrhunderts mit den Implikationen der Theorien seines Vetters Charles DARWIN (1809-1882) beschäftigte und u.a. die Beziehung zwischen der Körpergröße von
Eltern und deren Kindern untersuchte. Bei diesen Vererbungsanalysen
bediente er sich, wahrscheinlich erstmals in der Geschichte der
Statistik, des Streudiagramms. GALTON stellte 1885 fest, daß große

(kleine) Eltern zwar häufig große (kleine) Nachkommen hatten, daß
sich aber zugleich eine Tendenz zur Regression (engl. law of filial
regression) beobachten ließ, d.h. eine Tendenz der großen (kleinen)
Nachkommen, auf die Durchschnittsgröße aller Eltern zurückzugehen
bzw. zu "regredieren". Wenn die Eltern größer (kleiner) waren als
der Durchschnitt, tendierten ihre Kinder dahin, kleiner (größer)
zu sein als sie. Nach Auffassung GALTONs konnte diese Tendenz am
besten durch eine Gerade ausgedrückt werden, die seitdem den merk-
würdigen Namen "Regressionsgerade" hat. (Dem Regressionsproblem
GALTONs verdankt im übrigen der um 1890 von Karl PEARSON (1857-1936)
entwickelte Korrelationskoeffizient das Symbol r.)

Bei der in Abbildung 4-1 dargestellten Beziehung spricht man von
einer *direkten* oder *positiven linearen Beziehung* zwischen den
Variablen, weil die Ausgaben für Wohnzwecke mit zunehmendem Einkommen tendenziell zunehmen; der Trend verläuft gleichmäßig von
links unten nach rechts oben. Beziehungen, bei denen der Trend
gleichmäßig von links oben nach rechts unten verläuft, heißen
inverse oder *negative lineare Beziehungen*. Beispiel: Mit steigendem Prokopfeinkommen sinken die Ausgabenanteile für Ernährung.
(Man beachte diesen Unterschied zwischen Streudiagramm und bivariater Tabelle, der von der unterschiedlichen Anordnung der Variablenwerte bzw. Kategorien der Y-Variablen herrührt.)

Nicht alle Beziehungen sind linear. Von den vielen möglichen
Formen der Beziehung zwischen Variablen, denen sich der empirische
Sozialforscher gegenübersehen kann, seien hier nur zwei *kurvilineare*
erwähnt: die u-förmige und die j-förmige. Eine u-förmige Beziehung
wird häufig zwischen der Einstellung zu einem bestimmten Objekt
(X-Variable) und der Intensität der Einstellung (Y-Variable) fest-
gestellt, d.h. es wird beobachtet, daß extreme Pro- und Contra-
positionen heftiger vertreten werden als weniger extreme oder neutrale. Eine j-förmige Beziehung wäre denkbar zwischen der Größe
bestimmter freiwilliger Organisationen (X) und der Häufigkeit der
Kontakte ihrer obersten Repräsentanten (Y).

Bei den in Abbildung 4-2 dargestellten Beziehungen ist das Muster

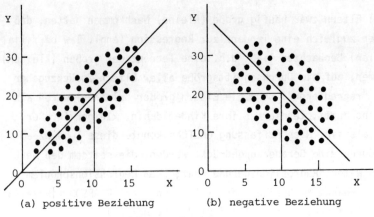

(a) positive Beziehung   (b) negative Beziehung

Lineare Beziehungen

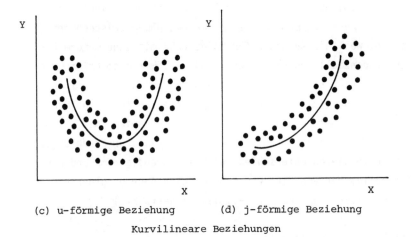

(c) u-förmige Beziehung   (d) j-förmige Beziehung

Kurvilineare Beziehungen

Abbildung 4-2: Beispiele linearer und kurvilinearer Beziehungen

so klar zu erkennen, daß in jedes der Streudiagramme eine Regressions*gerade* (a und b) oder eine Regressions*kurve* (c und d) eingezeichnet werden kann. Das ist nicht immer möglich, z. B. dann
nicht, wenn nur wenige Meßwerte vorliegen und keine endgültige
Entscheidung darüber gefällt werden kann, ob es sich um eine in
allen Wertebereichen der beiden Variablen lineare Beziehung handelt.
Wie leicht auszumachen ist, bedecken die Punkteschwärme in Abbildung 4-2a und 4-2b die Flächen zweier unterschiedlich flacher
Ellipsen, was besagt, daß die Punkte unterschiedlich weit um die
Regressionsgerade streuen. Wollten wir beispielsweise für (a) und

(b) den jeweiligen Y-Wert auf der Basis eines X-Wertes von, sagen wir, 10 schätzen bzw. vorhersagen, so stützten wir unsere Schätzung bzw. Vorhersage am besten auf die Regressionsgerade, die für (a) wie für (b) den Wert 20 angibt. In beiden Fällen wäre unsere Vorhersage nicht fehlerfrei, weil tatsächlich keiner der beobachteten Punkte genau auf einer der beiden Regressionsgeraden liegt. Unsere Vorhersage wäre allerdings im Fall (a) weniger unsicher als im Fall (b), weil die Punkte weniger weit von der Regressionsgeraden entfernt liegen; sie wäre perfekt, wenn alle Punkte auf der Regressionsgeraden lägen. Offensichtlich variiert die Treffsicherheit der Vorhersage mit dem Grad der Streuung der Punkte um die Regressionsgerade, falls man die Vorhersage auf die Regressionsgerade stützt. Anders gesagt: Die Vorhersagegenauigkeit und die Korrelation sind um so höher, je geringer die Punkte um die Regressionsgerade streuen; sie wären gleich Null, wenn die Punkte völlig unsystematisch streuten und z.B. die Fläche eines Kreises bedeckten.

Wir können festhalten, daß das Streudiagramm darüber informiert, ob eine Beziehung linear oder kurvilinear, ob sie positiv oder negativ und ob sie stark oder schwach ist. Es sollte klar sein, daß dieser Einsichten wegen schwerlich darauf verzichtet werden kann, *vor* der Berechnung eines Korrelationskoeffizienten das Streudiagramm sorgfältig zu studieren.

4.3 Lineare Regression und Korrelation

So wichtig die aus der Beschäftigung mit dem Streudiagramm gezogenen Schlußfolgerungen über Art, Richtung und mutmaßliche Stärke der Beziehung zwischen den Variablen auch sind, so sehr leiden sie unter dem Nachteil, auf einer subjektiven, nicht standardisierten Betrachtung zu gründen und ohne Wiedergabe des Streudiagramms nur schwer beschreibbar zu sein. Das ist unpräzise und unpraktisch zugleich. Zwar besteht im Prinzip kein Unterschied zwischen den durch bloße Inspektion und den durch mathematische Operationen gewonnenen Feststellungen bezüglich der Beziehung zwischen den Variablen; letztere sind jedoch präziser, leichter mitteilbar und

besser vergleichbar. Was wir also anstelle eines subjektiven Augen-
maßes brauchen, ist ein objektives Maß der Beziehung zwischen den
Variablen.

Wenn wir uns nicht mit einer freihändig eingezeichneten Linie begnügen wollen, die den Punkten des Streudiagramms mehr oder weniger
gut entspricht und als Regel für die Vorhersage von Y auf der Basis
von X dienen kann, dann besteht unser erstes Problem darin, diese
Linie auf objektive Weise zu bestimmen. Nun sahen wir, daß Beziehungen *linear* und *kurvilinear* sein können. Die Linie, die den
Punkten eines Streudiagramms am besten entspricht, kann daher eine
Gerade oder eine *Kurve* sein. Wir werden uns in diesem Abschnitt
nur mit Beziehungen befassen, die linear sind, d.h. durch eine
Gerade repräsentiert werden können. Demnach besteht unser erstes
Problem darin, diejenige *Gerade* zu lokalisieren, die den empirischen Werten am besten entspricht. Wie wir sehen werden, kann
dieses Problem mit der *Methode der kleinsten Quadrate* gelöst werden. Danach ist die Gerade so lokalisiert, daß die Summe der vertikalen Abweichungen der empirischen Werte (der Punkte des Streudiagramms) von der Geraden gleich Null und die Summe der quadrierten Abweichungen ein Minimum ist.

Bevor wir eine solche Regressionsgerade bestimmen, wollen wir ein
Streudiagramm betrachten (siehe Abbildung 4-3), das auf Daten
unserer Datenmatrix basiert und die Beziehung zwischen den Variablen "Lebensalter des Befragten (LALTER)" und "Monatliches Nettoeinkommen in DM (V170)" veranschaulicht. Wie man dem mit SPSS erzeugten Streudiagramm entnehmen kann, wurde die X-Achse zur Abtragung des Lebensalters und die Y-Achse zur Abtragung des Einkommens
benutzt. Das ellipsenförmige Muster der Punkte bzw. Zahlen (N = 58,
nicht N = 60, weil zwei Befragte keine Angaben über ihr Einkommen
machten) verläuft ziemlich gleichmäßig von links unten nach rechts
oben, was besagt, daß das Einkommen mit zunehmendem Alter tendenziell steigt. Die Angaben unterhalb des Streudiagramms betreffen
die *Anzahl der abgebildeten Fälle* (58 cases plotted), die *Stärke
der Beziehung* (Correlation (r) = .40318), das Quadrat des r-Koeffizienten als *erklärten Variationsanteil* (R squared (r^2) = .16255),

Abbildung 4-3: "Lebensalter des Befragten (LALTER)" und "Monat-
            liches Nettoeinkommen in DM (V170)"

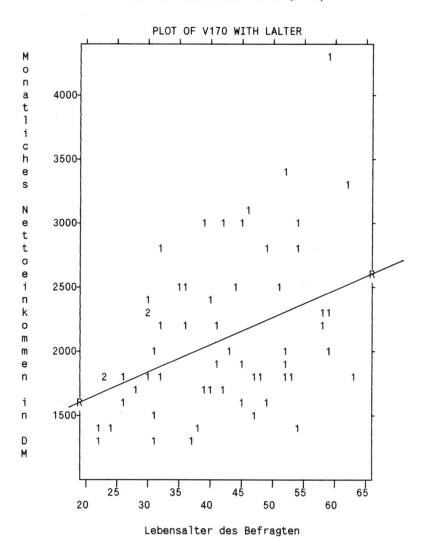

PLOT OF V170 WITH LALTER

Lebensalter des Befragten

58 cases plotted.
Correlation (r) = .40318   R squared (r^2) = .16255
Intercept (a) = 1211.63009   Slope (b) = 21.84120

den *Schnittpunkt* der Regressionsgeraden mit der Y-Achse (Intercept
(a) = 1211.63009) und die *Steigung* der Regressionsgeraden (Slope
(b) = 21.84120). Die Regressionsgerade wurde zwar von Hand einge-

Abbildung 4-4: "Lebensalter des Befragten (LALTER)" und "Monatliches Nettoeinkommen in 100 DM (EINKOM)"

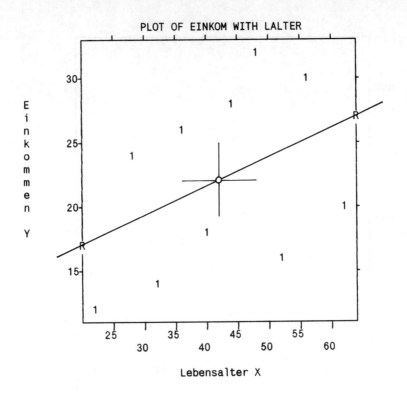

PLOT OF EINKOM WITH LALTER

Lebensalter X

10 cases plotted.
Correlation (r) = .39762   R squared (r^2) = .15810
Intercept (a) = 12.86957   Slope (b) = .21739

zeichnet - sie geht durch die beiden mit R bezeichneten Punkte
des Streudiagramms -, jedoch nach Maßgabe der Konstanten a und b,
die mit der SPSS/PC+-Prozedur PLOT / FORMAT = REGRESSION nach der
Methode der kleinsten Quadrate berechnet wurden. Dieses Beispiel
der linearen Beziehung zwischen den metrischen Variablen "Lebensalter" und "Einkommen" soll uns nachfolgend als Rechenbeispiel
dienen. Dazu ist allerdings die Anzahl der Fälle (N = 58) zu groß,
wie auch die Einkommenswerte zu groß sind, als daß man leicht
mit ihnen rechnen könnte. Um den Rechenaufwand gering zu halten,
haben wir ein Beispiel (siehe Abbildung 4-4 und Tabelle 4-2)
mit wenigen Fällen (N = 10) und runden, gut ablesbaren X- und

Y-Werten konstruiert, aus denen nichtsdestoweniger ein ganz ähnliches Punktemuster sowie ganz ähnliche Maßzahlen (r und r^2) und Konstanten (a und b) hervorgehen, bei letzteren das Komma (der Dezimalpunkt) um zwei Stellen nach links verschoben, weil die Y-Werte "in 100 DM" statt "in DM" ausgedrückt wurden, um ein bequemes Rechnen mit kleinen Zahlen zu ermöglichen.

4.3.1   DIE BESTIMMUNG DER REGRESSIONSGERADEN

Wir wollen uns zunächst fragen, wie bei metrischen Daten Vorhersagen getroffen und Vorhersagefehler bestimmt werden. Das sei an der univariaten Verteilung der Y-Variablen "Monatliches Nettoeinkommen in 100 DM (EINKOM)" unseres simulierten Beispiels mit zehn Befragten (siehe Abbildung 4-4) illustriert, deren X- und Y-Werte in Tabelle 4-2 ausgewiesen sind.

Tabelle 4-2: "Lebensalter des Befragten (LALTER)" und "Monatliches Nettoeinkommen in 100 DM (EINKOM)", simuliertes Beispiel mit 10 Fällen

Befragter	LALTER x_i	EINKOM y_i
a	22	12
b	28	24
c	32	14
d	36	26
e	40	18
f	44	28
g	48	32
h	52	16
i	56	30
j	62	20

Gesucht sei der Wert, der die univariate Verteilung der abhängigen Variablen "Monatliches Nettoeinkommen in 100 DM" am besten reprä-

sentiert, oder anders gesagt, der Wert, bei dem wir den "geringsten Fehler" begehen, wenn wir ihn für jeden der zehn Befragten
als Schätz- bzw. Vorhersagewert verwenden. Das verlangt eine Klä-
rung der Frage, was unter dem "geringsten Fehler" zu verstehen ist.
In Kapitel 2 wurde die Varianz definiert als die durch N geteilte
Summe der quadrierten Abweichungen aller Meßwerte einer Verteilung
von ihrem arithmetischen Mittel:

$$s^2 = \frac{\sum\limits_{i=1}^{N} (x_i - \bar{x})^2}{N}$$

Da die Summe der quadrierten Abweichungen der Meßwerte von ihrem
arithmetischen Mittel kleiner ist als die Summe der quadrierten
Abweichungen der Meßwerte von jedem beliebigen anderen Wert, begehen wir den geringsten Fehler, wenn wir für jede Untersuchungseinheit das arithmetische Mittel als Vorhersagewert nehmen. Der
zahlenmäßige Fehler, den wir bei der Vorhersage des arithmetischen
Mittels begehen, ist die Summe der quadrierten Abweichungen der
Meßwerte vom arithmetischen Mittel, die Variation, oder aber -
wenn wir diese Quantität durch N teilen - die Varianz:

Tabelle 4-3: Berechnung des Vorhersagefehlers $E_1 = \Sigma(y_i - \bar{y})^2$

EINKOM y_i	$y_i - \bar{y}$	$(y_i - \bar{y})^2$
12	-10	100
24	2	4
14	-8	64
26	4	16
18	-4	16
28	6	36
32	10	100
16	-6	36
30	8	64
20	-2	4
220	0	440

$$\bar{y} = \frac{\sum\limits_{i=1}^{N} y_i}{N}$$

$$= \frac{220}{10} = 22$$

$$s_y^2 = \frac{\sum\limits_{i=1}^{N} (y_i - \bar{y})^2}{N}$$

$$= \frac{440}{10} = 44$$

Unser bester Vorhersagewert, das durchschnittliche monatliche
Nettoeinkommen in 100 DM, ist folglich $\bar{y} = 22$, und unser Vorher-
sagefehler ist $E_1 = \Sigma(y_i - \bar{y})^2 = 440$ (Variation) bzw. $\Sigma(y_i - \bar{y})^2/N$
$= 44$ (Varianz).

Die zentrale Frage der Korrelation ist nun, ob und in welchem Maße
dieser Fehler, den wir begehen, wenn wir die Vorhersage auf die
eigene Verteilung der Y-Variablen stützen, reduziert werden kann,
wenn wir die Vorhersage auf eine andere Variable stützen, im vorliegenden Beispiel auf das Lebensalter des Befragten, hier X-Variable genannt (siehe Abbildung 4-4). Falls eine Beziehung zwischen
den Variablen "Lebensalter" und "Einkommen" besteht, sollte unsere
zweite Vorhersage besser sein als die erste, d.h. den Vorhersagefehler reduzieren. Das Problem besteht folglich darin, die Werte
der einen Variablen auf der Basis der Werte der anderen Variablen
vorherzusagen. Das kann bei metrischen Daten mit Hilfe mathemati-
scher Funktionen geschehen, die im einfachsten Fall lineare Funktionen sind. Die denkbar einfachste Beziehung zwischen zwei metrischen Variablen ist die perfekt lineare, so daß eine bestimmte
Veränderung der Werte der Y-Variablen mit einer bestimmten Veränderung der Werte der X-Variablen einhergeht. Wie die folgenden
Beispiele zeigen, kann eine perfekt lineare Beziehung geometrisch
als Gerade und algebraisch als lineare Gleichung dargestellt werden:

x_i	0 1 2 3
y_i	0 2 4 6

x_i	0 1 2 3 4
y_i	4 3 2 1 0

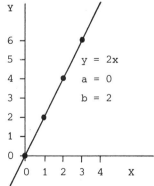

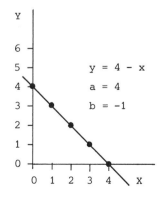

Diese Beispiele sind spezielle Fälle der generellen *Gleichung einer Geraden*

$$y = a + bx$$

bei der b die *Steigung* der Geraden (engl. slope) und a ihren *Schnittpunkt mit der Y-Achse* (engl. intercept) bezeichnet, jenen Wert also, den wir bei x = 0 erhalten. Ob die Beziehung positiv oder negativ ist, wird durch das Vorzeichen des Steigungskoeffizienten b ausgedrückt.

Von den vielen möglichen Geraden, die wir in das Punktemuster der Abbildung 4-4 legen können, gilt es jene Gerade zu finden, die wir als "beste Vorhersage" von Y-Werten auf der Basis von X-Werten verwenden können, so daß der Vorhersagefehler bei der Verwendung irgendeiner anderen Geraden nur noch größer wird. Wenn wir den Vorhersagewert mit y'_i (lies "y Strich i") bezeichnen, lautet die *Gleichung der Regressionsgeraden*[1]

$$y'_i = a_{yx} + b_{yx}(x_i)$$

Diese Gleichung besagt, daß ein auf der Basis eines gegebenen X-Wertes vorhergesagter (geschätzter, erwarteter, theoretischer) Y-Wert, nämlich y'_i, gleich $a_{yx} + b_{yx}(x_i)$ ist. Ein solcher Vorhersagewert von Y für einen gegebenen Wert von X kann bestimmt werden, wenn die Konstanten a_{yx} und b_{yx} ermittelt sind.

Da wir die gesuchte Gerade für Vorhersagezwecke verwenden wollen, und da wir oben den Vorhersagefehler als die Summe der quadrierten Abweichungen definierten, soll sie - ähnlich wie im Falle des arithmetischen Mittels - folgende Eigenschaften haben: Die Summe der vertikalen Abweichungen der Y-Werte von der Geraden soll

---

1) Aus der Verwendung der Subskripte, von denen wie üblich das erste die abhängige und das zweite die unabhängige Variable bezeichnet, geht per Implikation hervor, daß es eine zweite Regressionsgerade gibt, die man als "beste Vorhersage" von X-Werten auf der Basis von Y-Werten benutzen kann. Die Gleichung dieser zweiten Regressionsgeraden lautet

$$x'_i = a_{xy} + b_{xy}(y_i)$$

gleich Null und die Summe der quadrierten Abweichungen ein Minimum sein. Mit anderen Worten: Die gesuchte Gerade soll eine Gerade sein, um die die Punkte des Streudiagramms minimal streuen, verglichen mit der Streuung um jede andere Gerade. Dieser Eigenschaften wegen wird die gesuchte Gerade die *Linie der kleinsten Quadrate* (engl. least squares line) und das Verfahren, das zu ihrer Berechnung angewandt wird, die *Methode der kleinsten Quadrate* (engl. method of least squares) genannt.

Man kann zeigen, daß die Gerade dann die geforderten Bedingungen für eine gegebene bivariate Verteilung erfüllt, wenn die Konstanten a_{yx} und b_{yx} mit diesen Formeln berechnet werden:

$$b_{yx} = \frac{\sum\limits_{i=1}^{N} (x_i - \bar{x})(y_i - \bar{y})}{\sum\limits_{i=1}^{N} (x_i - \bar{x})^2}$$

$$a_{yx} = \bar{y} - b_{yx}(\bar{x})$$

Eine Gerade $y'_i = a_{yx} + b_{yx}(x_i)$, deren Konstanten a_{yx} und b_{yx} in der angegebenen Weise mit den Werten x_i und y_i zusammenhängen, ist die zu den Werten gehörige Regressionsgerade.

Auf die Daten unseres Beispiels angewandt (siehe Abbildung 4-4 und Tabelle 4-2), erhalten wir für a_{yx} und b_{yx} mit Hilfe der Arbeitstabelle 4-4 folgende Zahlenwerte:

$$a_{yx} = 12.8696 \quad \text{und} \quad b_{yx} = .21739$$

Diese Zahlenwerte stimmen mit den in Abbildung 4-4 ausgewiesenen Zahlenwerten überein (Intercept (a) = 12.86957 und Slope (b) = .21739). Demnach lautet die zu den Meßwerten gehörige Regressionsgerade

$$y'_i = 12.8696 + .21739(x_i)$$

Tabelle 4-4: Berechnung der Konstanten a_{yx} und b_{yx}

LALTER x_i	EINKOM y_i	$x_i - \bar{x}$	$(x_i - \bar{x})^2$	$y_i - \bar{y}$	$(x_i - \bar{x})(y_i - \bar{y})$
22	12	-20	400	-10	200
28	24	-14	196	2	-28
32	14	-10	100	-8	80
36	26	-6	36	4	-24
40	18	-2	4	-4	8
44	28	2	4	6	12
48	32	6	36	10	60
52	16	10	100	-6	-60
56	30	14	196	8	112
62	20	20	400	-2	-40
420	220	0	1472	0	320

$$\bar{x} = \frac{420}{10} = 42 \qquad\qquad \bar{y} = \frac{220}{10} = 22$$

$$b_{yx} = \frac{320}{1472} = .21739 \qquad a_{yx} = 22 - .21739(42) = 12.8696$$

Der Wert b_{yx} = .21739 besagt, daß mit der Zunahme der X-Variablen um eine Einheit, hier des Lebensalters um ein Jahr, die Y-Variable um .21739 Einheiten steigt, hier das Einkommen in 100 DM um .21739 Einheiten, also um 21.74 DM. Diese Interpretation ist nur in jenen Wertebereichen der X- und Y-Variablen sinnvoll, denen die der Regressionsrechnung zugrundeliegenden Werte entstammen, also in dem Altersbereich von 22 bis 62 Jahren und in dem Einkommensbereich von 1200 bis 3200 Mark. Da wir nicht wissen, ob die Regressionsgerade jenseits der Beobachtungsdaten dieselbe Steigung hat, wären Aussagen, die sich auf die Regressionsgerade stützten, aber über den Bereich der Beobachtungsdaten hinausgingen, sehr gewagt, wenn nicht unsinnig. Eine unsinnige Extrapolation wäre etwa die, von dem ermittelten Zahlenwert a_{yx} = 12.8696 auf ein Einkommen bei Geburt von 1286.96 DM zu schließen.

Tabelle 4-5: Berechnung des Vorhersagefehlers $E_2 = \Sigma(y_i - y'_i)^2$

LALTER x_i	EINKOM y_i	y'_i	$y_i - y'_i$	$(y_i - y'_i)^2$
22	12	17.65	-5.65	31.92
28	24	18.96	5.04	25.40
32	14	19.83	-5.83	33.99
36	26	20.70	5.30	28.09
40	18	21.57	-3.57	12.74
44	28	22.43	5.57	31.02
48	32	23.30	8.70	75.69
52	16	24.17	-8.17	66.75
56	30	25.04	4.96	24.60
62	20	26.35	-6.35	40.32
420	220	220.00	0.00	370.52

Ist die Regressionsgerade bestimmt, so kann der Vorhersagewert
(Schätzwert, Erwartungswert, theoretische Wert) von Y für jeden
beobachteten X-Wert berechnet werden:

$$y'_i = a_{yx} + b_{yx}(x_i)$$

$$= 12.8696 + .21739(x_i)$$

Beispielsweise erhalten wir für den Wert x = 22 den Wert y' =
12.8696 + .21739(22) = 17.65 (siehe alle zehn Y'-Werte in Tabelle
4-5). Die Y'-Werte liegen notwendig auf der in Abbildung 4-4 dargestellten Regressionsgeraden, weil sie mit der Gleichung dieser
Geraden errechnet wurden. Wie Abbildung 4-4 zeigt, passiert die
Regressionsgerade den Punkt $(\bar{x}, \bar{y})$. Das geht aus der Gleichung
$a_{yx} = \bar{y} - b_{yx}(\bar{x})$ hervor, die in der Schreibweise $\bar{y} = a_{yx} + b_{yx}(\bar{x})$
erkennen läßt, daß die Mittelwerte von X und Y die Gleichung er-
füllen. Folglich liegt der Punkt $(\bar{x}, \bar{y})$, in unserem Beispiel der
Punkt (42, 22), auf der Regressionsgeraden.

Die numerischen Abweichungen der (beobachteten) Y-Werte von den
(vorhergesagten) Y'-Werten sind in Tabelle 4-5 errechnet. Wie man
sieht, ist die Summe der Abweichungen der Y-Werte von den auf der
Regressionsgeraden liegenden Y'-Werten tatsächlich gleich Null.
Um nun zu Kennwerten zu gelangen, die über den Fehler informieren,
den wir bei der Vorhersage begehen, wird - ähnlich wie bei der
obigen Berechnung der Variation und der Varianz in Tabelle 4-3 -
jede Abweichung quadriert.

$E_2 = \Sigma(y_i - y'_i)^2 = 370.52$, die Summe der quadrierten Abweichungen
(Variation), kann ebensogut als Maß des Fehlers bei der Vorhersage
von Y auf der Basis von X verwendet werden wie die durch N geteilte Summe der quadrierten Abweichungen (Varianz). In Analogie zur
Varianz wird der Fehler der Vorhersage von Y auf der Basis von X
auch als sog. *Fehlervarianz* bzw. als *nicht erklärte Varianz* bezeichnet:

$$s^2_{y'} = \frac{\sum_{i=1}^{N} (y_i - y'_i)^2}{N}$$

Diese Kenngröße unterscheidet sich dadurch von der Variation, daß
die Summe der quadrierten Abweichungen der beobachteten (y_i) von
den vorhergesagten (y'_i) Werten durch N dividiert wird; sie kann
ebensogut wie die Variation mit der ihr entsprechenden Kenngröße
der univariaten Verteilung der Y-Variablen verglichen werden. Die
Vergleichsmöglichkeit dieser Kennwerte beruht auf der Ähnlichkeit
des Ausdrucks ($y_i - y'_i$), der Abweichung der beobachteten Werte
von der Regressionsgeraden, und des Ausdrucks ($y_i - \bar{y}$), der Abweichung der beobachteten Werte vom arithmetischen Mittel. In
beiden Fällen ist die Summe der Abweichungen gleich Null und die
Summe der quadrierten Abweichungen ein Minimum.

In unserem Beispiel ergibt die Berechnung der Fehlervarianz den
Zahlenwert $s^2_{y'} = 370.52/10 = 37.052$. Der Vergleich dieses Wertes
mit dem Wert, den wir bei der Vorhersage von $\bar{y}$ auf der Basis der
Verteilung der Y-Variablen allein errechneten, nämlich $s^2_y = 44$,
führt zu der Feststellung, daß der Vorhersagefehler deutlich

reduziert wird, wenn die Information über die X-Variable vermittels der linearen Regressionsgleichung ausgewertet wird - auf unser Beispiel bezogen: wenn zur Vorhersage des Einkommens das Lebensalter herangezogen wird. Wir gelangen zu derselben Schlußfolgerung, wenn wir die Variation der ersten Vorhersage (440) mit der Variation der zweiten Vorhersage (370.52) vergleichen.

Die vorhergesagten Werte von Y (auf der Regressionsgeraden liegend) und die Abweichungen der beobachteten Werte von den vorhergesagten Werte sind in Abbildung 4-6 graphisch dargestellt. Jede Abweichung ist durch eine vertikale Gerade, die die beobachteten Werte (y_i) mit den vorhergesagten Werten (y'_i) verbindet, repräsentiert. Die Summe der (positiven) Abweichungen oberhalb der Regressionsgeraden ist gleich der Summe der (negativen) Abweichungen unterhalb der Regressionsgeraden. Die Summe der quadrierten Abweichungen ist die Variation der Y-Variablen, die nicht aufgrund der X-Variablen vorhergesagt werden kann; sie wird deshalb *nicht erklärte Variation* (engl. unexplained variation, error variation) genannt.

4.3.2   DIE PROPORTIONALE REDUKTION DES VORHERSAGE-FEHLERS: R^2

Wenn wir, wie zunächst gezeigt, nicht die bivariate Verteilung, sondern lediglich die Verteilung der Y-Variablen betrachten und einen repräsentativen Wert dieser univariaten Verteilung vorhersagen, so ist die Antwort auf die Frage nach der "besten Vorhersage": Das arithmetische Mittel ($\bar{y}$).

(1) r^2: Die Regel für die Vorhersage der abhängigen Variablen auf der Basis ihrer eigenen Verteilung lautet deshalb wie folgt: "Sage für jede Untersuchungseinheit das arithmetische Mittel vorher."

In Tabelle 4-3 haben wir bereits die Abweichungen der beobachteten Werte (y_i) vom arithmetischen Mittel ($\bar{y}$) - die in Abbildung 4-5 graphisch dargestellt sind - und die Summe der quadrierten Abwei-

Abbildung 4-5: Abweichungen der beobachteten Werte (y_i) vom arithmetischen Mittel $(\bar{y})$. *Gesamtvariation* $= \Sigma(y_i - \bar{y})^2$

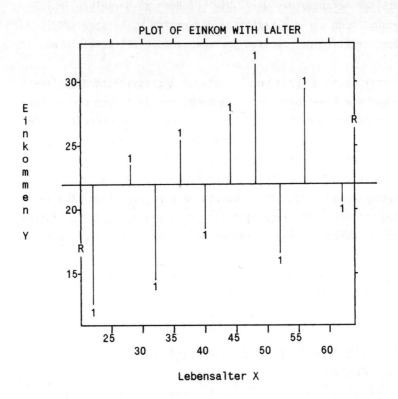

chungen berechnet. Da diese Summe einzig auf der Verteilung der
Y-Variablen beruht, kann sie als Bezugsgröße bei der Berechnung
der proportionalen Reduktion des Vorhersagefehlers dienen, die
bei Heranziehung der X-Variablen erzielt wird. Die Summe dieser
quadrierten Abweichungen wird *Gesamtvariation* (engl. total
variation) genannt.

Wenn wir, wie alsdann gezeigt, zur Vorhersage der abhängigen Variablen unter der Annahme einer linearen Beziehung zwischen X und Y
die Information über die unabhängige Variable auswerten, so ist
die Antwort auf die Frage nach der "besten Vorhersage": Der
Regressionswert (y'_i).

Abbildung 4-6: Abweichungen der beobachteten Werte (y_i) von den
                Regressionswerten (y'_i). *Nicht erklärte Variation*
                $= \Sigma(y_i - y'_i)^2$

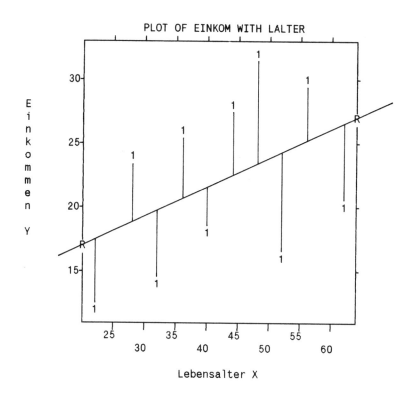

(2) r^2: *Die Regel für die Vorhersage der abhängigen Variablen auf
der Basis der unabhängigen Variablen* lautet demnach: "Sage für
jede Untersuchungseinheit den Regressionswert vorher."

(3) r^2: *Die Fehlerdefinition.* Bei der Vorhersage nach Regel 1 ist
der Vorhersagefehler die Summe der quadrierten Abweichungen der
Y-Werte von ihrem arithmetischen Mittel: $E_1 = \Sigma(y_i - \bar{y})^2$. Bei der
Vorhersage nach Regel 2 ist der Vorhersagefehler die Summe der
quadrierten Abweichungen der Y-Werte von der Regressionsgeraden:
$E_2 = \Sigma(y_i - y'_i)^2$.

(4) r^2: Die generelle Formel zur Berechnung der proportionalen Fehlerreduktion lautet

$$r^2 = \frac{E_1 - E_2}{E_1} = \frac{\Sigma(y_i - \bar{y})^2 - \Sigma(y_i - y'_i)^2}{\Sigma(y_i - \bar{y})^2}$$

$$= \frac{Gesamtvariation - \begin{array}{c} Nicht\ erklärte \\ Variation \end{array}}{Gesamtvariation}$$

In unserem Beispiel ist die Gesamtvariation gleich 440 (siehe Tabelle 4-3) und die nicht erklärte Variation gleich 370.52 (siehe Tabelle 4-5). Daraus ergibt sich ein Zahlenwert von

$$r^2 = \frac{440 - 370.52}{440} = \frac{69.48}{440} = .158$$

Infolge von Rundungen weicht dieser Wert geringfügig von dem mit SPSS berechneten Wert (R squared (r^2) = .15810) ab (siehe Abbildung 4-4). Wir erhalten denselben Wert, wenn wir zur Berechnung von r^2 statt der Variation die Varianz heranziehen:

$$r^2 = \frac{E_1 - E_2}{E_1} = \frac{s^2_y - s^2_{y'}}{s^2_y} = \frac{44 - 37.052}{44} = .158$$

$$= \frac{Gesamtvarianz - \begin{array}{c} Nicht\ erklärte \\ Varianz \end{array}}{Gesamtvarianz}$$

Die Variationszerlegung. Eine wichtige Eigenschaft der Summe der quadrierten Abweichungen der Beobachtungswerte vom arithmetischen Mittel (*Gesamtvariation*, engl. total variation) ist, daß sie zerlegt werden kann erstens in die Summe der quadrierten Abweichungen der Beobachtungswerte von den Regressionswerten (*nicht erklärte Variation*, engl. unexplained variation) und zweitens in die Summe der quadrierten Abweichungen der Regressionswerte vom arithmetischen Mittel (*erklärte Variation*, engl. explained variation). Die Abweichungen der Regressionswerte vom arithmetischen Mittel

Abbildung 4-7: Abweichungen der Regressionswerte (y'_i) vom arithmetischen Mittel $(\bar{y})$. *Erklärte Variation*
$= \Sigma(y'_i - \bar{y})^2$

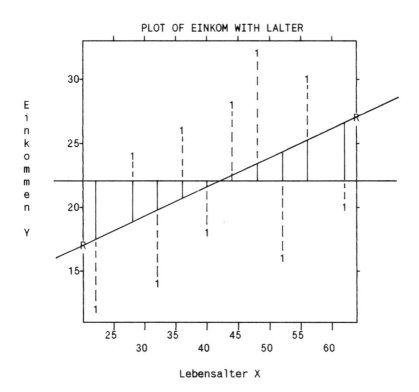

und die Summe der Quadrate sind in Tabelle 4-6 errechnet; in Abbildung 4-7 sind die Abweichungen graphisch dargestellt (als durchge-
zogene Linien). Die Beziehung zwischen den Quantitäten wird durch
die folgende Grundgleichung ausgedrückt:

$$\Sigma(y_i - \bar{y})^2 \quad = \quad \Sigma(y'_i - \bar{y})^2 \quad + \quad \Sigma(y_i - y'_i)^2$$

Gesamtvariation	=	*Erklärte Variation*	+	*Nicht erklärte Variation*
440	=	69.48	+	370.52

Tabelle 4-6: Berechnung der erklärten Variation: $\Sigma(y'_i - \bar{y})^2$

LALTER x_i	EINKOM y_i	y'_i	$\bar{y}$	$y'_i - \bar{y}$	$(y'_i - \bar{y})^2$
22	12	17.65	22	-4.35	18.92
28	24	18.96	22	-3.04	9.24
32	14	19.83	22	-2.17	4.71
36	26	20.70	22	-1.30	1.69
40	18	21.57	22	-.43	.18
44	28	22.43	22	.43	.18
48	32	23.30	22	1.30	1.69
52	16	24.17	22	2.17	4.71
56	30	25.04	22	3.04	9.24
62	20	26.35	22	4.35	18.92
420	220	220.00		0.00	69.48

Wenn wir beide Seiten dieser Gleichung durch $\Sigma(y_i - \bar{y})^2$ teilen, erhalten wir rechts zwei Variationsanteile:

$$\frac{\Sigma(y_i - \bar{y})^2}{\Sigma(y_i - \bar{y})^2} = \frac{\Sigma(y'_i - \bar{y})^2}{\Sigma(y_i - \bar{y})^2} + \frac{\Sigma(y_i - y'_i)^2}{\Sigma(y_i - \bar{y})^2}$$

$$\frac{\textit{Gesamtvariation}}{\textit{Gesamtvariation}} = \frac{\textit{Erklärte Variation}}{\textit{Gesamtvariation}} + \frac{\textit{Nicht erklärte Variation}}{\textit{Gesamtvariation}}$$

$$1 = \text{Variationsanteil, der \textit{erklärt} ist} + \text{Variationsanteil, der \textit{nicht erklärt} ist}$$

$$1 = r^2 + 1 - r^2$$

In unserem Beispiel ist die erklärte Variation gleich 69.48 (siehe Tabelle 4-6), folglich ist

Abbildung 4-8: Schematische Darstellung der Beziehung:
Gesamtabweichung = Erklärte Abweichung +
Nicht erklärte Abweichung

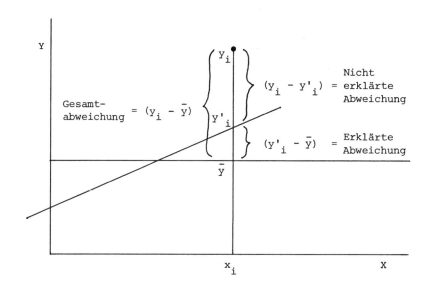

$$r^2 = \frac{\textit{Erklärte Variation}}{\textit{Gesamtvariation}} = \frac{\Sigma(y'_i - \bar{y})^2}{\Sigma(y_i - \bar{y})^2} = \frac{69.48}{440} = .158$$

Dieser Zahlenwert ist mit dem zuvor errechneten Wert identisch.

Abbildung 4-8 soll unser Problem noch einmal verdeutlichen, das zunächst darin bestand, das Einkommen (Y) ohne Berücksichtigung des Lebensalters (X) vorherzusagen. Unsere beste Vorhersage war das arithmetische Mittel ($\bar{y}$). Nach Auswertung der Information über die X-Variable, d.h. nach Bestimmung der Regressionsgeraden sagten wir nicht mehr das arithmetische Mittel, sondern den Regressionswert (y'_i) vorher. Das reduzierte die Gesamtabweichung ($y_i - \bar{y}$) um jenen Teil, der aufgrund der zwischen X und Y bestehenden linearen Beziehung "erklärt" ist (engl. deviation explained by regression), nämlich ($y'_i - \bar{y}$). Übrig blieb ein Teil der Abweichung, nämlich ($y_i - y'_i$), der "nicht erklärt" ist (engl. deviation not explained by regression).

Die Gesamtabweichung ist für jede Untersuchungseinheit

$$(y_i - \bar{y}) \quad = \quad (y'_i - \bar{y}) \quad + \quad (y_i - y'_i)$$

Gesamtabweichung = *Erklärte Abweichung* + *Nicht erklärte Abweichung*

Daraus folgt, daß

$$\Sigma(y_i - \bar{y}) \quad = \quad \Sigma(y'_i - \bar{y}) \quad + \quad \Sigma(y_i - y'_i)$$

Es überrascht vielleicht, daß aus der Gleichung

$$(y_i - \bar{y}) \quad = \quad (y'_i - \bar{y}) \quad + \quad (y_i - y'_i)$$

die Gleichung

$$\Sigma(y_i - \bar{y})^2 \quad = \quad \Sigma(y'_i - \bar{y})^2 \quad + \quad \Sigma(y_i - y'_i)^2$$

wird, wenn wir beide Seiten quadrieren und anschließend über alle i summieren. Nach dem Schema $(a + b)^2 = (a + b)(a + b) = a^2 + 2ab + b^2$ erhalten wir

$$\Sigma(y_i - \bar{y})^2 = \Sigma[(y'_i - \bar{y}) + (y_i - y'_i)]^2$$

$$= \Sigma(y'_i - \bar{y})^2 + 2\Sigma(y'_i - \bar{y})(y_i - y'_i) + \Sigma(y_i - y'_i)^2$$

Da aber der mittlere Ausdruck auf der rechten Seite dieser Gleichung, der Ausdruck $2\Sigma(y'_i - \bar{y})(y_i - y'_i)$, den Zahlenwert Null hat, also verschwindet,[1] lautet die Gleichung

$$\Sigma(y_i - \bar{y})^2 \quad = \quad \Sigma(y'_i - \bar{y})^2 \quad + \quad \Sigma(y_i - y'_i)^2$$

Wie die folgende Schreibweise der Grundgleichung vielleicht deutlicher erkennen läßt, drückt r^2 die proportionale Reduktion des

---

[1] Einen algebraischen Nachweis hierfür findet der interessierte Leser bei NEURATH (1966), S.399-400, oder bei BORTZ (1979), S.254-256.

Vorhersagefehlers aus, die sich als Differenz zwischen 1 und dem
Verhältnis des zweiten Vorhersagefehlers (E_2) zum ersten Vorhersagefehler (E_1) darstellt:

$$r^2 = 1 - \frac{E_2}{E_1} = 1 - \frac{\Sigma(y_i - y'_i)^2}{\Sigma(y_i - \bar{y})^2}$$

$$= 1 - \frac{\textit{Nicht erklärte Variation}}{\textit{Gesamtvariation}}$$

$$= 1 - \frac{370.52}{440} = .158$$

Liegen sämtliche Punkte auf der Regressionsgeraden, so ist der Vorhersagefehler E_2 und damit das Verhältnis E_2 zu E_1 gleich Null; r^2
ist dann gleich 1. Liegen die Punkte mehr oder weniger weit von
der Regressionsgeraden entfernt, so ist das Verhältnis E_2 zu E_1
größer als Null; r^2 ist dann kleiner als 1. Liegen die Punkte derart weit von der Regressionsgeraden entfernt, daß der Vorhersagefehler E_1 durch Auswertung der Information über die X-Variable nur
geringfügig reduziert wird, so ist E_2 ungefähr gleich E_1 und damit
das Verhältnis E_2 zu E_1 nahe 1; r^2 ist dann nahe Null.

Da r^2 jenen Teil der Gesamtvariation der (abhängigen) Y-Variablen
repräsentiert, der durch die (unabhängige) X-Variable linear
"erklärt" bzw. "determiniert" wird (genauer: der der X-Variablen
zugerechnet werden kann, aber nicht muß), wird der Koeffizient
r^2 als *Determinationskoeffizient* (engl. coefficient of determination, auch: proportion of explained variation) oder als
Bestimmtheitsmaß bezeichnet.

Der für unser Beispiel errechnete Wert von $r^2 = .158$ besagt, daß
- unter der Annahme einer linearen Beziehung zwischen den Variablen Lebensalter und Einkommen - 15.8 Prozent der Variation der
Y-Variablen der X-Variablen zugerechnet werden kann, oder anders
ausgedrückt, daß die Variable X rund 16 Prozent der Variation der
Variablen Y linear "erklärt" bzw. "determiniert". Der Gebrauch der
Wendungen "erklärt" und "determiniert" impliziert selbstverständ-

lich nicht ohne weiteres eine kausale Erklärung, sondern lediglich
eine statistische Beziehung zwischen den Variablen.

Wenn r^2 jenen Teil der Variation der Y-Variablen repräsentiert,
der auf der Basis der X-Variablen linear vorhergesagt werden kann,
dann stellt die Quantität $1 - r^2$ jenen Teil der Variation der
Y-Variablen dar, der nicht aufgrund der linearen Beziehung zur
X-Variablen vorhergesagt werden kann:

$$r^2 = \frac{\textit{Erklärte Variation}}{\textit{Gesamtvariation}}$$

$$1 - r^2 = 1 - \frac{\textit{Erklärte Variation}}{\textit{Gesamtvariation}}$$

Der Ausdruck $1 - r^2$ ist folglich das Komplement zum Determinations-
koeffizienten; er heißt *Koeffizient der Nichtdetermination* (engl.
coefficient of nondetermination). Für unser Beispiel erhalten wir
einen Wert von

$$1 - r^2 = 1 - .158 = .842$$

Dieser Wert besagt, daß 84.2 Prozent der Variation der abhängigen
Variablen nicht mit der unabhängigen Variablen linear erklärt wer-
den kann. Konkreter: Das Einkommen wird zwar zu einem gewissen
Teil durch das Lebensalter, jedoch zu einem erheblich größeren
Teil durch andere Faktoren "determiniert". Der Koeffizient der
Nichtdetermination kann folglich als ein Maß der Stärke des Ein-
flusses nicht identifizierter Faktoren verwendet werden.

Es hat vielleicht den Anschein, als seien wir bisher ausschließlich mit der Vorhersage von Y-Werten auf der Basis von X-Werten
beschäftigt gewesen. Das ist in Wahrheit nicht der Fall, obwohl
wir uns faktisch nicht mit der Regression von X auf Y befaßt
haben. Wir kennen bereits einige Koeffizienten, die symmetrisch
sind, d.h. Koeffizienten, die sich auf Vorhersagen beziehen, die
in die eine wie die andere Richtung gehen. Da auch r^2 symmetrisch
ist ($r^2_{yx} = r^2_{xy}$), ist es entbehrlich, zweimal zu rechnen.

Das heißt, wir können r^2 interpretieren entweder als den Teil der
Variation der Y-Variablen, der mit der X-Variablen linear erklärt
werden kann, oder aber als den Teil der Variation der X-Variablen,
der der Y-Variablen linear zugerechnet werden kann. Das ist auch
der Grund, weshalb auf die Verwendung von Subskripten verzichtet
werden kann ($r^2 = r_{yx}^2 = r_{xy}^2$).

Die prinzipielle Reversibilität von r^2 sollte Grund genug sein,
die Redeweise zu reflektieren, die man bei der Interpretation
aktueller Zahlenwerte antrifft oder wählt. Wenn die auf den Koeffizienten r^2 gestützten Aussagen, rein statistisch betrachtet, prinzipiell umkehrbar sind, muß man sich fragen, ob die Bezeichnungen
"Determinationskoeffizient", "Bestimmtheitsmaß" und "erklärter
Variationsanteil" überhaupt angemessene Ausdrücke sind. Man sollte
von "Determination" und "Erklärung" nur dann sprechen, wenn die
Kausalität einer Beziehung logisch und theoretisch begründet ist.
Andernfalls sind zurückhaltendere Wendungen eher angebracht, wie
etwa "soundsoviel Prozent der Variation der Y-Variablen kann (muß
aber nicht) mit der X-Variablen erklärt werden" oder "... kann
(muß aber keineswegs zwingend) zurückgeführt werden auf ...".

4.3.3   DER PEARSONSCHE KORRELATIONSKOEFFIZIENT R

Dem Leser wird nicht entgangen sein, daß sich unsere bisherige
Diskussion der linearen Beziehung nicht auf den (um 1890 von
Karl PEARSON in Zusammenarbeit mit Francis GALTON entwickelten)
Produkt-Moment-Korrelations-Koeffizienten r, sondern auf die
Maßzahl r^2 bezog, auf eine Maßzahl, die zwischen 0 und 1 variiert
und den Vorzug einer klaren (PRE-)Interpretation hat. Tatsächlich
wird aber normalerweise nicht r^2, sondern r zur Beschreibung
linearer Beziehungen verwendet. Warum das so ist, wird deutlich
werden, wenn wir das Regressionsproblem noch einmal aufgreifen
und dabei anstelle der oben zugrundegelegten Original-Meßwerte
Standardwerte verwenden, im übrigen aber genauso vorgehen wie
oben, d.h. ein Streudiagramm anfertigen und die Regressionsgerade
bestimmen.

Tabelle 4-7: Berechnung der Standardwerte

LALTER x_i	EINKOM y_i	$x_i - \bar{x}$	$y_i - \bar{y}$	LALTERZ $z_{x_i} = \dfrac{x_i - \bar{x}}{s_x}$	EINKOMZ $z_{y_i} = \dfrac{y_i - \bar{y}}{s_y}$
22	12	-20	-10	-1.6485	-1.5076
28	24	-14	2	-1.1539	.3015
32	14	-10	-8	-.8242	-1.2060
36	26	-6	4	-.4945	.6030
40	18	-2	-4	-.1648	-.6030
44	28	2	6	.1648	.9045
48	32	6	10	.4945	1.5076
52	16	10	-6	.8242	-.9045
56	30	14	8	1.1539	1.2060
62	20	20	-2	1.6485	-.3015
420	220	0	0	0.0000	0.0000

$$\bar{x} = 42 \qquad \bar{y} = 22 \qquad s_x = 12.1326 \qquad s_y = 6.63325$$

Die Standardwerte oder z-Werte sind wie folgt definiert (siehe auch Abschnitt 2.4):

$$z_{x_i} = \frac{x_i - \bar{x}}{s_x} \qquad \text{und} \qquad z_{y_i} = \frac{y_i - \bar{y}}{s_y}$$

wobei $\quad s_x = \sqrt{\dfrac{\sum\limits_{i=1}^{N} (x_i - \bar{x})^2}{N}} \qquad$ (Standardabweichung der X-Werte)

und $\quad s_y = \sqrt{\dfrac{\sum\limits_{i=1}^{N} (y_i - \bar{y})^2}{N}} \qquad$ (Standardabweichung der Y-Werte)

In Abbildung 4-9 sind die in Tabelle 4-7 errechneten Standardwerte unseres Rechenbeispiels graphisch dargestellt. Wie aus dem Streu-

Abbildung 4-9: "Lebensalter des Befragten (LALTERZ)" und "Monat-
              liches Nettoeinkommen in 100 DM (EINKOMZ)", beide
              Variablen z-transformiert

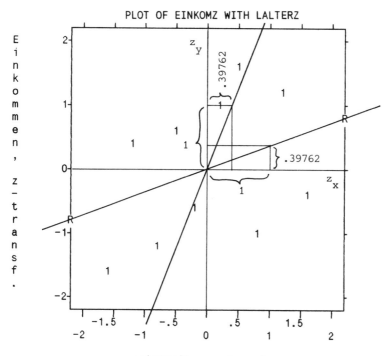

PLOT OF EINKOMZ WITH LALTERZ

Lebensalter, z-transf.

10 cases plotted.
Correlation (r) = .39762   R squared (r^2) = .15810
Intercept (a) = .00000   Slope (b) = .39762

diagramm hervorgeht, bleibt die Konfiguration der Punkte von der
Transformation der Original-Meßwerte in Standardwerte völlig unbe-
rührt; der einzige Unterschied besteht in der veränderten Unter-
teilung der Koordinatenachsen. Die Gleichung der Regressionsgeraden
für Standardwerte lautet

$$z'_{y_i} = a + b(z_{x_i})$$

wobei $z_{x_i} = \dfrac{x_i - \bar{x}}{s_x}$. Diese Gleichung reduziert sich auf

$$z'_{y_i} = b(z_{x_i})$$

weil jede Regressionsgerade im Koordinatensystem der z-Werte die
Achsen bei $z_x = z_y = 0$ schneidet; a ist also in jedem Fall gleich
Null. Die Steigung der Geraden, auf Standardwerte bezogen, lautet
wie folgt:

$$b = \frac{\sum\limits_{i=1}^{N}\left(\dfrac{x_i - \bar{x}}{s_x}\right)\left(\dfrac{y_i - \bar{y}}{s_y}\right)}{\sum\limits_{i=1}^{N}\left(\dfrac{x_i - \bar{x}}{s_x}\right)^2}$$

Da der Nennerausdruck gleich $\dfrac{\Sigma(x_i - \bar{x})^2}{s_x^2} = \dfrac{\Sigma(x_i - \bar{x})^2}{\dfrac{\Sigma(x_i - \bar{x})^2}{N}} = N$ ist

(siehe Tabelle 4-8) und für die Ausdrücke $\dfrac{x_i - \bar{x}}{s_x}$ und $\dfrac{y_i - \bar{y}}{s_y}$

die Symbole z_{x_i} und z_{y_i} verwendet werden können, kann die Formel

für die Steigung der Regressionsgeraden wie folgt geschrieben werden:

$$b = \frac{\Sigma z_{x_i} z_{y_i}}{N}$$

Ersetzen wir b durch r, so erhalten wir die *Definitionsformel des*
PEARSONschen Produkt-Moment-Korrelations-Koeffizienten

$$r = \frac{\Sigma z_{x_i} z_{y_i}}{N}$$

Der Koeffizient r ist folglich als der Durchschnitt der sog. Kreuzprodukte der Standardwerte definiert. Wir werden sogleich sehen,
daß die *Steigung der Regressionsgeraden einer bivariaten Standard-*
werteverteilung mit der Quadratwurzel aus r^2 *identisch* ist, d.h.
daß die Beziehung gilt:

$$r = \sqrt{r^2}$$

Tabelle 4-8: Berechnung der Kreuzprodukte der Standardwerte

LALTERZ z_{x_i}	EINKOMZ z_{y_i}	$z_{x_i} z_{y_i}$	$z_{x_i}^2 = \left(\dfrac{x_i - \bar{x}}{s_x}\right)^2$
-1.6485	-1.5076	2.4853	2.7176
-1.1539	.3015	-.3479	1.3315
-.8242	-1.2060	.9940	.6793
-.4945	.6030	-.2982	.2445
-.1648	-.6030	.0994	.0272
.1648	.9045	.1491	.0272
.4945	1.5076	.7455	.2445
.8242	-.9045	-.7455	.6793
1.1539	1.2060	1.3916	1.3315
1.6485	-.3015	-.4970	2.7176
0.0000	0.0000	3.9763	10.0002

Für unser Rechenbeispiel erhalten wir die in Tabelle 4-8 ausgewiesenen Werte, aus denen r berechnet werden kann:

$$r = \frac{\Sigma z_{x_i} z_{y_i}}{N} = \frac{3.9763}{10} = .39763$$

Wenn wir den ermittelten Zahlenwert von r quadrieren, ist das Ergebnis

$$(r)^2 = (.39763)^2 = .15811$$

Ein Vergleich dieser beiden Zahlenwerte mit den aus den Original-
Meßwerten berechneten wie auch mit den in Abbildung 4-9 ausgewiesenen (mit SPSS auf der Basis der z-transformierten Werte berechneten) Zahlenwerten (Slope (b) = .39762 = Correlation (r) = .39762
sowie R squared (r^2) = .15810) offenbart eine nahezu vollständige
Übereinstimmung.

Mit der Berechnung von r ist die Regressionsgerade der bivariaten
Standardwerteverteilung determiniert. Im vorliegenden Beispiel

lautet die Gleichung der Geraden (wenn wir den mit SPSS berechneten genaueren b- bzw. r-Wert nehmen):

$$z'_{y_i} = .39762(z_{x_i})$$

Mit dieser Gleichung können wir - in direkter Analogie zur Rechnung
mit den Original-Meßwerten - für jeden X-Wert einen Vorhersagewert
von Y (in Standardform) errechnen. Beispielsweise erhalten wir für
den kleinsten z_x-Wert den Vorhersagewert z'_y = .39762(-1.6485) =
-.6555 und für den größten z_x-Wert den Vorhersagewert z'_y =
.39762(1.6485) = .6555. Diese z'_y-Werte sind die zu den jeweiligen
z_x-Werten gehörigen vorhergesagten Y-Werte, d.h. die auf der
Regressionsgeraden liegenden z-Werte der Y-Variablen. Als solche
können wir sie zur *Lokalisation der Regressionsgeraden* benutzen,
wozu wir zwei Punkte benötigen. Wenn die zugrundeliegenden Daten
z-Werte sind, wählt man häufig als einen dieser Punkte den Ursprung
des Koordinatenkreuzes, d.h. den Punkt (0, 0): Bei z_x = 0 ist
z'_y = 0, weil z'_y = r(0) = 0. Der zweite Punkt ist schnell ermittelt, wenn z_x = 1 gewählt wird. Da in unserem Beispiel r = .39762,
ist bei z_x = 1 der Wert z'_y = .39762(1) = .39762. Damit ist die
Regressionsgerade lokalisiert (siehe Abbildung 4-9).[1]

Zwischen den Variablen unseres Beispiels "Lebensalter (X)" und
"Einkommen (Y)" hätte eine perfekte positive lineare Beziehung be-
standen, wenn bei jedem Befragten der z_x-Wert gleich dem z_y-Wert
gewesen wäre, beispielsweise wenn der Befragte mit dem z_x-Wert
von -1.6485 auch einen z_y-Wert von -1.6485 gehabt hätte und die
z-Werte aller übrigen Befragten in derselben Weise perfekt gepaart
gewesen wären (also z_x = -1.1539 und z_y = -1.1539; z_x = -.8242
und z_y = -.8242 usw.). Die Steigung der Regressionsgeraden wäre
dann genau gleich 1 gewesen (siehe auch Abbildung 4-10).

---

1) Die Werte zur Bestimmung der gesuchten Punkte müssen keine aktuellen z_x-Werte sein; diese können beliebig gewählt werden,
weil der z'_y-Wert eines jeden z_x-Wertes durch die Gleichung
der Geraden determiniert ist. Grundsätzlich sind weit ausein-
ander liegende Punkte zu bevorzugen, weil ein großer Punkte-
abstand die genaue Einzeichnung der Geraden erleichtert.

Abbildung 4-10: Die Beziehung des Koeffizienten r zur Steigung
der Regressionsgeraden, wenn die X- und Y-Werte
Standardwerte sind

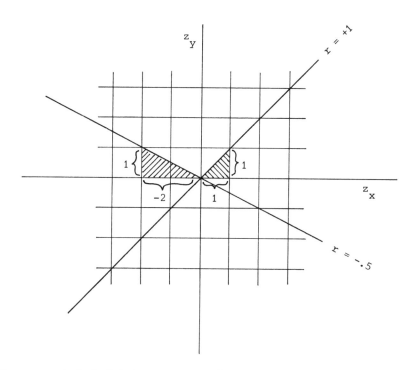

Da r symmetrisch ist (r_{yx} = r_{xy} = r), hätten wir ebensogut umgekehrt verfahren können und auf der Basis der z_y-Werte die korrespondierenden Vorhersagewerte der X-Variablen, d.h. die auf einer
zweiten Regressionsgeraden liegenden z'_x-Werte mit der Gleichung
z'_{x_i} = .39762(z_{y_i}) ermitteln können (siehe Abbildung 4-9).

Vergleichen wir die beiden Maßzahlen r^2 und r, so mag ihr Unterschied auf den ersten Blick als trivial erscheinen, da die eine
Maßzahl aus der anderen berechnet werden kann: die eine ist das
Quadrat bzw. die Quadratwurzel der anderen. Doch läßt eine mecha-
nische Quadrierung von r, d.h. das "Quadrat der Steigung", kaum
erkennen, daß r^2 jenen Teil der Variation der einen Variablen
repräsentiert, der als durch die andere Variable "determiniert"
bzw. "erklärt" betrachtet werden kann. Umgekehrt kann man die
"Quadratwurzel aus dem erklärten Variationsanteil" nicht als

Steigung einer Geraden erkennen, wenn man r aus r^2 errechnet. Der
Koeffizient r kann am ehesten als ein Maß betrachtet werden, das
den dynamischen Aspekt einer Beziehung mißt und über den Grad informiert, in dem eine Veränderung der einen Variablen mit einer
Veränderung der anderen Variablen einhergeht. Dagegen kann r^2 als
ein Maß betrachtet werden, das die Stärke der Beziehung bzw. die
Stärke des von der einen Variablen auf die andere Variable mutmaß-
lich ausgeübten Einflusses beschreibt.

Gegenüber den Prozeduren zur Bestimmung von r^2 verlangt die Berechnung von r im allgemeinen einen geringeren Rechenaufwand (siehe
weiter unten). Dies spricht ebenso für die aktuelle Berechnung von
r (und die spätere Quadrierung des Zahlenwertes) wie die Tatsache,
daß r^2 im Gegensatz zu r ein vorzeichenloser Koeffizient ist.
Allerdings kann, falls r über $\sqrt{r^2}$ ermittelt wird, das Vorzeichen
der Konstanten b der Regressionsgeraden als Indiz dafür herangezogen werden, ob eine positive oder negative Beziehung zwischen
den Variablen besteht.

Da r praktisch immer größer ist als r^2, kann seine Berechnung
- mit oder ohne Absicht des Berechners - dazu führen, daß die
Stärke der Beziehung betont und der unbedarfte Leser beeindruckt
wird. So scheint ein Wert von r = .50 eine beträchtliche Beziehung
auszudrücken; da aber r^2 = .25 ist, ist nicht die Hälfte, sondern
nur ein Viertel der Variation einer der beiden Variablen durch die
jeweils andere Variable erklärt. Erst eine Korrelation von r = .70
erklärt rund die Hälfte der Variation, nämlich 49 Prozent, und
ein Koeffizient von r = .30 läßt einen großen Teil der Variation
unerklärt, nämlich 91 Prozent.

Über die Beziehung zwischen den Quantitäten r (Korrelationskoeffizient), r^2 (Determinationskoeffizient) und $1 - r^2$ (Koeffizient der
Nichtdetermination) informiert Tabelle 4-9.

Tabelle 4-9: Die Beziehung zwischen r, r^2 und $1 - r^2$

r	r^2	$1 - r^2$
.10	.01	.99
.20	.04	.96
.30	.09	.91
.40	.16	.84
.50	.25	.75
.60	.36	.64
.70	.49	.51
.80	.64	.36
.90	.81	.19

4.3.4 DIE BERECHNUNG DES KOEFFIZIENTEN R

Die oben diskutierten Konzepte und Operationen sollten eher dem
Verständnis der Logik und der angemessenen Interpretation der Maßzahlen r^2 und r dienen als mit günstigen Verfahren zur Berechnung
dieser Koeffizienten bekanntmachen. Der numerische Wert von r bzw.
r^2 kann sehr viel leichter bestimmt werden, wenn man sich gewisser
Rechenformeln bedient.

Die oben zitierte Definitionsformel (Standardwerteformel) des
PEARSONschen Produkt-Moment-Korrelations-Koeffizienten, die Formel

$$r = \frac{\Sigma z_{x_i} z_{y_i}}{N}$$

ist wegen des erforderlichen hohen Rechenaufwandes zur Bestimmung
des Zahlenwertes von r höchst unpraktisch, vor allem wenn die
Anzahl der Fälle groß ist. Die Verwendung dieser Formel verlangt
zunächst die Berechnung je zweier Mittelwerte ($\bar{x}$ und $\bar{y}$) und Standardabweichungen (s_x und s_y). Danach müssen die X- und Y-Werte in
Standardwerte umgewandelt werden (z_{x_i} und z_{y_i}). Erst nach diesen

umständlichen Operationen können die Kreuzprodukte $z_{x_i} z_{y_i}$ gebildet werden, deren Summe in die Definitionsformel eingeht.

Die Rechenoperationen sind trotz gewisser Zwischenschritte weniger umfänglich, wenn man die folgende (erste) Rechenformel benutzt:

$$r = \frac{\Sigma(x_i - \bar{x})(y_i - \bar{y})}{\sqrt{\Sigma(x_i - \bar{x})^2 \; \Sigma(y_i - \bar{y})^2}}$$

Diese auf Abweichungen und Abweichungsquadraten basierende Formel läßt sich wie folgt aus der Definitionsformel entwickeln:

$$r = \frac{\Sigma z_{x_i} z_{y_i}}{N} = \frac{1}{N} \sum \left(\frac{x_i - \bar{x}}{s_x}\right)\left(\frac{y_i - \bar{y}}{s_y}\right)$$

$$= \frac{\Sigma(x_i - \bar{x})(y_i - \bar{y})}{N \sqrt{\dfrac{\Sigma(x_i - \bar{x})^2}{N}} \; \sqrt{\dfrac{\Sigma(y_i - \bar{y})^2}{N}}}$$

$$= \frac{\Sigma(x_i - \bar{x})(y_i - \bar{y})}{\sqrt{\Sigma(x_i - \bar{x})^2} \; \sqrt{\Sigma(y_i - \bar{y})^2}}$$

$$= \frac{\Sigma(x_i - \bar{x})(y_i - \bar{y})}{\sqrt{\Sigma(x_i - \bar{x})^2 \; \Sigma(y_i - \bar{y})^2}}$$

Obwohl diese Formel seltener als die folgende zur Berechnung des Korrelationskoeffizienten verwendet wird, mag es instruktiv sein, sie auf die Daten unseres Beispiels anzuwenden, zumal wir bereits sämtliche Elemente ermittelt haben (siehe die Tabellen 4-3 und 4-4). Durch Einsetzen der entsprechenden Summen erhalten wir den schon bekannten Wert von

$$r = \frac{320}{\sqrt{(1472)(440)}} = \frac{320}{\sqrt{647680}} = \frac{320}{804.79} = .39762$$

Tabelle 4-10: Berechnung des Korrelationskoeffizienten r

LALTER x_i	EINKOM y_i	x_i^2	y_i^2	$x_i y_i$
22	12	484	144	264
28	24	784	576	672
32	14	1024	196	448
36	26	1296	676	936
40	18	1600	324	720
44	28	1936	784	1232
48	32	2304	1024	1536
52	16	2704	256	832
56	30	3136	900	1680
62	20	3844	400	1240
420	220	19112	5280	9560

Da auch die vorangehende Formel die Berechnung von Mittelwerten voraussetzt, bereitet sie lästige Rechenarbeit, wenn die Mittelwerte Zahlen mit mehreren Dezimalstellen sind. Deshalb empfiehlt sich die Verwendung einer anderen Rechenformel, mit der der Koeffizient direkt aus den Originaldaten errechnet werden kann. Diese (zweite) Rechenformel, die nur fünf Summen und eine entsprechende Arbeitstabelle mit fünf Spalten (siehe Tabelle 4-10) erfordert, ist

$$r = \frac{N\Sigma x_i y_i - \Sigma x_i \Sigma y_i}{\sqrt{[N\Sigma x_i^2 - (\Sigma x_i)^2][N\Sigma y_i^2 - (\Sigma y_i)^2]}}$$

$$= \frac{10(9560) - (420)(220)}{\sqrt{[10(19112) - (420)^2][10(5280) - (220)^2]}}$$

$$= \frac{95600 - 92400}{\sqrt{[191120 - 176400][52800 - 48400]}}$$

$$= .39762$$

Wie mehrfach betont, ist der Koeffizient r kein Maß der Beziehung
schlechthin, sondern ein Maß der *linearen* Beziehung. Infolgedessen verbietet sich seine Berechnung, wenn die Annahme der
Linearität nicht begründet ist. Ist r = 0, so bedeutet das *nicht*,
daß keine Beziehung zwischen X und Y vorliegt, sondern lediglich,
daß keine *lineare* Beziehung zwischen den Variablen besteht. Und
ist r ≠ 0, so bedeutet das lediglich, daß eine Beziehung zwischen
den Variablen besteht, die weder eine *lineare* noch gar eine *kausale*
sein muß.

Eine Maßzahl, die anstelle des r-Koeffizienten berechnet werden
kann, wenn offensichtlich keine *lineare* Beziehung vorliegt, ist
der Eta-Koeffizient. Eta kann berechnet werden, wenn die als abhängig betrachtete Variable mindestens intervallskaliert ist. Da
aber die als unabhängig betrachtete Variable jedes Meßniveau haben
kann, werden wir diese Maßzahl in einem besonderen Abschnitt (dem
folgenden) behandeln.

4.4 Die Analyse der Beziehung zwischen einer nominalen und einer metrischen Variablen

Eine Maßzahl, mit der die Beziehung zwischen einer nominalen und
einer metrischen Variablen beschrieben werden kann, ist η (das
kleine griechische Eta). Dieses Maß wurde zunächst (von Karl
PEARSON, der es 1905 erstmalig publizierte) Korrelationsquotient,
später Korrelationsindex oder Eta-Koeffizient genannt. Heute verwendet man auch (meistens für η^2) die Bezeichnung Korrelationsverhältnis (engl. correlation ratio). Eta kann Zahlenwerte von
0 bis 1 annehmen.

Beispiele, für die der Eta-Koeffizient als Maß der Beziehung
zwischen zwei Variablen berechnet werden kann, von denen die abhängige (Y-)Variable das Niveau einer Intervall- oder Ratioskala
haben muß, während die unabhängige Variable jedes Meßniveau haben
kann, also auch das einer Nominalskala, sind: Beschäftigtenstatus
(X) und monatliches Einkommen aus beruflicher Tätigkeit (Y),

Geschlechtszugehörigkeit (X) und Häufigkeit verwandtschaftlicher
Kontakte (Y), Konfessionszugehörigkeit (X) und Häufigkeit bestimmter religiöser Aktivitäten (Y), Berufsgruppenzugehörigkeit (X) und
Dauer der wöchentlichen Arbeitszeit (Y), Schichtzugehörigkeit (X)
und Höhe des Ausgabenanteils für Unterhaltungszwecke (Y).

Es ist immer möglich, eine Ratio- oder Intervallskala auf eine
Ordinal- oder Nominalskala zu reduzieren, um dann einen Koeffizienten zu berechnen, der die Beziehung zwischen den Variablen ausdrückt. So wäre es durchaus zulässig, in jedem der oben aufgeführten Beispiele die als abhängig betrachtete metrische Variable wie
eine ordinale oder nominale Variable zu behandeln und - je nach
der Anzahl gegebener oder durch Zusammenfassung ihrer Ausprägungen
gebildeter Klassen - einen für ordinale oder nominale Variablen
geeigneten Koeffizienten zu berechnen. Solche Reduktionen sind
jedoch entbehrlich, wenn die abhängige Variable eine metrische
Variable ist; für diesen Fall ist η das sensibelste Beziehungsmaß.

4.4.1 DIE LOGIK DES ETA-KOEFFIZIENTEN

Ähnlich anderen Maßzahlen, die dem Modell der proportionalen
Fehlerreduktion entsprechen, ist η eine Maßzahl der erzielten Verbesserung der Vorhersagegenauigkeit: Je größer die Vorhersageverbesserung, desto größer der Zahlenwert des Koeffizienten. Oder
anders gesagt: Je größer die (Vorhersage-)Fehlerreduktion, desto
stärker ist die durch η ausgedrückte Beziehung zwischen den Variablen. Ähnlich r^2 ist das Quadrat dieses Koeffizienten, also η^2
(lies "Eta-Quadrat"), als ein Verhältnis definiert, nämlich als
das Verhältnis der (noch zu spezifizierenden) "erklärten Variation" zur "Gesamtvariation". Deshalb kann η^2 interpretiert werden
als die bei der Vorhersage einer Variablen durch Heranziehung einer
zweiten Variablen erzielbare Reduktion des Vorhersagefehlers. Mit
anderen Worten: η^2 ist ein Maß der proportionalen Reduktion des
Vorhersagefehlers. Das kann in der gewohnten Weise wie folgt ausgedrückt werden:

$$\eta^2 = \frac{E_1 - E_2}{E_1}$$

Bei der Diskussion des Koeffizienten r^2 sahen wir, daß die Gesamt-variation in zwei Komponenten zerlegt werden kann: in die "erklärte Variation" und die "nicht erklärte Variation":

$$\Sigma(y_i - \bar{y})^2 \quad = \quad \Sigma(y'_i - \bar{y})^2 \quad + \quad \Sigma(y_i - y'_i)^2$$

Gesamtvariation = *Erklärte Variation* + *Nicht erklärte Variation*

Nun kann man den Ausdruck $\Sigma(y_i - \bar{y})^2$, die Gesamtvariation, in ganz ähnlicher Weise, aber nach einem etwas anderen Gesichtspunkt in zwei Teile zerlegen. Statt, wie bei r^2, die Gesamtvariation in die Teile "von der Regressionsgeraden zum Gesamtdurchschnitt (dem Mittelwert der Y-Verteilung)" und "von den Beobachtungswerten zur Regressionsgeraden" zu zerlegen, kann man sie auch in die Teile "von den Kolonnendurchschnitten (den Mittelwerten der einzelnen Kategorien der X-Variablen) zum Gesamtdurchschnitt" und "von den Beobachtungswerten zu den Kolonnendurchschnitten" aufteilen. Die Zerlegung erfolgt in derselben Weise wie oben (S.326ff):

$$(y_i - \bar{y}) \quad = \quad (\bar{y}_j - \bar{y}) \quad + \quad (y_i - \bar{y}_j)$$

wobei $\bar{y}_j$ den jeweiligen Kolonnendurchschnitt der Y-Werte, die in bestimmte Kategorien bzw. Kolonnen der X-Variablen fallen, be-zeichnet. Somit ist

$$\Sigma(y_i - \bar{y})^2 \quad = \Sigma[(\bar{y}_j - \bar{y}) + (y_i - \bar{y}_j)]^2$$

$$= \Sigma(\bar{y}_j - \bar{y})^2 + \Sigma(y_i - \bar{y}_j)^2$$

weil der nach dem Schema $(a + b)^2 = (a + b)(a + b) = a^2 + 2ab + b^2$ zu erwartende Ausdruck $2\Sigma(\bar{y}_j - \bar{y})(y_i - \bar{y}_j)$ den Zahlenwert Null hat. In einer anderen Schreibweise sieht dieses Kreuzprodukt wie folgt aus: $2\Sigma[(\bar{y}_j - \bar{y})\Sigma(y_i - \bar{y}_j)]$. Dabei ist $\Sigma(y_i - \bar{y}_j)$ die Summe der Abweichungen der Y-Werte einer Kolonne vom Kolonnendurchschnitt. Da aber die algebraische Summe der Abweichungen vom arithmetischen Mittel stets gleich Null ist, entfällt der ganze Ausdruck.

Die Grundgleichung der Variationszerlegung lautet demnach:

$$\Sigma(y_i - \bar{y})^2 \quad = \quad \Sigma(\bar{y}_j - \bar{y})^2 \quad + \quad \Sigma(y_i - \bar{y}_j)^2$$

Gesamtvariation = *Erklärte Variation* + *Nicht erklärte Variation*

Dies ist eine verkürzte Schreibweise der Quantitäten, bei der Subskripte, Summenzeichen und Summierungsgrenzen sowie die Multiplikation des zweiten Klammerausdrucks mit n_j weggelassen worden sind,
um die weitgehende Analogie zu r^2 aufzuzeigen; diese Verkürzung
ist dort angebracht, wo die Bedeutung der einzelnen Bestandteile
aus dem Zusammenhang ersichtlich ist, wie in den folgenden Rechenbeispielen. In ungekürzter Schreibweise sieht die Grundgleichung
der Variationszerlegung bei η^2 wie folgt aus:

Gesamtvariation = *Erklärte Variation* + *Nicht erklärte Variation*

$$\sum_{j=1}^{k} \sum_{i=1}^{n_j} (y_{ij} - \bar{y})^2 = \sum_{j=1}^{k} n_j(\bar{y}_j - \bar{y})^2 + \sum_{j=1}^{k} \sum_{i=1}^{n_j} (y_{ij} - \bar{y}_j)^2$$

| Summe der quadrier-ten Abweichungen der Y-Werte der j-ten Kolonne vom Gesamtdurchschnitt, summiert über alle k Kolonnen | Quadrierte Abweichung des Durchschnitts der j-ten Kolonne vom Gesamtdurchschnitt, multipliziert mit der Anzahl der Fälle dieser Kolonne, summiert über alle k Kolonnen | Summe der quadrier-ten Abweichungen der Y-Werte der j-ten Kolonne vom Durchschnitt dieser Kolonne, summiert über alle k Kolonnen |

Wenn wir beide Seiten dieser Gleichung durch $\Sigma(y_i - \bar{y})^2$ dividieren,
erhalten wir den Anteil der "erklärten" und den der "nicht erklärten" Variation der Y-Variablen. Der erste Ausdruck auf der rechten
Seite dieser Gleichung, der Anteil der Variation, der "erklärt"
ist, ist das Quadrat des Eta-Koeffizienten:

$$\frac{\Sigma(y_i - \bar{y})^2}{\Sigma(y_i - \bar{y})^2} = \frac{\Sigma(\bar{y}_j - \bar{y})^2}{\Sigma(y_i - \bar{y})^2} + \frac{\Sigma(y_i - \bar{y}_j)^2}{\Sigma(y_i - \bar{y})^2}$$

Gesamtvariation	=	*Erklärte Variation*	+	*Nicht erklärte Variation*
Gesamtvariation		*Gesamtvariation*		*Gesamtvariation*

1	=	Variations-anteil, der *erklärt* ist	+	Variations-anteil, der *nicht erklärt* ist

$$1 \quad = \quad \eta^2 \quad + \quad 1 - \eta^2$$

4.4.2 DIE PROPORTIONALE REDUKTION DES VORHERSAGE-FEHLERS: ETA-QUADRAT

Wir sind jetzt in der Lage, die auf η^2 zugeschnittenen Vorhersage-regeln und Fehlerdefinitionen zu spezifizieren:

(1) η^2: *Die Regel für die Vorhersage der abhängigen Variablen auf der Basis ihrer eigenen Verteilung* lautet wie folgt: "Sage für jede Untersuchungseinheit das arithmetische Mittel vorher."

(2) η^2: *Die Regel für die Vorhersage der abhängigen Variablen auf der Basis der unabhängigen Variablen* lautet: "Sage für die Unter-suchungseinheiten der einzelnen Kolonnen den jeweiligen Kolonnen-durchschnitt vorher."

(3) η^2: *Die Fehlerdefinition.* Bei Anwendung der Regel 1 ist der Vorhersagefehler die Summe der quadrierten Abweichungen der Y-Werte von ihrem arithmetischen Mittel (vom Gesamtdurchschnitt): $E_1 = \Sigma(y_i - \bar{y})^2$. Bei Anwendung der Regel 2 ist der Vorhersage-fehler die Summe der quadrierten Abweichungen der Y-Werte der ein-zelnen Kolonnen vom jeweiligen Kolonnendurchschnitt: $E_2 = \Sigma(y_i - \bar{y}_j)^2$.

(4) η^2: Die generelle Formel zur Berechnung der proportionalen Fehlerreduktion lautet

$$\eta^2 = \frac{E_1 - E_2}{E_1} = \frac{\Sigma(y_i - \bar{y})^2 - \Sigma(y_i - \bar{y}_j)^2}{\Sigma(y_i - \bar{y})^2}$$

$$= \frac{\textit{Gesamtvariation} - \genfrac{}{}{0pt}{}{\textit{Nicht erklärte}}{\textit{Variation}}}{\textit{Gesamtvariation}}$$

Bevor wir dieses Modell auf aktuelle Daten anwenden, sei darauf hingewiesen, daß für die abhängige Variable Mittelwerte und Abweichungen von Mittelwerten berechnet werden müssen. Daraus erhellt, daß die abhängige Variable mindestens das Niveau einer Intervallskala haben muß. Wie die Summenausdrücke und die folgenden Rechenbeispiele zeigen, gehen jedoch keine numerischen Werte der unabhängigen Variablen in die Berechnung des Koeffizienten ein. Daher kann die unabhängige Variable jedes Meßniveau haben.

Anhand zweier Beispiele, die unserer Datenmatrix entstammen, wollen wir zunächst die Logik des Koeffizienten η^2, der viele Parallelen zum Koeffizienten r^2 hat, erörtern. Erst danach werden wir den Koeffizienten mit einer bequemen Rechenformel ermitteln.

Unser erstes Beispiel betrifft die in Abbildung 4-11 graphisch dargestellte Beziehung zwischen der nominalen Variablen "Beschäftigtenstatus (V166)" und der metrischen (genauer: der als metrisch interpretierten) Variablen "Jobdepression (JOBDEP)". Wir betrachten zunächst die Verteilung der Jobdepressionswerte in der Gesamtgruppe (N = 60), d.h. wir ignorieren zunächst die zur Verfügung stehende Information über die Verteilung der Jobdepressionswerte in den drei Subgruppen der Arbeiter bzw. Lohnempfänger (n_1 = 20), Angestellten (n_2 = 20) und Beamten (n_3 = 20). Die beste Vorhersage eines Wertes dieser Verteilung ist der Gesamtdurchschnitt, hier $\bar{y}_T$ = 1085/60 = 18.0833, da die Summe der quadrierten Abweichungen der Y-Werte vom arithmetischen Mittel kleiner ist als die Summe der quadrierten Abweichungen von irgendeinem anderen Wert. Der

Abbildung 4-11: Darstellung der Beziehung zwischen den Variablen
"Beschäftigtenstatus (V166)" und "Jobdepression
(JOBDEP)"

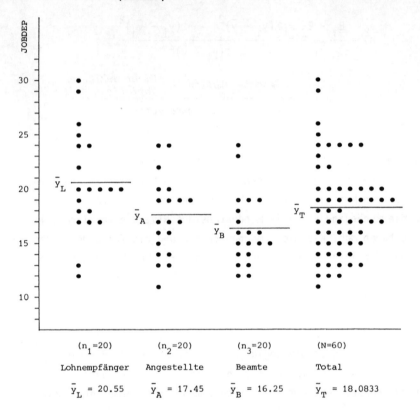

Vorhersagefehler, der diesem Vorhersagewert entspricht, ist die
Gesamtvariation:

$$E_1 = \Sigma(y_i - \bar{y}_T)^2$$

wobei $N = n_1 + n_2 + n_3$. Für die Daten unseres Beispiels erhalten
wir einen Wert von $E_1 = 1068.58$ (siehe Tabelle 4-11 und die
Berechnung der Gesamtvariation in Tabelle 4-12).[1]

---

1) Vor dem Hintergrund der Erörterungen des Abschnitts 4.3.2 ist
   klar, daß wir statt der Variation auch die Varianz (die durch
   N geteilte Summe der quadrierten Abweichungen der Y-Werte von
   ihrem arithmetischen Mittel - vom Gesamtdurchschnitt -) als
   zahlenmäßigen Ausdruck des Vorhersagefehlers verwenden könnten.

Tabelle 4-11: Die Beziehung zwischen den Variablen "Beschäftigtenstatus (V166)" und "Jobdepression (JOBDEP)"

y_i	Lohn-empfän-ger (L) f_i	Ange-stell-te (A) f_i	Beam-te (B) f_i	Jobdepression Durch-schnitte	Variation
11		1			
12	1		2		
13	1	2	2		
14		2	2		
15		1	4	$\bar{y}_B = 16.25$	$\Sigma(y_i - \bar{y}_B)^2 = 205.75$
16		2	3		
17	3	3	1	$\bar{y}_A = 17.45$	$\Sigma(y_i - \bar{y}_A)^2 = 244.95$
18	2		1	$\bar{y}_T = 18.0833$	$\Sigma(y_i - \bar{y}_T)^2 = 1068.58$
19	1	4	3		
20	5	2		$\bar{y}_L = 20.55$	$\Sigma(y_i - \bar{y}_L)^2 = 420.95$
22	1	1			
23			1		
24	2	2	1		
25	1				
26	1				
29	1				
30	1				
	$n_1=20$	$n_2=20$	$n_3=20$		

$$\text{Gesamt-variation} = \Sigma(y_i - \bar{y}_T)^2 = 1068.58$$

$$\text{Nicht erklärte Variation} = \Sigma(y_i - \bar{y}_L)^2 + \Sigma(y_i - \bar{y}_A)^2 + \Sigma(y_i - \bar{y}_B)^2$$

$$= 420.95 + 244.95 + 205.75 = 871.65$$

$$\text{Erklärte Variation} = n_1(\bar{y}_L - \bar{y}_T)^2 + n_2(\bar{y}_A - \bar{y}_T)^2 + n_3(\bar{y}_B - \bar{y}_T)^2$$

$$= 121.69 + 8.02 + 67.22 = 196.93$$

$$\eta^2 = \frac{196.93}{1068.58} = .184 \qquad \eta = \sqrt{.184} = .429$$

Tabelle 4-12: Die Beziehung zwischen den Variablen "Beschäftigtenstatus (V166)" und "Jobdepression (JOBDEP)":
Berechnung der Gesamtvariation

y_i	f_i	$f_i y_i$	$(y_i - \bar{y}_T)$	$(y_i - \bar{y}_T)^2$	$f_i(y_i - \bar{y}_T)^2$
11	1	11	-7.0833	50.1731	50.1731
12	3	36	-6.0833	37.0065	111.0195
13	5	65	-5.0833	25.8399	129.1995
14	4	56	-4.0833	16.6733	66.6932
15	5	75	-3.0833	9.5067	47.5335
16	5	80	-2.0833	4.3401	21.7005
17	7	119	-1.0833	1.1735	8.2145
18	3	54	-.0833	.0069	.0207
19	8	152	.9167	.8403	6.7224
20	7	140	1.9167	3.6737	25.7159
22	2	44	3.9167	15.3405	30.6810
23	1	23	4.9167	24.1739	24.1739
24	5	120	5.9167	35.0073	175.0365
25	1	25	6.9167	47.8407	47.8407
26	1	26	7.9167	62.6741	62.6741
29	1	29	10.9167	119.1743	119.1743
30	1	30	11.9167	142.0077	142.0077
	60	1085			1068.58

Alsdann betrachten wir die Verteilung der Jobdepressionswerte in
den Subgruppen der Lohnempfänger, Angestellten und Beamten, um die
abhängige Variable "Jobdepression" auf der Basis der unabhängigen
Variablen "Beschäftigtenstatus" vorherzusagen. Die besten Vorhersagewerte sind die subgruppenspezifischen Durchschnitte (Kolonnendurchschnitte), hier die Werte $\bar{y}_L$ = 411/20 = 20.55, $\bar{y}_A$ = 349/20 =
17.45 und $\bar{y}_B$ = 325/20 = 16.25. Der zahlenmäßige Fehler dieser zweiten Vorhersage ist die Summe der quadrierten Abweichungen der Y-
Werte der einzelnen Subgruppen von den jeweiligen Gruppendurch-
schnitten, die *nicht erklärte Variation*.

Tabelle 4-13: Die Beziehung zwischen den Variablen "Beschäftigtenstatus (V166)" und "Jobdepression (JOBDEP)":
Berechnung der (nicht erklärten) Variation in den
Subgruppen der Lohnempfänger (L), Angestellten (A)
und Beamten (B)

y_i	f_i	$f_i y_i$	$(y_i - \bar{y}_L)$	$(y_i - \bar{y}_L)^2$	$f_i(y_i - \bar{y}_L)^2$
12	1	12	-8.55	73.1025	73.1025
13	1	13	-7.55	57.0025	57.0025
17	3	51	-3.55	12.6025	37.8075
18	2	36	-2.55	6.5025	13.0050
19	1	19	-1.55	2.4025	2.4025
20	5	100	-.55	.3025	1.5125
22	1	22	1.45	2.1025	2.1025
24	2	48	3.45	11.9025	23.8050
25	1	25	4.45	19.8025	19.8025
26	1	26	5.45	29.7025	29.7025
29	1	29	8.45	71.4025	71.4025
30	1	30	9.45	89.3025	89.3025
	20	411			420.95

y_i	f_i	$f_i y_i$	$(y_i - \bar{y}_A)$	$(y_i - \bar{y}_A)^2$	$f_i(y_i - \bar{y}_A)^2$
11	1	11	-6.45	41.6025	41.6025
13	2	26	-4.45	19.8025	39.6050
14	2	28	-3.45	11.9025	23.8050
15	1	15	-2.45	6.0025	6.0025
16	2	32	-1.45	2.1025	4.2050
17	3	51	-.45	.2025	.6075
19	4	76	1.55	2.4025	9.6100
20	2	40	2.55	6.5025	13.0050
22	1	22	4.55	20.7025	20.7025
24	2	48	6.55	42.9025	85.8050
	20	349			244.95

(Fortsetzung)

Tabelle 4-13: (Fortsetzung)

y_i	f_i	$f_i y_i$	$(y_i - \bar{y}_B)$	$(y_i - \bar{y}_B)^2$	$f_i(y_i - \bar{y}_B)^2$
12	2	24	-4.25	18.0625	36.1250
13	2	26	-3.25	10.5625	21.1250
14	2	28	-2.25	5.0625	10.1250
15	4	60	-1.25	1.5625	6.2500
16	3	48	-.25	.0625	.1875
17	1	17	.75	.5625	.5625
18	1	18	1.75	3.0625	3.0625
19	3	57	2.75	7.5625	22.6875
23	1	23	6.75	45.5625	45.5625
24	1	24	7.75	60.0625	60.0625
	20	325			205.75

$$E_2 = \Sigma(y_i - \bar{y}_L)^2 + \Sigma(y_i - \bar{y}_A)^2 + \Sigma(y_i - \bar{y}_B)^2$$

Für die Daten unseres Rechenbeispiels erhalten wir einen Wert von

$$E_2 = 420.95 + 244.95 + 205.75 = 871.65$$

(siehe Tabelle 4-11 und die Berechnung der nicht erklärten Variation in Tabelle 4-13).

Damit haben wir die erforderlichen Quantitäten zur Berechnung der
proportionalen Fehlerreduktion ermittelt:

$$\eta^2 = \frac{E_1 - E_2}{E_1} = \frac{Gesamtvariation - \substack{Nicht\ erklärte \\ Variation}}{Gesamtvariation}$$

$$= \frac{1068.58 - 871.65}{1068.58}$$

$$= \frac{196.93}{1068.58} = .184$$

Tabelle 4-14: Die Beziehung zwischen den Variablen "Beschäftigtenstatus (V166)" und "Jobdepression (JOBDEP)":
Berechnung der erklärten Variation

	n_j	$\bar{y}_j$	$(\bar{y}_j - \bar{y}_T)$	$(\bar{y}_j - \bar{y}_T)^2$	$n_j(\bar{y}_j - \bar{y}_T)^2$
L	20	20.55	2.4667	6.0846	121.69
A	20	17.45	- .6333	.4011	8.02
B	20	16.25	-1.8333	3.3610	67.22
	60				196.93

Der Zahlenwert .184 besagt, daß 18.4 Prozent der Variation der
Variablen "Jobdepression" mit der Variablen "Beschäftigtenstatus"
erklärt werden kann, oder anders gesagt, daß die auf die subgruppenspezifischen Durchschnitte gestützte Vorhersage der individuellen Jobdepression den Fehler der auf den Gesamtdurchschnitt gestützten Vorhersage um 18.4 Prozent reduziert (was einer Vorhersageverbesserung von 18.4 Prozent entspricht).

Auf diese klare (PRE-)Interpretation muß verzichten, wer - völlig
legitim - die Stärke der Beziehung zwischen den Variablen mit dem
Eta-Koeffizienten ausdrückt, der als Quadratwurzel aus Eta-Quadrat
definiert - und deshalb vorzeichenlos - ist:

$$\eta = \sqrt{\eta^2} = \sqrt{.184} = .429$$

Wir fahren fort mit der Berechnung der *erklärten Variation* (siehe
Tabelle 4-11 und die Berechnung der erklärten Variation in Tabelle
4-14), indem wir die Summe der mit der Anzahl der Fälle der jeweiligen Subgruppe gewichteten quadrierten Abweichungen der vorhergesagten Werte (der Kolonnendurchschnitte) vom Gesamtdurchschnitt
ermitteln. Im vorliegenden Beispiel erhalten wir:

$$\begin{aligned}
\text{Erklärte} \atop \text{Variation} &= n_1(\bar{y}_L - \bar{y}_T)^2 + n_2(\bar{y}_A - \bar{y}_T)^2 + n_3(\bar{y}_B - \bar{y}_T)^2 \\[6pt]
&= 121.69 + 8.02 + 67.22 = 196.93
\end{aligned}$$

Wie aus den Ergebnissen der Arbeitstabellen hervorgeht, ist die Summe der quadrierten Abweichungen aller Y-Werte vom Gesamtdurchschnitt, $\Sigma f_i(y_i - \bar{y}_T)^2$, genau gleich der Summe der gewichteten quadrierten Abweichungen der Kolonnendurchschnitte vom Gesamtdurchschnitt, $\Sigma n_j(\bar{y}_j - \bar{y}_T)^2$, und der Summe der quadrierten Abweichungen der Y-Werte in den einzelnen Subgruppen vom jeweiligen Kolonnendurchschnitt, $\Sigma f_i(y_i - \bar{y}_j)^2$, vereinfacht ausgedrückt:

$$\Sigma(y_i - \bar{y}_T)^2 \quad = \quad \Sigma(\bar{y}_j - \bar{y}_T)^2 \quad + \quad \Sigma(y_i - \bar{y}_j)^2$$

$$1068.58 \quad = \quad 196.93 \quad + \quad 871.65$$

$$\textit{Gesamtvariation} \quad = \quad \textit{Erklärte Variation} \quad + \quad \textit{Nicht erklärte Variation}$$

Somit ist klar, daß die

$$\textit{Erklärte Variation} \quad = \quad E_1 - E_2$$

und daß die proportionale Reduktion des Vorhersagefehlers als Verhältnis der "erklärten Variation" zur "Gesamtvariation" ausgedrückt werden kann:

$$\eta^2 = \frac{E_1 - E_2}{E_1} = \frac{\textit{Erklärte Variation}}{\textit{Gesamtvariation}}$$

Als zweites Beispiel aus dem Fundus unserer Datenmatrix soll uns die mit η^2 bzw. η beschreibbare Beziehung zwischen den Variablen "Beschäftigtenstatus (V166)" und "Anzahl bisheriger Arbeitgeber (V173)" dienen. Dabei gehen wir davon aus, daß der Wert 7 ein vernünftiger Schätzwert für jene 12 Befragten ist, die angaben, "bei mehr als fünf Arbeitgebern" beschäftigt gewesen zu sein (siehe die Erörterung in Kapitel 2, S.117f und S.138f). In Tabelle 4-15 sind die Ausgangsdaten, Zwischenergebnisse und Endresultate dieses Beispiels ausgewiesen, von deren Richtigkeit sich der Leser ebenso überzeugen mag wie von der Tatsache, daß die Annahme eines anderen Schätzwertes (statt 7 etwa 8 oder 9) keinen erheblichen Einfluß auf den Zahlenwert der Koeffizienten η^2 und η hat.

Tabelle 4-15: Die Beziehung zwischen den Variablen "Beschäftigtenstatus (V166)" und "Anzahl bisheriger Arbeitgeber
(V173)"

y_i	Lohn-empfänger (L) f_i	Ange-stellte (A) f_i	Beamte (B) f_i	Anzahl bisheriger Arbeitgeber	
				Durchschnitte	Variation
1	2	4	7		
2	2	6	8	$\bar{y}_B = 2.15$	$\Sigma(y_i - \bar{y}_B)^2 = 38.55$
3	4	4	3	$\bar{y}_A = 3.15$	$\Sigma(y_i - \bar{y}_A)^2 = 78.55$
4	3	1	1	$\bar{y}_T = 3.2833$	$\Sigma(y_i - \bar{y}_T)^2 = 272.18$
5	1	2		$\bar{y}_L = 4.55$	$\Sigma(y_i - \bar{y}_L)^2 = 96.95$
6					
7	8	3	1		
	$n_1 = 20$	$n_2 = 20$	$n_3 = 20$		

$$\text{Gesamt-variation} = \Sigma(y_i - \bar{y}_T)^2 = 272.18$$

$$\text{Nicht erklärte Variation} = \Sigma(y_i - \bar{y}_L)^2 + \Sigma(y_i - \bar{y}_A)^2 + \Sigma(y_i - \bar{y}_B)^2$$

$$= 96.95 + 78.55 + 38.55 = 214.05$$

$$\text{Erklärte Variation} = n_1(\bar{y}_L - \bar{y}_T)^2 + n_2(\bar{y}_A - \bar{y}_T)^2 + n_3(\bar{y}_B - \bar{y}_T)^2$$

$$= 32.09 + .36 + 25.69 = 58.14 \ (58.13)$$

$$\eta^2 = \frac{58.13}{272.18} = .2136 \qquad \eta = \sqrt{.2136} = .462$$

Die Maßzahl η^2 nimmt den Zahlenwert Null an, wenn die X-Variable
nichts zur Verbesserung der Vorhersage der Y-Variablen beiträgt.
Das ist der Fall, wenn die (nicht erklärte) Variation in den
einzelnen Kategorien der X-Variablen (E_2) gleich der Gesamtvariation (E_1) ist (siehe Tabelle 4-16).

Tabelle 4-16: Beispiel einer Beziehung von $\eta^2 = 0$

		X-Variable				
		x_a	x_b	x_c	x_d	
	1	2	2	2	2	8
	2	4	4	4	4	16
(metrische) Y-Variable	3	8	8	8	8	32
	4	4	4	4	4	16
	5	2	2	2	2	8
		20	20	20	20	80

Bei der in Tabelle 4-16 gegebenen Verteilung ist die Gesamtvariation gleich 96, während die Variation in jeder der vier Kategorien der X-Variablen gleich 24 ist. Folglich ist

$$\eta^2 = \frac{E_1 - E_2}{E_1} = \frac{96 - 4(24)}{96} = 0$$

Hier führt die Heranziehung der X-Variablen nicht zu einer Reduktion des Vorhersagefehlers, d.h. die X-Variable trägt nicht das mindeste zur Erklärung der Y-Variablen bei; es besteht keinerlei Beziehung zwischen den Variablen.

Tabelle 4-17 illustriert eine Situation, in der $\eta^2 = 1$, weil die Y-Werte innerhalb der einzelnen Kategorien der X-Variablen nicht die geringste Streuung bzw. Variation aufweisen. Das heißt, die Gesamtvariation ist gleich 96, während die nicht erklärte Variation gleich Null ist. Folglich ist

$$\eta^2 = \frac{E_1 - E_2}{E_1} = \frac{96 - 0}{96} = 1$$

In diesem zweiten Beispiel kann die gesamte Variation der Y-Variablen mit der X-Variablen erklärt werden. Hier ermöglicht die

Tabelle 4-17: Beispiel einer Beziehung von $\eta^2 = 1$

X-Variable

		x_a	x_b	x_c	x_d	x_e	
	1	8					8
	2			16			16
(metrische)	3				32		32
Y-Variable	4		16				16
	5					8	8
		8	16	16	32	8	80

Kenntnis der X-Variablen eine perfekte (fehlerfreie) Vorhersage der Y-Variablen.

4.4.3 DIE BERECHNUNG DES ETA-KOEFFIZIENTEN

Das Korrelationsverhältnis (η^2) beschreibt die proportionale Fehlerreduktion bei der Vorhersage einer metrischen Variablen auf der Basis einer nominalen oder sonstigen Variablen mit beliebig vielen Kategorien; seine Berechnung ist also nicht auf trichotome X-Variablen, wie sie in unseren beiden Beispielen vorkommen, beschränkt. Der Koeffizient kann stets in der oben erläuterten Weise berechnet werden, obwohl die damit verbundenen Einzelschritte etwas umständlich sind. Diese Einzelschritte dienten dem Zweck, die Logik des Koeffizienten zu verdeutlichen und η^2 als ein Maß erkennen zu lassen, das dem PRE-Modell entspricht. Das ist auch der Grund, weshalb wir oben den Vorhersagefehler E_2 (die "nicht erklärte Variation") ermittelten. Doch ist es normalerweise bequemer, statt der "nicht erklärten Variation" die "erklärte Variation" heranzuziehen und die folgende Rechenformel zu verwenden:

$$\eta^2 = \frac{\sum\limits_{j=1}^{k} n_j (\bar{y}_j - \bar{y})^2}{\sum\limits_{i=1}^{N} (y_i - \bar{y})^2}$$

wobei n_j = Anzahl der Untersuchungseinheiten der j-ten Kategorie
(Subgruppe, Kolonne) der X-Variablen,

$\bar{y}$ = Gesamtdurchschnitt, d.h. das arithmetische Mittel
aller Y-Werte,

$\bar{y}_j$ = Kolonnendurchschnitt, d.h. das arithmetische Mittel
der Y-Werte der j-ten Kategorie (Subgruppe, Kolonne)
der X-Variablen,

y_i = der i-te Wert der Y-Variablen,

k = Anzahl der Kategorien (Subgruppen, Kolonnen) der
X-Variablen und

N = Gesamtzahl der Untersuchungseinheiten.

Zur Berechnung des Koeffizienten werden zweckmäßigerweise Arbeitstabellen des Musters der Tabellen 4-12 (zur Berechnung der Gesamtvariation) und 4-14 (zur Berechnung der erklärten Variation) benutzt. Auf die Daten unseres ersten Beispiels angewandt, erhalten
wir mit der Rechenformel einen Wert von

$$\eta^2 = \frac{196.93}{1068.58} = .184$$

Dieses Ergebnis ist selbstverständlich mit dem oben ermittelten
Resultat identisch. Deshalb sind auch die folgenden Interpretationen äquivalent: (1) Auf der Basis der Subgruppendurchschnitte
läßt sich die individuelle Jobdepression mit einem um 18.4 Prozent
geringeren Fehler vorhersagen als auf der Basis des Gesamtdurch-
schnitts. (2) 18.4 Prozent der Variation der individuellen Jobdepression kann mit der Variation zwischen den Durchschnitten der
Beschäftigtengruppen (der Lohnempfänger, Angestellten und Beamten)
erklärt werden. Die restlichen 81.6 Prozent der Variation (die
"nicht erklärte Variation") können nicht mit dem Beschäftigtenstatus erklärt werden.

Ähnlich wie aus r^2 kann man auch aus η^2 die Quadratwurzel ziehen, um einen (vorzeichenlosen) Koeffizienten zu erhalten, mit dem sich die Beziehung zwischen den Variablen beschreiben läßt. Dabei wird allerdings dem höheren Zahlenwert des Koeffizienten η die klare (PRE-)Interpretation des Zahlenwertes des Koeffizienten η^2 geopfert. Die Quadratwurzel aus r^2 (Determinationskoeffizient) ist r (Korrelationskoeffizient), die Quadratwurzel aus η^2 (Korrelationsverhältnis) ist η (Eta-Koeffizient), im vorliegenden Beispiel

$$\eta = \sqrt{\eta^2} = \sqrt{.184} = .429$$

Wie erwähnt, kann η auch zur Beschreibung der Beziehung zwischen metrischen Variablen verwendet werden, insbesondere dann, wenn die Beziehung offensichtlich nicht linear ist. Ob eine Beziehung linear oder kurvilinear ist, läßt sich nicht nur durch sorgfältige Inspektion des Streudiagramms, sondern auch durch einen Vergleich der Zahlenwerte der Koeffizienten r und η bzw. r^2 und η^2 feststellen. Je weniger die für die Berechnung von r geforderte Bedingung der Linearität erfüllt ist, desto größer ist die zu erwartende Diskrepanz zwischen den Maßzahlen r und η. Ein großer Unterschied zwischen r und η kann allerdings nicht erwartet werden, wenn der Zahlenwert des Koeffizienten r hoch ist, weil ein hoher r-Koeffizient anzeigt, daß die beobachteten Werte nur wenig um die Regressionsgerade streuen, was impliziert, daß die Kolonnendurchschnitte nahe der Regressionsgeraden liegen. Bei vollständiger Korrelation ($r = 1$) liegen alle Beobachtungswerte und alle Kolonnendurchschnitte auf der Regressionsgeraden; folglich ist dann auch $\eta = 1$. In allen anderen Fällen ist η größer als r, weil in jeder Kolonne die Summe der quadrierten Abweichungen der Beobachtungswerte vom Kolonnendurchschnitt kleiner ist als die Summe der quadrierten Abweichungen von jedem anderen Punkt, einschließlich des der Kolonne entsprechenden Punktes auf der Regressionsgeraden. Da einerseits die Summe der quadrierten Abweichungen der Beobachtungswerte vom vorhergesagten Wert (bei r^2 vom Regressionswert y'_i, bei η^2 vom Kolonnendurchschnitt $\bar{y}_j$) als "nicht erklärte Variation" bzw. als Vorhersagefehler definiert ist, gilt

$$\Sigma(y_i - y'_i)^2 \geq \Sigma(y_i - \bar{y}_j)^2$$

Nicht erklärte *Nicht erklärte*
Variation bei $r^2 \geq$ *Variation bei* η^2

Da andererseits die Beziehungen gelten

$$\Sigma(y_i - \bar{y})^2 = \Sigma(y'_i - \bar{y})^2 + \Sigma(y_i - y'_i)^2$$

$$\Sigma(y_i - \bar{y})^2 = \Sigma(\bar{y}_j - \bar{y})^2 + \Sigma(y_i - \bar{y}_j)^2$$

sowie
$$r^2 = \frac{\Sigma(y'_i - \bar{y})^2}{\Sigma(y_i - \bar{y})^2}$$

$$\eta^2 = \frac{\Sigma(\bar{y}_j - \bar{y})^2}{\Sigma(y_i - \bar{y})^2}$$

folgt, daß
$$\Sigma(y'_i - \bar{y})^2 \leq \Sigma(\bar{y}_j - \bar{y})^2$$

und
$$r^2 \leq \eta^2$$

wie auch
$$r \leq \eta$$

Um η^2 als Maß der Beziehung zwischen zwei metrischen Variablen verwenden zu können, muß man die unabhängige Variable in aller Regel *klassieren*, d.h. eine bestimmte Anzahl von Kategorien bilden, die nicht zu groß und nicht zu klein sein darf. Werden etwa genau so viele Kategorien gebildet (beibehalten), wie unterschiedliche X-Werte vorkommen, wird Eta-Quadrat bzw. Eta maximiert. Dabei wäre ein absurder Extremfall der, in dem nur ein Wert in jede Kategorie fiele, so daß jeder Wert seine eigene Verteilung repräsentierte. Da in diesem Fall keine Abweichungen innerhalb der Kategorien vorkämen, wäre $\eta = 1$. Eine große Anzahl von Kategorien hat folglich einen inflationierenden Effekt auf den Eta-Koeffizienten. Auf der anderen Seite können derart wenige Kategorien gebildet werden, daß die wahre Kurvennatur der Beziehung unter Umständen nicht er-

kannt wird. Die minimale Anzahl von Kategorien, die eine Krümmung
aufzeigen kann, ist drei; drei Kategorien können aber ein verzerr-
tes Bild von der wirklichen Natur der Beziehung zwischen den Variablen vermitteln (siehe auch Tabelle 4-19). Mit anderen Worten:
Eine geringe Anzahl von Kategorien birgt das Risiko, die Stärke
der mit η ausgedrückten Beziehung zu unterschätzen.

Als Faustregel wird deshalb empfohlen, bei der *Klassenbildung* so
vorzugehen, daß die Anzahl der Beobachtungswerte pro Klasse einen
relativ stabilen Durchschnittswert (Kolonnendurchschnitt) garantiert, daß aber die Anzahl der Klassen das Muster der Beziehung
nicht verzerrt. Bei rund 100 und mehr Beobachtungswerten bzw.
Fällen sollte die Anzahl der Klassen etwa zwischen sechs und zwölf
liegen.

Beispiel eines Linearitätstests. Nehmen wir als Beispiel die in
Abbildung 4-3 dargestellte Beziehung zwischen den Variablen
"Lebensalter des Befragten (LALTER)" und "Monatliches Nettoeinkommen in DM (V170)". Da wir es hier mit weniger als 100 Fällen,
nämlich mit N = 58, zu tun haben, teilen wir die unabhängige Variable in fünf Kategorien bzw. Klassen auf, d.h. wir bilden die
fünfstufige neue Variable LALTER5, indem wir - als eine von mehreren Möglichkeiten - die Werte der Variablen LALTER wie folgt zusammenfassen: bis 30 (1), 31 - 40 (2), 41 - 50 (3), 51 - 60 (4)
und über 60 (5). Aus der Kreuztabulation dieser kategorisierten
X-Variablen "Lebensalter" mit der weiterhin kontinuierlichen
Y-Variablen "Einkommen" geht die in Tabelle 4-18 und in Abbildung
4-12 dargestellte bivariate Verteilung hervor.

Gegenüber der in Abbildung 4-3 veranschaulichten ursprünglichen
Beziehung (r = .40318) ist die in Abbildung 4-12 dargestellte ein
wenig schwächer (r = .37189), was auf die Klassierung zurückzuführen ist. Uns interessiert, ob die in Abbildung 4-12 zum Ausdruck kommende Beziehung *linear* ist. Schon aufgrund der Betrachtung des aus Abbildung 4-12 hervorgehenden Beziehungsmusters kann
man diese Frage bejahen. Will man ganz sichergehen, berechnet man
sowohl den Koeffizienten r als auch den Koeffizienten η (bei der

Tabelle 4-18: Die Beziehung zwischen der Variablen "Lebensalter des Befragten, klassiert (LALTER5)" und "Monatliches Nettoeinkommen in DM (V170)"

Ein-kommen (Y)	Lebensalter, klassiert (X)					Total
	bis 30 1	31 - 40 2	41 - 50 3	51 - 60 4	über 60 5	
1300	1	2				3
1350	1					1
1400	1	1		1		3
1450			1			1
1500		1				1
1600	1		2			3
1700	1	2	1			4
1750	1					1
1790	1					1
1800	2	1	2	2		7
1840					1	1
1850			1			1
1900			1	1		2
2000		1	1	2		4
2200		2	1	1		4
2270				1		1
2300	2					2
2340				1		1
2350	1					1
2400		1				1
2500		2	1	1		4
2800		1	1	1		3
3000		1	2	1		4
3100			1			1
3300					1	1
3400				1		1
4300				1		1
	12	15	15	14	2	58

$\bar{y}_1 = 1786.67$ $\bar{y}_3 = 2153.33$ $\bar{y}_5 = 2570.00$

$\bar{y}_2 = 2020.00$ $\bar{y}_4 = 2407.86$ $\bar{y}_T = 2118.79$

Abbildung 4-12: "Lebensalter des Befragten, klassiert (LALTER5)"
                und "Monatliches Nettoeinkommen in DM (V170)"

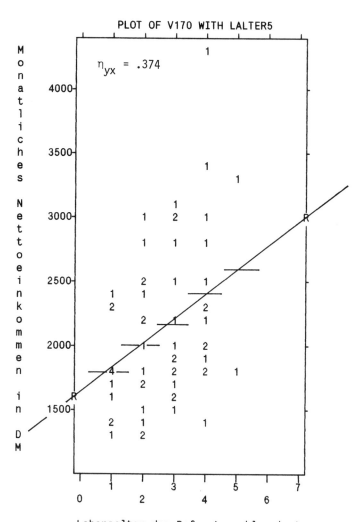

Lebensalter des Befragten, klassiert

58 cases plotted.
Correlation (r) = .37189   R squared (r^2) = .13830
Intercept (a) = 1597.15972   Slope (b) = 197.74337

Benutzung von SPSS mit den Prozeduren CROSSTABS oder MEANS bzw.
BREAKDOWN). Im vorliegenden Beispiel ist der r-Koeffizient .372
und der η-Koeffizient .374 (siehe Abbildung 4-12). Die Differenz

Tabelle 4-19: Illustration der Abhängigkeit des Koeffizienten Eta (η) von der Anzahl der Kategorien der unabhängigen Variablen

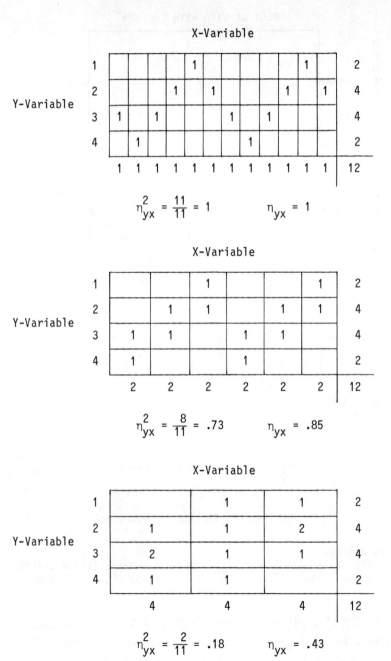

zwischen diesen Zahlenwerten ist derart gering, daß man von einer
nahezu perfekt linearen Beziehung sprechen kann. Das geht auch aus
der graphischen Darstellung der Regressionsgeraden und der (in
Tabelle 4-18 ausgewiesenen) Subgruppendurchschnitte in Abbildung
4-12 hervor; die minimalen Abstände zwischen der Geraden und den
Durchschnitten implizieren eine fast perfekte Linearität der Korrelation, weshalb r ein angemessener Koeffizient zur Beschreibung
dieser Beziehung ist.

Mitunter kann es sinnvoll sein, einmal Y und einmal X als abhängige
Variable zu betrachten. In einer solchen Situation kann man für den
Fall, daß beide Variablen das Niveau einer Intervallskala haben,
zwei Eta-Koeffizienten berechnen (was z.B. die SPSS-Prozedur
CROSSTABS automatisch tut, wenn man die Berechnung des Eta-Koeffizienten verlangt, da das Programm nicht weiß, welche Variable die
abhängige ist), woraus erhellt, daß η im Unterschied zu r ein (vorzeichenloser) *asymmetrischer* Koeffizient ist. Zur Unterscheidung
der beiden Eta-Koeffizienten benutzt man deshalb, wie üblich, Subskripte (η_{yx} und η_{xy}).

Für die in Tabelle 4-18 wiedergegebene Kreuztabulation der Variablen "Lebensalter, klassiert (X)" und "Einkommen (Y)" wurden vom
SPSS-System automatisch zwei Eta-Koeffizienten berechnet (von
denen nur der erste interessierte); dabei wurde einmal die Y-Variable und einmal die X-Variable als abhängige Variable aufgefaßt.
Im ersten Fall, bei dem das "Einkommen (Y)" abhängige Variable ist,
lautet der Koeffizient η_{yx} = .374 (siehe Abbildung 4-12), im zweiten Fall, bei dem das "Lebensalter, klassiert (X)" abhängige Variable ist, lautet der Koeffizient η_{xy} = .762 (was der interessierte
Leser anhand der Daten der Tabelle 4-18 überprüfen mag).

4.5 Die Partialkorrelation: $r_{yx \cdot z}$

Die *Partialkorrelation*, auch *partielle Korrelation* genannt, beschreibt die Beziehung zwischen zwei Variablen, die vom Einfluß
einer dritten (vierten, fünften ...) Variablen befreit ist. Kon-
zeptuell ist das Verfahren der Parialkorrelation dem Verfahren
der mehrdimensionalen Tabulierung bzw. Elaboration verwandt.

Bei der mit Variablen beliebigen Meßniveaus durchführbaren *mehrdimensionalen Tabulierung (Elaboration)* besteht die Kontrolle
darin, die gemeinsame Häufigkeitsverteilung zweier Variablen in
zwei oder mehr Kategorien einer (oder mehrerer) Kontrollvariablen
zu überprüfen, wie etwa in Übungsaufgabe 12 des Kapitels 3 die
Beziehung zwischen den dichotomisierten Variablen "Lernzeit (X)"
und "Einkommen (Y)" in den Kategorien der Kontrollvariablen
"Lebensalter (Z)". Dabei wird jede Untersuchungseinheit nach Maßgabe ihrer Variablenwerte bezüglich dreier (oder mehrerer) Variablen klassifiziert. Hierin liegt allerdings ein Hauptproblem der
klassischen Analyse multivariater Tabellen: Da jede zusätzliche
Kategorie jeder beteiligten Variablen eine Verminderung der durchschnittlichen Zellenhäufigkeit impliziert, setzt das Verfahren
eine große Anzahl von Fällen und/oder die Bereitschaft des Forschers voraus, Kategorien zusammenzufassen (was zur Folge hat,
daß dann kaum noch von "Konstanthaltung" gesprochen werden kann;
siehe Fußnote 2 auf S.282).

Bei der mit metrischen Variablen durchführbaren *Partialkorrelation*
besteht die Kontrolle in einem Rechenverfahren, das auf der Annahme linearer Beziehungen zwischen den Variablen beruht. Die
Partialkorrelation ermöglicht es dem Forscher, den Einfluß einer
Kontrollvariablen (Z) auf die Beziehung zwischen einer unabhängigen Variablen (X) und einer abhängigen Variablen (Y) rechnerisch
zu eliminieren.

Nehmen wir das in Übungsaufgabe 12 des Kapitels 3 behandelte Beispiel der Beziehung zwischen den *nicht* dichotomisierten (metrischen) Variablen "Lernzeit (X)" und "Einkommen (Y)" in der Sub-

gruppe der 18 Beamten unserer Befragtenauswahl. In der Subgruppe
der Beamten ist die mit dem PEARSONschen Produkt-Moment-Korrela-
tionskoeffizenten ausgedrückte Beziehung zwischen den kontinuierlichen Variablen "Erforderliche Lernzeit in Monaten (V168)" und
"Monatliches Nettoeinkommen in DM (V170)" r_{yx} = .58 (hier nur mit-
geteilter Zahlenwert).

Nun ist zu vermuten, daß diese Beziehung zumindest teilweise auf
eine dritte Variable, nämlich das "Lebensalter des Befragten
(LALTER)", zurückzuführen ist; sowohl die Lernzeit (X) als auch
das Einkommen (Y) mögen vom Lebensalter (Z) beeinflußt sein, und
zwar in dem Sinne, daß sowohl die individuelle Qualifikation, die
man im Laufe seines Berufslebens erwirbt, als auch die individuelle Besoldung, die man erhält, mit den Jahren zunimmt.

Bei den 18 Beamten unseres Beispiels ist die Beziehung zwischen
den Variablen "Lebensalter des Befragten (LALTER)" und "Erforderliche Lernzeit in Monaten (V168)" r_{xz} = .46, während die Beziehung
zwischen den Variablen "Lebensalter des Befragten (LALTER)" und
"Monatliches Nettoeinkommen in DM (V170)" r_{yz} = .78 ist. Wie wir
sehen werden, läßt sich aus diesen drei Korrelationskoeffizienten
der partielle Korrelationskoeffizient errechnen, der im vorliegenden Beispiel den Zahlenwert $r_{yx \cdot z}$ = .40 annimmt. Dieser Zahlenwert
läßt erkennen, daß die Beziehung zwischen X und Y (r_{yx} = .58) eine
deutliche Abschwächung erfährt, wenn sie rechnerisch vom Einfluß
der Drittvariablen Z befreit wird, oder, wie man auch sagt, wenn
der Einfluß der Variablen Z aus den Variablen X und Y heraus-
partialisiert wird.

Das geschieht mit Hilfe der Regressionsrechnung. Man ermittelt zunächst die Regressionsgleichung, mit der man X-Werte aufgrund
gegebener Z-Werte linear vorhersagen kann. Die Variation dieser
vorhergesagten oder Schätzwerte (engl. estimates) wird ausschließlich von der Z-Variablen bestimmt. Subtrahiert man die vorhergesagten Werte (x'_i) von den beobachteten Werten (x_i), so erhält
man *Residuen*, auch *Residualwerte* (engl. residuals) genannt, also
($x_i - x'_i$), deren Variation von der Z-Variablen unbeeinflußt ist.

Genauso verfährt man mit der Y-Variablen, indem man die Regressionsgleichung ermittelt, mit der man Y-Werte aufgrund gegebener
Z-Werte linear vorhersagen kann. Die Variation dieser Vorhersagewerte rührt ausschließlich von der Z-Variablen her. Durch Subtraktion der vorhergesagten Werte (y'_i) von den beobachteten
Werten (y_i) erhält man Residuen, also ($y_i - y'_i$), deren Variation
nicht von der Z-Variablen bestimmt ist.

Auf diese Weise wird der Einfluß der Kontrollvariablen Z auf die
Variablen X und Y regressionsanalytisch herauspartialisiert.
Korreliert man die vom Einfluß der Variablen Z befreiten (neuen)
Variablen X und Y, so ist das Ergebnis die Partialkorrelation
zwischen den Variablen X und Y, die von der Variablen Z unbeein-
flußt ist. Das heißt, die *Partialkorrelation* ist definiert als die
Produkt-Moment-Korrelation zwischen den Regressionsresiduen zweier
Variablen, die verbleiben, nachdem von beiden Variablen jener Teil
abgezogen wurde, der dem Einfluß einer dritten Variablen linear
zugerechnet werden kann.

Statt bei unseren nachfolgenden Rechnungen von 18 Befragten und
von Variablenwerten auszugehen, die den Rechenaufwand unnötig erhöhen, wollen wir - ähnlich wie bei der Regressionsrechnung in
Abschnitt 4.3 - von einem simulierten Beispiel mit wenigen Fällen
(N = 10) und runden, in den zugehörigen Streudiagrammen gut iden-
tifizierbaren X-, Y- und Z-Werten ausgehen. Unser Beispiel ist
so konstruiert, daß sämtliche Korrelationen den oben zitierten
aktuellen Korrelationen auf der Basis der Variablenwerte der 18
Beamten sehr ähnlich sind. Um ein bequemes Rechnen mit kleineren
Zahlen zu ermöglichen, wurden auch hier die Einkommensbeträge
"in 100 DM" statt "in DM" ausgedrückt. Über die Ausgangsdaten
des simulierten Beispiels mit 10 Fällen informiert die Datenmatrix
der Tabelle 4-20.

Im Streudiagramm der Abbildung 4-13 ist die Beziehung zwischen den
Variablen "Erforderliche Lernzeit in Monaten (LERNZT)" und "Monat-
liches Nettoeinkommen in 100 DM (EINKOM)" graphisch dargestellt.
Wie man sieht, ist die Korrelation (r_{yx} = .54740) ähnlich stark

Tabelle 4-20: "Erforderliche Lernzeit in Monaten (X)", "Monat-
            liches Nettoeinkommen in 100 DM (Y)" und "Lebens-
            alter des Befragten (Z)", simuliertes Beispiel
            mit 10 Fällen

(Laufende) Fall- nummer	Variablen		
	Lernzeit in Monaten (X)	Einkommen in 100 DM (Y)	Lebens- alter (Z)
Case#	LERNZT	EINKOM	LALTER
1	12	22	26
2	18	24	30
3	24	16	28
4	30	32	62
5	36	12	22
6	42	26	58
7	48	14	34
8	60	28	32
9	96	40	60
10	120	30	50

wie die für die 18 Beamten berechnete (r_{yx} = .58). In den beiden
folgenden Streudiagrammen ist die Beziehung der Drittvariablen
"Lebensalter des Befragten (LALTER)" zu den Originalvariablen
dargestellt, und zwar in Abbildung 4-14 die Beziehung zur X-Variablen "Erforderliche Lernzeit in Monaten (LERNZT)" (r_{xz} = .49048)
und in Abbildung 4-15 die Beziehung zur Y-Variablen "Monatliches
Nettoeinkommen in 100 DM (EINKOM)" (r_{yz} = .78565). Auch diese
Korrelationen sind ähnlich stark wie die für die 18 Beamten ermittelten (r_{xz} = .46 und r_{yz} = .78).

Da die mit SPSS berechneten Regressionskoeffizienten unterhalb
der Streudiagramme ausgewiesen sind, brauchen wir sie hier nicht
zu ermitteln. Die für die Daten unseres simulierten Beispiels mit
10 Fällen (siehe Tabelle 4-20) gesuchten beiden Regressionsgleichungen lauten wie folgt:

Abbildung 4-13: "Erforderliche Lernzeit in Monaten (X)" und
               "Monatliches Nettoeinkommen in 100 DM (Y)"

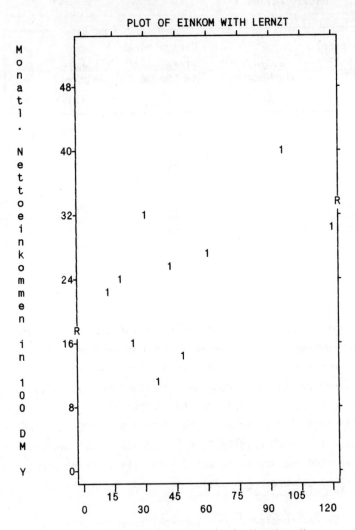

Erforderl. Lernzeit in Monaten X

10 cases plotted.
Correlation (r) = .54740
Intercept (a) = 17.72532

R squared (r^2) = .29965
Slope (b) = .13734

Abbildung 4-14: "Lebensalter des Befragten (Z)" und "Erforderliche
                Lernzeit in Monaten (X)"

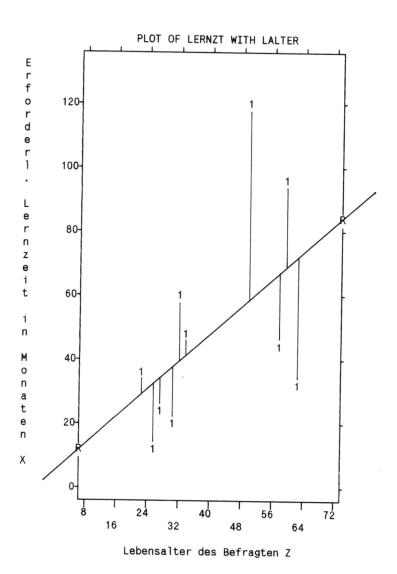

Lebensalter des Befragten Z

10 cases plotted.
Correlation (r) = .49048
Intercept (a) = 4.41628

R squared (r^2) = .24057
Slope (b) = 1.09910

Abbildung 4-15: "Lebensalter des Befragten (Z)" und "Monatliches
Nettoeinkommen in 100 DM (Y)"

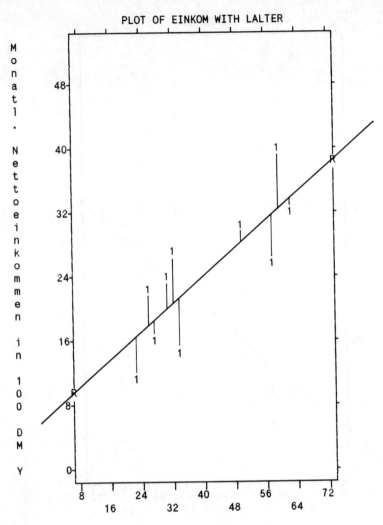

Lebensalter des Befragten Z

10 cases plotted.
Correlation (r) = .78565
Intercept (a) = 6.64358

R squared (r^2) = .61725
Slope (b) = .44170

Regressionsgleichung zur Vorhersage der X-Werte (siehe Abbildung 4-14):

$$x'_i = a_{xz} + b_{xz}(z_i)$$

$$= 4.41628 + 1.0991(z_i)$$

Regressionsgleichung zur Vorhersage der Y-Werte (siehe Abbildung 4-15):

$$y'_i = a_{yz} + b_{yz}(z_i)$$

$$= 6.64358 + .4417(z_i)$$

Die mittels dieser Regressionsgleichungen berechneten Vorhersagewerte x'_i und y'_i - auf den Regressionsgeraden der Abbildungen 4-14 und 4-15 liegend - sowie die Residualwerte $(x_i - x'_i)$ und $(y_i - y'_i)$ - in den Abbildungen 4-14 und 4-15 durch senkrechte Verbindungslinien zwischen den Beobachtungs- und Vorhersagewerten kenntlich gemacht, die oberhalb der Regressionsgeraden liegen, wenn die Differenz positiv ist, und unterhalb, wenn sie negativ ist - sind in Tabelle 4-21 aufgeführt. Beispielsweise erhalten wir für den Z-Wert der ersten Untersuchungseinheit ($z_1 = 26$) folgende Vorhersage- und Residualwerte, die in der ersten Zeile der Tabelle 4-21 ausgewiesen sind:

X-Vorhersagewert: $x'_1 = 4.41628 + 1.0991(26) = 32.99$

X-Residualwert: $x_1 - x'_1 = 12 - 32.99 = -20.99$

Y-Vorhersagewert: $y'_1 = 6.64358 + .4417(26) = 18.13$

Y-Residualwert: $y_1 - y'_1 = 22 - 18.13 = 3.87$

Das - unter Beachtung der Vorzeichen gebildete - Produkt dieser beiden Residualwerte findet sich in der letzten Spalte der Tabelle 4-21:

$$(x_1 - x'_1)(y_1 - y'_1) = (-20.99)(3.87) = -81.23$$

Tabelle 4-21: Berechnung des partiellen Korrelationskoeffizienten

LERNZT x_i	EINKOM y_i	LALTER z_i	x'_i	RESIDX $x_i - x'_i$	$(x_i - x'_i)^2$	y'_i	RESIDY $y_i - y'_i$	$(y_i - y'_i)^2$	$(x_i - x'_i)(y_i - y'_i)$
12	22	26	32.99	-20.99	440.58	18.13	3.87	14.98	-81.23
18	24	30	37.39	-19.39	375.97	19.89	4.11	16.89	-79.69
24	16	28	35.19	-11.19	125.22	19.01	-3.01	9.06	33.68
30	32	62	72.56	-42.56	1811.35	34.03	-2.03	4.12	86.40
36	12	22	28.60	7.40	54.76	16.36	-4.36	19.01	-32.26
42	26	58	68.16	-26.16	684.35	32.26	-6.26	39.19	163.76
48	14	34	41.79	6.21	38.56	21.66	-7.66	58.68	-47.57
60	28	32	39.59	20.41	416.57	20.78	7.22	52.13	147.36
96	40	60	70.36	25.64	657.41	33.15	6.85	46.92	175.63
120	30	50	59.37	60.63	3676.00	28.73	1.27	1.61	77.00
486	244	402	486.00	0.00	8280.77	244.00	0.00	262.59	443.08

Außerdem enthält Tabelle 4-21 noch zwei Spalten, in denen die Quadrate der X- und Y-Residuen, also $(x_i - x'_i)^2$ und $(y_i - y'_i)^2$, aufgeführt sind, deren Summen wir für die Berechnung der Produkt-Moment-Korrelation benötigen.

Die in Tabelle 4-21 ausgewiesenen X- und Y-Residuen, $(x_i - x'_i)$ und $(y_i - y'_i)$, sind im Streudiagramm der Abbildung 4-16 dargestellt. Die Produkt-Moment-Korrelation zwischen diesen Residuen ist die Partialkorrelation zwischen X und Y, aus der die Variable Z heraus-partialisiert ist (engl. first-order partial correlation):

$$r_{yx \cdot z} = \frac{\Sigma(x_i - x'_i)(y_i - y'_i)}{\sqrt{\Sigma(x_i - x'_i)^2 \; \Sigma(y_i - y'_i)^2}}$$

wobei $x'_i = a_{xz} + b_{xz}(z_i)$

$y'_i = a_{yz} + b_{yz}(z_i)$

Durch Einsetzen der in Tabelle 4-21 enthaltenen Spaltensummen in diese *Definitionsformel der Partialkorrelation erster Ordnung* erhalten wir für unser simuliertes Beispiel eine Partialkorrelation von

$$r_{yx \cdot z} = \frac{443.08}{\sqrt{(8280.77)(262.59)}}$$

$$= \frac{443.08}{\sqrt{2174447}}$$

$$= \frac{443.08}{1474.60}$$

$$= .30047$$

Dieser Zahlenwert stimmt bis auf eine Minimaldifferenz mit dem in Abbildung 4-16 ausgewiesenen Wert von .30048 überein. Die Schreibweise $r_{yx \cdot z}$ bringt zum Ausdruck, daß der Einfluß der Variablen Z auf die Beziehung zwischen der unabhängigen Variablen X und der abhängigen Variablen Y statistisch eliminiert wurde.

Abbildung 4-16: Die Korrelation der Regressionsresiduen $(x_i - x'_i)$
                und $(y_i - y'_i)$

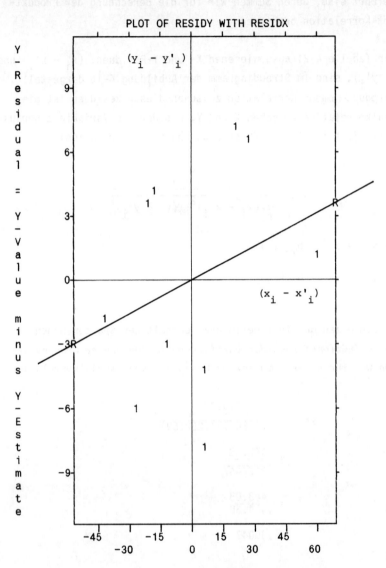

PLOT OF RESIDY WITH RESIDX

10 cases plotted.
Correlation (r) = .30048   R squared (r^2) = .09029
Intercept (a) = .00000   Slope (b) = .05351

Das Quadrat des (symmetrischen) partiellen Korrelationskoeffizienten, $r^2_{yx \cdot z}$, beschreibt jenen Teil der Variation der Variablen Y
(oder X), der aufgrund der linearen Beziehung mit der anderen Variablen, X (oder Y), erklärt werden kann, nachdem der lineare Effekt
der Kontrollvariablen Z rechnerisch ausgeschaltet wurde.

Im vorliegenden Beispiel verbleibt von der zunächst ermittelten
Korrelation von r_{yx} = .54740 nach rechnerischer Eliminierung des
Einflusses der Variablen Z auf die Variablen X und Y eine Korrelation von $r_{yx \cdot z}$ = .30048 (wenn wir den in Abbildung 4-16 ausgewiesenen Wert nehmen). Die Quadrierung dieser Koeffizienten ergibt:

$$r^2_{yx} = (.54740)^2 = .30$$

$$r^2_{yx \cdot z} = (.30048)^2 = .09$$

Nachdem die Drittvariable "Lebensalter (Z)" erklärt hat, was sie
linear erklären kann, verbleibt ein Rest von 9 Prozent gemeinsamer
Variation, die man als die durch die Variable "Lernzeit (X)" linear
erklärte Variation der Variablen "Einkommen (Y)" interpretieren
kann; die Differenz von 21 Prozent ist auf das "Lebensalter (Z)"
zurückzuführen. Mit anderen Worten: Die Kontrolle der Z-Variablen
offenbart, daß die X-Variable einen ziemlich geringen Teil der
Variation der Y-Variablen erklärt.

Die vorangehende Berechnung der Partialkorrelation ist vergleichsweise mühsam. Glücklicherweise kann man die *Partialkorrelation
erster Ordnung* mit der folgenden Rechenformel ermitteln, für die
man lediglich die drei Produkt-Moment-Korrelationen zwischen den
drei beteiligten Variablen benötigt:

$$r_{yx \cdot z} = \frac{r_{yx} - r_{xz} r_{yz}}{\sqrt{(1 - r^2_{xz})(1 - r^2_{yz})}}$$

Die drei Einzelkorrelationen unseres simulierten Beispiels, auch
Korrelationen nullter Ordnung genannt (engl. zero-order correlations), sind (siehe die Abbildungen 4-13, 4-14 und 4-15):
r_{yx} = .54740, r_{xz} = .49048 und r_{yz} = .78565. Setzen wir die drei
Zahlenwerte in die Rechenformel ein, so erhalten wir die Partialkorrelation

$$r_{yx \cdot z} = \frac{.54740 - (.49048)(.78565)}{\sqrt{(1 - .49048^2)(1 - .78565^2)}}$$

$$= \frac{.54740 - .38535}{\sqrt{(1 - .24057)(1 - .61725)}}$$

$$= \frac{.16205}{\sqrt{(.75943)(.38275)}}$$

$$= \frac{.16205}{\sqrt{.2906718}}$$

$$= \frac{.16205}{.53914}$$

$$= .30057$$

Dieser Zahlenwert stimmt nahezu vollständig mit dem oben ermittelten überein (siehe auch Abbildung 4-16).

Die Partialkorrelation ist auf beliebig viele Variablen, deren
linearer Einfluß aus der Beziehung zwischen zwei Variablen heraus-
partialisiert werden soll, erweiterbar. Man spricht dann von
Partialkorrelationen höherer Ordnung (engl. higher-order partial
correlations). Beispielsweise lautet die Partialkorrelation für
die Variablen X und Y, aus der der Einfluß der Variablen Z und W
rechnerisch eliminiert ist, wie folgt:

$$r_{yx \cdot zw} = \frac{r_{yx \cdot w} - r_{xz \cdot w} r_{yz \cdot w}}{\sqrt{(1 - r_{xz \cdot w}^2)(1 - r_{yz \cdot w}^2)}}$$

$$= \frac{r_{yx \cdot z} - r_{xw \cdot z} r_{yw \cdot z}}{\sqrt{(1 - r_{xw \cdot z}^2)(1 - r_{yw \cdot z}^2)}}$$

In diese *Partialkorrelation zweiter Ordnung* (engl. second-order
partial correlation) gehen ausschließlich partielle Korrelationskoeffizienten erster Ordnung ein. Da Partialkorrelationen höherer
Ordnung stets die Berechnung der partiellen Korrelationskoeffizienten der nächst niedrigeren Ordnung voraussetzen, erfordern sie
jenseits der zweiten Ordnung schnell einen hohen Rechenaufwand.
Das mag ein Grund dafür sein, daß man in der Forschungsliteratur
des Vorcomputerzeitalters außer Partialkorrelationen erster Ordnung
allenfalls Partialkorrelationen zweiter Ordnung findet.

Der Grund, weshalb wir uns im Rahmen dieses Kapitels, das die Überschrift "Bivariate Regression und Korrelation" trägt, mit der
Partialkorrelation als einem multivariaten Analyseverfahren beschäftigt haben, das wie die *Analyse multivariater Tabellen* bzw.
die *Elaboration* über die bivariate Analyse hinausgeht, ist der-
selbe wie der bei der Erörterung der Elaboration genannte: Die
Kontrolle dritter Variablen soll uns davor bewahren, eine festgestellte bivariate Beziehung zu überschätzen bzw. fälschlich als
eine Kausalbeziehung bestimmter Richtung und Stärke zu interpretieren. Bei metrischen Daten kann diese Kontrolle - unter der
Annahme linearer Beziehungen zwischen den beteiligten Variablen -
mit Hilfe der Partialkorrelation durchgeführt werden.

Sollte die kurze Behandlung dieser beiden multivariaten Analyseverfahren darüber hinaus gezeigt haben, daß die bivariate Analyse
sozusagen nahtlos in die multivariate Analyse übergeht, hätte sie
einen weiteren wichtigen Zweck erfüllt.

ÜBUNGSAUFGABEN

1. In Tabelle 3-33 finden Sie Angaben über die von 1964 bis 1968
   in 11 Departments amerikanischer Universitäten verliehenen
   Magistergrade (X) und Doktorgrade (Y) im Fach Soziologie.

   (a) Legen Sie ein Streudiagramm an und zeichnen Sie die 11
       Wertepaare als Punkte in dieses Diagramm ein.

   (b) Beurteilen Sie das Muster der Punkte im Hinblick darauf,
       ob die Beziehung linear oder kurvilinear, ob sie positiv
       oder negativ und ob sie stark oder schwach ist.

2. Legen Sie ein Koordinatenkreuz an, dessen Achsen so unterteilt
   sind, daß Sie die nachfolgend angegebenen Punkte und die sie
   verbindenden Geraden darin einzeichnen können. Wie lauten die
   Gleichungen der drei Geraden und ihre Konstanten a und b?

Gerade A		Gerade B		Gerade C	
y =		y =		y =	
a =		a =		a =	
b =		b =		b =	
x_i	y_i	x_i	y_i	x_i	y_i
0	0	0	2	0	20
2	2	2	6	2	14
4	4	4	10	4	8
6	6	6	14	6	2
8	8	8	18		
10	10				

3. In Tabelle 4-1 finden Sie die Werte der Variablen "Monatliches
   Nettoeinkommen (X)" und "Monatliche Ausgaben für Wohnzwecke
   (Y)" von acht Privathaushalten. Einen visuellen Eindruck von
   der Beziehung zwischen diesen Variablen vermittelt das Punktemuster der Abbildung 4-1. (Bei beiden Variablen wurde die un-
   gewöhnliche Einheit "100 DM" gewählt, weil das Rechnen mit
   kleinen Zahlen weniger mühsam ist.)

   Berechnen Sie für diese Daten

   (a) die Regressionsgleichung $y'_i = a_{yx} + b_{yx}(x_i)$

   (b) den Vorhersagefehler $E_1 = \Sigma(y_i - \bar{y})^2$

   (c) den Vorhersagefehler $E_2 = \Sigma(y_i - y'_i)^2$

   (d) die proportionale Reduktion des Vorhersagefehlers,

   $$r^2 = \frac{E_1 - E_2}{E_1}$$

Rechnen Sie bei den Konstanten a und b sowie bei allen Zwischenergebnissen mit vier Stellen nach dem Komma bzw. Dezimalpunkt,
um möglichst genaue Zahlenwerte zu erhalten.

4. Berechnen Sie für die Daten, die auch der Übungsaufgabe 3 zugrunde liegen, den Koeffizienten r, indem Sie (a) die Quadratwurzel aus r^2 ziehen und (b) die auf Abweichungen und Abweichungsquadraten basierende Rechenformel benutzen. Falls Sie
Übungsaufgabe 3 richtig gelöst haben, enthält der Rechengang
alle Elemente, die Sie zur Lösung der vorliegenden Übungsaufgabe benötigen.

5. Berechnen Sie für die Daten, die auch den Übungsaufgaben 3 und
4 zugrunde liegen, den Korrelationskoeffizienten r direkt aus
den Originaldaten der X- und Y-Variablen, d.h. mit der zweiten
Rechenformel.

6. Ermitteln Sie für die Beziehung zwischen den Variablen "Auch
Vorgesetztenfunktionen (V167)" und "Zufriedenheit mit dem beruflich Erreichten (V175)" den Eta-Koeffizienten (was Ihre Bereitschaft voraussetzt, die Variable V175 als Intervallskala zu
interpretieren).

Dabei brauchen Sie nicht bei der Datenmatrix (siehe Anhang B)
zu beginnen, wenn Sie auf die bivariate Tabelle zurückgreifen,
die aus Übungsaufgabe 8 des Kapitels 1 hervorgeht.

Rechnen Sie bei den Mittelwerten der Subgruppen ($\bar{y}_N$, N für
"Nein", n_1=36, und $\bar{y}_J$, J für "Ja", n_2=24) und dem Mittelwert
der Gesamtgruppe ($\bar{y}_T$, T für "Total", N=60) sowie bei allen
Zwischenergebnissen mit vier Stellen nach dem Komma bzw. Dezimalpunkt, damit die Summe "Erklärte Variation" plus "Nicht
erklärte Variation" zahlenmäßig gleich der "Gesamtvariation"
ist.

7. Berechnen Sie auf der Basis der auf S.369 erwähnten, für die
18 Beamten unserer Befragtenauswahl ermittelten Koeffizienten
r_{yx} = .58, r_{xz} = .46 und r_{yz} = .78 den partiellen Korrelationskoeffizienten $r_{yx \cdot z}$.

Bestimmen Sie bei den Parametern a und b sowie bei allen Auswertungen möglichst alle zur Stel:len nach dem Komma bzw. Dezimalpunkt, um möglichst genaue Teilumwerte zu erhalten.

4. Berechnen Sie für die Daten, die sich aus Beobachtungsphase B zu
Grunde legen, den Faktor zwischen x, indem Sie die Steigfunktion
aus den x-Werten und y-Werten auf Abweichungen und Abweichungsquadraten umrechnende Rechteckinhalt bestimmen. Fügen Sie
beim Rechengang noch die erlöst haben, anhand der Rechnungen
alle Faktoren, die Sie zur Lösung der vorliegenden Probleme
übernehmen.

5. Es ergeben sich für die Daten, die sich aus Beobachtungsphase
A ergeben liegen, ... Korrelationskoeffizienten ergibt aus
den Ausgangsdaten ... Korrekturfaktoren ... der zweiten
berechnet.

6. Analysieren Sie für die Beziehung zwischen den Variablen zum
Vergleichsstandardfiguren ($y_1 = 74$) und Umfehlungsverhalt der langen
Idee erreichen (x_{17}) den Faktor errechnen (vgl. Thse dazu).

7. Berechnen Sie bei der Mittelwertmethode ... über die Faktoren, ... Abstand zwischen ... und ... und die Vergleich
Ratenglichen, ... für ... und ... und ... zu bestimmen
durch Ausgangswerten müssen Sie Staffeln nach dem Schema bear-
beiten, indem die Steigung ... te Vektor als zwischen
den Korrelation ... Beziehungen zu den Beziehungsvariablen.

8. Berechnen Sie auf der Basis der ermittelten ... möglichen für die
in Beispiele aufgeführte Korrelationsmatrix erweitern Korrelation
... und ... und ... und ... ermitteln und die verschiedenen
Koeffizienten.

Anhang A:
Fragebogen

Fragebogen

SEMINAR FÜR SOZIOLOGIE DER UNIVERSITÄT ZU KÖLN

Albertus-Magnus-Platz
5000 Köln 41

Fragebogen

(Auszug)

"Merkmale und Auswirkungen beruflicher Tätigkeit 1980"

	U		I		W K	
0	1	0	0	6	0	1 1

1 2 3 4 5 6 7 8

Fragebogen

- 2 -

Sehr geehrter Befragungsteilnehmer!

Dieser Fragebogen soll die Frage beantworten helfen, wie berufliche Tätigkeiten heute aussehen, welche Auswirkungen sie auf
den arbeitenden Menschen haben und wie Beschäftigte ihre Tätigkeiten beurteilen.

Jeder Fragebogenabschnitt beginnt mit einer kurzen ANLEITUNG.
Bitte lesen Sie diese sorgfältig durch, bevor Sie die jeweiligen
Fragen beantworten.

Der Fragebogen kann in weniger als 60 Minuten ausgefüllt werden.
Wenngleich Sie nicht versuchen sollten, einen Geschwindigkeits-
rekord aufzustellen, sollten Sie den Fragebogen doch zügig und
möglichst ohne zurückzublättern ausfüllen.

Wir betonen ausdrücklich, daß die Befragung ausschließlich
wissenschaftlichen Zwecken dient, daß der Fragebogen keinerlei
"Trick"-Fragen enthält und daß Ihre Angaben <u>anonym</u> behandelt
werden. Die Daten dieser Befragung werden <u>ohne Namen</u> nach
strengen Regeln des Datenschutzes mit Hilfe eines Computers
ausgewertet.

Bitte beantworten Sie jede Frage so ehrlich und freimütig wie
möglich.

                          Vielen Dank für Ihre Mitarbeit!

Fragebogen

- 3 -

101. Welches Maß an Selbstbestimmung (Autonomie) weist Ihre Tätigkeit
auf? Das heißt, in welchem Maße können Sie selber bestimmen,
wie und wann Sie Ihre Arbeit erledigen?

1-------2-------3-------4------5------6-------7   9

In sehr geringem	In mittlerem Maße;	In sehr hohem Maße;
Maße; ich habe so	viele Dinge sind	ich kann fast ohne
gut wie keine Mög-	festgelegt, aber	Einschränkungen selber
lichkeit, selber	einige Entschei-	darüber entscheiden,
zu bestimmen, wie	dungen kann ich	wie und wann ich
und wann ich meine	selber treffen.	meine Arbeit er-
Arbeit erledige.		ledige.

102. Meine Tätigkeit
gibt mir viel
Freiheit und   nein,   ja,
Unabhängigkeit   stimmt   teils,   stimmt
bei der Planung   nicht   teils   genau
und Durchführung
der Arbeit.   1-----2-----3-----4----5----6-----7   10

In welchem Maße können Sie bei Ihrer Tätigkeit bestimmen (mitbestimmen), ...	in hohem Maße	in mittlerem Maße	in geringem Maße	überhaupt nicht	
	1	2	3	4	
103. ... wann Sie eine Pause machen?	☐	☒	☐	☐	11
104. ... mit welchen Personen Sie zusammenarbeiten, um die Arbeit zu erledigen?	☐	☒	☐	☐	12
105. ... wie die Arbeit aufgeteilt wird?	☐	☒	☐	☐	13
106. ... in welcher Reihenfolge Sie Ihre Arbeiten erledigen, das heißt, welche Arbeit Sie zu welchem Zeitpunkt tun?	☐	☒	☐	☐	14

Fragebogen

- 4 -

ANLEITUNG: Geben Sie bitte an, in welchem Maße Ihre Tätigkeit
durch die folgenden Anforderungen gekennzeichnet ist.
Kreuzen Sie bitte in jeder Zeile ein Kästchen an!

In welchem Maße erfordert Ihre Tätigkeit ...	in hohem Maße	in mittlerem Maße	in geringem Maße	überhaupt nicht	
	1	2	3	4	
107. ... gründliche Fachkenntnisse? ..	☒	☐	☐	☐	15
108. ... besondere Fertigkeiten (handwerkliche oder sonstige)?	☒	☐	☐	☐	16
109. ... schöpferische Begabung und Ideenreichtum?	☐	☒	☐	☐	17
110. ... stets neue Dinge hinzuzulernen?	☒	☐	☐	☐	18
111. ... neue Wege für die Lösung von Problemen zu finden?	☒	☐	☐	☐	19
112. ... sehr schnell zu arbeiten?	☒	☐	☐	☐	20
113. ... sehr angestrengt zu arbeiten?	☒	☐	☐	☐	21
114. ... ein großes Arbeitspensum zu erledigen?	☐	☒	☐	☐	22
115. ... unter hohem Zeitdruck zu arbeiten?	☐	☒	☐	☐	23

ANLEITUNG: Die folgenden Fragen sollen Aufschluß darüber geben,
wie beanspruchend Ihre Arbeit ist.
Kreuzen Sie bitte bei jeder Frage das für Sie
Zutreffende an!

In welchem Maße ist Ihre Arbeit ...	in hohem Maße	in mittlerem Maße	in geringem Maße	überhaupt nicht	
	1	2	3	4	
116. ... psychisch (nervlich) beanspruchend?	☒	☐	☐	☐	24
117. ... hektisch, so daß Sie manchmal vor lauter Arbeit nicht wissen, wo Ihnen der Kopf steht?	☒	☐	☐	☐	25

Fragebogen

- 5 -

118. Wir haben hier eine Skala abgebildet, mit der Sie zum Ausdruck
bringen können, wie <u>gesund</u> Sie sich zur Zeit fühlen.

Bei dieser Skala bezeichnet die Zahl 1 einen Zustand schwerer
Krankheit und Arbeitsunfähigkeit; die Zahl 10 bezeichnet einen
Zustand vollständiger Gesundheit und Arbeitsfähigkeit.

Geben Sie bitte durch Ankreuzen eines Kästchens zu erkennen,
<u>wie gesund Sie sich zur Zeit fühlen</u>!

```
        schwer              vollständig
      krank und            gesund und
    arbeitsunfähig          arbeitsfähig
         |                     |
      1 2 3 4 5 6 7 8 9 10
      [ | | | | |X| | | | ]                          26
                                                      27
```

119. Wir haben hier eine zweite Skala abgebildet, mit der Sie zum
Ausdruck bringen können, über wieviel <u>Schwung und Energie</u> Sie
zur Zeit verfügen.

Bei dieser Skala bedeutet die Zahl 1 "ohne jeden Schwung und
jede Energie"; die Zahl 10 bedeutet "voller Schwung und Energie".

Geben Sie bitte durch Ankreuzen eines Kästchens zu erkennen,
wieviel Schwung und Energie Sie zur Zeit in sich verspüren!

```
      ohne jeden             voller
     Schwung und            Schwung
     jede Energie          und Energie
         |                     |
      1 2 3 4 5 6 7 8 9 10
      [ | | | | |X| | | | ]                          28
                                                      29
```

Fragebogen

- 6 -

ANLEITUNG: Dieser Teil des Fragebogens soll uns Aufschluß
darüber geben, wie Sie Ihr gegenwärtiges Beschäftigungsverhältnis beurteilen.
Kringeln Sie bitte auf jeder Linie diejenige Zahl,
die Ihre Zufriedenheit am besten ausdrückt!

120. Wie zufrieden sind Sie   sehr   sehr
     mit Ihrer Arbeit,   unzufrieden   zufrieden
     das heißt, mit dem,
     was Sie täglich tun?   1-----2-----3-----4-----5-----6-----7   30

121. Wie zufrieden sind Sie
     mit der Arbeitszeit-
     regelung?   1-----2-----3-----4-----5-----6-----7   31

122. Wie zufrieden sind Sie
     mit den Sozial-
     leistungen?   1-----2-----3-----4-----5-----6-----7   32

123. Wie zufrieden sind Sie
     mit der Bezahlung?   1-----2-----3-----4-----5-----6-----7   33

124. Wie zufrieden sind Sie
     mit Ihren Aufstiegs-
     möglichkeiten?   1-----2-----3-----4-----5-----6-----7   34

125. Wie zufrieden Sind Sie
     mit Ihren Arbeits-
     kollegen?   1-----2-----3-----4-----5-----6-----7   35

126. Wie zufrieden sind Sie
     mit Ihrem Vorgesetzten?   1-----2-----3-----4-----5-----6-----7   36

127. Wenn Sie Ihr gegenwärtiges Beschäftigungsverhältnis insgesamt
     bewerten, wie lautet dann Ihr Urteil? Das heißt, wie ist es mit
     Ihrer Zufriedenheit alles in allem bestellt?

                                   sehr   sehr
                                   gering   hoch
     Meine Zufriedenheit
     alles in allem ist   1-----2-----3-----4-----5-----6-----7   37

- 7 -

128. Angenommen, eine Person aus Ihrem Freundes- oder Bekanntenkreis
     erzählte Ihnen, daß sie interessiert sei, eine Tätigkeit wie die
     ihrige auszuüben. Wozu würden Sie dieser Person raten? Würden
     Sie ihr anraten, eine solche Tätigkeit anzustreben, hätten Sie
     Bedenken, diesen Rat zu geben, oder würden Sie davon abraten?

1	2	3
☒	☐	☐
Ich würde <u>an</u>raten	Ich hätte Bedenken	Ich würde <u>ab</u>raten

38

129. Wenn Sie noch einmal darüber zu entscheiden hätten, die Tätigkeit,
     die Sie zur Zeit ausüben, anzunehmen, wie würden Sie dann ent-
     scheiden? Würden Sie sich ohne zu zögern für Ihre jetzige Tätig-
     keit entscheiden, hätten Sie Bedenken, oder würden Sie sich mit
     Sicherheit dagegen entscheiden?

1	2	3
☐	☒	☐
Ich würde mich ohne zu zögern <u>für</u> meine jetzige Tätigkeit ent- scheiden	Ich hätte Bedenken	Ich würde mich mit Sicherheit <u>nicht</u> für meine jetzige Tätigkeit entscheiden

39

130. Wie wahrscheinlich ist es, daß Sie sich innerhalb eines Jahres
     ernsthaft um einen anderen Arbeitsplatz (um eine neue Tätigkeit)
     bei einem anderen Arbeitgeber bemühen werden?

1	2	3
☐	☐	☒
sehr wahr- scheinlich	schon möglich	<u>nicht</u> wahrscheinlich

40

131. Wie sehr stimmt Ihre Tätigkeit, die Sie zur Zeit ausüben, mit den
     Wünschen und Erwartungen überein, die Sie hatten, als Sie sie über-
     nahmen? Würden Sie sagen, daß Ihre Tätigkeit mit Ihren damaligen
     Vorstellungen gut, einigermaßen oder wenig übereinstimmt?

1	2	3
☐	☒	☐
stimmt <u>gut</u> überein	stimmt <u>einigermaßen</u> überein	stimmt <u>wenig</u> überein

41

132. Wie zufrieden sind Sie, alles in allem, mit Ihrer gegenwärtigen
     Tätigkeit: sehr zufrieden, ziemlich zufrieden, nicht sehr zufrie-
     den oder überhaupt nicht zufrieden?

1	2	3	4
☐	☒	☐	☐
sehr zufrieden	ziemlich zufrieden	nicht sehr zufrieden	überhaupt nicht zufrieden

42

Fragebogen

- 8 -

> **ANLEITUNG:** Geben Sie bitte an, wie oft Sie sich in der nach-
> folgend beschriebenen Weise <u>bei Ihrer Arbeit</u> fühlen.
> Kreuzen Sie wieder in jeder Zeile ein Kästchen an!

	oft	manch-mal	sel-ten	nie	
	1	2	3	4	
133. Ich fühle mich niedergeschlagen und bedrückt	☐	☒	☐	☐	43
134. Ich ermüde ohne ersichtlichen Grund ...	☐	☒	☐	☐	44
135. Ich fühle mich innerlich unruhig	☐	☒	☐	☐	45
136. Mir fällt es leicht, die üblichen Dinge zu tun	☒	☐	☐	☐	46
137. Ich kann mich gut konzentrieren	☐	☒	☐	☐	47
138. Ich sehe hoffnungsvoll in die Zukunft	☒	☐	☐	☐	48
139. Mir fällt es leicht, Entscheidungen zu treffen	☐	☒	☐	☐	49
140. Ich bin leicht reizbar	☐	☒	☐	☐	50
141. Ich habe Spaß an dem, was ich tue	☐	☒	☐	☐	51
142. Ich habe das Gefühl, daß ich nützlich bin und gebraucht werde	☐	☒	☐	☐	52

143. Welches der hier abgebildeten Gesichter drückt am besten aus,
wie Sie sich <u>bei Ihrer Arbeit</u> fühlen?

Kreuzen Sie bitte ein Kästchen an!

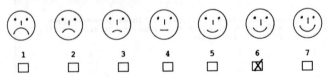

1	2	3	4	5	6	7	
☐	☐	☐	☐	☐	☒	☐	53

Fragebogen

- 9 -

Hier sind ein paar Sätze, mit denen Sie zum Ausdruck bringen
können, wie Sie sich selber einschätzen.
Kreuzen Sie bitte bei jedem Satz Ihre volle oder teilweise
Zustimmung oder Ablehnung an!

	volle Zustimmung	teilweise Zustimmung	teilweise Ablehnung	volle Ablehnung	
	1	2	3	4	
144. Im ganzen bin ich mit mir selber zufrieden	☒	☐	☐	☐	54
145. Manchmal denke ich, daß ich zu nichts tauge	☐	☐	☐	☒	55
146. Ich glaube, daß ich eine Reihe guter Eigenschaften habe	☒	☐	☐	☐	56
147. Ich kann mit den Dingen ebensogut fertigwerden wie die meisten Leute	☐	☒	☐	☐	57
148. Ich habe nicht viel, auf das ich stolz sein kann	☐	☐	☒	☐	58
149. Manchmal komme ich mir völlig nutzlos vor	☐	☐	☒	☐	59
150. Ich glaube, daß ich etwas wert bin - mindestens so- viel wie andere	☒	☐	☐	☐	60
151. Ich wünschte, ich könnte mehr Achtung vor mir selber haben	☐	☐	☐	☒	61
152. Alles in allem neige ich zu der Annahme, daß ich ein Versager bin	☐	☐	☐	☒	62
153. Ich habe eine positive Ein- stellung zu mir selber	☒	☐	☐	☐	63

Fragebogen

- 10 -

Hier sind einige Wörter und Wendungen, mit denen Sie zum Ausdruck
bringen können, wie Sie über Ihr Leben denken.

Kreuzen Sie bitte in jeder Zeile ein Kästchen an, um zu zeigen,
<u>wie Sie Ihr Leben einschätzen</u>!

		1	2	3	4	5	6	7		
154.	langweilig	☐	☐	☐	☐	☐	☒	☐	interessant	64
155.	macht Freude	☐	☒	☐	☐	☐	☐	☐	ist armselig	65
156.	sinnlos	☐	☐	☐	☐	☐	☒	☐	sinnvoll	66
157.	gesellig	☐	☒	☐	☐	☐	☐	☐	einsam	67
158.	erfüllt	☐	☐	☒	☐	☐	☐	☐	unerfüllt	68
159.	entmutigend	☐	☐	☐	☐	☐	☒	☐	vielversprechend	69
160.	enttäuschend	☐	☐	☐	☐	☒	☐	☐	lohnend	70
161.	gibt mir Entfaltungsmöglichkeiten	☐	☒	☐	☐	☐	☐	☐	gibt mir keine Chance	71

162. Wenn Sie einmal abwägen, was würden Sie dann sagen? Würden
Sie sagen, daß Sie zur Zeit sehr <u>glücklich</u>, recht glücklich
oder nicht sehr glücklich sind?

1	2	3	
☐	☒	☐	72
sehr glücklich	recht glücklich	nicht sehr glücklich	

163. Sind Sie, insgesamt gesehen, mit der Art und Weise, <u>wie Sie
zur Zeit leben</u>, vollkommen <u>zufrieden</u>, recht zufrieden oder
nicht sehr zufrieden?

1	2	3	
☐	☒	☐	73
vollkommen zufrieden	recht zufrieden	nicht sehr zufrieden	

Fragebogen

- 11 -

ANLEITUNG: Der Fragebogen endet mit einigen Fragen zur Statistik.
Haben Sie bitte die Freundlichkeit, auch diese ab-
schließenden Fragen zu beantworten.

164. Wie lange sind Sie bereits berufstätig (einschließlich Lehre,
Anlernzeit usw., aber ohne Studium)?

_35_ Jahre _/_ Monate   74-
76

165. Wie lange üben Sie bereits Ihre derzeitige Tätigkeit aus?

_20_ Jahre _3_ Monate   77-
79

166. Gehören Sie zur Gruppe der Arbeiter (Lohnempfänger), Angestellten
oder Beamten?

zur Gruppe der Arbeiter ...... ☐ 1

zur Gruppe der Angestellten .. ☒ 2

zur Gruppe der Beamten .... ☐ 3   80

K2

167. Üben Sie (auch) Vorgesetztenfunktionen aus?   nein ☒ 1

ja ☐ 2   9

168. Was meinen Sie: Wieviel Zeit (Jahre, Monate, Wochen oder Tage)
braucht man, um Ihre Tätigkeit, die Sie zur Zeit ausüben, zu
erlernen und zu beherrschen (einschließlich - falls erforderlich - Lehre, Studium, Anlernzeit, Einarbeitungszeit usw.)?

_8_ Jahre _/_ Monate _/_ Wochen _/_ Tage   10-
13

169. Welche allgemeine Schulbildung haben Sie? (Hier ist eine Mehrfach-
angabe möglich).

Volksschul-/Hauptschulabschluß .... ☐ 1

Mittlere Reife/Realschulabschluß, Fach-
schulreife .... ☒ 2

Fachhochschulreife (Abschluß einer
Fachoberschule usw.) .... ☐ 3

Abitur (Hochschulreife) .... ☐ 4

keinen dieser Abschlüsse .... ☐ 5   14

170. Wie hoch ist Ihr monatliches Nettoeinkommen, das Sie aus Ihrem
Beschäftigungsverhältnis beziehen?

DM _1900_   15-
18

Fragebogen

- 12 -

171. Wann sind Sie geboren? Tragen Sie bitte Ihr Geburtsdatum in die Kästchen ein!

Geburtsdatum ⬜⬜⬜⬜ |2|8| 19
20

Tag Mon. Jahr

172. Als Sie 14 Jahre alt waren: Welche berufliche Stellung hatte Ihr Vater damals?

Arbeiter .... ⬜ 1

Angestellter .... ⬜ 2

Beamter .... ☒ 3

Selbständiger .... ⬜ 4

Vater lebte nicht mehr ..... ⬜ 5

Vater unbekannt .... ⬜ 6   21

173. Bei wievielen Arbeitgebern waren Sie in Ihrer gesamten beruflichen Laufbahn beschäftigt?

bei einem Arbeitgeber .... ⬜ 1

bei zwei Arbeitgebern .... ⬜ 2

bei drei Arbeitgebern .... ⬜ 3

bei vier Arbeitgebern .... ⬜ 4

bei fünf Arbeitgebern .... ☒ 5

bei mehr als fünf
Arbeitgebern .... ⬜ 6   22

174. Hat sich im Laufe Ihres Berufslebens ein Berufswechsel ergeben, also nicht bloß ein Wechsel des Arbeitsplatzes?

nein, kein Berufswechsel .... ☒ 0

ja, ein Berufswechsel .... ⬜ 1

ja, mehrere Berufswechsel ...... ⬜ 2   23

175. Wie zufrieden sind Sie mit dem, was Sie bisher beruflich erreicht haben?
Wir haben hier eine Skala abgebildet, bei der die Zahl 1 "sehr unzufrieden" und die Zahl 10 "sehr zufrieden" bedeutet.
Kreuzen Sie bitte ein Kästchen an, um zu zeigen, wie zufrieden Sie mit dem sind, was Sie bisher beruflich erreicht haben!

sehr   sehr
unzufrieden   zufrieden
| |
1 2 3 4 5 6 7 8 9 10
⬜⬜⬜⬜⬜⬜⬜☒⬜⬜   24
25

Anhang B:

Datenmatrix 1, Datenmatrix 2, Datenmatrix 3

Datenmatrix 1

IDNR	V101	V102	V103	V104	V105	V106	V107	V108	V109	V110	V111	V112	V113	V114	V115
1	2	3	2	3	3	3	1	2	3	2	2	2	2	2	2
2	4	4	2	3	3	3	2	2	2	1	2	1	1	2	1
3	2	6	2	1	3	3	1	1	1	1	1	1	2	2	2
4	4	5	2	4	3	2	1	1	1	1	1	2	2	2	2
5	6	5	2	2	2	2	1	2	1	2	2	2	2	2	2
6	4	6	1	4	3	2	1	3	2	2	2	2	2	2	2
7	2	2	2	3	4	3	3	3	3	2	1	2	2	2	2
8	4	5	1	3	1	1	2	2	3	3	3	3	1	3	4
9	6	7	2	1	2	2	2	2	1	2	2	2	1	1	2
10	4	4	2	2	2	2	1	1	2	1	2	2	2	1	2
11	4	4	3	2	2	3	2	1	2	2	2	2	2	1	2
12	2	4	2	4	3	1	2	1	3	2	3	3	3	3	3
13	4	4	1	4	2	2	2	2	3	2	3	3	3	2	2
14	4	6	1	2	2	2	1	3	1	1	1	2	1	2	3
15	4	4	2	3	3	2	1	2	1	1	1	2	2	2	2
16	4	3	3	3	3	3	1	1	2	1	1	1	1	1	1
17	4	4	1	2	1	1	1	1	3	2	3	1	1	2	2
18	6	4	2	1	2	2	1	4	1	1	1	2	2	1	1
19	4	4	1	4	2	1	1	2	3	1	3	1	2	1	1
20	1	2	4	2	4	4	1	1	2	3	3	1	1	1	2
21	5	7	1	1	1	1	1	4	1	1	1	2	1	1	2
22	4	4	1	2	2	2	1	4	1	1	1	3	1	3	2
23	1	4	1	2	1	3	2	2	4	4	3	1	2	1	1
24	6	5	9	9	9	9	1	3	1	1	2	3	2	2	2
25	6	7	2	2	1	1	1	1	1	1	1	1	1	1	1
26	4	4	2	4	3	3	2	2	2	1	1	1	1	1	1
27	4	5	2	1	2	2	1	2	2	1	2	1	1	1	1
28	5	4	1	3	1	1	1	3	2	2	1	2	3	3	3
29	4	4	1	4	4	1	2	4	3	2	2	2	2	2	2
30	5	5	2	4	4	2	1	3	2	1	1	2	1	1	2
31	1	1	3	4	4	3	4	3	3	4	4	2	2	2	4
32	7	7	1	3	1	1	1	3	2	2	2	2	1	1	2
33	6	6	1	1	1	1	2	1	2	2	1	1	2	1	2
34	4	2	2	4	3	3	2	3	3	2	2	3	3	3	3
35	6	4	1	1	2	1	1	1	2	1	1	2	3	3	3
36	4	3	2	4	3	2	2	2	3	3	2	3	2	3	3
37	2	2	3	3	3	1	2	3	4	1	2	1	2	1	1
38	7	7	1	3	1	1	2	4	4	3	3	2	2	2	3
39	4	4	4	3	3	2	1	1	2	1	3	2	1	2	2
40	1	4	1	1	3	1	1	2	3	2	4	1	1	1	1
41	1	2	3	3	3	4	2	2	2	3	1	1	2	2	1
42	1	2	4	4	4	3	2	3	4	3	3	1	2	2	2
43	4	4	4	4	4	3	1	3	1	2	2	1	2	1	2
44	1	4	2	2	2	3	2	2	1	1	2	3	2	3	3
45	1	4	3	4	4	4	2	3	4	3	4	3	3	3	2
46	5	5	2	1	1	1	1	1	1	1	1	2	2	2	2
47	2	4	3	4	2	2	1	1	2	1	1	2	1	2	1
48	3	4	3	2	2	2	2	2	1	1	2	2	4	3	4
49	4	6	2	2	1	1	2	2	2	2	2	2	2	2	2
50	6	6	1	1	1	1	1	1	1	1	1	1	1	1	1
51	6	5	2	3	1	1	1	2	2	2	2	1	1	1	2
52	4	4	2	2	1	2	1	2	2	2	3	2	2	2	3
53	4	7	2	2	2	1	2	2	2	3	3	4	3	2	3
54	4	4	2	1	1	2	2	4	2	4	3	1	2	2	2
55	1	1	3	3	3	3	1	1	3	4	3	2	1	1	3
56	4	6	3	1	3	1	3	4	4	3	2	2	2	1	3
57	1	1	4	4	4	4	1	1	3	2	1	1	1	1	2
58	1	1	4	4	4	4	1	1	3	2	3	1	1	1	1
59	3	4	2	2	2	3	2	2	2	2	1	1	2	2	1
60	5	5	2	2	2	2	1	1	2	1	1	1	1	2	2

Number of cases read =   60   Number of cases listed =   60

Datenmatrix 1
(Fortsetzung)

IDNR	V116	V117	V118	V119	V120	V121	V122	V123	V124	V125	V126	V127	V128	V129	V130
1	2	2	8	7	6	5	5	5	6	6	6	6	1	1	3
2	1	2	9	9	4	7	5	4	5	5	6	5	1	1	3
3	1	2	10	10	6	4	4	5	1	5	5	6	1	1	3
4	2	3	7	7	5	6	7	6	5	5	5	5	2	2	2
5	2	2	8	8	6	6	7	6	6	5	6	6	1	1	3
6	2	2	9	9	5	7	6	6	3	6	6	4	2	2	2
7	2	3	9	6	5	4	4	4	4	5	4	4	1	1	3
8	3	4	2	2	1	7	7	1	1	4	7	4	3	3	3
9	1	2	3	4	7	7	6	6	6	7	7	7	1	1	3
10	2	3	7	6	6	6	6	5	5	5	5	5	1	1	2
11	2	3	9	9	5	4	4	6	5	5	5	5	2	2	2
12	3	3	10	8	5	7	7	5	5	6	6	5	1	2	2
13	2	1	8	7	5	7	5	5	3	5	5	5	2	1	3
14	2	2	6	6	5	5	5	5	3	6	6	5	1	1	3
15	1	1	8	7	5	2	4	3	2	5	5	4	2	2	3
16	1	1	7	8	4	4	2	1	3	5	4	3	2	2	3
17	2	2	10	9	6	6	7	6	7	7	7	6	1	1	3
18	1	1	5	7	6	5	5	4	5	5	5	5	1	1	3
19	2	2	10	10	5	1	2	1	5	7	2	2	3	3	3
20	2	1	7	8	5	3	1	3	1	4	4	5	2	3	1
21	1	2	8	9	6	7	5	5	5	5	6	6	1	1	3
22	1	2	7	7	5	5	5	3	3	5	5	5	2	2	3
23	1	1	5	5	3	4	4	4	1	5	6	4	2	1	3
24	1	1	9	9	6	7	6	4	3	7	7	6	1	1	3
25	2	1	10	8	6	6	5	5	5	6	4	6	2	1	3
26	1	1	8	9	4	6	6	1	1	3	6	4	2	2	2
27	1	2	9	8	5	6	6	6	5	6	5	5	1	1	2
28	3	2	10	8	4	6	6	5	2	6	5	5	1	3	1
29	3	2	10	8	4	7	4	6	6	5	6	5	1	1	3
30	1	2	8	6	4	7	4	4	1	3	2	4	2	2	3
31	3	4	9	7	6	7	6	6	1	6	6	5	1	1	1
32	1	1	10	10	7	7	7	7	4	7	7	7	1	1	3
33	2	3	5	8	6	6	4	3	1	6	6	5	1	1	3
34	2	3	9	8	3	7	2	2	2	5	1	4	2	2	2
35	1	3	9	9	6	6	7	5	5	6	6	6	1	1	3
36	2	3	7	7	4	6	5	2	3	4	3	4	2	2	3
37	1	1	8	7	5	5	5	3	1	5	4	3	2	2	2
38	3	2	7	7	6	7	7	7	4	7	7	7	1	1	3
39	1	2	8	7	4	7	6	1	1	4	6	4	2	2	3
40	1	1	10	10	4	6	3	4	3	6	5	3	2	2	2
41	1	1	7	4	3	1	4	2	1	4	3	2	3	3	2
42	1	1	9	9	6	6	6	6	2	7	7	6	1	1	3
43	1	1	5	5	4	1	1	1	1	4	4	4	2	2	3
44	2	1	7	6	1	7	5	5	5	1	3	2	2	2	3
45	1	1	10	10	5	1	2	3	2	6	4	5	2	3	2
46	1	1	9	9	6	3	6	6	6	5	5	6	2	1	3
47	1	2	8	8	6	4	6	4	1	4	6	5	1	1	3
48	3	2	7	7	4	4	6	1	1	6	1	1	1	2	3
49	2	2	9	9	4	4	4	3	3	7	3	4	3	2	3
50	2	3	10	10	6	6	6	4	5	5	5	6	1	1	2
51	1	2	4	8	6	7	6	5	5	5	5	5	1	1	3
52	2	2	9	10	7	7	7	6	7	6	7	7	1	1	3
53	2	4	6	7	6	7	7	1	2	7	6	6	1	1	3
54	2	2	10	10	1	7	4	3	2	5	2	2	3	3	2
55	1	4	10	10	7	6	6	6	3	5	7	6	2	1	3
56	2	2	9	7	6	6	6	1	1	7	6	6	1	1	2
57	1	1	10	10	5	1	1	1	1	6	6	1	1	1	3
58	1	1	10	10	5	1	1	1	1	5	1	1	1	3	1
59	2	3	9	8	5	5	5	3	3	4	3	4	2	1	3
60	1	1	6	6	4	6	5	2	2	5	4	4	1	2	3

Number of cases read =   60   Number of cases listed =   60

Datenmatrix 1
(Fortsetzung)

IDNR	V131	V132	V133	V134	V135	V136	V137	V138	V139	V140	V141	V142	V143	V144	V145
1	1	2	3	4	4	4	1	1	1	3	1	1	5	2	3
2	2	2	3	3	3	1	2	4	2	4	2	1	5	2	2
3	2	2	4	3	4	1	1	1	1	3	1	2	6	2	4
4	2	2	2	1	1	1	2	2	2	2	2	1	5	2	2
5	1	1	3	4	3	2	1	1	2	3	1	1	6	1	4
6	2	2	2	3	3	1	1	3	1	3	2	2	5	1	4
7	1	2	3	3	4	3	2	2	2	3	2	2	5	1	3
8	2	2	1	1	1	1	4	1	2	2	3	3	6	1	1
9	1	1	2	2	2	2	3	2	2	2	1	2	6	1	4
10	2	2	3	4	4	4	1	1	2	3	1	2	5	1	4
11	2	2	2	3	3	3	2	2	1	2	1	1	4	2	2
12	2	2	3	3	3	2	2	2	1	3	2	2	5	2	4
13	2	2	2	2	3	1	1	2	1	1	1	2	6	2	2
14	2	2	3	3	2	1	1	2	1	2	2	2	5	2	4
15	2	2	3	3	2	2	1	1	1	3	1	2	4	2	4
16	3	3	3	3	3	1	1	2	2	1	2	1	5	2	4
17	1	1	4	4	3	1	1	1	3	3	1	1	5	1	4
18	2	2	2	3	1	1	1	1	2	2	1	1	5	2	3
19	3	2	4	4	3	4	1	1	1	3	2	1	5	2	3
20	2	3	3	2	2	1	1	1	2	2	2	1	7	1	2
21	2	1	3	3	2	1	1	1	1	2	1	1	6	1	4
22	2	2	3	3	4	1	1	2	1	3	2	2	5	2	3
23	1	2	4	1	2	1	1	2	1	4	2	1	7	1	4
24	1	1	3	4	1	1	1	1	1	4	2	2	5	1	4
25	1	1	4	4	3	1	1	1	1	3	1	1	5	1	4
26	3	3	3	4	3	1	1	2	3	3	2	3	5	1	1
27	1	2	3	4	2	1	1	1	1	3	1	1	5	2	4
28	2	2	4	3	3	1	1	1	1	3	1	1	5	1	4
29	2	2	3	4	4	1	2	2	1	4	2	2	5	2	3
30	3	3	2	4	2	2	2	3	2	2	2	2	3	2	4
31	2	2	4	2	2	3	2	3	1	2	2	4	4	2	4
32	1	1	4	4	3	1	1	2	1	2	1	1	7	1	4
33	1	2	3	3	3	2	2	2	2	4	1	1	6	1	4
34	2	3	2	3	2	3	1	4	1	2	2	2	4	2	1
35	1	2	4	4	2	1	1	2	1	4	1	1	6	1	4
36	2	2	2	3	3	1	2	2	2	3	2	2	3	2	4
37	2	2	2	3	1	1	2	4	1	3	2	3	5	3	2
38	2	1	4	4	4	4	4	3	1	3	1	1	7	1	4
39	2	2	2	3	1	2	2	2	1	2	2	3	4	1	2
40	2	3	2	3	3	2	1	1	1	2	2	1	5	1	3
41	3	4	2	3	2	2	1	2	1	3	2	2	2	2	4
42	3	2	3	3	3	2	1	2	2	3	1	2	6	1	3
43	2	3	1	3	3	2	2	2	2	4	2	1	3	2	4
44	2	3	2	3	2	1	2	3	4	2	2	3	2	3	2
45	3	3	2	2	1	1	3	4	1	1	3	4	2	2	3
46	2	1	4	3	3	1	1	1	1	3	1	1	6	1	4
47	1	2	3	2	3	1	1	2	1	2	1	1	5	1	4
48	3	4	1	4	4	3	1	4	4	4	1	2	6	1	1
49	2	3	4	4	3	1	1	2	2	4	2	2	5	2	3
50	1	1	4	4	4	1	1	1	1	3	1	1	6	1	4
51	2	2	3	3	2	1	1	1	1	3	1	1	5	1	4
52	1	1	4	4	3	1	1	2	2	3	1	1	6	1	4
53	2	2	4	3	4	1	1	1	2	4	1	2	6	1	4
54	3	3	4	4	4	4	4	2	1	2	2	1	4	2	4
55	2	2	4	4	4	1	1	1	2	3	1	1	6	1	4
56	2	2	3	4	1	1	1	2	1	2	1	1	5	2	4
57	2	2	4	4	4	3	2	2	3	3	1	2	4	1	4
58	2	2	4	4	4	1	1	1	1	2	1	1	4	1	4
59	2	2	3	4	3	1	2	2	1	3	2	1	4	2	4
60	2	2	2	2	2	1	2	1	2	2	2	2	6	1	4

Number of cases read =   60   Number of cases listed =   60

Datenmatrix 1
(Fortsetzung)

IDNR	V146	V147	V148	V149	V150	V151	V152	V153	V154	V155	V156	V157	V158	V159	V160
1	1	1	2	2	1	1	3	2	6	2	6	2	2	6	6
2	1	1	3	4	1	2	4	1	5	3	4	3	4	5	5
3	1	1	4	4	1	4	4	1	6	2	6	1	1	6	6
4	2	2	3	3	2	3	3	2	5	3	6	3	3	5	6
5	1	1	4	4	1	2	4	1	6	2	7	2	2	6	7
6	1	1	4	4	1	4	4	1	6	1	7	1	1	6	6
7	1	1	3	2	2	2	3	2	5	2	5	2	2	5	5
8	1	1	2	2	1	1	1	2	7	1	7	7	7	4	2
9	1	2	2	4	1	1	4	1	6	2	6	2	2	6	6
10	1	2	3	4	1	4	4	1	6	2	7	1	1	6	6
11	3	2	2	3	2	3	2	3	5	4	5	4	3	5	5
12	1	2	3	3	1	4	3	1	6	2	5	1	2	6	6
13	1	1	2	3	1	1	2	2	7	5	1	7	6	1	1
14	1	1	4	3	1	4	4	1	6	2	5	2	2	5	6
15	1	1	4	4	1	4	4	2	7	1	6	1	1	6	7
16	1	1	3	4	1	4	4	1	7	3	5	1	4	3	2
17	1	1	4	4	1	4	4	1	5	2	7	3	1	6	6
18	2	2	3	3	2	3	4	1	7	1	7	1	1	6	5
19	1	1	3	4	1	4	4	1	5	2	6	3	2	6	6
20	2	1	1	2	1	4	4	1	7	2	7	1	1	6	7
21	1	1	4	4	1	4	4	1	6	2	6	2	2	6	6
22	2	1	3	4	1	2	4	2	6	2	6	2	2	6	6
23	1	1	4	4	1	4	4	4	5	4	7	4	4	4	4
24	2	1	4	4	1	4	4	1	7	3	4	1	2	5	6
25	1	1	4	4	1	4	4	1	7	1	7	5	2	6	7
26	1	1	2	2	1	1	4	1	5	3	6	2	4	5	5
27	1	1	3	3	1	3	4	1	6	2	6	3	2	7	7
28	2	1	4	4	2	4	4	1	5	3	5	3	3	6	6
29	1	1	4	4	1	4	4	1	7	1	7	1	1	7	7
30	1	2	3	4	1	4	4	1	4	2	6	2	3	5	4
31	1	1	2	4	2	4	4	1	4	2	6	4	5	6	7
32	2	1	4	4	1	4	4	1	7	1	7	1	1	7	7
33	2	1	3	4	1	2	4	2	6	2	6	3	2	6	6
34	1	1	4	2	1	1	4	2	7	4	3	6	4	2	2
35	1	1	4	4	1	4	4	1	7	1	7	1	1	7	7
36	2	2	3	4	2	3	3	2	5	3	5	2	3	5	6
37	2	2	1	1	3	1	3	3	5	4	3	4	7	2	2
38	1	1	4	4	1	4	4	1	4	4	4	7	4	4	4
39	1	1	2	2	1	2	4	1	7	1	7	1	1	6	6
40	1	1	1	3	1	2	2	1	6	2	6	2	2	7	7
41	1	2	4	3	2	2	4	2	4	3	5	4	5	5	5
42	2	1	2	4	2	3	4	1	6	6	1	5	5	6	6
43	2	2	3	4	2	1	4	3	6	7	5	4	6	2	1
44	2	2	2	2	3	2	3	3	4	3	3	4	5	5	5
45	1	1	3	2	2	3	4	1	4	4	4	4	4	1	1
46	1	1	4	4	1	4	4	1	6	2	7	1	1	7	7
47	2	1	4	4	1	2	4	2	6	2	6	2	3	5	6
48	1	1	3	3	1	2	3	2	6	2	6	2	3	4	3
49	2	2	3	3	3	3	4	3	5	3	6	4	4	5	5
50	2	1	4	4	1	4	4	1	6	2	6	2	2	6	6
51	1	1	4	4	1	4	4	1	6	2	7	2	2	6	6
52	1	1	3	4	1	4	4	1	7	1	7	1	1	7	7
53	1	1	4	4	1	4	4	1	5	3	6	4	4	6	6
54	2	1	2	4	1	4	4	1	7	2	7	3	1	7	7
55	1	1	3	4	1	1	4	1	7	1	7	2	1	6	7
56	3	1	2	2	1	4	3	2	6	3	6	2	3	5	5
57	1	2	1	4	1	4	4	1	7	1	7	1	1	7	7
58	2	1	1	4	1	4	4	1	7	1	7	1	1	7	7
59	2	2	4	4	1	4	4	1	4	6	6	1	1	5	6
60	1	2	3	3	1	4	4	1	6	2	6	2	3	6	5

Number of cases read =   60   Number of cases listed =   60

Datenmatrix 1
(Fortsetzung)

IDNR	V161	V162	V163	V164	V165	V166	V167	V168	V169	V170	V171	V172	V173	V174	V175
1	2	2	2	351	278	3	1	60.0	1	2500	36	2	3	1	9
2	4	2	2	180	98	3	1	60.0	1	2000	49	1	2	1	6
3	1	2	2	240	108	3	2	12.0	1	2500	45	2	4	2	9
4	2	2	3	108	55	2	1	72.0	3	2300	50	1	2	0	8
5	2	2	2	360	60	3	2	120.0	4	4300	21	4	3	0	9
6	5	2	2	240	24	2	1	120.0	2	3000	38	1	2	0	8
7	2	2	2	192	48	1	1	48.0	1	2350	50	1	6	2	8
8	7	1	2	480	168	1	2	36.0	3	2000	21	3	6	0	1
9	2	1	1	384	276	1	2	24.0	1	1800	33	1	1	0	1
10	2	2	2	300	60	1	1	12.0	1	1700	40	5	6	2	8
11	5	2	2	328	64	1	1	42.0	1	1700	38	4	2	1	8
12	2	2	2	156	48	2	1	24.0	2	1800	48	2	2	1	8
13	5	3	2	388	388	1	2	48.0	2	1800	32	5	6	0	8
14	2	2	2	84	82	3	1	36.0	3	1750	57	1	1	0	7
15	1	1	2	120	18	3	1	12.0	3	1600	54	2	1	0	7
16	2	3	2	365	220	3	1	12.0	1	1850	35	1	6	2	2
17	4	2	2	396	188	3	2	120.0	2	2800	26	3	3	1	10
18	2	2	2	420	68	2	2	150.0	1	3400	28	1	6	2	8
19	2	2	2	18	18	2	1	60.0	4	2300	50	3	3	0	8
20	7	2	3	306	102	1	1	42.0	1	2000	37	1	4	1	5
21	2	2	2	184	72	3	2	60.0	4	2800	48	3	1	0	10
22	2	2	2	336	156	3	1	36.0	3	3000	35	5	2	0	8
23	4	2	2	360	240	2	2	24.0	1	1800	28	4	1	1	8
24	2	2	2	308	60	2	2	48.0	2	2400	40	5	6	1	8
25	1	2	2	232	98	3	2	120.0	4	2800	31	4	1	0	8
26	3	2	2	260	66	1	1	6.0	1	1300	43	2	6	2	7
27	1	2	2	276	120	2	2	84.0	3	3000	41	1	5	1	8
28	2	2	2	57	31	3	1	42.0	4	1790	54	2	1	0	5
29	1	2	2	185	48	3	2	12.0	2	2200	48	3	1	0	9
30	4	3	3	504	60	3	2	36.0	4	3300	18	1	2	1	6
31	1	2	2	30	30	1	1	1.0	4	1300	58	1	1	0	5
32	1	2	1	365	288	2	2	36.0	1	3100	34	2	1	0	9
33	2	2	2	444	120	2	2	60.0	1	2500	29	2	2	0	5
34	4	2	2	128	84	2	1	60.0	3	1800	50	2	1	0	4
35	1	1	1	533	399	2	1	60.0	1	2200	22	2	3	0	9
36	2	2	2	108	10	2	1	24.0	1	1400	56	1	1	0	6
37	6	3	3	61	30	3	1	36.0	2	1350	58	3	1	0	2
38	6	3	2	576	72	2	1	3.0	1	1840	17	4	2	2	9
39	5	2	2	420	119	1	1	48.0	1	1600	31	2	3	0	7
40	1	1	2	312	27	1	2	24.0	1	1700	41	1	6	2	9
41	4	2	2	324	16	1	1	12.0	1	1900	39	2	6	1	7
42	2	2	1	472	24	1	1	36.0	1	1800	27	2	3	1	9
43	7	3	3	204	36	1	1	36.0	1	1300	49	1	4	2	8
44	5	2	2	288	60	1	1	24.0	1	2200	39	1	3	2	7
45	4	3	3	102	37	1	1	24.0	1	1800	57	1	2	0	3
46	1	2	2	270	68	1	2	12.0	1	2200	44	3	5	1	9
47	2	2	2	364	78	1	1	54.0	1	1600	35	1	6	0	7
48	2	2	2	420	192	1	1	12.0	4	1400	26	3	3	2	2
49	3	2	2	144	60	2	1	12.0	2	1500	49	3	3	2	6
50	2	2	1	257	48	2	2	36.0	2	2500	44	2	3	2	9
51	2	2	2	471	72	3	2	36.0	1	3000	26	1	2	1	10
52	2	2	2	528	403	3	2	42.0	1	2340	21	1	2	1	9
53	3	3	2	444	72	2	1	12.0	1	2000	28	1	6	2	5
54	3	2	2	483	68	2	2	12.0	1	2270	22	2	2	0	8
55	2	2	2	420	125	1	1	2.0	1	1450	33	1	4	1	7
56	3	2	2	276	18	2	1	6.0	2	1400	42	2	4	2	3
57	1	1	1	240	192	3	1	12.0	1	9999	45	3	2	1	7
58	1	2	1	300	240	3	1	12.0	1	9999	41	3	2	1	6
59	4	2	2	134	86	3	2	24.0	1	1700	52	3	2	1	7
60	2	2	2	420	243	2	1	96.0	2	1900	28	3	5	0	7

Number of cases read =   60   Number of cases listed =   60

Datenmatrix 2

IDNR	V101	V102	V203	V204	V205	V206	DISSPI	V207	V208	V209	V210	V211	FERTIG
1	2	3	3	2	2	2	14	4	3	2	3	3	15
2	4	4	3	2	2	2	17	3	3	3	4	3	16
3	2	6	3	4	2	2	19	4	4	4	4	4	20
4	4	5	3	1	2	3	18	4	4	4	4	4	20
5	6	5	3	3	3	3	23	4	3	4	3	3	17
6	4	6	4	1	2	3	20	4	2	3	3	3	15
7	2	2	3	2	1	2	12	2	2	2	3	4	13
8	4	5	4	2	4	4	23	3	3	2	2	2	12
9	6	7	3	4	3	3	26	3	3	4	3	3	16
10	4	4	3	3	3	3	20	4	4	3	4	3	18
11	4	4	2	3	3	2	18	3	4	3	3	3	16
12	2	4	3	1	2	4	16	3	4	2	3	2	14
13	4	4	4	1	3	3	19	3	3	2	3	2	13
14	4	6	4	3	3	3	23	4	2	4	4	4	18
15	4	4	3	2	2	3	18	4	3	4	4	4	19
16	4	3	2	2	2	2	15	4	4	3	4	4	19
17	4	4	4	3	4	4	23	4	4	2	3	2	15
18	6	4	3	4	3	3	23	4	1	4	4	4	17
19	4	4	4	1	3	4	20	4	3	2	4	2	15
20	1	2	1	3	1	1	9	4	4	3	2	2	15
21	5	7	4	4	4	4	28	4	1	4	4	4	17
22	4	4	4	3	3	3	21	4	1	4	4	4	17
23	1	4	4	3	4	2	18	3	3	1	1	2	10
24	6	5	.	.	.	.	.	4	2	4	4	3	17
25	6	7	3	3	4	4	27	4	4	4	4	4	20
26	4	4	3	1	2	2	16	3	3	3	4	4	17
27	4	5	3	4	3	3	22	4	3	3	4	3	17
28	5	4	4	2	4	4	23	4	2	3	3	4	16
29	4	4	4	1	1	4	18	3	1	2	3	3	12
30	5	5	3	1	1	3	18	4	2	3	4	4	17
31	1	1	2	1	1	2	8	1	2	2	1	1	7
32	7	7	4	2	4	4	28	4	2	3	3	3	15
33	6	6	4	4	4	4	28	3	4	3	3	4	17
34	4	2	3	1	2	2	14	3	2	2	3	3	13
35	6	4	4	4	3	4	25	4	4	3	4	4	19
36	4	3	3	1	2	3	16	3	3	2	2	3	13
37	2	2	2	2	2	4	14	3	2	1	4	3	13
38	7	7	4	2	4	4	28	3	1	1	2	2	9
39	4	4	1	2	2	3	16	4	4	3	4	2	17
40	1	4	4	4	2	4	19	4	3	2	3	1	13
41	1	2	2	2	2	1	10	3	3	3	2	4	15
42	1	2	1	1	1	2	8	3	2	1	2	2	10
43	4	4	1	1	1	2	13	4	2	4	3	3	16
44	1	4	3	3	3	2	16	3	3	4	4	3	17
45	1	4	2	1	1	1	10	3	2	1	2	1	9
46	5	5	3	4	4	4	25	4	4	4	4	4	20
47	2	4	2	1	3	3	15	4	4	3	4	4	19
48	3	4	2	3	3	3	18	3	3	4	4	3	17
49	4	6	3	3	4	4	24	3	3	3	3	3	15
50	6	6	4	4	4	4	28	4	4	4	4	4	20
51	6	5	3	2	4	4	24	4	3	3	3	3	16
52	4	4	3	3	4	3	21	4	3	3	3	2	15
53	4	7	3	3	3	4	24	3	3	3	2	2	13
54	4	4	3	4	4	3	22	3	1	3	1	2	10
55	1	1	2	2	2	2	10	4	4	2	1	2	13
56	4	6	2	4	2	4	22	2	1	2	3	3	9
57	1	1	1	1	1	1	6	4	4	2	3	4	17
58	1	1	1	1	1	1	6	4	4	2	3	2	15
59	3	4	3	3	3	2	18	3	3	3	3	4	16
60	5	5	3	3	3	3	22	4	4	3	4	4	19

Number of cases read =   60   Number of cases listed =   60

Datenmatrix 2

(Fortsetzung)

IDNR	V212	V213	V214	V215	V216	V217	ANFORD	V228	V229	V230	V231	V232	JOBZU4	JOBZU5
1	3	3	3	3	3	3	18	5	5	5	5	3	18	23
2	4	4	3	4	4	3	22	5	5	5	3	3	16	21
3	4	3	3	3	4	3	20	5	5	5	3	3	16	21
4	3	3	3	3	3	2	17	3	3	3	3	3	12	15
5	3	3	3	3	3	3	18	5	5	5	5	5	20	25
6	3	3	3	3	3	3	18	3	3	3	3	3	12	15
7	3	3	3	3	3	2	17	5	5	5	5	3	18	23
8	2	4	2	1	2	1	12	1	1	5	3	3	8	13
9	3	4	4	3	4	3	21	5	5	5	5	5	20	25
10	3	3	4	3	3	2	18	5	5	3	3	3	16	19
11	3	3	4	3	3	2	18	3	3	3	3	3	12	15
12	2	2	2	2	2	2	12	5	3	3	3	3	14	17
13	2	2	3	3	3	4	17	3	5	5	3	3	14	19
14	3	4	3	2	3	3	18	5	5	5	3	3	16	21
15	3	3	3	3	4	4	20	3	3	5	3	3	12	17
16	4	4	4	4	4	4	24	3	3	5	1	1	8	13
17	4	4	3	3	3	3	20	5	5	5	5	5	20	25
18	3	3	4	4	4	4	22	5	5	5	3	3	16	21
19	4	3	4	4	3	3	21	1	1	5	1	3	6	11
20	4	4	4	3	3	4	22	3	1	1	3	1	8	9
21	3	4	4	3	4	3	21	5	5	5	3	5	18	23
22	2	4	2	3	4	3	18	3	3	5	3	3	12	17
23	4	3	4	4	4	4	23	3	5	5	5	3	16	21
24	2	3	3	3	4	4	19	5	5	5	5	5	20	25
25	4	4	4	4	3	4	23	3	5	5	5	5	18	23
26	4	4	4	4	4	4	24	3	3	3	1	1	8	11
27	4	4	4	4	4	3	23	5	5	3	5	3	18	21
28	3	2	2	2	2	3	14	5	1	1	3	3	12	13
29	3	3	3	3	2	3	17	5	5	5	3	3	16	21
30	3	4	4	3	4	3	21	3	3	5	1	1	8	13
31	3	3	3	1	2	1	13	5	5	1	3	3	16	17
32	3	4	4	3	4	4	22	5	5	5	5	5	20	25
33	4	3	4	3	3	2	19	5	5	5	5	3	18	23
34	2	2	2	2	3	2	13	3	3	3	3	1	10	13
35	3	2	2	2	4	2	15	5	5	5	5	3	18	23
36	2	3	2	2	3	2	14	3	3	5	3	3	12	17
37	4	3	4	4	4	4	23	3	3	3	3	3	12	15
38	3	3	3	2	2	3	16	5	5	5	3	5	18	23
39	3	4	3	3	4	3	20	3	3	5	3	3	12	17
40	4	4	4	4	4	4	24	3	3	3	3	1	10	13
41	4	3	3	4	4	4	22	1	1	3	1	1	4	7
42	4	3	3	3	4	4	21	5	5	5	1	3	14	19
43	4	3	4	3	4	4	22	3	3	5	3	1	10	15
44	2	3	2	2	3	4	16	3	3	5	3	1	10	15
45	2	2	2	3	4	4	17	3	1	3	1	1	6	9
46	3	3	3	3	4	4	20	3	5	5	3	5	16	21
47	3	4	3	4	4	3	21	5	5	5	5	3	18	23
48	3	1	2	1	2	3	12	5	3	5	1	1	10	15
49	3	3	3	3	3	3	18	1	3	5	3	1	8	13
50	4	4	4	4	3	2	21	5	5	3	5	5	20	23
51	4	4	4	3	4	3	22	5	5	5	3	3	16	21
52	3	3	3	2	3	3	17	5	5	5	5	5	20	25
53	1	2	3	2	3	1	12	5	5	5	3	3	16	21
54	4	3	3	3	3	3	19	1	1	3	1	1	4	7
55	3	4	4	2	4	1	18	3	5	5	3	3	14	19
56	3	3	4	2	3	3	18	5	5	3	3	3	16	19
57	4	4	4	3	4	4	23	5	5	5	3	3	16	21
58	4	4	4	4	4	4	24	5	1	1	3	3	12	13
59	4	3	3	4	3	2	19	3	5	5	3	3	14	19
60	4	4	3	3	4	4	22	5	3	5	3	3	14	19

Number of cases read =   60   Number of cases listed =   60

Datenmatrix 2
(Fortsetzung)

IDNR	V233	V234	V235	V136	V137	V138	V139	V240	V141	V142	JOBDEP
1	2	1	1	4	1	1	1	2	1	1	15
2	2	2	2	1	2	4	2	1	2	1	19
3	1	2	1	1	1	1	1	2	1	2	13
4	3	4	4	1	2	2	2	3	2	1	24
5	2	1	2	2	1	1	2	2	1	1	15
6	3	2	2	1	1	3	1	2	2	2	19
7	2	2	1	3	2	2	2	2	2	2	20
8	4	4	4	1	4	1	2	3	3	3	29
9	3	3	3	2	3	2	2	3	1	2	24
10	2	1	1	4	1	1	2	2	1	2	17
11	3	2	2	3	2	2	1	3	1	1	20
12	2	2	2	2	2	2	1	2	2	2	19
13	3	3	2	1	1	2	1	4	1	2	20
14	2	2	3	1	1	2	1	3	2	2	19
15	2	2	3	2	1	1	1	2	1	2	17
16	2	2	2	1	1	2	2	4	2	1	19
17	1	1	2	1	1	1	3	2	1	1	14
18	3	2	4	1	1	1	2	3	1	1	19
19	1	1	2	4	1	1	1	2	2	1	16
20	2	3	3	1	1	1	2	3	2	1	19
21	2	2	3	1	1	1	1	3	1	1	16
22	2	2	1	1	1	2	1	2	2	2	16
23	1	4	3	1	1	2	1	1	2	1	17
24	2	1	4	1	1	1	1	1	2	2	16
25	1	1	2	1	1	1	1	2	1	1	12
26	2	1	2	1	1	2	1	2	2	3	17
27	2	1	3	1	1	1	1	2	1	1	14
28	1	2	2	1	1	1	1	2	1	1	13
29	2	1	1	1	2	2	1	1	2	2	15
30	3	1	3	2	2	3	2	3	2	2	23
31	1	3	3	3	2	3	1	3	2	4	25
32	1	1	2	1	1	2	1	3	1	1	14
33	2	2	2	2	2	2	2	1	1	1	17
34	3	2	3	3	1	4	1	3	2	2	24
35	1	1	3	1	1	2	1	1	1	1	13
36	3	2	2	1	2	2	2	2	2	2	20
37	3	2	4	1	2	4	1	2	2	3	24
38	1	1	1	4	4	3	1	2	1	1	19
39	3	2	4	2	2	2	1	3	2	3	24
40	3	2	2	2	1	1	1	3	2	1	18
41	3	2	3	2	1	2	1	2	2	2	20
42	2	2	2	2	1	2	2	2	1	2	18
43	4	2	2	2	2	2	2	1	2	1	20
44	3	2	3	1	2	3	4	3	2	3	26
45	3	3	4	1	3	4	1	4	3	4	30
46	1	2	2	1	1	1	1	2	1	1	13
47	2	3	2	1	1	2	1	3	1	1	17
48	4	1	1	3	1	4	4	1	1	2	22
49	1	1	2	1	1	2	2	1	2	2	15
50	1	1	1	1	1	1	1	2	1	1	11
51	2	2	3	1	1	1	1	2	1	1	15
52	1	1	2	1	1	2	2	2	1	1	14
53	1	2	1	1	1	2	1	1	1	2	13
54	1	1	1	4	4	2	1	3	2	1	20
55	1	1	1	1	1	1	2	2	1	1	12
56	2	1	4	1	1	2	1	3	1	1	17
57	1	1	1	3	2	2	3	2	1	2	18
58	1	1	1	1	1	1	1	3	1	1	12
59	2	1	2	1	2	2	1	2	2	1	16
60	3	3	3	1	2	1	2	3	2	2	22

Number of cases read =   60   Number of cases listed =   60

Datenmatrix 2

(Fortsetzung)

IDNR	V244	V145	V246	V247	V148	V149	V250	V151	V152	V253	SELBST
1	3	3	4	4	2	2	4	1	3	3	29
2	3	2	4	4	3	4	4	2	4	4	34
3	3	4	4	4	4	4	4	4	4	4	39
4	3	2	3	3	3	3	3	3	3	3	29
5	4	4	4	4	4	4	4	2	4	4	38
6	4	4	4	4	4	4	4	4	4	4	40
7	4	3	4	4	3	2	3	2	3	3	31
8	4	1	4	4	2	2	4	1	1	3	26
9	4	4	4	3	2	4	4	1	4	4	34
10	4	4	4	3	3	4	4	4	4	4	38
11	3	2	2	3	2	3	3	3	2	2	25
12	3	4	4	3	3	3	4	4	3	4	35
13	3	2	4	4	2	3	4	1	2	3	28
14	3	4	4	4	4	3	4	4	4	4	38
15	3	4	4	4	4	4	4	4	4	3	38
16	3	4	4	4	3	4	4	4	4	4	38
17	4	4	4	4	4	4	4	4	4	4	40
18	3	3	3	3	3	3	3	3	4	4	32
19	3	3	4	4	3	4	4	4	4	4	37
20	4	2	3	4	1	2	4	4	4	4	32
21	4	4	4	4	4	4	4	4	4	4	40
22	3	3	3	4	3	4	4	2	4	3	33
23	4	4	4	4	4	4	4	4	4	1	37
24	4	4	3	4	4	4	4	4	4	4	39
25	4	4	4	4	4	4	4	4	4	4	40
26	4	1	4	4	2	2	4	1	4	4	30
27	3	4	4	4	3	3	4	3	4	4	36
28	4	4	3	4	4	4	3	4	4	4	38
29	3	3	4	4	4	4	4	4	4	4	38
30	3	4	4	3	3	4	4	4	4	4	37
31	3	4	4	4	2	4	3	4	4	4	36
32	4	4	3	4	4	4	4	4	4	4	39
33	4	4	3	4	3	4	4	2	4	3	35
34	3	1	4	4	4	2	4	1	4	3	30
35	4	4	4	4	4	4	4	4	4	4	40
36	3	4	3	3	3	4	3	3	3	3	32
37	2	2	3	3	1	1	2	1	3	2	20
38	4	4	4	4	4	4	4	4	4	4	40
39	4	2	4	4	1	2	4	2	4	4	31
40	4	3	4	4	1	3	4	2	2	4	31
41	3	4	4	3	4	3	3	2	4	3	33
42	4	3	3	4	2	4	3	3	4	4	34
43	3	4	3	3	3	4	3	1	4	2	30
44	2	2	3	3	2	2	2	2	3	2	23
45	3	3	4	4	3	2	3	3	4	4	33
46	4	4	4	4	4	4	4	4	4	4	40
47	4	4	3	4	4	4	4	2	4	3	36
48	4	1	4	4	3	3	4	2	3	3	31
49	3	3	3	3	3	3	2	3	4	2	29
50	4	4	3	4	4	4	4	4	4	4	39
51	4	4	4	4	4	4	4	4	4	4	40
52	4	4	4	4	3	4	4	4	4	4	39
53	4	4	4	4	4	4	4	4	4	4	40
54	3	4	3	4	2	4	4	4	4	4	36
55	4	4	4	4	3	4	4	1	4	4	36
56	3	4	2	4	2	2	4	4	3	3	31
57	4	4	4	3	1	4	4	4	4	4	36
58	4	4	3	4	1	4	4	4	4	4	36
59	3	4	3	3	4	4	4	4	4	4	37
60	4	4	4	3	3	3	4	4	4	4	37

Number of cases read =   60   Number of cases listed =   60

Datenmatrix 2
(Fortsetzung)

IDNR	V154	V255	V156	V257	V258	V159	V160	V261	LEBZU8	V262	V263	LEBZU2
1	6	6	6	6	6	6	6	6	48	3	3	6
2	5	5	4	5	4	5	5	4	37	3	3	6
3	6	6	6	7	7	6	6	7	51	3	3	6
4	5	5	6	5	5	5	6	6	43	3	1	4
5	6	6	7	6	6	6	7	6	50	3	3	6
6	6	7	7	7	7	6	6	3	49	3	3	6
7	5	6	5	6	6	5	5	6	44	3	3	6
8	7	7	7	1	1	4	2	1	30	5	3	8
9	6	6	6	6	6	6	6	6	48	5	5	10
10	6	6	7	7	7	6	6	6	51	3	3	6
11	5	4	5	4	5	5	5	3	36	3	3	6
12	6	6	5	7	6	6	6	6	48	3	3	6
13	7	3	1	1	2	1	1	3	19	1	3	4
14	6	6	5	6	6	5	6	6	46	3	3	6
15	7	7	6	7	7	6	7	7	54	5	3	8
16	7	5	5	7	4	3	2	6	39	1	3	4
17	5	6	7	5	7	6	6	4	46	3	3	6
18	7	7	7	7	7	6	5	6	52	3	3	6
19	5	6	6	5	6	6	6	6	46	3	3	6
20	7	6	7	7	7	6	7	1	48	3	1	4
21	6	6	6	6	6	6	6	6	48	3	3	6
22	6	6	6	6	6	6	6	6	48	3	3	6
23	5	4	4	4	4	4	4	4	36	3	3	6
24	7	5	4	7	6	5	6	6	46	3	3	6
25	7	7	7	3	6	6	7	7	50	3	3	6
26	5	5	6	6	4	5	5	5	41	3	3	6
27	6	6	6	5	6	7	7	7	50	3	3	6
28	5	5	5	5	5	6	6	6	43	3	3	6
29	7	7	7	7	7	7	7	7	56	3	3	6
30	4	6	6	6	5	5	4	4	40	1	1	2
31	4	6	6	4	3	6	7	7	43	3	3	6
32	7	7	7	7	7	7	7	7	56	3	5	8
33	6	6	6	5	6	6	6	6	47	3	3	6
34	7	4	3	2	4	2	2	4	28	3	3	6
35	7	7	7	7	7	7	7	7	56	5	5	10
36	5	5	5	6	5	5	6	6	43	3	3	6
37	5	4	3	4	1	2	2	2	23	1	1	2
38	4	4	4	1	4	4	4	2	27	1	1	2
39	7	7	7	7	7	6	6	3	50	3	3	6
40	6	6	6	6	6	7	7	7	51	5	3	8
41	4	5	5	4	3	5	5	4	35	3	3	6
42	6	2	1	3	3	6	6	6	33	3	5	8
43	6	1	5	4	2	2	1	1	22	1	1	2
44	4	5	3	4	3	5	5	3	32	3	3	6
45	4	4	4	4	4	1	1	4	26	1	1	2
46	6	6	7	7	7	7	7	7	54	3	3	6
47	6	6	6	6	5	5	6	6	46	3	3	6
48	6	6	6	6	5	4	3	6	42	3	3	6
49	5	5	6	4	4	5	5	5	39	3	3	6
50	6	6	6	6	6	6	6	6	48	3	5	8
51	6	6	7	6	6	6	6	6	49	3	3	6
52	7	7	7	7	7	7	7	6	55	3	3	6
53	5	5	6	4	4	4	6	5	39	1	3	4
54	7	6	7	5	7	7	7	5	51	3	3	6
55	7	7	7	6	7	6	7	6	53	3	3	6
56	6	5	6	6	5	5	5	5	43	3	3	6
57	7	7	7	7	7	7	7	7	56	5	5	10
58	7	7	7	7	7	7	7	7	56	3	5	8
59	4	2	6	7	7	5	6	4	41	3	3	6
60	6	6	6	6	5	6	5	6	46	3	3	6

Number of cases read =   60   Number of cases listed =   60

Datenmatrix 2
(Fortsetzung)

```
IDNR LEBZ8Z LEBZ2Z LEBZUZ V171 LALTER

 1    .452    .039    .246    36    44
 2   -.756    .039   -.358    49    31
 3    .781    .039    .410    45    35
 4   -.097  -1.130   -.613    50    30
 5    .672    .039    .355    21    59
 6    .562    .039    .301    38    42
 7    .013    .039    .026    50    30
 8  -1.524   1.208   -.158    21    59
 9    .452   2.377   1.415    33    47
10    .781    .039    .410    40    40
11   -.866    .039   -.413    38    42
12    .452    .039    .246    48    32
13  -2.732  -1.130  -1.931    32    48
14    .232    .039    .136    57    23
15   1.111   1.208   1.159    54    26
16   -.536  -1.130   -.833    35    45
17    .232    .039    .136    26    54
18    .891    .039    .465    28    52
19    .232    .039    .136    50    30
20    .452  -1.130   -.339    37    43
21    .452    .039    .246    48    32
22    .452    .039    .246    35    45
23   -.866    .039   -.413    28    52
24    .232    .039    .136    40    40
25    .672    .039    .355    31    49
26   -.317    .039   -.139    43    37
27    .672    .039    .355    41    39
28   -.097    .039   -.029    54    26
29   1.331    .039    .685    48    32
30   -.426  -2.299  -1.363    18    62
31   -.097    .039   -.029    58    22
32   1.331   1.208   1.269    34    46
33    .342    .039    .191    29    51
34  -1.744    .039   -.852    50    30
35   1.331   2.377   1.854    22    58
36   -.097    .039   -.029    56    24
37  -2.293  -2.299  -2.296    58    22
38  -1.854  -2.299  -2.076    17    63
39    .672    .039    .355    31    49
40    .781   1.208    .995    41    39
41   -.975    .039   -.468    39    41
42  -1.195   1.208    .007    27    53
43  -2.403  -2.299  -2.351    49    31
44  -1.305    .039   -.633    39    41
45  -1.964  -2.299  -2.131    57    23
46   1.111    .039    .575    44    36
47    .232    .039    .136    35    45
48   -.207    .039   -.084    26    54
49   -.536    .039   -.249    49    31
50    .452   1.208    .830    44    36
51    .562    .039    .301    26    54
52   1.221    .039    .630    21    59
53   -.536  -1.130   -.833    28    52
54    .781    .039    .410    22    58
55   1.001    .039    .520    33    47
56   -.097    .039   -.029    42    38
57   1.331   2.377   1.854    45    35
58   1.331   1.208   1.269    41    39
59   -.317    .039   -.139    52    28
60    .232    .039    .136    28    52
```

Number of cases read =   60   Number of cases listed =   60

Datenmatrix 3

IDNR	DISSPI	FERTIG	ANFORD	V118	V119	V120	V121	V122	V123	V124	V125	V126	V127
1	14	15	18	8	7	6	5	5	5	6	6	6	6
2	17	16	22	9	9	4	7	5	4	5	5	6	5
3	19	20	20	10	10	6	4	4	5	1	5	5	6
4	18	20	17	7	7	5	6	7	6	5	5	5	5
5	23	17	18	8	8	6	6	7	6	6	5	6	6
6	20	15	18	9	9	5	7	6	6	3	6	6	4
7	12	13	17	9	6	5	4	4	4	4	5	4	4
8	23	12	12	2	2	1	7	7	1	1	4	7	4
9	26	16	21	3	4	7	7	6	6	6	7	7	7
10	20	18	18	7	6	6	6	6	5	5	5	5	5
11	18	16	18	9	9	5	4	4	4	6	5	5	5
12	16	14	12	10	8	5	7	7	5	5	6	6	5
13	19	13	17	8	7	5	7	5	5	3	5	5	5
14	23	18	18	6	6	5	5	5	5	3	6	6	5
15	18	19	20	8	7	5	2	4	3	2	5	2	4
16	15	19	24	7	8	4	4	2	1	3	5	4	3
17	23	15	20	10	9	6	6	7	6	7	7	7	6
18	23	17	22	5	7	6	5	5	4	5	5	5	5
19	20	15	21	10	10	5	1	2	1	5	7	2	2
20	9	15	22	7	8	5	3	1	3	1	4	4	5
21	28	17	21	8	9	6	7	5	5	5	5	6	6
22	21	17	18	7	7	5	5	5	3	3	5	5	5
23	18	10	23	5	5	3	4	4	4	1	5	6	4
24	.	17	19	9	9	6	7	6	4	3	7	7	6
25	27	20	23	10	8	6	6	5	5	5	6	4	6
26	16	17	24	8	9	4	6	6	1	1	3	6	4
27	22	17	23	9	8	5	6	6	6	5	6	5	5
28	23	16	14	10	8	4	6	6	5	2	6	5	5
29	18	12	17	10	8	4	7	4	6	6	5	6	5
30	18	17	21	8	6	4	7	4	4	1	3	2	3
31	8	7	13	9	7	6	7	6	6	1	6	6	5
32	28	15	22	10	10	7	7	7	7	4	7	7	7
33	28	17	19	5	8	6	6	4	3	1	6	6	5
34	14	13	13	9	8	3	7	2	2	2	5	1	4
35	25	19	15	9	9	6	6	7	5	5	6	6	6
36	16	13	14	7	7	4	6	5	2	3	4	3	4
37	14	13	23	8	7	5	5	5	3	1	5	4	3
38	28	9	16	7	7	6	7	7	7	4	7	7	7
39	16	17	20	8	7	4	7	6	1	1	4	6	4
40	19	13	24	10	10	4	6	3	4	3	6	5	3
41	10	15	22	7	4	3	1	4	2	1	4	3	2
42	8	10	21	9	9	6	6	6	6	2	7	7	6
43	13	16	22	5	5	4	1	1	1	1	4	4	4
44	16	17	16	7	6	1	7	5	5	5	1	3	2
45	10	9	17	10	10	5	1	2	3	2	6	4	5
46	25	20	20	9	9	6	3	6	6	6	5	5	6
47	15	19	21	8	8	6	4	6	4	1	4	6	5
48	18	17	12	7	7	4	4	6	1	1	6	1	1
49	24	15	18	9	9	4	4	4	3	3	7	3	4
50	28	20	21	10	10	6	6	6	4	5	5	5	6
51	24	16	22	4	8	6	7	6	5	5	5	5	5
52	21	15	17	9	10	7	7	7	6	7	6	7	7
53	24	13	12	6	7	6	7	7	1	2	7	6	6
54	22	10	19	10	10	1	7	4	3	2	5	2	2
55	10	13	18	10	10	7	6	6	6	3	5	7	6
56	22	9	18	9	7	6	6	6	1	1	7	6	6
57	6	17	23	10	10	5	1	1	1	1	6	6	1
58	6	15	24	10	10	5	1	1	1	1	5	1	1
59	18	16	19	9	8	5	5	5	3	3	4	3	4
60	22	19	22	6	6	4	6	5	2	2	5	4	4

Number of cases read =   60   Number of cases listed =   60

Datenmatrix 3
(Fortsetzung)

IDNR	JOBZU4	JOBZU5	JOBDEP	V143	SELBST	LEBZU8	LEBZU2	LEBZ8Z	LEBZ2Z	LEBZUZ
1	18	23	15	5	29	48	6	.452	.039	.246
2	16	21	19	5	34	37	6	-.756	.039	-.358
3	16	21	13	6	39	51	6	.781	.039	.410
4	12	15	24	5	29	43	4	-.097	-1.130	-.613
5	20	25	15	6	38	50	6	.672	.039	.355
6	12	15	19	5	40	49	6	.562	.039	.301
7	18	23	20	5	31	44	6	.013	.039	.026
8	8	13	29	6	26	30	8	-1.524	1.208	-.158
9	20	25	24	6	34	48	10	.452	2.377	1.415
10	16	19	17	5	38	51	6	.781	.039	.410
11	12	15	20	4	25	36	6	-.866	.039	-.413
12	14	17	19	5	35	48	6	.452	.039	.246
13	14	19	20	6	28	19	4	-2.732	-1.130	-1.931
14	16	21	19	5	38	46	6	.232	.039	.136
15	12	17	17	4	38	54	8	1.111	1.208	1.159
16	8	13	19	5	38	39	4	-.536	-1.130	-.833
17	20	25	14	5	40	46	6	.232	.039	.136
18	16	21	19	5	32	52	6	.891	.039	.465
19	6	11	16	5	37	46	6	.232	.039	.136
20	8	9	19	7	32	48	4	.452	-1.130	-.339
21	18	23	16	6	40	48	6	.452	.039	.246
22	12	17	16	5	33	48	6	.452	.039	.246
23	16	21	17	7	37	36	6	-.866	.039	-.413
24	20	25	16	5	39	46	6	.232	.039	.136
25	18	23	12	5	40	50	6	.672	.039	.355
26	8	11	17	5	30	41	6	-.317	.039	-.139
27	18	21	14	5	36	50	6	.672	.039	.355
28	12	13	13	5	38	43	6	-.097	.039	-.029
29	16	21	15	5	38	56	6	1.331	.039	.685
30	8	13	23	3	37	40	2	-.426	-2.299	-1.363
31	16	17	25	4	36	43	6	-.097	.039	-.029
32	20	25	14	7	39	56	8	1.331	1.208	1.269
33	18	23	17	6	35	47	6	.342	.039	.191
34	10	13	24	4	30	28	6	-1.744	.039	-.852
35	18	23	13	6	40	56	10	1.331	2.377	1.854
36	12	17	20	3	32	43	6	-.097	.039	-.029
37	12	15	24	5	20	23	2	-2.293	-2.299	-2.296
38	18	23	19	7	40	27	2	-1.854	-2.299	-2.076
39	12	17	24	4	31	50	6	.672	.039	.355
40	10	13	18	5	31	51	8	.781	1.208	.995
41	4	7	20	2	33	35	6	-.975	.039	-.468
42	14	19	18	6	34	33	8	-1.195	1.208	.007
43	10	15	20	3	30	22	2	-2.403	-2.299	-2.351
44	10	15	26	2	23	32	6	-1.305	.039	-.633
45	6	9	30	2	33	26	2	-1.964	-2.299	-2.131
46	16	21	13	6	40	54	6	1.111	.039	.575
47	18	23	17	5	36	46	6	.232	.039	.136
48	10	15	22	6	31	42	6	-.207	.039	-.084
49	8	13	15	5	29	39	6	-.536	.039	-.249
50	20	23	11	6	39	48	8	.452	1.208	.830
51	16	21	15	5	40	49	6	.562	.039	.301
52	20	25	14	6	39	55	6	1.221	.039	.630
53	16	21	13	6	40	39	4	-.536	-1.130	-.833
54	4	7	20	4	36	51	6	.781	.039	.410
55	14	19	12	6	36	53	6	1.001	.039	.520
56	16	19	17	5	31	43	6	-.097	.039	-.029
57	16	21	18	4	36	56	10	1.331	2.377	1.854
58	12	13	12	4	36	56	8	1.331	1.208	1.269
59	14	19	16	4	37	41	6	-.317	.039	-.139
60	14	19	22	6	37	46	6	.232	.039	.136

Number of cases read =   60   Number of cases listed =   60

Datenmatrix 3
(Fortsetzung)

IDNR	V164	V165	V166	V167	V168	V169	V170	LALTER	V172	V173	V174	V175
1	351	278	3	1	60.0	1	2500	44	2	3	1	9
2	180	98	3	1	60.0	1	2000	31	1	2	1	6
3	240	108	3	2	12.0	1	2500	35	2	4	2	9
4	108	55	2	1	72.0	3	2300	30	1	2	0	8
5	360	60	3	2	120.0	4	4300	59	4	3	0	9
6	240	24	2	1	120.0	2	3000	42	1	2	0	8
7	192	48	1	1	48.0	1	2350	30	1	6	2	8
8	480	168	1	2	36.0	3	2000	59	3	6	0	1
9	384	276	1	2	24.0	1	1800	47	1	1	0	1
10	300	60	1	1	12.0	1	1700	40	5	6	2	8
11	328	64	1	1	42.0	1	1700	42	4	2	1	8
12	156	48	2	1	24.0	2	1800	32	2	2	1	8
13	388	388	1	2	48.0	2	1800	48	5	6	0	8
14	84	82	3	1	36.0	3	1750	23	1	1	0	7
15	120	18	3	2	12.0	3	1600	26	2	1	0	7
16	365	220	3	1	12.0	1	1850	45	1	6	2	2
17	396	188	3	2	120.0	2	2800	54	3	3	1	10
18	420	68	2	2	150.0	1	3400	52	1	6	2	8
19	18	18	2	1	60.0	4	2300	30	3	3	0	8
20	306	102	1	1	42.0	1	2000	43	1	4	1	5
21	184	72	3	2	60.0	4	2800	32	3	1	0	10
22	336	156	3	1	36.0	3	3000	45	5	2	0	8
23	360	240	2	2	24.0	1	1800	52	4	1	1	8
24	308	60	2	2	48.0	2	2400	40	5	6	1	8
25	232	98	3	2	120.0	4	2800	49	4	1	0	8
26	260	66	1	1	6.0	1	1300	37	2	6	2	7
27	276	120	2	2	84.0	3	3000	39	1	5	1	8
28	57	31	3	1	42.0	4	1790	26	2	1	0	5
29	185	48	3	2	12.0	2	2200	32	3	1	0	9
30	504	60	3	2	36.0	4	3300	62	1	2	1	6
31	30	30	1	1	1.0	4	1300	22	1	1	0	5
32	365	288	2	2	36.0	1	3100	46	2	1	0	9
33	444	120	2	2	60.0	1	2500	51	2	2	0	5
34	128	84	2	1	60.0	3	1800	30	2	1	0	4
35	533	399	2	1	60.0	1	2200	58	2	3	0	9
36	108	10	2	1	24.0	1	1400	24	1	1	0	6
37	61	30	3	1	36.0	2	1350	22	3	1	0	2
38	576	72	2	1	3.0	1	1840	63	4	2	2	9
39	420	119	1	1	48.0	1	1600	49	2	3	0	7
40	312	27	1	2	24.0	1	1700	39	1	6	2	9
41	324	16	1	1	12.0	1	1900	41	2	6	1	7
42	472	24	1	1	36.0	1	1800	53	2	3	1	9
43	204	36	1	1	36.0	1	1300	31	1	4	2	8
44	288	60	1	1	24.0	1	2200	41	1	3	2	7
45	102	37	1	1	24.0	1	1800	23	1	2	0	3
46	270	68	1	2	12.0	1	2200	36	3	5	1	9
47	364	78	1	1	54.0	1	1600	45	1	6	0	7
48	420	192	1	1	12.0	4	1400	54	3	3	2	2
49	144	60	2	1	12.0	2	1500	31	3	3	2	6
50	257	48	2	2	36.0	2	2500	36	2	3	2	9
51	471	72	3	2	36.0	1	3000	54	1	2	1	10
52	528	403	3	2	42.0	1	2340	59	1	2	1	9
53	444	72	2	1	12.0	2	2000	52	1	6	2	5
54	483	68	2	2	12.0	1	2270	58	2	2	0	8
55	420	125	1	1	2.0	1	1450	47	1	4	1	7
56	276	18	2	1	6.0	2	1400	38	2	4	2	3
57	240	192	3	1	12.0	1	9999	35	3	2	1	7
58	300	240	3	1	12.0	1	9999	39	3	2	1	6
59	134	86	3	2	24.0	1	1700	28	3	2	1	7
60	420	243	2	1	96.0	2	1900	52	3	5	0	7

Number of cases read =   60   Number of cases listed =   60

Anhang C:
Lösungen der Übungsaufgaben

LÖSUNGEN DER ÜBUNGSAUFGABEN

KAPITEL 1

1.

Variable	Wert
V228	5
V229	3
V230	5
V231	3
V232	3

2.

Skala	Anzahl der Fälle	Anzahl der Items	Bereich *möglicher* Skalenwerte	Bereich *empirischer* Skalenwerte
DISSPI	59	6	6 - 30	6 - 28
FERTIG	60	5	5 - 20	7 - 20
ANFORD	60	6	6 - 24	12 - 24
JOBZU4	60	4	4 - 20	4 - 20
JOBZU5	60	5	5 - 25	7 - 25
JOBDEP	60	10	10 - 40	11 - 30
SELBST	60	10	10 - 40	20 - 40
LEBZU8	60	8	8 - 56	19 - 56
LEBZU2	60	2	2 - 10	2 - 10

3.

Ausprägungen der Variablen V175	Häufigkeit (Strichmarken)	Häufigkeit (Zahlen)
1 (sehr unzufrieden)	//	2
2	///	3
3	//	2
4	/	1
5	⫫⫫	5
6	⫫⫫	5
7	⫫⫫ ⫫⫫ /	11
8	⫫⫫ ⫫⫫ ⫫⫫ /	16
9	⫫⫫ ⫫⫫ //	12
10 (sehr zufrieden)	///	3
		60

4.

Variable(n)	Variablenwert(e) des Befragten *Sechzig*
V173	5
V167	1
V166	2
V127	4
V166/V167	2 / 1
V166/V173	2 / 5
V262/V263	3 / 3
SELBST/JOBDEP	37 / 22
JOBDEP/ V119	22 / 6
V119 /LEBZU8	6 / 46

5. IDNR: 1   2   14   16   22   28   37   57   58

6.

Beschäftigtenstatus

		Arbeiter	Angest.	Beamter	
Auch Vorgesetzten-funktionen	nein	12	12	12	36
	ja	8	8	8	24
		20	20	20	60

7.

Ausprägungen der Variablen V119	Häufigkeit gemäß Abbildung 1-6	Häufigkeit gemäß Datenmatrix
10 (voller Schwung)	11	TTHL TTHL /
9	11	TTHL TTHL /
8	13	TTHL TTHL ///
7	14	TTHL TTHL ////
6	6	TTHL /
5	2	//
4	2	//
3		
2	1	/
1 (ohne Schwung)		
	60	

8. (a)

		Auch Vorgesetzten-funktionen (V167)		
		nein 1	ja 2	
sehr unzufrieden	1		// 2	2
	2	/// 3		3
	3	// 2		2
	4	/ 1		1
Zufriedenheit mit dem beruflich Erreichten (V175)	5	//// 4	/ 1	5
	6	//// 4	/ 1	5
	7	THL //// 9	// 2	11
	8	THL //// 9	THL // 7	16
	9	//// 4	THL /// 8	12
sehr zufrieden	10		/// 3	3
		36	24	60

(b) Jede korrekte Beschreibung des Inhalts der bivariaten
Tabelle bringt zum Ausdruck, daß eine Beziehung zwischen
den Variablen V167 und V175 besteht, beispielsweise diese:

- Die gemeinsame Verteilung läßt erkennen, daß Beschäftigte,
die keine Vorgesetztenfunktionen ausüben, weniger häufig
eine hohe Zufriedenheit mit dem beruflich Erreichten ausdrücken als Beschäftigte, die (auch) Vorgesetztenfunktionen ausüben.

Oder diese:

- Die gemeinsame Verteilung zeigt, daß Beschäftigte, die
(auch) Vorgesetztenfunktionen ausüben, häufiger mit dem
zufrieden sind, was sie beruflich erreicht haben, als
Beschäftigte, die keine Vorgesetztenfunktionen ausüben.

9. (a)   Auch Vorgesetzten-
                                        funktionen (V167)

                                        nein   ja
                                          1   2

Zufrieden-heit mit dem beruf-lich Er-reichten (V175D)	gering 1 - 7	𝟷𝟟𝟟𝟺 𝟟𝟟𝟟𝟺 /// 𝟟𝟟𝟟𝟺 𝟟𝟟𝟟𝟺 23	𝟟𝟟𝟟𝟺 / 6	29
	hoch 8 - 10	𝟟𝟟𝟟𝟺 𝟟𝟟𝟟𝟺 /// 13	𝟟𝟟𝟟𝟺 𝟟𝟟𝟟𝟺 𝟟𝟟𝟟𝟺 /// 18	31
		36	24	60

(b) Man kann die Beziehung verbal auf verschiedene Weise aus-
    drücken, etwa so:

   - Die Tabelle zeigt, daß Beschäftigte, die keine Vorgesetz-
     tenfunktionen ausüben, häufiger eine geringe Zufrieden-
     heit mit dem beruflich Erreichten bekunden [100(23/36) =
     64 Prozent] als Beschäftigte, die (auch) Vorgesetzten-
     funktionen ausüben [100(6/24) = 25 Prozent].

   Oder so:

   - Aus der gemeinsamen Verteilung der Variablen V167 und
     V175D geht hervor, daß Beschäftigte, die (auch) Vorgesetz-
     tenfunktionen ausüben, häufiger mit dem zufrieden sind,
     was sie beruflich erreicht haben [100(18/24) = 75 Prozent],
     als Beschäftigte, die keine Vorgesetztenfunktionen aus-
     üben [100(13/36) = 36 Prozent].

10.   Religions-
                                        zugehörigkeit

                                 katholisch   nicht
                                               katholisch

		katholisch	nicht katholisch	
Politische Orientierung	konservativ	30	20	50
	nicht konservativ	20	30	50
		50	50	100

11. (a) Wertekombination: 7 / 43

    (b) IDNR: 4   31   36   56

12. (a) Die Ausreißer sind die Befragten mit der IDNR: 9   45

    (b) Daß die Beziehung *negativ* sei.

KAPITEL 2

1.

Meßwert x_i	Strich-marke	Häufig-keit f_i	Proz. Häufig-keit $\%f_i$	Kumul. Häufig-keit fc_i	Proz. kumulierte Häufigkeit $\%fc_i$
1300	///	3	5.2	3	5.2
1350	/	1	1.7	4	6.9
1400	///	3	5.2	7	12.1
1450	/	1	1.7	8	13.8
1500	/	1	1.7	9	15.5
1600	///	3	5.2	12	20.7
1700	////	4	6.9	16	27.6
1750	/	1	1.7	17	29.3
1790	/	1	1.7	18	31.0
1800	ЖН //	7	12.1	25	43.1
1840	/	1	1.7	26	44.8
1850	/	1	1.7	27	46.6
1900	//	2	3.4	29	50.0
2000	////	4	6.9	33	56.9
2200	////	4	6.9	37	63.8
2270	/	1	1.7	38	65.5
2300	//	2	3.4	40	69.0
2340	/	1	1.7	41	70.7
2350	/	1	1.7	42	72.4
2400	/	1	1.7	43	74.1
2500	////	4	6.9	47	81.0
2800	///	3	5.2	50	86.2
3000	////	4	6.9	54	93.1
3100	/	1	1.7	55	94.8
3300	/	1	1.7	56	96.6
3400	/	1	1.7	57	98.3
4300	/	1	1.7	58	100.0

N=58   99.7

2.

Exakte Grenzen des Klassenintervalls (von - bis unter)	Klassenmitte x_i	Häufigkeit f_i	Kumulierte Häufigkeit fc_i
1125 - 1375	1250	4	4
1375 - 1625	1500	8	12
1625 - 1875	1750	15	27
1875 - 2125	2000	6	33
2125 - 2375	2250	9	42
2375 - 2625	2500	5	47
2625 - 2875	2750	3	50
2875 - 3125	3000	5	55
3125 - 3375	3250	1	56
3375 - 3625	3500	1	57
4125 - 4375	4250	1	58

N=58

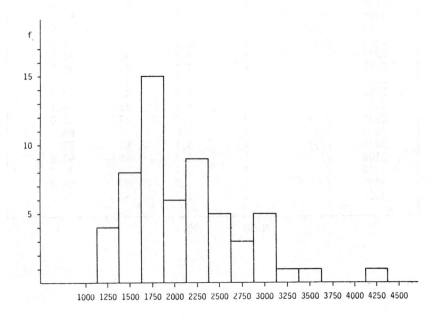

3. (a)

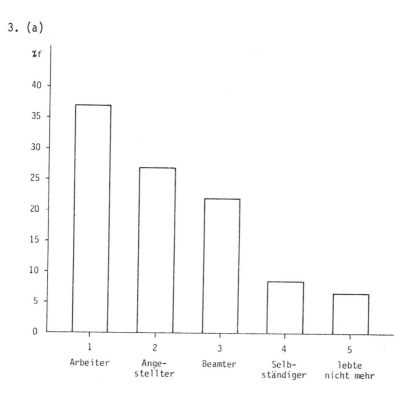

(b) Die Darstellungen sind gleichwertig; beide bilden die
    Häufigkeit der Kategorien proportional ab, so daß in der
    unterschiedlichen Höhe der Säulen die unterschiedliche
    Besetzung der Kategorien zum Ausdruck gebracht wird.

4. (a) diskrete Variable
   (b)

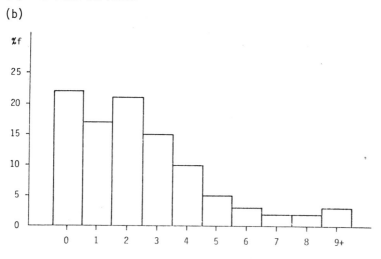

5.

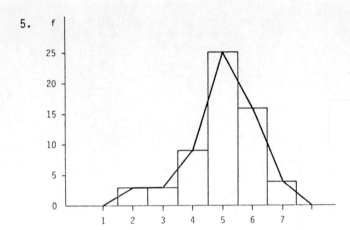

6.   Abbildung 2-10: h = 0 ("kein Berufswechsel")
       Abbildung 2-12: h = 2
       Abbildung 2-13: h = 7
       Übungsaufgabe 1: h = 1800
       Übungsaufgabe 2: h = 1750
       Übungsaufgabe 3: h = 1 ("Arbeiter")
       Übungsaufgabe 4: h = 0 ("kein Kind")
       Übungsaufgabe 5: h = 5

7. (a) Ja. Man braucht nur die exakte obere Grenze des Klassen-
       intervalls zu identifizieren; diese ist der Wert des
       Medians.

   (b) Ja. Die Berechnung des Medians klassierter Daten setzt
       lediglich die Kenntnis der Grenzen des Medianintervalls
       voraus. Wenn allerdings ein offenes Intervall mehr als
       50 Prozent der Fälle umfaßt, ist die Berechnung des
       Medians ausgeschlossen.

8. (a) Da hier der relativ seltene Fall vorliegt, daß eine der
       kumulierten Häufigkeiten genau gleich N/2 ist, ist die
       exakte obere Grenze des zu dieser Häufigkeit korrespon-
       dierenden Intervalls der Wert des Medians: $\tilde{x} = 2000.00$.

   (b) $\tilde{x} = 1875 + \left[\dfrac{29 - 27}{6} \right] 250 = 1875 + 83.33 = 1958.33$

       Ein Vergleich dieser beiden Medianwerte mit dem Median-
       wert 1900.50 der nicht klassierten Variablen V170 (da
       die kumulierte Häufigkeit des Meßwertes 1900 bzw. des
       Intervalls mit der exakten oberen Grenze 1900.5 genau

N/2 = 29 ist, ist diese Obergrenze der Wert des Medians)
zeigt, daß die Klassierung der Einkommensdaten größere
Abweichungen der Medianwerte zur Folge hat als die Klassierung der Altersdaten, was insbesondere auf die größere
Heterogenität der Einkommensdaten zurückzuführen ist.
Dennoch mögen die Abweichungen geringer sein, als man sie
vielleicht erwartet hat.

9. $\bar{x} = 122890/58 = 2118.79$

10. (a) $\bar{x} = 125500/58 = 2163.79$

(b) $\bar{x} = 122250/58 = 2107.76$

11.   Abbildung 2-5: R = 65 - 20 = 45
        Abbildung 2-6: R = 4375 - 1375 = 3000
        Abbildung 2-13: R = 10 - 2 = 8
        Übungsaufgabe 1: R = 4300 - 1300 = 3000
        Übungsaufgabe 2: R = 4250 - 1250 = 3000
        Übungsaufgabe 5: R = 7 - 2 = 5

12. (a) $Q_1 = 1500 + \left[\dfrac{14.5 - 8}{8}\right] 250 = 1500 + 203.125 = 1703.13$

$Q_3 = 2500 + \left[\dfrac{43.5 - 43}{4}\right] 250 = 2500 + 31.25 = 2531.25$

$QA = \dfrac{Q_3 - Q_1}{2} = \dfrac{2531.25 - 1703.13}{2} = \dfrac{828.12}{2} = 414.06$

(b) $Q_1 = 1625 + \left[\dfrac{14.5 - 12}{15}\right] 250 = 1625 + 41.67 = 1666.67$

$Q_3 = 2375 + \left[\dfrac{43.5 - 42}{5}\right] 250 = 2375 + 75.00 = 2450.00$

$QA = \dfrac{Q_3 - Q_1}{2} = \dfrac{2450.00 - 1666.67}{2} = \dfrac{783.33}{2} = 391.67$

13. $s^2 = \dfrac{21889012}{58} = 377397$

$s = \sqrt{s^2} = \sqrt{377397} = 614 \text{ (DM)}$

14. (a) Die Summe der Abweichungsquadrate

$$SAQ = \Sigma \, (x_i - \bar{x})^2 = \Sigma \, f_i(x_i - \bar{x})^2$$

läßt sich auch aufgrund des mit SPSS/PC+ errechneten Zahlenwertes der Varianz ($s^2 = 2.274$) und der bekannten Anzahl der Fälle ($N = 60$) ermitteln, nämlich wie folgt:

$$s^2 = \frac{SAQ}{N - 1} \qquad \text{(für inferenzstatistische Zwecke heranzuziehende Varianz-Formel)}$$

$$2.274 = \frac{SAQ}{60 - 1}$$

$$59(2.274) = SAQ$$

$$134.166 = SAQ$$

$$s^2 = \frac{SAQ}{N} \qquad \text{(für deskriptivstatistische Zwecke heranzuziehende Varianz-Formel)}$$

$$= \frac{134.166}{60}$$

$$= 2.236 \qquad \text{(gesuchter Wert)}$$

$$s = \sqrt{s^2} = \sqrt{2.236} = 1.495 \qquad \text{(gesuchter Wert)}$$

(b) Da die Verteilung unimodal ist und zwischen den Mittelwerten die Beziehung $\bar{x} = 4.617 < \tilde{x} = 4.833 < h = 5.000$ besteht, handelt es sich um eine rechtssteile (linksschiefe) Verteilung.

15.

z_i	f_i	$f_i z_i$	z_i^2	$f_i z_i^2$
-2.598	3	-7.794	6.75	20.25
-1.732	3	-5.196	3.00	9.00
- .866	9	-7.794	.75	6.75
0.0	25	0.0	0.0	0.0
.866	16	13.856	.75	12.00
1.732	4	6.928	3.00	12.00
	60	0.0		60.00

$$\bar{z} = \frac{\Sigma\ f_i z_i}{N} = 0 \quad (\text{da } \Sigma\ f_i z_i = 0)$$

$$s_z^2 = \frac{\Sigma\ f_i (z_i - \bar{z})^2}{N} = \frac{\Sigma\ f_i z_i^2}{N} \quad (\text{da } \bar{z} = 0)$$

$$s_z^2 = \frac{60}{60} = 1$$

$$s_z = \sqrt{s_z^2} = \sqrt{1} = 1$$

KAPITEL 3

1.

Crosstabulation: V170D   Monatliches Nettoeinkommen in DM
By V167   Auch Vorgesetztenfunktionen

V167–>	Count Col Pct	nein	ja	Row Total
		1	2	
V170D				
bis 1900	1	23 67.6	6 25.0	29 50.0
üb. 1900	2	11 32.4	18 75.0	29 50.0
	Column Total	34 58.6	24 41.4	58 100.0

(a) $d\% = 100 \left(\dfrac{a}{a + c} - \dfrac{b}{b + d} \right)$

$\qquad = 100 \left(\dfrac{23}{34} - \dfrac{6}{24} \right) = 42.6$

(b) $d\% = \dfrac{100(ad - bc)}{(a + c)(b + c)}$

$\qquad = \dfrac{100(23 \cdot 18 - 6 \cdot 11)}{(34)(24)} = 42.6$

2. (a) Mit der SPSS/PC+-Prozedur CROSSTABS lassen sich auch
       Tabellen erzeugen, die die erwarteten Häufigkeiten (f_e),
       die "expected values" (Exp Val), neben den beobachte-
       ten Häufigkeiten (f_b) ausweisen, wie diese Tabelle:

```
Crosstabulation:        V170D        Monatliches Nettoeinkommen in DM
                   By V167           Auch Vorgesetztenfunktionen

                Count |nein  |ja
    V167->      Exp Val|                        Row
                       |   1  |   2            Total
    V170D       ───────┼──────┼──────┐
                  1    |  23  |   6  |           29
    bis 1900           |  17.0|  12.0|          50.0
                       ├──────┼──────┤
                  2    |  11  |  18  |           29
    üb. 1900           |  17.0|  12.0|          50.0
                       └──────┴──────┘
                Column     34     24             58
                Total      58.6   41.4         100.0
```

Chi-Square = 10.23529
Phi   = .42008

Zeile i	Spalte j	f_b	f_e	$(f_b - f_e)$	$(f_b - f_e)^2$	$\dfrac{(f_b - f_e)^2}{f_e}$
1	1	23	17	6	36	2.12
1	2	6	12	-6	36	3.00
2	1	11	17	-6	36	2.12
2	2	18	12	6	36	3.00
		58	58	0.0		$\chi^2 = 10.24$

$$\phi^2 = \frac{\chi^2}{N} = \frac{10.24}{58} = .177 \qquad\qquad \phi = \sqrt{.177} = .42$$

(b) $$\chi^2 = \frac{N(ad - bc)^2}{(a + b)(c + d)(a + c)(b + d)}$$

$$= \frac{58(23 \cdot 18 - 6 \cdot 11)^2}{(29)(29)(34)(24)}$$

$$= 10.23529$$

$$\phi^2 = \frac{\chi^2}{N} = \frac{10.23529}{58} = .17647$$

$$\phi = \sqrt{.17647} = .42008$$

(c) $$\phi = \frac{ad - bc}{\sqrt{(a + b)(c + d)(a + c)(b + d)}}$$

$$= \frac{414 - 66}{\sqrt{(29)(29)(34)(24)}} = .42008$$

3. $$V = \sqrt{\frac{\chi^2}{N \min(r-1, c-1)}}$$

$$= \sqrt{\frac{6.81608}{60(2)}} = .23833$$

$$C = \sqrt{\frac{\chi^2}{\chi^2 + N}}$$

$$= \sqrt{\frac{6.81608}{6.81608 + 60}} = .31939$$

4.

Crosstabulation: V167   Auch Vorgesetztenfunktionen
                      By V164T   Berufstätigkeit in Jahren

V164T→	Count Exp Val	unter 20	20 - 30	über 30	Row Total
		1	2	3	
V167					
nein	1	14 11.4	12 12.0	10 12.6	36 60.0
ja	2	5 7.6	8 8.0	11 8.4	24 40.0
	Column Total	19 31.7	20 33.3	21 35.0	60 100.0

Chi-Square = 2.82373
Cramer's V   = .21694
Contingency Coefficient = .21201

Zeile i	Spalte j	f_b	f_e	$(f_b - f_e)$	$(f_b - f_e)^2$	$\dfrac{(f_b - f_e)^2}{f_e}$
1	1	14	11.4	2.6	6.76	.59
1	2	12	12.0	0.0	0.0	0.0
1	3	10	12.6	-2.6	6.76	.54
2	1	5	7.6	-2.6	6.76	.89
2	2	8	8.0	0.0	0.0	0.0
2	3	11	8.4	2.6	6.76	.80
		60	60.0	0.0		$\chi^2 = 2.82$

$$V = \sqrt{\frac{\chi^2}{N \min(r-1, c-1)}} \qquad C = \sqrt{\frac{\chi^2}{\chi^2 + N}}$$

$$= \sqrt{\frac{2.82}{60(1)}} = .22 \qquad = \sqrt{\frac{2.82}{2.82 + 60}} = .21$$

5.

Crosstabulation: V175D   Zufr. m. d. ber. Erreichten
                      By V167   Auch Vorgesetztenfunktionen

```
              Count  |nein    |ja      |
   V167->            |        |        |    Row
                     |      1 |      2 | Total
  V175D       ───────┼────────┼────────┼───────
                   1 |   23   |    6   |    29
  gering            |        |        |  48.3
              ───────┼────────┼────────┼───────
                   2 |   13   |   18   |    31
  hoch              |        |        |  51.7
              ───────┼────────┼────────┼───────
             Column      36       24        60
              Total    60.0     40.0     100.0
```

Lambda (asymmetric) = .34483 with V175D dependent
                    = .20833 with V167 dependent
Lambda (symmetric) = .28302

(a) λ_r: $E_1 = 60 - 31 = 29$

$E_2 = (36 - 23) + (24 - 18) = 13 + 6 = 19$

$$\lambda_r = \frac{E_1 - E_2}{E_1} = \frac{29 - 19}{29} = \frac{10}{29} = .34483$$

λ_c: $E_1 = 60 - 36 = 24$

$E_2 = (29 - 23) + (31 - 18) = 6 + 13 = 19$

$$\lambda_c = \frac{E_1 - E_2}{E_1} = \frac{24 - 19}{24} = \frac{5}{24} = .20833$$

λ_s: $E_1 = 29 + 24 = 53$

$E_2 = 19 + 19 = 38$

$$\lambda_s = \frac{E_1 - E_2}{E_1} = \frac{53 - 38}{53} = \frac{15}{53} = .28302$$

(b) $\lambda_r = \dfrac{\sum\limits_{j=1}^{c} \max\limits_{j} n_j - \max n_{i.}}{N - \max n_{i.}}$

$$= \frac{(23 + 18) - 31}{60 - 31} = \frac{41 - 31}{29} = \frac{10}{29} = .34482$$

$\lambda_c = \dfrac{\sum\limits_{i=1}^{r} \max\limits_{i} n_i - \max n_{.j}}{N - \max n_{.j}}$

$$= \frac{(23 + 18) - 36}{60 - 36} = \frac{41 - 36}{24} = \frac{5}{24} = .20833$$

$\lambda_s = \dfrac{\sum\limits_{j=1}^{c} \max\limits_{j} n_j + \sum\limits_{i=1}^{r} \max\limits_{i} n_i - \max n_{i.} - \max n_{.j}}{2N - \max n_{i.} - \max n_{.j}}$

$$= \frac{(23 + 18) + (23 + 18) - 31 - 36}{2(60) - 31 - 36} = .28302$$

6.

(a) λ_r: $E_1 = 60 - 20 = 40$

$E_2 = (22 - 10) + (16 - 8) + (13 - 7) + (5 - 2) + (4 - 2)$

$= 12 + 8 + 6 + 3 + 2 = 31$

$$\lambda_r = \frac{E_1 - E_2}{E_1} = \frac{40 - 31}{40} = \frac{9}{40} = .22500$$

$$\lambda_c: \quad E_1 = 60 - 22 = 38$$

$$E_2 = (20 - 10) + (20 - 8) + (20 - 7)$$

$$= 10 + 12 + 13 = 35$$

$$\lambda_c = \frac{E_1 - E_1}{E_1} = \frac{38 - 35}{38} = \frac{3}{38} = .07895$$

$$\lambda_s: \quad E_1 = 40 + 38 = 78$$

$$E_2 = 31 + 35$$

$$\lambda_s = \frac{E_1 - E_2}{E_1} = \frac{78 - 66}{78} = \frac{12}{78} = .15385$$

(b) $\quad \lambda_r = \dfrac{(10 + 8 + 7 + 2 + 2) - 20}{60 - 20} = .22500$

$$\lambda_c = \frac{(10 + 8 + 7) - 22}{60 - 22} = .07895$$

$$\lambda_s = \frac{(10 + 8 + 7 + 2 + 2) + (10 + 8 + 7) - 20 - 22}{2(60) - 20 - 22} = .15385$$

7. Für jede der drei Teilaufgaben gibt es mehr als eine Lösung, darunter diese:

(a)   X

		x_1	x_2	x_3	
	y_1	9	12	9	30
Y	y_2	12	16	12	40
	y_3	9	12	9	30
		30	40	30	100

$$E_1 = 100 - 40 = 60$$

$$E_2 = (30 - 12) + (40 - 16) + (30 - 12) = 18 + 24 + 18 = 60$$

$$\lambda_r = \frac{E_1 - E_2}{E_1} = \frac{60 - 60}{60} = 0$$

(b)

$$X$$

		x_1	x_2	x_3	
	y_1	30			30
Y	y_2		40		40
	y_3			30	30
		30	40	30	100

$E_1 = 100 - 40 = 60$

$E_2 = (30 - 30) + (40 - 40) + (30 - 30) = 0$

$$\lambda_r = \frac{E_1 - E_2}{E_1} = \frac{60 - 0}{60} = 1$$

(c)

$$X$$

		x_1	x_2	x_3	
	y_1	20	5	5	30
Y	y_2	5	30	5	40
	y_3	5	5	20	30
		30	40	30	100

$E_1 = 100 - 40 = 60$

$E_2 = (30 - 20) + (40 - 30) + (30 - 20) = 10 + 10 + 10 = 30$

$$\lambda_r = \frac{E_1 - E_2}{E_1} = \frac{60 - 30}{60} = \frac{30}{60} = .50$$

8.

Crosstabulation: YVAR   Y-Variable
                  By XVAR   X-Variable

	Count	x1	x2	Row
XVAR->		1	2	Total
YVAR				
y1	1	1	2	3 / 37.5
y2	2	3	2	5 / 62.5
Column Total		4 / 50.0	4 / 50.0	8 / 100.0

Kendall's Tau A	= -.14286
Kendall's Tau B	= -.25820
Kendall's Tau C	= -.25000
Gamma	= -.50000
Somers' D (asymmetric)	= -.25000 with YVAR dependent
	= -.26667 with XVAR dependent
Somers' D (symmetric)	= -.25806

9.   Mathematiknote (X)

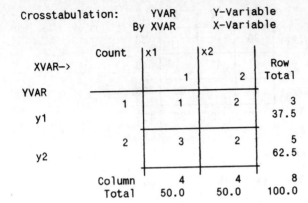

$$N_c = 1(6) + 1(4) + 1(2) = 12$$
$$N_d = 1(3) + 1(1) \qquad = 4$$
$$T_x = 1(2) + 1(1) \qquad = 3$$
$$T_y = 1(1) + 1(1) \qquad = 2$$
$$T_{xy} \qquad\qquad\qquad = 0$$
$$\frac{N(N-1)}{2} = \frac{7(7-1)}{2} = 21$$

Tau-a	= .38
Tau-b	= .43
Tau-c	= .41
Gamma	= .50
d_{yx}	= .44
d_{xy}	= .42
d_s	= .43

10. $\tau_b = \dfrac{N_c - N_d}{\sqrt{(N_c + N_d + T_x)(N_c + N_d + T_y)}}$

$ = \dfrac{109 - 765}{\sqrt{(109 + 765 + 319)(109 + 765 + 325)}} = -.54850$

$\tau_c = \dfrac{N_c - N_d}{\frac{1}{2}N^2\left(\dfrac{m-1}{m}\right)} = \dfrac{109 - 765}{\frac{1}{2}(69)^2\left(\dfrac{3-1}{3}\right)} = -.54667$

$\gamma = \dfrac{N_c - N_d}{N_c + N_d} = \dfrac{109 - 765}{109 + 765} = -.75057$

$d_{yx} = \dfrac{N_c - N_d}{N_c + N_d + T_y} = \dfrac{109 - 765}{109 + 765 + 325} = -.54712$

$d_{xy} = \dfrac{N_c - N_d}{N_c + N_d + T_x} = \dfrac{109 - 765}{109 + 765 + 319} = -.54987$

$d_s = \dfrac{N_c - N_d}{N_c + N_d + \frac{1}{2}\left(T_y + T_x\right)} = \dfrac{109 - 765}{109 + 765 + \frac{1}{2}\left(325 + 319\right)}$

$ = -.54849$

11. (a) und (b)

Schüler	Leistung in Deutsch x_i (Rangplatz)	Leistung in Latein y_i (Rangplatz)	$d_i = (x_i - y_i)$	$d_i^2 = (x_i - y_i)^2$
a	3	1	2	4
b	3	3	0	0
c	3	3	0	0
d	3	6.5	-3.5	12.25
e	3	11.5	-8.5	72.25
f	9	3	6	36
g	9	6.5	2.5	6.25
h	9	6.5	2.5	6.25
i	9	11.5	-2.5	6.25
j	9	11.5	-2.5	6.25
k	9	11.5	-2.5	6.25
l	9	11.5	-2.5	6.25
m	14	6.5	7.5	56.25
n	14	11.5	2.5	6.25
o	14	15	-1	1
Summe	120	120	0	225.50

$$r_s = 1 - \frac{6 \, \Sigma \, d_i^2}{N(N^2 - 1)}$$

$$= 1 - \frac{6(225.5)}{15(225 - 1)}$$

$$= 1 - \frac{1353}{3360}$$

$$= 1 - .40268$$

$$= .59732$$

(c)

Anzahl der im Hinblick auf die Variable X verknüpften Untersuchungseinheiten (RX_i):	Anzahl der im Hinblick auf der Variablen Y verknüpften Untersuchungseinheiten (RY_i):
5 auf Rangplatz 3	3 auf Rangplatz 3
7 auf Rangplatz 9	4 auf Rangplatz 6.5
3 auf Rangplatz 14	6 auf Rangplatz 11.5

$$\Sigma RX_i(RX_i^2 - 1) = [5(5^2 - 1) + 7(7^2 - 1) + 3(3^2 - 1)] = 480$$

$$\Sigma RY_i(RY_i^2 - 1) = [3(3^2 - 1) + 4(4^2 - 1) + 6(6^2 - 1)] = 294$$

$$N(N^2 - 1) = 15(15^2 - 1) = 3360$$

$$\Sigma d_i^2 = 225.5$$

$$r_s = \frac{\dfrac{N(N^2 - 1) - \Sigma RX_i(RX_i^2 - 1)}{12} + \dfrac{N(N^2 - 1) - \Sigma RY_i(RY_i^2 - 1)}{12} - \Sigma d_i^2}{2 \sqrt{\left[\dfrac{N(N^2 - 1) - \Sigma RX_i(RX_i^2 - 1)}{12}\right]\left[\dfrac{N(N^2 - 1) - \Sigma RY_i(RY_i^2 - 1)}{12}\right]}}$$

$$= \frac{\dfrac{3360 - 480}{12} + \dfrac{3360 - 294}{12} - 225.5}{2 \sqrt{\left[\dfrac{3360 - 480}{12}\right]\left[\dfrac{3360 - 294}{12}\right]}}$$

$$= \frac{240 + 255.5 - 225.5}{2 \sqrt{(240)(255.5)}}$$

$$= .54517$$

Es zeigt sich, daß - wegen der vielen "Ties" - der Wert r_s = .60 die Rangkorrelation beträchtlich überschätzt. Infolgedessen ist der Wert r_s = .55 zur Beschreibung der Beziehung zwischen der Leistung in Deutsch und in Latein zu verwenden, falls man nicht die ordinalen Koeffizienten Tau-b oder Gamma bevorzugt, die im vorliegenden Beispiel die Zahlenwerte τ_b = .49 und γ = .67 annehmen.

12. (a) und (b)

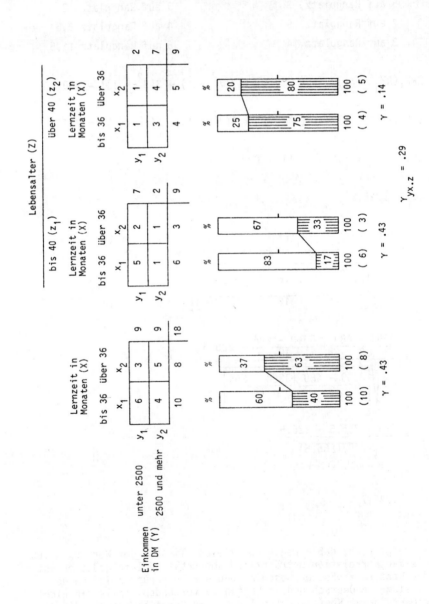

(c) Die Beziehung in der Originaltabelle (zero-order gamma) ist:

$$\gamma = \frac{6(5) - 4(3)}{6(5) + 4(3)} = \frac{30 - 12}{30 + 12} = \frac{18}{42} = .43$$

Die Beziehungen in den Konditionaltabellen (conditional gammas) sind

- in der z_1-Kategorie: $\gamma = \dfrac{5(1) - 2(1)}{5(1) + 2(1)} = \dfrac{5 - 2}{5 + 2} = \dfrac{3}{7} = .43$

- in der z_2-Kategorie: $\gamma = \dfrac{1(4) - 1(3)}{1(4) + 1(3)} = \dfrac{4 - 3}{4 + 3} = \dfrac{1}{7} = .14$

Die Partialbeziehung (partial gamma) ist:

$$\gamma_{yx \cdot z} = \frac{(5 + 4) - (2 + 3)}{(5 + 4) + (2 + 3)} = \frac{9 - 5}{9 + 5} = \frac{4}{14} = .29$$

(d)

			Lebensalter (Z)		
			bis 40	über 40	
			z_1	z_2	
Lernzeit in Monaten (X)	bis 36	x_1	6	4	10
	über 36	x_2	3	5	8
			9	9	18

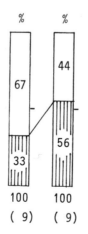

%	%
67	44
33	56
100	100
(9)	(9)

$$\gamma = .43$$

$$\gamma = \frac{6(5) - 4(3)}{6(5) + 4(3)} = \frac{30 - 12}{30 + 12} = \frac{18}{42} = .43$$

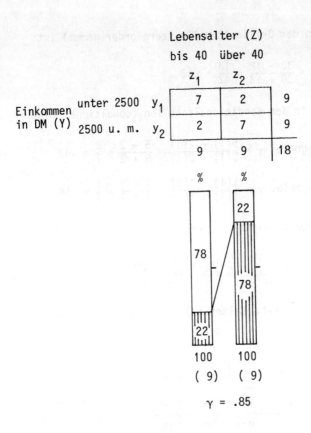

$$\gamma = \frac{7(7) - 2(2)}{7(7) + 2(2)} = \frac{49 - 4}{49 + 4} = \frac{45}{53} = .85$$

(e) Die Konfiguration der Daten läßt zunächst erkennen, daß eine Beziehung ($\gamma = .43$) zwischen den Variablen "Lernzeit (X)" und "Einkommen (Y)" besteht.

Der partielle Gamma-Koeffizient ($\gamma_{yx \cdot z} = .29$) zeigt, daß die X-Y-Beziehung bei Einführung der Kontrollvariablen "Lebensalter (Z)" zwar abgeschwächt wird, aber bei weitem nicht verschwindet.

Der Partialkoeffizient beantwortet lediglich die Frage, was "im Durchschnitt" in den Konditionaltabellen vorgeht; er informiert nicht darüber, was sich dort im einzelnen abspielt. Es ist deshalb unverzichtbar, die konditionalen Beziehungen zu studieren. Im vorliegenden Beispiel zeigt sich, daß die X-Y-Beziehung in einer der beiden Konditionaltabellen erhalten bleibt ($\gamma = .43$), während sie in der anderen reduziert wird ($\gamma = .14$). Da die Differenz zwischen den konditionalen Koeffizienten erheblich ist (wenngleich

nicht von einem Ausmaß, daß man die Verwendung eines Partialkoeffizienten als nicht sinnvoll bezeichnen müßte), liegt
eine Interaktion vor.

Diese Interaktion - eine genügend große Anzahl von Befragten
der betrachteten Population vorausgesetzt - besagt, daß die
Lernzeit (X) eine vom Lebensalter (Z) abhängige unterschiedliche Bedeutung für das Einkommen (Y) hat: Bei Beschäftigten,
die über 40 Jahre alt sind, ist der Einfluß der Lernzeit auf
das Einkommen geringer als bei Beschäftigten, die bis 40 Jahre
alt sind. Im übrigen geht aus der Dreivariablen-Tabelle wie
auch aus der Z-Y-Beziehung (γ = .85) hervor, daß das Einkommen
der 18 Beamten weit stärker vom Lebensalter als von der Lernzeit abhängt (γ = .43).

Was den Typ der Elaboration angeht, so liegt der Fall einer
"Spezifikation" vor, wenn man unterstellt, daß die Z-Variable
"Lebensalter" eine antezedierende Variable ist (in dem Sinne,
daß es vom Lebensalter abhängt, was man kann und was man verdient), deren Einführung in die Analyse die X-Y-Beziehung
nicht zum Verschwinden bringt, sondern lediglich reduziert
bzw. unterschiedliche Konditionalbeziehungen aufdeckt.

Man beachte, daß das vorliegende Beispiel nicht nur auf sehr
wenigen Fällen, sondern auch auf Variablen basiert, die
sämtlich Dichotomisierungen kontinuierlicher Variablen sind.
Diese aus Gründen der Illustration vorgenommene Reduzierung
kontinuierlicher Variablen auf Dichotomien impliziert einen
Informationsverlust, den man normalerweise nicht hinzunehmen
bereit ist. Für den Fall, daß man den Informationsgehalt der
Daten voll ausschöpfen möchte, bietet sich das in Kapitel 4
dargestellte Verfahren der Partialkorrelation (für metrische
Variablen) an.

KAPITEL 4

1.

(a) Das Streudiagramm sollte etwa so aussehen:

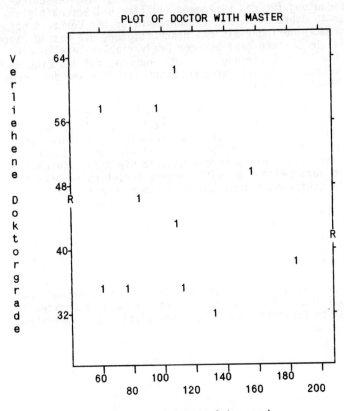

PLOT OF DOCTOR WITH MASTER

11 cases plotted.
Correlation (r) = -.13221
Intercept (a) = 48.36994

R squared (r^2) = .01748
Slope (b) = -.03599

(b) Das Muster der Punkte bzw. Zahlen läßt eine *lineare* Beziehung erkennen, die *negativ* und relativ *schwach* ist.

2.

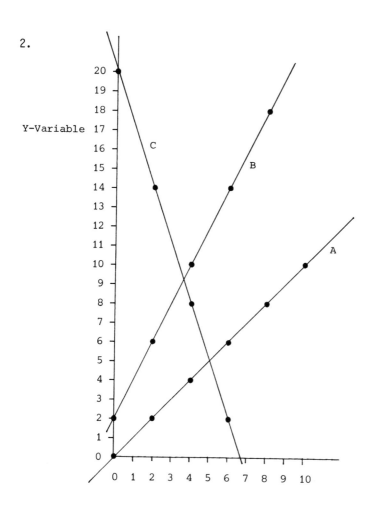

X-Variable

Gerade A   Gerade B   Gerade C

y = x   y = 2 + 2x   y = 20 - 3x

a = 0   a = 2   a = 20

b = 1   b = 2   b = -3

3. (a) Ermittlung der Regressionsgeraden

EINKOM x_i	WOHNEN y_i	$x_i - \bar{x}$	$(x_i - \bar{x})^2$	$y_i - \bar{y}$	$(x_i - \bar{x})(y_i - \bar{y})$
21	3.5	-4	16	-2	8
22	3	-3	9	-2.5	7.5
23	5	-2	4	-.5	1
24	4	-1	1	-1.5	1.5
26	7	1	1	1.5	1.5
27	8	2	4	2.5	5
28	6	3	9	.5	1.5
29	7.5	4	16	2	8
200	44.0	0	60	0.0	34.0

$$\bar{x} = \frac{200}{8} = 25 \qquad\qquad \bar{y} = \frac{44}{8} = 5.5$$

$$b_{yx} = \frac{\sum\limits_{i=1}^{N} (x_i - \bar{x})(y_i - \bar{y})}{\sum\limits_{i=1}^{N} (x_i - \bar{x})^2} = \frac{34}{60} = .5667$$

$$a_{yx} = \bar{y} - b_{yx}(\bar{x}) = 5.5 - .5667(25)$$

$$= 5.5 - 14.1675$$

$$= -8.6675$$

$$y'_i = a_{yx} + b_{yx}(x_i)$$

$$= -8.6675 + .5667(x_i)$$

Der Steigungskoeffizient b_{yx} = .5667 besagt, daß - innerhalb der Wertebereiche der beiden Variablen unseres fiktiven Beispiels - mit der Zunahme des monatlichen Einkommens um eine Einheit (um DM 100) die monatlichen Ausgaben für Wohnzwecke um DM 56.67 steigen (was man auch der graphischen Darstellung der Regressionsgeraden in Abbildung 4-1 entnehmen kann).

(b) Ermittlung des Vorhersagefehlers $E_1 = \Sigma(y_i - \bar{y})^2$

WOHNEN y_i	$y_i - \bar{y}$	$(y_i - \bar{y})^2$
3.5	-2	4
3	-2.5	6.25
5	-.5	.25
4	-1.5	2.25
7	1.5	2.25
8	2.5	6.25
6	.5	.25
7.5	2	4
44.0	0.0	25.50

(c) Ermittlung des Vorhersagefehlers $E_2 = \Sigma(y_i - y'_i)^2$

EINKOM x_i	WOHNEN y_i	y'_i	$y_i - y'_i$	$(y_i - y'_i)^2$
21	3.5	3.2332	.2668	.0712
22	3	3.7999	-.7999	.6398
23	5	4.3666	.6334	.4012
24	4	4.9333	-.9333	.8710
26	7	6.0667	.9333	.8710
27	8	6.6334	1.3666	1.8676
28	6	7.2001	-1.2001	1.4402
29	7.5	7.7668	-.2668	.0712
200	44.0	44.0000	0.0000	6.2332

(d) Ermittlung der proportionalen Reduktion des Vorhersagefehlers

$$r^2 = \frac{E_1 - E_2}{E_1} = \frac{25.5 - 6.2332}{25.5} = \frac{19.2668}{25.5} = .75556$$

Der Koeffizient $r^2 = .75556$ besagt, daß ein sehr hoher Anteil der Variation der Y-Variablen (Ausgaben für Wohnzwecke) mit der X-Variablen (Monatliches Nettoeinkommen) erklärt werden kann, nämlich 75.6 Prozent.

4.

(a) $\qquad\qquad r = \sqrt{r^2} = \sqrt{.75556} = .869$

(b) $\qquad\qquad r = \dfrac{\Sigma(x_i - \bar{x})(y_i - \bar{y})}{\sqrt{\Sigma(x_i - \bar{x})^2 \, \Sigma(y_i - \bar{y})^2}}$

$$= \frac{34}{\sqrt{(60)(25.5)}} = \frac{34}{\sqrt{1530}} = \frac{34}{39.115} = .869$$

5.

EINKOM x_i	WOHNEN y_i	x_i^2	y_i^2	$x_i y_i$
21	3.5	441	12.25	73.5
22	3	484	9	66
23	5	529	25	115
24	4	576	16	96
26	7	676	49	182
27	8	729	64	216
28	6	784	36	168
29	7.5	841	56.25	217.5
200	44.0	5060	267.50	1134.0

$$r = \frac{N\Sigma x_i y_i - \Sigma x_i \Sigma y_i}{\sqrt{[N\Sigma x_i^2 - (\Sigma x_i)^2]\,[N\Sigma y_i^2 - (\Sigma y_i)^2]}}$$

$$= \frac{8(1134) - (200)(44)}{\sqrt{[8(5060) - (200)^2]\,[8(267.5) - (44)^2]}}$$

$$= \frac{9072 - 8800}{\sqrt{[40480 - 40000]\,[2140 - 1936]}}$$

$$= \frac{272}{\sqrt{[480]\,[204]}} = \frac{272}{\sqrt{97920}} = \frac{272}{312.92} = .869$$

6.

y_i	Auch Vorgesetzten-funktionen (V167) Nein f_i	Ja f_i	Zufriedenheit mit dem beruflich Erreichten (V175) Durch-schnitte	Variation
1		2		
2	3			
3	2			
4	1			
5	4	1		
6	4	1	$\bar{y}_N = \dfrac{231}{36} = 6.4167$	$\Sigma(y_i - \bar{y}_N)^2 = 148.7500$
7	9	2	$\bar{y}_T = \dfrac{416}{60} = 6.9333$	$\Sigma(y_i - \bar{y}_T)^2 = 303.7333$
8	9	7	$\bar{y}_J = \dfrac{185}{24} = 7.7083$	$\Sigma(y_i - \bar{y}_J)^2 = 130.9583$
9	4	8		
10		3		
	$n_1 = 36$	$n_2 = 24$		

$$\text{Gesamt-variation} = \Sigma(y_i - \bar{y}_T)^2 \qquad = 303.7333$$

$$\text{Nicht erklärte Variation} = \Sigma(y_i - \bar{y}_N)^2 + \Sigma(y_i - \bar{y}_J)^2$$

$$= 148.7500 + 130.9583 \qquad = 279.7083$$

$$\text{Erklärte Variation} = n_1(\bar{y}_N - \bar{y}_T)^2 + n_2(\bar{y}_J - \bar{y}_T)^2$$

$$= 9.6100 + 14.4150 \qquad = 24.0250$$

$$\eta^2 = \frac{24.0250}{303.7333} = .0791 \qquad \eta = \sqrt{.0791} = .2812$$

Das Ergebnis besagt, daß 7.9 Prozent der Variation der Variablen "Zufriedenheit mit dem beruflich Erreichten" mit der Variablen "Auch Vorgesetztenfunktionen" erklärt werden kann bzw. daß die Beziehung zwischen diesen Variablen $\eta = .281$ ist.

7.
$$r_{yx \cdot z} = \frac{r_{yx} - r_{xz}r_{yz}}{\sqrt{(1 - r_{xz}^2)(1 - r_{yz}^2)}}$$

$$= \frac{.58 - (.46)(.78)}{\sqrt{(1 - .46^2)(1 - .78^2)}}$$

$$= \frac{.58 - .3588}{\sqrt{(1 - .2116)(1 - .6084)}}$$

$$= \frac{.2212}{\sqrt{(.7884)(.3916)}}$$

$$= \frac{.2212}{\sqrt{.3087374}}$$

$$= \frac{.2212}{.5556} = .40$$

Literaturverzeichnis

A. Lehr- und Handbücher, Monographien und Zeitschriftenaufsätze zur sozialwissenschaftlichen Datenanalyse

B. Sonstige Quellen

C. Empfehlenswerte Lehr- und Handbücher

A. Lehr- und Handbücher, Monographien und Zeitschriftenaufsätze zur sozialwissenschaftlichen Datenanalyse

ALLERBECK, Klaus R., Meßniveau und Analyseverfahren - Das Problem "strittiger Intervallskalen", in: Zeitschrift für Soziologie 7 (1978), S.199-214.

ANDERSON, Theodore R., und Morris ZELDITCH, A Basic Course in Statistics. With Sociological Applications, 2. Aufl., New York 1975 (Holt).

BENNINGHAUS, Hans, Deskriptive Statistik. Statistik für Soziologen Bd. 1, 7. Aufl., Stuttgart 1992 (Teubner).

BENTZ, Joachim, SPSS/PC+ Mit einer Einführung in das Betriebssystem MS-DOS, München 1991 (Oldenbourg).

BEUTEL, Peter, und Werner SCHUBÖ, SPSS9. Statistik-Programm-System für die Sozialwissenschaften, 4. Aufl., Stuttgart 1983 (Fischer).

BISHOP, Yvonne M. M., Stephen E. FIENBERG und Paul W. HOLLAND, Measures of Association and Agreement, in: Dies., Discrete Multivariate Analysis, Cambridge, Mass., 1975, S.373-400 (MIT Press).

BLALOCK, Hubert M., Causal Inferences in Nonexperimental Research, Chapel Hill 1964 (University of North Carolina Press), daraus Kapitel III in deutscher Fassung "Die Beurteilung kausaler Modelle" in: HUMMELL und ZIEGLER, Hrsg., 1976, Bd. 1, S.68-90.

BLALOCK, Hubert M., Social Statistics, 2. Aufl., New York 1979 (McGraw-Hill).

BOHRNSTEDT, George W., und David KNOKE, Statistics for Social Data Analysis, 2. Aufl., Itasca, Ill., 1983 (Peacock Publishers).

BORTZ, Jürgen, Lehrbuch der Statistik. Für Sozialwissenschaftler, Berlin 1979, 3. Aufl. 1989 (Springer).

CLAUSS, Günter, und Heinz EBNER, Grundlagen der Statistik für Psychologen, Pädagogen und Soziologen, 4. Aufl., Frankfurt am Main 1982 (Deutsch).

COOK, Thomas D., und Donald T. CAMPBELL, Quasi-Experimentation, Boston, Mass., 1979 (Houghton Mifflin).

COSTNER, Herbert L., Criteria for Measures of Association, in: American Sociological Review 30 (1965), S.341-353.

DAVIS, James A., A Partial Coefficient for Goodman and Kruskal's Gamma, in: Journal of the American Statistical Association 62 (1967), S.189-193.

DAVIS, James A., Elementary Survey Analysis, Englewood Cliffs, N. J., 1971 (Prentice-Hall).

DAVIS, James A., The Logic of Causal Order, 4. Aufl., Beverly Hills 1988 (Sage).

GALTUNG, Johan, Theory and Methods of Social Research, London 1970 (Allen & Unwin).

GOODMAN, Leo A., und William H. KRUSKAL, Measures of Association for Cross Classifications, in: Journal of the American Statistical Association 49 (1954), S.732-764.

GUTTMAN, Louis, An Outline of the Statistical Theory of Prediction. Supplementary Study B-1, in: Paul HORST u.a., Hrsg., The Prediction of Personal Adjustment, Bulletin 48, Social Science Council, New York 1941.

HILDEBRAND, David K., James D. LAING und Howard ROSENTHAL, Analysis of Ordinal Data, Beverly Hills 1977 (Sage).

HIRSCHI, Travis, und Hanan C. SELVIN, Delinquency Research. An Appraisal of Analytic Methods, New York 1967 (Free Press).

HUMMELL, Hans J., und Rolf ZIEGLER, Einleitung: Zur Verwendung linearer Modelle bei der Kausalanalyse nicht-experimenteller Daten, in: Dies., Hrsg., Korrelation und Kausalität, 3 Bde., Stuttgart 1976, Bd. 1, S.E5-E137 (Enke).

HYMAN, Herbert H., Survey Design and Analysis, New York 1955 (Free Press).

JACOBSON, Perry E., Introduction to Statistical Measures for the Social and Behavioral Sciences, Hinsdale, Ill., 1976 (Dryden).

KENDALL, Patricia L., und Paul F. LAZARSFELD, Problems of Survey Analysis, in: Robert K. MERTON und Paul F. LAZARSFELD, Hrsg., Continuities in Social Research. Studies in the Scope and Method of "The American Soldier", Glencoe, Ill., 1950, S.133 bis 196 (Free Press).

KÖFFNER, Helmuth, und Reinhard WITTENBERG, Datenanalysesysteme für statistische Auswertungen. Eine Einführung in SPSS, BMDP und SAS, Stuttgart 1985 (Fischer).

KUNIN, T., The Construction of a New Type of Attitude Measure, in: Personnel Psychology 8 (1955), S.65-77.

LAZARSFELD, Paul F., Interpretation of Statistical Relations as a Research Operation, in: Paul F. LAZARSFELD und Morris ROSENBERG, Hrsg., The Language of Social Research, New York 1955, S.115 bis 125 (Free Press), gekürzte deutsche Fassung "Die Interpretation statistischer Beziehungen als Forschungsoperation" in: HUMMELL und ZIEGLER, Hrsg., 1976, Bd. 1, S.1-15.

LOETHER, Herman J., und Donald G. McTAVISH, Descriptive and Inferential Statistics (for Sociologists). An Introduction, 2. Aufl., Boston, Mass., 1980 (Allyn and Bacon).

MENDENHALL, William, Lyman OTT und Richard F. LARSON, Statistics: A Tool for the Social Sciences, North Scituate, Mass., 1974 (Duxbury).

MUELLER, John H., Karl F. SCHUESSLER und Herbert L. COSTNER, Statistical Reasoning in Sociology, 3. Aufl., Boston, Mass., 1977 (Houghton Mifflin).

NEURATH, Paul, Statistik für Sozialwissenschaftler. Eine Einführung in das statistische Denken, Stuttgart 1966 (Enke).

NEURATH, Paul, Grundbegriffe und Rechenmethoden der Statistik für Soziologen, in: René KÖNIG, Hrsg., Handbuch der empirischen Sozialforschung, 3. Aufl., Taschenbuchausgabe, Bd. 3b, Stuttgart 1974 (dtv).

NIE, Norman H., u.a., SPSS. Statistical Package for the Social Sciences, 2. Aufl., New York 1975 (McGraw-Hill).

NORUSIS, Marija J., SPSS/PC+ V2.0 Base Manual for the IBM PC/XT/AT and PS/2, Chicago 1988 (SPSS Inc.).

NORUSIS, Marija J., SPSS/PC+ Advanced Statistics V2.0 for the IBM PC/XT/AT and PS/2, Chicago 1988 (SPSS Inc.).

NORUSIS, Marija J., SPSS/PC+ 4.0 Base Manual for the IBM PC/XT/AT and PS/2, Chicago 1990 (SPSS Inc.).

OPP, Karl-Dieter, und Peter SCHMIDT, Einführung in die Mehrvariablenanalyse, Reinbek bei Hamburg 1976 (Rowohlt).

ROSENBERG, Morris, The Logic of Survey Analysis, New York 1968 (Basic Books).

SCHNELL, Rainer, Paul B. HILL und Elke ESSER, Methoden der empirischen Sozialforschung, 4. Aufl., München 1993 (Oldenbourg).

SIMON, Herbert A., Spurious Correlation: A Causal Interpretation, in: Journal of the American Statistical Association 49 (1954), S.467-479, leicht gekürzte deutsche Fassung "Scheinkorrelation: Ihre kausale Interpretation", in: HUMMELL und ZIEGLER, Hrsg., 1976, Bd. 1, S.55-67.

SOMERS, Robert H., A New Asymmetric Measure of Association for Ordinal Variables, in: American Sociological Review 27 (1962), S.799-811.

SOMERS, Robert H., On the Measurement of Association, in: American Sociological Review 33 (1968), S.291-292.

STEVENS, S. S., On the Theory of Scales of Measurement, in: Science 103 (1946), S.677-680.

UEHLINGER, H.-M., D. HERMANN, M. HUEBNER und M. BENKE, SPSS/PC+-Benutzerhandbuch, Bd. 1, Dateneingabe, Datenmanagement und einfache statistische Verfahren, 2. Aufl., Stuttgart 1992 (Fischer).

WEEDE, Erich, Hypothesen, Gleichungen und Daten, Kronberg 1977 (Athenäum).

ZEISEL, Hans, Die Sprache der Zahlen, Köln 1970 (Kiepenheuer und Witsch).

ZEISEL, Hans, Probleme der Aufschlüsselung, in: René KÖNIG, Hrsg., Das Interview, 10. Aufl., Köln 1976, S.290-310 (Kiepenheuer und Witsch).

B. Sonstige Quellen

ARMER, Michael, und Robert YOUTZ, Formal Education and Individual Modernity in an African Society, in: American Journal of Sociology 76 (1971), S.604-624.

BENNINGHAUS, Hans, Ergebnisse und Perspektiven der Einstellungs-Verhaltens-Forschung, Meisenheim 1976 (Hain).

BROWN, Frederick G., Principles of Educational and Psychological Testing, 2. Aufl., New York 1976 (Holt).

CAMPBELL, Angus, Philip E. CONVERSE und Willard L. RODGERS, The Quality of American Life, New York 1976 (Russell Sage Foundation).

QUINN, Robert P., Effectiveness in Work Roles: Employee Responses to Work Environments, Bd. I und II, Survey Research Center, Institute for Social Research, The University of Michigan, Ann Arbor, Michigan, 1977.

QUINN, Robert P., und Graham L. STAINES, The 1977 Quality of Employment Survey, Survey Research Center, Institute for Social Research, The University of Michigan, Ann Arbor, Michigan, 1979.

ROSENBERG, Morris, Society and the Adolescent Self-Image, Princeton, N. J., 1965 (Princeton University Press).

ROSSI, Alice S., Status of Women in Graduate Departments of Sociology, 1968-1969, in: American Sociologist 5 (1970), S.1-11.

C. Empfehlenswerte Lehr- und Handbücher

Literaturhinweise, soweit sie auf eine Empfehlung von Lehrbüchern
hinauslaufen, hinterlassen beim Ratgeber leicht ein Gefühl des
Unbehagens. Dieses Gefühl erwächst hauptsächlich aus dem Zwang,
sich auf die Angabe einiger weniger Autoren und Titel zu beschränken und eine Liste zusammenzustellen, von der man weiß, daß sie
auch anders aussehen könnte. Hinzu kommt, daß die empfohlenen
Texte nie von gleichem Wert und Nutzen für jeden einzelnen Leser
sind. Das trifft auch auf die nachfolgende Liste zu.

Beim Rat suchenden Leser wird diese Liste hoffentlich nicht ebenfalls Unbehagen erzeugen, etwa deshalb, weil mehr als die Hälfte
der aufgeführten Bücher in Englisch verfaßt (und nicht übersetzt)
sind. Doch wer auch nur einigermaßen mit dem Englischen vertraut
ist, sollte keine Mühe scheuen, einige der angegebenen amerikanischen Bücher wenigstens einmal in die Hand zu nehmen, vor allem
die an erster Stelle (unter I) genannten, statt sie zugunsten
deutschsprachiger Bücher zu ignorieren, denn im Hinblick auf den
Lehrstoff dieses Buches - über den sie alle hinausgehen - und
noch mehr im Hinblick auf seine Darstellung sind sie sicherlich
die besseren. Allein das rechtfertigt und verlangt ihre Aufnahme
in diese Liste. Ihre Angabe wäre selbst dann gerechtfertigt oder
geboten, wenn das Beschaffungsproblem (Ausleihe oder Kauf) im
Einzelfall zum Sprachproblem hinzukäme.

Diese positive Bewertung der angegebenen englischsprachigen Lehrbücher soll nicht den Eindruck erwecken, als handele es sich bei
den aufgeführten deutschsprachigen Lehrbüchern gewissermaßen um
Texte zweiter Wahl. Davon kann keine Rede sein; diese können ohne
jede Einschränkung zur Ergänzung und Vertiefung der im vorliegenden Buch vermittelten Konzepte und Verfahren der elementaren
statistischen Analyse sozialwissenschaftlicher Daten empfohlen
werden.

Sowenig die Lektüre irgendeines der nachfolgend genannten Bücher,
weder ganz noch teilweise, eine Voraussetzung für das Verständnis

und die erfolgreiche Bearbeitung des vorliegenden Buches ist, so
sicher ist es, daß der Leser von jedem Text profitieren wird. Das
gilt zweifellos auch für viele andere, hier nicht aufgeführte,
insbesondere für Sozialwissenschaftler geschriebene statistische
und Methodenlehrbücher, auf die der Leser möglicherweise leichter
zurückgreifen kann. Der allgemeinste, aber deshalb nicht schlech-
teste Rat ist vielleicht der, sich niemals auf nur *ein* Lehrbuch zu
verlassen.

Zwecks Erleichterung der Übersicht und Verkürzung der anschließen-
den Kommentierung ist die nachfolgende Liste dreigeteilt. Dem Leser
wird auffallen, daß alle angeführten Bücher bereits im Titel ihren
sozialwissenschaftlichen Bezug erkennen lassen.

I.

JACOBSON, Perry E., Introduction to Statistical Measures for the
Social and Behavioral Sciences, Hinsdale, Ill., 1976 (Dryden).

LOETHER, Herman J., und Donald G. McTAVISH, Descriptive and Inferential Statistics (for Sociologists). An Introduction, 2. Aufl.,
Boston, Mass., 1980 (Allyn and Bacon).

MUELLER, John H., Karl F. SCHUESSLER und Herbert L. COSTNER,
Statistical Reasoning in Sociology, 3. Aufl., Boston, Mass.,
1977 (Houghton Mifflin).

II.

ANDERSON, Theodore R., und Morris ZELDITCH, A Basic Course in
Statistics. With Sociological Applications, 2. Aufl., New
York 1975 (Holt).

BLALOCK, Hubert M., Social Statistics, 2. Aufl., New York 1979,
(McGraw-Hill).

BOHRNSTEDT, George W., und David KNOKE, Statistics for Social Data
Analysis, 2. Aufl., Itasca, Ill., 1983 (Peacock Publishers).

BORTZ, Jürgen, Lehrbuch der Statistik. Für Sozialwissenschaftler,
3. Aufl., Berlin 1989 (Springer).

CLAUSS, Günter, und Heinz EBNER, Grundlagen der Statistik für
Psychologen, Pädagogen und Soziologen, 4. Aufl., Frankfurt am
Main 1982 (Deutsch).

MENDENHALL, William, Lyman OTT und Richard F. LARSON, Statistics:
    A Tool for the Social Sciences, North Scituate, Mass., 1974
    (Duxbury).

NEURATH, Paul, Grundbegriffe und Rechenmethoden der Statistik für
    Soziologen, in: René KÖNIG, Hrsg., Handbuch der empirischen
    Sozialforschung, 3. Aufl., Taschenbuchausgabe, Bd. 3b, Stutt-
    gart 1974 (dtv).

III.

NORUSIS, Marija J., SPSS/PC+ V2.0 Base Manual for the IBM PC/XT/AT
    and PS/2, Chicago 1988 (SPSS Inc.).

NORUSIS, Marija J., SPSS/PC+ 4.0 Base Manual for the IBM PC/XT/AT
    and PS/2, Chicago 1990 (SPSS Inc.).

BENTZ, Joachim, SPSS/PC+ Mit einer Einführung in das Betriebs-
    system MS-DOS, München 1991 (Oldenbourg).

FRIEDE, Christian, und Liane SCHIRRA-WEIRICH, SPSS/PC+ Eine
    strukturierte Einführung, Reinbek 1992 (Rowohlt).

UEHLINGER, H.-M., D. HERMANN, M. HUEBNER und M. BENKE, SPSS/PC+-
    Benutzerhandbuch, Bd. 1, Dateneingabe, Datenmanagement und ein-
    fache statistische Verfahren, 2. Aufl., Stuttgart 1992 (Fischer).

Die unter I und II genannten Bücher gehen sämtlich (zum Teil sehr
weit) über die Darstellung elementarer Datenanalyseverfahren hinaus und enthalten beispielsweise alle mindestens eine Einführung
in die schließende Statistik. Dabei decken die unter II aufgeführten Bücher den im vorliegenden Buch dargestellten Stoff nicht vollständig ab, meistens deshalb nicht, weil die eine oder andere Maßzahl bzw. der eine oder andere Assoziationskoeffizient nicht behandelt ist, was allerdings, vor allem bei BORTZ, durch hervorragende
Darstellungen weiterer Konzepte und Verfahren der Analyse sozialwissenschaftlicher Daten mehr als wettgemacht wird. Im übrigen ist
die Deckungsungleichheit in keinem Fall so groß, daß sie die Außerachtlassung oder Geringschätzung eines der Lehrbücher rechtfertigen
könnte.

Diese Einschränkung trifft am wenigsten auf die unter I aufgeführten Lehrbücher zu, von denen man jedes (nicht gleich alle drei auf

einmal) zur Anschaffung empfehlen kann, an erster Stelle vielleicht
das Buch von LOETHER und McTAVISH, weil von ihm auch eine zweige-
teilte Paperback-Ausgabe ("Descriptive Statistics for Sociologists:
An Introduction" und "Inferential Statistics for Sociologists: An
Introduction") zu haben ist.

Die unter III genannten Bücher sind keine Lehrbücher im engeren
Sinn, sondern sog. Benutzerhandbücher oder Manuale, die die PC-
Version des im vorliegenden Buch benutzten integrierten Programm-
systems zur Analyse sozialwissenschaftlicher Daten, nämlich SPSS
(Statistical Package for the Social Sciences), also SPSS/PC+,
dokumentieren. Im weiteren Sinn kann man bei den von Marija J.
NORUSIS geschriebenen Original-SPSS/PC+-Handbüchern durchaus von
einer lehrbuchartigen Darstellung einzelner Analysetechniken
sprechen, z.B. der Prozeduren CROSSTABS, CORRELATION und REGRESSION.

Das von UEHLINGER u.a. verfaßte SPSS/PC+-Benutzerhandbuch ist eine
deutsche Bearbeitung der amerikanischen Originaldokumentation des
SPSS/PC+-Programmpakets, und zwar des Moduls SPSS/PC+ Base, Version
4.0, und des Moduls Data Entry II, die den Vorzug hat, komprimier-
ter, erschwinglicher und leichter zugänglich zu sein. Die einzelnen
Programmteile werden anhand zahlreicher Beispiele erläutert. Anstelle einer Beschreibung der statistischen Grundlagen enthält das
Buch eine Liste deutschsprachiger Lehrbücher zur Statistik.

SPSS/PC+-Anwender kommen nicht ohne Grundkenntnisse des Betriebs-
systems MS-DOS aus. Wer MS-DOS-Kenntnisse erwerben will, während
er sich im Umgang mit dem Analysepaket SPSS/PC+ übt, kann auf die
kombinierte Einführung von BENTZ zurückgreifen. Dieses Buch, das
sich als allererste Einführung versteht, nimmt Bezug auf die
aktuellsten Versionen von SPSS/PC+ und MS-DOS.

Auch FRIEDE und SCHIRRA-WEIRICH wenden sich an jene, "die einen
Einstieg in das Auswertungssystem SPSS/PC+ wagen wollen". Der Band
kann gleichermaßen von Anwendern der SPSS/PC+-Versionen 3.0, 3.1
und 4.0 genutzt werden.

Stichwortverzeichnis